# 古典文獻研究輯刊

## 三二編

潘美月・杜潔祥 主編

# 第 9 冊

## 《史記》校補（中）

### 蕭 旭 著

國家圖書館出版品預行編目資料

《史記》校補（中）／蕭旭 著 -- 初版 -- 新北市：花木蘭文化
事業有限公司，2021〔民110〕
目 2+282 面；19×26 公分
（古典文獻研究輯刊 三二編；第 9 冊）
ISBN 978-986-518-390-5（精裝）
1. 史記 2. 校勘
011.08                                              110000576

古典文獻研究輯刊
三二編 第九冊                        ISBN：978-986-518-390-5

## 《史記》校補（中）

作　　者 蕭旭
主　　編 潘美月、杜潔祥
總 編 輯 杜潔祥
副總編輯 楊嘉樂
編　　輯 許郁翎、張雅淋　美術編輯 陳逸婷
出　　版 花木蘭文化事業有限公司
發 行 人 高小娟
聯絡地址 235 新北市中和區中安街七二號十三樓
　　　　 電話：02-2923-1455／傳真：02-2923-1452
網　　址 http://www.huamulan.tw 信箱 service@huamulans.com
印　　刷 普羅文化出版廣告事業
初　　版 2021 年 3 月
全書字數 737085 字
定　　價 三二編 47 冊（精裝）台幣 120,000 元
　　　　　　　　　　　　　　　　　　　版權所有・請勿翻印

# 《史記》校補（中）

蕭旭 著

# 目

# 次

## 七十《列傳》校補

### 卷六十一《伯夷列傳》

#### （1）而說者曰堯讓天下於許由

《正義》：皇甫謐《高士傳》云：「許由字武仲。堯聞致天下而讓焉，乃退而遁於中嶽潁水之陽、箕山之下隱。」

按：今本皇甫謐《高士傳》卷上「遁」下有「耕」字，無「隱」字（《世說新語・言語》劉孝標注引同），《類聚》卷36引魏隸《高士傳》同，是古本固如此也。《御覽》卷506引脫「遁」字，餘同。《正義》當據今本《高士傳》校正。《呂氏春秋・求人》「（許由）遂之箕山之下、潁水之陽，耕而食」，亦有「耕」字。《列女傳》卷2「萊子逃世耕於蒙山之陽」，其文相類，「遁耕」即「逃世而耕」也。

#### （2）余以所聞由、光義至高

《索隱》：謂堯讓天下於許由，由遂逃箕山，洗耳於潁水；卞隨自投於桐水；務光負石自沈於盧水：是義至高。

按：張文虎曰：「《索隱》『桐水』，《莊子》作『椆水』，《水經・潁水注》作『洞水』，疑『桐』、『椆』皆誤。」蘇芃曰：「《文選・長笛賦》李善注亦作『桐水』。」〔註548〕張說是，朱謀㙔早指出：「『潁』、『洞』古字通用。『椆』、『洞』二字皆誤耳。」〔註549〕洪頤煊亦曰：「『洞』、『潁』聲相近……『桐』、『椆』皆『洞』字之譌。」〔註550〕馮振曰：「《說文》：『炯，光也。潁，火光也。』疑本同字。亦『潁』、『洞』相通之例證。」〔註551〕

#### （3）伯夷、叔齊，孤竹君之二子也

《索隱》：伯夷名允，字公信。叔齊名致，字公達。

按：水澤利忠曰：「致，楓、三、殿『智』。」名致，黃善夫本、乾道本、淳熙本、元刻本同；慶長本作「名智」，《論語・公冶長》《釋文》引《春

---

〔註548〕蘇芃《南宋黃善夫本〈史記〉校勘研究》，南京師範大學2010年博士學位論文，第106頁。引者按：李善注實引《莊子》作「桐水」。

〔註549〕朱謀㙔《水經注箋》卷22，收入《四庫未收書輯刊》第9輯第5冊，北京出版社，2000年版，第21～22頁。

〔註550〕洪頤煊《讀書叢錄》卷14，收入《續修四庫全書》第1157冊，上海古籍出版社，2002年版，第683頁。

〔註551〕馮振《呂氏春秋高注訂補（續）》，《學術世界》第1卷第10期，1935年版，第91頁。

秋少陽篇》同。

### （4）盜跖日殺不辜，肝人之肉

《索隱》：劉氏云「謂取人肉為生肝」，非也。按：《莊子》云「跖方休卒太山之陽，膾人肝而餔之」。

按：朱亦棟曰：「肝人之肉，此乃古人倒字法，猶云『肉人之肝』，謂以人肝當肉吃耳。」〔註552〕李笠曰：「劉伯莊說是也。《儀禮·士昏禮》『贊以肝從』，注：『肝，肝炙也。』肝為肴羞之常，故有生炙之殊，跖暴行野性，故劉氏知其取人肉為生肝食，不作肝炙食也。」瀧川資言引中井積德曰：「『肝人之肉』句不可曉，蓋字訛也。」瀧川又曰：「『肝』疑當作『膾』，李說鑿。」吳國泰曰：「《索隱》非是。肝者，『噉』字之借。『噉』同『啖』。」王泗原曰：「『肝』字乃『飦』字或『肝』字之誤。『飦』即『饘』。飦人之肉者，以人之肉為飦。『肝』為『飪』之古文。」〔註553〕施之勉曰：「《論衡·禍虛篇》亦作『肝人之肉』，《文選·辯命論》注引同。吳汝綸曰：『劉氏謂取人肉為生肝說是。』」王叔岷曰：「《莊子·盜跖篇》『膾人肝而餔之』（膾猶切也。成疏：『餔，食也。』），即此文所本，則『肝』字不誤（《論衡·禍虛篇》已作『肝人之肉』，《長短經·運命篇》注同），則此句無誤。蓋謂盜跖好食人肝耳。」此句不誤，P.2627同今本，《御覽》卷376引亦同，瀧川改字無據。肝人之肉，劉說是也，謂以人肉當作動物之肝而食用之。「肝」即所謂意動用法。

### （5）暴戾恣睢

《索隱》：暴戾謂兇暴而惡戾也。鄒誕生恣音資，睢音千餘反。劉氏恣音如字，睢音休季反。恣睢謂恣行為睢惡之貌也。

《正義》：睢，仰白目，怒貌也。言盜蹠兇暴，惡戾，恣性，怒白目也。

按：水澤利忠曰：「睢，井、毛、殿『雎』。」錢大昕曰：「按『睢』、『雎』二字，形聲皆別。從劉音，字當從目；從鄒音，字當從且。小司馬兼存二音，而不辯（辨）正，何也？《李斯傳》：『有天下而不恣睢。』《索隱》止有『呼季反』一音。」吳承仕、向宗魯、池田、張森楷從錢說，池田又引履軒曰：「睢亦恣也。恣睢，猶放慢也。《易》『次且』，與此正同。『睢』字

〔註552〕朱亦棟《群書札記》卷1，收入《續修四庫全書》第1155冊，上海古籍出版社，2002年版，第20頁。

〔註553〕王泗原《古語文例釋》，上海古籍出版社，1988年版，第499～500頁。

從且，不從目。白目解及休季音，皆謬。」吳承仕又云：「『恣睢』為疊韻連語，鄒以字從隹且聲，讀如『關雎』之雎，失之。」〔註554〕王泗原曰：「《說文》：『鴡，王鴡也。從鳥，且聲。』雙聲字『恣睢』之睢字即此，非目旁睢。『恣睢』當從鄒誕生讀並平聲。」〔註555〕王叔岷曰：「《說文》：『睢，仰目也。』」乾道本亦從且作「雎」，P.2627 敦煌本、景祐本、黃善夫本、紹興本、淳熙本、元刻本、慶長本從目作「睢」。吳說是也，字當從目作「睢」。「雎」從且得聲，「睢」從隹得聲，判然二字。《正義》及二王氏說皆誤。《呂氏春秋·懷寵》「恣睢自用也」，阜陽雙古堆漢簡《呂氏春秋》作「次睢」〔註556〕。其專字作「姿嫭」，《說文》：「嫭，姿嫭，姿（恣）也。」又作「姿廈」，《廣韻》：「廈，姿廈。」故宮本《王韻·脂韻》：「廈，姿〔廈〕，亦作嫭。」《易》「次且」是另一詞，與「姿嫭」無涉〔註557〕，履軒（即中井積德）說亦非是。

## 卷六十二《管晏列傳》

### （1）嬰雖不仁

按：不仁，猶言不才。仁，讀為佞。已詳《孝文本紀》校補。《晏子春秋·內篇諫下》「妾父不仁」，孫詒讓、于鬯並讀仁為佞〔註558〕。《韓詩外傳》卷3「寡人不仁」，《說苑·君道》「仁」作「佞」。音轉則作「不敏」。

## 卷六十三《老子韓非列傳》

### （1）老子者

《正義》：《朱韜玉札》及《神仙傳》云：「老子……身長八尺八寸，黃色美眉，長耳大目，廣額疏齒，方口厚脣，額有三五達理，日角月懸，鼻有雙柱，耳有三門，足蹈二五，手把十文。」

按：張文虎曰：「《類聚》卷78引《神仙傳》『二』作『三』。」《類聚》

〔註554〕吳承仕《經籍舊音辨證》卷4《史記裴駰集解、司馬貞索隱》，中華書局，2008年版，第318頁。

〔註555〕王泗原《古語文例釋》，上海古籍出版社，1988年版，第494頁。

〔註556〕參見胡平生《阜陽雙古堆漢簡〈呂氏春秋〉》，《古文字與古代史》第4輯，臺灣中研院歷史語言研究所2015年2月出版，第518頁。

〔註557〕參見蕭旭《呂氏春秋校補》，花木蘭文化出版社，2016年版，第119～121頁。

〔註558〕孫詒讓《札迻》卷4，中華書局，1963年版，第121頁。于鬯《香草續校書》，中華書局，1963年版，第102頁。

卷 78 引《神仙傳》：「老子黃色美眉，廣顙長耳，大目疏齒，方口厚唇，額有參牛達理，日角月庭，鼻骨雙柱，耳有三門，足蹈三五，手把十文。」《太平廣記》卷 1 引「參牛」作「三五」，「月庭」作「月懸」，「三門」作「三漏門」，「蹈三五」作「蹈二五」；《御覽》卷 363 引《神仙傳》及《玉札金箱（簡）內經》〔註559〕「參牛」作「參午」，「日角月庭，鼻骨雙柱」作「魚目虎鼻，純骨雙柱」，「蹈三五」作「蹈二五」。《初學記》卷 23 引《老子內傳》：「（老子）鶴髮龍顏，廣顙長耳，大目疎齒，方口厚唇，額有參牛達理，日角月懸，鼻純骨有雙柱，耳豎大三門。」《御覽》卷 370 引《神仙傳》及《金筒（簡）玉札內經》：「太上老子足踏二五，手把十文。」〔註 560〕《太平寰宇記》卷 12 引《輿地志》：「（老子）為人黃色美目，面有壽徵，黃（廣）額廣耳，大目疎齒，方口厚唇，額有芩子達理，日角月角，鼻有雙柱，耳有三漏，足蹈二五，手把十文。」《弘明集》卷 1 牟子《理惑論》：「老子日角月玄，鼻有雙柱，手把十文，足蹈二五。」《廣弘明集》卷 13《辨正論》：「老君蹈五把十，美眉方口，雙柱參漏，日角月懸。」《辨正論》又引《老子中胎等經》：「老耼黃色廣顙，長耳大目，疎齒厚脣，手把十字之文，腳蹈二五之畫。」S.1857《老子化胡經》序：「（老子）額有參午，龍顏犀文，耳高於頂，日角月玄，鼻有雙柱，天中平填，足蹈二五，手把十文。」唐·王懸河《三洞珠囊》卷 8：「頰似橫隴，頤若阿丘，籠籠日角，隱隱月懸，犀文直理，龍顏神變，金容黃色，玉姿潤顏，額有三理，參午上達，天庭平填，兌面壽徵……足蹈二五，指有乾坤。」參證諸文，《說文》：「顙，額（額）也。」「廣顙」即「廣額」。「參牛」、「芩子」當作「參午」，同「三五」，亦作「參伍」、「參五」，猶言交錯。《抱朴子內篇·微旨》亦有「參午達理」之語。額有參午達理，謂額上有交錯通達之紋理，《抱朴子內篇·雜應》云「（老君）額有三理上下徹」，是也。「月玄」即「月懸」。「足蹈三五」當作「足蹈二五」，「二五」殆指陰陽與五行。「十文」、「十字之文」未詳。

（2）且君子得其時則駕，不得其時則蓬累而行

《索隱》：劉氏云：「蓬累猶扶持也。累音六水反。說者云頭戴物，兩手扶之而行，謂之蓬累也。」按：蓬者，蓋也；累者，隨也。以言若得明

---

〔註 559〕「箱」當作「簡」。

〔註 560〕「筒」當作「簡」。

君則駕車服冕，不遭時則自覆蓋相攜隨而去耳。

《正義》：蓬，沙磧上轉蓬也。累，轉行貌也。言君子得明主則駕車而事，不遭時則若蓬轉流移而行，可止則止也。

按：「蓬累」舊說多矣，皆未確，茲不具錄。獨姜亮夫曰：「『蓬龍』即『蓬累』，一聲之轉也，龍、累雙聲……此言飄風蓬龍，則虛狀飄〔風〕轉動之象，不必即謂飄風如蓬也。」〔註561〕斯則得之。「蓬龍」又作「逢龍」、「蓬籠」、「蓬龐」，音轉又作「勃籠」，猶言盤旋。

### （3）蓋老子百有六十餘歲，或言二百餘歲

《正義》：葛仙公序云「老子體於自然，生乎大始之先，起乎無因，經歷天地終始，不可稱載」。

按：大始，葛玄《老子道德經序》作「太無」。

### （4）然善屬書離辭，指事類情

《正義》：屬音燭。離辭猶分析其辭句也。

按：方以智曰：「離辭者，學文而摛詞也……《史記》『屬書離辭』，猶屬文攡藻也。子雲作『攡』。」〔註562〕池田從方說。方苞曰：「屬，連屬也。書，文字也。離，麗也。使辭與事相附麗也。」施之勉從方苞說。王念孫《雜志》曰：「離辭，陳辭也。《昭元年左傳》『楚公子圍設服離衛』，杜注曰：『離，陳也。』是其證。枚乘《七發》云『比物屬事，離辭連類』，亦與此同。」王氏《疏證》又曰：「《大玄·玄攡》云：『玄者幽攡萬類，而不見其形者也。』……《字林》云：『攡，舒也。』音丑支反，義與『摛』同。《史記》云云，『離』亦與『摛』同，謂舒辭也。《正義》云『猶分析其辭句』，失之。」〔註563〕王叔岷從王氏後說，謂「離借為摛」。張文虎曰：「王氏《雜志》釋離為陳，引《左傳》『設服離衛』杜注為證。案《易象》傳：『離，麗也。』王輔嗣云：『麗，猶著也，各得所著之宜。』義亦與『陳』近。又疑『離』乃『攡』之假借字，《太玄》：『幽攡萬類。』《玉篇》云：『攡，張也。』《說文》作『摛』，訓舒也……『舒張』義同與『陳』義亦不遠。」

〔註561〕姜亮夫《楚辭通故（四）》，收入《姜亮夫全集》卷4，雲南人民出版社，2002年版，第555頁。

〔註562〕方以智《通雅》卷3，收入《方以智全書》第1冊，上海古籍出版社，1988年版，第159～160頁。

〔註563〕王念孫《廣雅疏證》，收入徐復主編《廣雅詁林》，江蘇古籍出版社，1992年版，第305頁。

〔註 564〕瀧川資言曰：「離，附離之離，《正義》誤。村尾元融曰：『離義與屬同，共謂連屬文辭，是一事。』」郭嵩燾曰：「離，麗也。離、屬同義。」吳國泰曰：「離訓陳者，蓋假為例也。」王念孫《雜志》說與方以智說合。張文虎補證王說，徒失檢王氏《疏證》耳。「離」訓陳，乃「羅」字聲轉，吳國泰說非是。郭嵩燾、村尾元融說得之，但猶未盡。「離」是「麗」、「連」聲轉，亦連屬之義。《七發》「比物屬事，離辭連類」，比、屬、離、連皆一義耳。

（5）當是之時，雖欲為孤豚，豈可得乎

《索隱》：孤者，小也，特也。願為小豚不可得也。

《正義》：不群也。豚，小豬。臨宰時，願為孤小豚不可得也。

按：瀧川資言曰：「《莊子·列禦寇篇》『孤豚』作『孤犢』，義長。」池田說同。王叔岷曰：「《御覽》卷 474 引《韓詩外傳》亦作『孤犢』。」皇甫謐《高士傳》卷中作「孤豚」，《類聚》卷 36 引魏隸《高士傳》同。

（6）夫事以密成，語以泄敗

按：張文虎曰：「中統、毛本『語』作『而』。」水澤利忠曰：「語，蜀、紹、毛、殿、《通志》『而』。耿『語』字下有『監本作「而」』四字双行注。」崔適曰：「下文『而語及所匿之事』，是『匿』與『泄』皆屬語不屬事。各本作『而以泄敗』，則『泄』承事言，非也。今依《韓非子》正。」王叔岷曰：「殿本『語』作『而』，《御覽》卷 462 引《韓子》作『亦』，而、亦同義。」景祐本、黃善夫本、紹興本、淳熙本、元刻本、慶長本作「語」，乾道本、四庫本亦作「而」，《古史》卷 33 引作「而語」。今本《韓子·說難》作「語」，《長短經·釣情》引同。何善周、陳奇猷謂當從《史記》作「而」〔註 565〕，施之勉從陳說，是也。而，猶亦也〔註 566〕。「泄敗」的主詞承上，亦是「事」，《韓子》下文「事泄於外」可證。下文「而語及所匿之事」，是泄敗者是事，非語，崔適說非是。

〔註 564〕張文虎《舒藝室隨筆》卷 4，收入《續修四庫全書》第 1164 冊，上海古籍出版社，2002 年版，第 358 頁。

〔註 565〕何善周《〈韓非子·說難篇〉約注》，《國文月刊》第 14 期，1942 年版，第 26 頁。陳奇猷《韓非子新校注》，上海古籍出版社，2000 年版，第 257 頁。

〔註 566〕參見裴學海《古書虛字集釋》，中華書局，1954 年版，第 539 頁。蕭旭《古書虛詞旁釋》有補證，廣陵書社，2007 年版，第 248 頁。

## （7）貴人有過端，而說者明言善議以推其惡者，則身危

《正義》：人主有過失之端緒，而引美善之議以推人主之惡，則身危。

按：明言善議以推其惡，《長短經・釣情》引《韓子》同，今本《韓子・說難》作「明言禮義以挑其惡」，舊注：「挑，謂發揚也。」李笠謂「禮義」當作「善議」，猶言長於議論。此文「推」疑是「擢」脫文。古音翟、兆相通〔註 567〕，擢、挑音之轉耳。《韓子・外儲說右下》「延陵卓子乘蒼龍挑文之乘」，下文「挑文」作「翟文」。《詩・關雎》「窈窕淑女」，安大簡「窈窕」作「要翟」。

## （8）得曠日彌久

《索隱》：謂君臣道合，曠日已久，是誠著於君也。

按：崔適據《韓子》改「彌」作「離」，非是。《韓子・說難》舊注：「離，猶經也，謂所經久遠也。」離，讀為歷。彌，《長短經・釣情》同。彌亦經歷、經過之義。《蘇秦列傳》「彌地數千里」，亦其例。

## （9）迺明計利害以致其功

按：計，《長短經・釣情》同，《韓子・說難》作「割」，舊注：「割，斷割。」「割」當是「計」聲轉字。

## （10）故此二子者，皆聖人也，猶不能無役身而涉世如此其汙也，則非能仕之所設也

《索隱》：《韓子》作「非能士之所恥也」。

按：梁玉繩指出「設」當從《韓子》作「恥」，張森楷從其說，崔適、瀧川資言則襲其說。周尚木曰：「此『設』字當為『誀』字之誤也，『誀』即『恥』字。」李笠曰：「設，猶措施也。」吳國泰曰：「疑『設』當為『嚴』字之訛奪。嚴謂戒禁也。」王叔岷曰：「『恥』無緣誤為『設』。疑此文本作『則能仕之所設也』，猶言此能士之所行也。『則』下『非』字，蓋淺人據《韓子》妄加者耳。」諸說皆誤，王氏刪「非」字，尤為無據。「設」當是「役」字形誤，承上「役身」而言，言非能士之所能役身為奴以干其上也。《類聚》卷 18 引《韓詩外傳》「設精神而決嫌疑」，《白氏六帖事類集》卷 17 引「設」作「役」，此其相譌之例。

---

〔註 567〕 參見張儒、劉毓慶《漢字通用聲素研究》，山西古籍出版社，2002 年版，第 250 頁。

（11）君曰：「愛我哉，忘其口而念我！」

按：王叔岷曰：「《韓子》、《說苑》『口』下並有『味』字。」李人鑒補「味」字，又謂「念」是「食」形誤。《韓子·說難》「念」作「啗」，《治要》卷40、《類聚》卷33、86、《御覽》卷967、《事類賦注》卷26引《韓子》作「啖」。「念」是「啗」聲轉字，「啖」是「啗」俗字，亦作「噉」。《說文》：「啗，食也，讀與含同。」又「欿，讀若貪。」《方言》卷13：「埝，下也。」郭璞注：「謂陷下也。」《玉篇》：「埝，陷也。」《慧琳音義》卷39引《集訓》：「捻，招也。」此皆是聲訓。銀雀山簡《孫臏兵法·勢備》「陷齒戴角」，《淮南子·兵略》、《修務》「陷」作「含」。「鴿」或作「鴿」，亦其比。《上清修行經訣》「以左手捻人中二七過」，《正一法文修真旨要》「捻」作「掐」，「掐」必是「招」形誤。下文「又嘗食我以其餘桃」（《說苑》同，《韓子》「食」作「啗」），即承此文，「食」與「啗」同義。

（12）李斯、姚賈害之，毀之曰

按：王叔岷曰「害猶妬也」，又舉《屈原傳》、《齊世家》、《田完世家》、《吳起傳》四例。王說是矣，但未得本字。害，讀作妎，俗作嫉。《司馬穰苴列傳》「已而大夫鮑氏、高、國之屬害之，譖於景公」，《張儀列傳》「犀首聞張儀復相秦，害之」，亦同。桂馥引《屈原傳》「心害其能」以證《說文》「害，傷也」之義〔註568〕，非是。

（13）申子卑卑，施之於名實

《集解》：卑卑，自勉勵之意也。

《索隱》：劉氏云：「卑卑，自勉勵之意也。」

按：瀧川資言引中井積德曰：「卑卑，卑近之意。」池田引恩田仲任曰：「申子之術，比之老、莊，則卑甚。注非是。」吳國泰曰：「卑者，『僶』之借字，故裴駰訓為自勉勵之意。」王駿圖曰：「此謂申子徒沾沾於名法，視老莊為卑卑也。」施之勉從王說。王叔岷曰：「黃善夫本、殿本並無《索隱》，蓋因與《集解》同義而略之。」徐仁甫曰：「『卑卑』借為『頻頻』，訓比比，即『常常』。『卑卑』不當斷句，當連下為一句。」乾道本、淳熙本、元刻本、慶長本、四庫本亦無《索隱》，有者疑後人妄增。「卑卑」亦無自勉勵之義，裴說不知所本。卑卑，狀卑陋之甚，故重言之，恩田仲任

說是。言申子學說比於老、莊之歸於自然，則卑陋矣。

**（14）韓子引繩墨，切事情，明是非，其極慘礉少恩**

《集解》：礉，胡革反。用法慘急而鞠礉深刻。

《索隱》：慘，七感反。礉，胡革反。按：謂用法慘急而鞠礉深刻也。

按：《集解》解「礉」作「鞠礉」，蓋同「鞠覈」，謂審理核實。朱起鳳謂「慘礉」即「慘刻」之借〔註569〕。池田引恩田仲任曰：「『礉』、『覈』同。」王叔岷曰：「慘礉，即『急刻』之意。蘇軾《韓非論》引『礉』作『覈』。礉，或『覈』字。黃本、殿本並略《索隱》。」乾道本、淳熙本、元刻本、慶長本、四庫本亦無《索隱》。慘礉，《朱子語類》卷 137 引作「慘覈」，《群書考索》卷 10 引作「慘徼」。朱、王、恩田說是也，《吳起列傳》「刻暴少恩」，《伍子胥列傳》「剛暴少恩」，義同。礉，讀為墩、磽，堅硬的土石，與「刻」一聲之轉，以喻刻薄。「刻薄」之「刻」的本字亦是「墩」。

### 卷六十四《司馬穰苴列傳》

**（1）以為將軍，將兵扞燕、晉之師**

按：王叔岷曰：「《書鈔》卷 63 引『扞』作『捍禦』。『捍』與『扞』同。」「禦」字《書鈔》所增。《書鈔》卷 64、天明刊本《治要》卷 12、《通典》卷 149、《文選·詠史詩》李善注、《文選·劇秦美新》李善注、《後漢書·荀彧傳》李賢注、《御覽》卷 237、240、296、《冊府元龜》卷 253、348、398、401、《通志》卷 88 引同今本作「扞」（古鈔本《治要》誤作「扜」），《通典》卷 29 作「捍」。《齊太公世家》「楚王使屈完將兵扞齊」，文例同。元刻本、慶長本「將兵」作「將軍」，蓋涉上文而誤；慶長本上方標注一「兵」字。

**（2）晉師聞之，為罷去。燕師聞之，度水而解。於是追擊之，遂取所亡封內故境而引兵歸**

按：追，古鈔本《治要》卷 12 引誤作「遂」，天明刊本不誤。

**（3）既見穰苴，尊為大司馬**

按：水澤利忠指出「南化、楓、三、梅」四本「尊」下有「立」字。《治要》卷 12 引「尊」作「立」。

---

〔註569〕朱起鳳《辭通》卷 24，上海古籍出版社，1982 年版，第 2701 頁。

### 卷六十五《孫子吳起列傳》

**（1）臏至，龐涓恐其賢於己，疾之，則以法刑斷其兩足而黥之，欲隱勿見**

按：王叔岷曰：「《御覽》卷 648 引『法刑』作『刑法』。」《御覽》卷 896 引《春秋後語》「則以法刑」作「以法刑之」。「刑」當是動詞，而不是名詞，其下當據補「之」字。《項羽本紀》「因以法誅之」，文例同。

**（2）君弟重射**

《索隱》：弟，但也。

按：水澤利忠曰：「但，耿、慶、彭、游、凌、殿『且』。」慶長本作「但」，乾道本亦作「且」。弟，《御覽》卷 896 引《春秋後語》同，有注：「弟，但也，亦且也，『司馬長卿弟如臨邛』是也。」《冊府元龜》卷 788、《通志》卷 88 作「第」。S.1439《春秋後語釋文》：「君弟：徒帝反。」

**（3）夫解雜亂紛糾者不控捲**

《索隱》：謂事之雜亂紛糾擊挐也。

《校勘記》：耿本、黃本、彭本、柯本、凌本、殿本無「擊挐」二字，《通鑑》卷 2 胡三省注引《索隱》同。（7 / 2625～2626）

按：乾道本、慶長本亦無「擊挐」二字。「擊挐」不辭，「擊挐」當作「繫挐」。《說文》：「挐，牽引也。」「繫挐」同義連文，猶言連結牽引。

**（4）與其母訣，齧臂而盟曰**

按：齧，《類聚》卷 33、《白氏六帖事類集》卷 19、《御覽》卷 480、489 引同，《白氏六帖事類集》卷 7、8、《御覽》卷 369、518 引作「嚙」。S.1439《春秋後語釋文》亦出「齧臂：五結反」。齧，從㓞得聲，讀為㓞，刻也，不訓作噬。「嚙」是「齧」訓噬的俗字，已無聲符。字亦作㓞、剢，與「刻」雙聲音轉。《淮南子・齊俗篇》：「胡人彈骨，越人㓞臂，中國歃血也。」許慎注：「㓞臂，刻臂出血。」《御覽》卷 430 引「㓞」作「齧」，《類聚》卷 33、《御覽》卷 480 引作「剢」。字亦作剢，《列子・湯問篇》：「剢臂以誓。」又聲轉作割，《左傳・莊公三十二年》：「割臂盟公，生子般焉。」《魯周公世家》作「割臂以盟」。《白氏六帖事類集》卷 19 引「訣」誤作「迭」。

**（5）親裹贏糧**

按：瀧川資言曰：「《治要》引《史》無『贏』字，楓山、三條本及《類聚》無『裹』字。愚按：『贏』當作『贏』，即『裹』字，二字當衍其一。」

水澤利忠曰：「南化、楓、三無『裹』字。贏，耿『贏』。」吳國泰曰：「裹者，『何』之借字，儋也。贏糧，餘糧也。」施之勉曰：「《通典》卷5、《白帖》卷15、《御覽》卷281無『裹』字。《莊子·胠篋篇》『贏糧而趨之』，《淮南·修務訓》『申包胥贏糧跣足〔走〕』，《釋文》及高注皆云：『贏，裹也。』『裹贏』兩字一義。『贏』不當作『贏』。『裹』與『贏』，均非衍字。《考證》非。」王叔岷從施說，是也，但有誤校，且其說未盡。親裹贏糧，《孫子·地形》杜牧注、《通鑒》卷1、《古史》卷36、《通志》卷88引同；淳熙本作「親裹贏糧」，《冊府元龜》卷398同；《白氏六帖事類集》卷15引作「親贏糧」，《通典》卷152作「親贏糧」（有注：「贏，音盈。」），宋刊《類聚》卷59、《御覽》卷281引作「親贏糧」（《御覽》誤其出處作《戰國策》，有注：「贏，音盈。」）。S.1439《春秋後語釋文》：「贏糧：盈音，擔也。」「贏」是「贏」誤字。贏、贏，並讀為籯，字或作籯，擴。

（6）君因謂武侯曰：「試延以公主，起有留心則必受之，無留心則必辭矣。」

按：王叔岷曰：「《御覽》卷152引無『之』、『矣』二字，敦煌本《春秋後語》同。」敦煌本《春秋後語》卷號是 P.2589。《御覽》卷152引「延」誤作「近」，「受」誤作「愛」。

（7）語曰：「能行之者未必能言，能言之者未必能行。」

按：此當時諺語。《說苑·權謀》：「能言者未必能行，能行者未必能言。」

### 卷六十六《伍子胥列傳》

#### （1）吾日莫途遠，吾故倒行而逆施之

《索隱》：施音如字。子胥言志在復讎，常恐且死，不遂本心，今幸而報，豈論理乎！譬如人行，前途尚遠，而日勢已莫，其在顛倒疾行，逆理施事，何得責吾順理乎！

按：《史記·主父傳》：「吾日暮途遠，故倒行暴施之。」《漢書》作「吾日暮，故倒行逆施之」。《索隱》：「言吾日暮途遠，恐赴前途不跌，故須倒行而逆施，乃可及耳。今此本作『暴』。暴者，言已困久得申，須急暴行事以快意也。暴者，卒也，急也。」《吳越春秋·闔閭內傳》：「日暮路遠，〔吾故〕倒行而逆施之於道也。」吳曾《能改齋漫錄》卷3：「『施』字即『旅』字，施字於道無義。」王叔岷曰：「道猶理也。『倒行而逆施之於道』正謂

不遵常理也。吳氏所據《吳越春秋》『逆施』作『逆旅』，而以道為道路字。是『倒行而逆施之於道』謂『倒行旅舍於道路』，成何語意邪？『旅』乃『施』之誤字，《史》、《漢》並其明證。吳氏蓋未深思耳。」二氏各有得失，吳氏以「道」為「道路」，王氏謂「施」字是，皆確；餘說皆非。施，音移，讀為迻，字亦作迤，斜行，謂走捷徑也。句言日暮路遠，故倒行、逆而斜行於道路，不由其徑，乃可速達耳。

（2）而王不先越而乃務齊，不亦謬乎

按：《說苑·正諫》「務」下有「伐」字。「伐」字承上文省，不必有，「越」上亦省「伐」字。《吳太伯世家》亦作「務齊」。

（3）子胥為人剛暴

按：剛，《說苑·正諫》同，《吳越春秋·夫差內傳》作「彊」，疊韻音轉。

（4）徒幸吳之敗以自勝其計謀耳

按：徒，《說苑·正諫》作「微」。

（5）內不得意，外倚諸侯

按：倚，《說苑·正諫》作「交」。

（6）號為白公

《正義》：《括地志》云：「白亭在豫州襃信縣南四十二里，又有白公故城。」

《校勘記》：南，《楚世家》《正義》引《括地志》作「東南」。按：《元和志》卷9「襃信縣」：「白亭，在縣東南四十二里。」（7／2642）

按：《元和志》見卷10。《左傳·哀公十六年》杜預注：「白，楚邑也，汝陰襃信縣西南有白亭。」則作「西南」。考《水經注·汝水》：「（汝水）衍入襃信界，灌溉五百餘頃。陂水又東分為二水，一水南入淮，一水東南逕白亭北。」似「東南」是。

## 卷六十七《仲尼弟子列傳》

（1）恭以敬，可以執勇

《集解》：言恭謹謙敬，勇猛不能害，故曰「執」也。

按：瀧川資言曰：「《釋名·釋姿容》：『執，攝也，使畏攝已也。』《說苑·政理篇》襲此文，改『執』作『攝』。攝，收也。」張森楷曰：「執，

攝也，使畏攝已也，見《釋名‧釋姿容》。又服也，見《詩釋文‧執競》引《韓詩》。」韓兆琦曰：「執，把握、抑制。」《家語‧致思》亦作「攝」，《孔子集語》卷上作「懾」。瀧川引《釋名》是也，但訓攝為收，則誤。韓氏未達訓詁。張森楷說是。執，讀為熱。攝，讀為懾、慴，心服也，畏懾也。熱、懾（慴）乃聲轉之異體字，《釋名》正是聲訓，音轉又作讋（聾）、慴。

（2）寬以正，可以比眾

《集解》：言寬大清正，眾必歸近之。

按：比眾，《說苑‧政理》作「容眾」，《家語‧致思》作「懷強」。

（3）恭正以靜，可以報上

按：瀧川資言曰：「恭正行政，士民安靜，此邑宰所以報上也。《說苑》『報』作『親』，《史》義長。」張森楷曰：「報，酬答也。」《說苑‧政理》作「恭以潔，可以親上」。「潔」是「絜」俗字。《廣雅》：「絜，靜也。」靜，讀作瀞、淨，即乾淨不汙之誼。報，讀作附，依附也，親近也。音轉亦作保，《莊子‧列禦寇》《釋文》引司馬彪曰：「保，附也。」

（4）其城薄以卑，其地狹以泄

《索隱》：《越絕書》其「泄」字作「淺」。

按：王念孫曰：「『泄』字於義無取，下文『地廣以深』，『深』與『淺』正相對，則作『淺』者是也。《吳越春秋‧夫差內傳》亦作『淺』。蓋『泄』或作『洩』，形與『淺』相近，『淺』誤為『洩』，又誤為『泄』耳。又案：地可言廣狹，不可言深淺。『地』當為『池』，字之誤也。上言『城』，故下言『池』。池有廣狹深淺，故此言『狹以淺』，下言『廣以深』也。《越絕書》、《吳越春秋》並作『池』字。」張文虎、瀧川資言、韓兆琦從王說，瀧川又引中井積德曰：「『地』恐當作『池』，下文亦然。」池田、張森楷亦校「地」作「池」。錢培名亦謂「《史》文『地』字、『泄』字俱誤」〔註570〕。裴學海曰：「王說不確。『地』為『池』之借字，是同聲符通假也。『淺』與『泄』是古韻寒、曷對轉。」〔註571〕王叔岷曰：「《索隱》引《越絕書》，僅云『泄字作淺』，而不云『地字作池』，疑所據此文『地』本作『池』也。古書往往以城、池對舉。」裴學海說是，《長短經‧懼誡》、《冊府元龜》卷886同

---

〔註570〕錢培名《越絕書札記》，收入《叢書集成初編》第3697冊，中華書局，1985年影印，第86頁。

〔註571〕裴學海《評高郵王氏四種》，《河北大學學報》1962年第2期，第91頁。

此作「地狹以泄」，皆讀作「池狹以淺」。

（5）其君愚而不仁

按：不仁，《越絕書‧內傳陳成恒》、《吳越春秋‧夫差內傳》同，猶言不才、不慧、愚蠢。仁，讀為佞。已詳《孝文本紀》校補。

（6）是君上與主有郤，下與大臣交爭也

按：郤，宋元各本及慶長本作「郗」，《越絕書‧內傳陳成恒》、《長短經‧懼誡》同，字同「隙」，當據改正。《吳越春秋‧夫差內傳》「郤」作「邊」。邊，讀為虗。《爾雅》：「虗，間也。」郭璞注：「有間隙。」邊亦可讀為競，亦爭也。《文子‧道德》「吾若與俗邊走」，《淮南子‧齊俗篇》「邊」作「競」。《文子‧上禮》「邪人諂而陰謀邊載」，《淮南子‧覽冥篇》「邊」作「競」。馬王堆帛書《五行》引《詩》「不勮不救」，今本「勮」作「競」。又上「與」字《越絕書》、《吳越春秋》作「於」，借字。

（7）如此，則君之立於齊危矣

按：立，《越絕書》、《吳越春秋》同，當讀為位。《家語‧屈節解》、《長短經》作「則子之位危矣」。

（8）臣請往使吳王，令之救魯而伐齊

按：令，《家語‧屈節解》、《長短經》同，猶使也。《越絕書》作「使之」，《吳越春秋》作「請之」。請亦使也。《呂氏春秋‧博志》「荊王請養由基射之」，《淮南子‧說山篇》「請」作「使」。《國語‧晉語五》「郤獻子請以徇」，《左傳‧成公二年》「請」作「使」。

（9）臣請東見越王

按：請，《家語》、《越絕書》、《長短經》同，《吳越春秋》作「誠」，一聲之轉。

（10）此實空越，名從諸侯以伐也

按：宋刊《長短經‧懼誡》「名」形誤作「召」。

（11）三者舉事之大患

按：患，《家語》、《長短經》同，《越絕書》、《吳越春秋》作「忌」。

（12）鈇屈盧之矛，步光之劍

《索隱》：鈇，音膚，斧也。劉氏云：「一本無此字。」屈盧，矛名。

按：①張文虎曰：「『鈇』字柯本誤『鈇』，凌本誤『鈇』，注同，而音

趹。案：疑『屈』聲近『缺』而譌衍，劉氏云『一本無』，是也。」水澤利忠曰：「鈌，慶、彭、殿『鈌』，凌『鈌』。膚，耿、慶、彭、游、凌、殿『趹』。」景祐本、紹興本、淳熙本作「鈌」，《玉海》卷 151、《通志》卷 88 同；乾道本、慶長本亦作「鈌」，黃善夫本上方校記云：「鈌，一作鈇。」淳熙本《索隱》作：「鈌，音趹。」（即耿本，水澤氏誤校。）乾道本《索隱》亦作：「鈌，音趹。」慶長本作：「缺（鈌），音趹。」李笠說「鈌」是「屈」音誤而衍，又形誤作「鈇」，是也。②屈盧，《越絕書·內傳陳成恒》、《外傳記吳王占夢》、《外傳記吳王占夢》、《吳越春秋·夫差內傳》同，《越絕書·外傳記地傳》作「物盧」，《玉海》卷 151 引《越紀》作「勃盧」。「勃盧」、「物盧」是「鈌盧」音轉，此岐之又岐者也〔註 572〕。

### （13）臣聞之，慮不先定不可以應卒，兵不先辨不可以勝敵

按：《越絕書·內傳陳成恒》同，《吳越春秋·夫差內傳》二「先」作「預」。語出《鄧析子·無厚》「慮不先定不可以應卒，兵不閑習不可以當敵。」《意林》卷 1 引「閑習」作「預整」。《漢書·辛慶忌傳》引《司馬法》：「夫將不豫設，則亡以應卒；士不素厲，則難使死敵。」《墨子·七患》：「城郭不備全，不可以自守；心無備慮，不可以應卒。」《說苑·說叢》：「兵不豫定，無以待敵；計不先慮，無以應卒。」皆可參證。待，禦也、當也。

### （14）晉君大恐，曰：「為之奈何？」

按：《御覽》卷 461 引「恐」誤作「怒」。

### （15）排藜藿入窮閭

《校勘記》：王念孫《雜志》：「『藜藿』當為『藜藋』。」按：王說是，《通志》卷 88 正作「藜藋」。（7／2691）

按：施之勉早指出《通志》作「藜藋」。藜藋，《高士傳》卷上誤同，《後漢書·循吏列傳》李賢注引亦作「藜藋」。閭，《永樂大典》卷 5205 引作「閻」，《高士傳》卷上同。閻，巷也。窮閻，猶言陋巷。

### 卷六十八《商君列傳》

### （1）罷而孝公怒景監曰

按：怒，責也。下文「罷而孝公復讓景監」，讓亦責也。

---

〔註 572〕參見蕭旭《「屈盧之矛」考辨》，收入《群書校補（續）》，花木蘭文化出版社，2014 年版，第 2119～2122 頁。

（2）**誠復見我，我知之矣**

按：上文云「請復見鞅」。誠讀為請，一聲之轉耳。《冊府元龜》卷886
形誤作「試」。

（3）**賢者更禮，不肖者拘焉**

按：更禮，《商子·更法》、《新序·善謀》、《劉子·法術》同，《淮南
子·氾論篇》作「立禮」，《戰國策·趙策二》作「議俗」。更，改也。「更
禮」與下文「易禮」同義，又與上下文之「循禮」對舉。

（4）**有軍功者，各以率受上爵**

《集解》：率，音律。

按：梁玉繩引《史詮》曰：「湖本『率（音律）』作『卒』，誤。」張文
虎曰：「率，北宋、柯、凌本譌『卒』。」水澤利忠曰：「率，景、井、蜀、
慶、彭、凌『卒』，南化、梅《校記》『率』。」王叔岷曰：「景祐本『率』
亦誤『卒』。軍功最者，乃得受上爵。『各以率受上爵』義不可通，『上』字
涉上文『二男以上』而衍，卷子本《玉篇·率部》引此正無『上』字。」
紹興本、慶長本亦誤作「卒」，《通志》卷93誤同；乾道本、淳熙本、四庫
本作「率」不誤，《玉篇殘卷》「率」字條、《冊府元龜》卷738、《古史》卷
39、《通鑑》卷2、《玉海》卷134、135、136引同，《通典》卷163、《通志》
卷60作「律」。王氏刪「上」字非是。「上」指主上，而不是表示等級。《商
子·錯法》「爵易得也，則民不貴上爵」，亦同。

（5）**則僕請終日正言而無誅**

按：正，讀為証，諫也。

（6）**殘傷民以駿刑**

《正義》：駿刑，上音峻。（據《考證》本，黃善夫本下方校記亦引之）

按：宋元各本及慶長本作「駿」，《冊府元龜》卷796、《班馬字類》卷
4同；四庫本、殿本作「峻」，《冊府元龜》卷831、《古史》卷39同。峻、
駿，正、借字。

（7）**今君又左建外易，非所以為教也**

《索隱》：左建謂以左道建立威權也。外易謂在外革易君命也。

按：瀧川資言引中井積德曰：「『外』字與『左』字相似。左建，其所
建之事，陪（倍）道理也。外易，其所變之法，違道理也。」池田亦引其

說。郭嵩燾曰：「左建者，車左建纛。易者，治也。外易，謂出必修治道路。」吳國泰曰：「左，謂東也，蓋謂商、於也。商、於地在秦國之東境，故謂為『左』。建，建立也。謂軼號為商君自建立國家也。易者敼字之借。敼，欺也，侮也。外敼者謂外欺諸侯也。」李人鑒曰：「『左建外易』殆即上文『作法』、『更禮』之意。」左建外易，P.5034《春秋後語》同，不詳何義，郭、吳說絕不可信。P.5523《春秋後語》作「左建死，右易生」，王恒傑指出「外」是「死」形誤〔註573〕。

### （8）殺之於鄭黽池

《集解》：徐廣曰：「黽，或作彭。」

《索隱》：鄭黽池者，時黽池屬鄭故也。而徐廣云「黽或作彭」者，按《鹽鐵論》云「商君困於彭池」故也。黽音亡忍反。

按：段玉裁曰：「黽，敏、緬二音，俗作澠，非也。黽池，亦曰彭池。徐廣《史記音義》曰：『黽或作彭。』按其方語音彭也。」〔註574〕王叔岷曰：「《御覽》卷645引『黽』作『澠』，古、今字。《水經注・穀水》：『黽池，亦或謂之彭池。故徐廣《音義》曰：「黽或作彭。」』」「黽（澠）」古音或同「孟」，故音轉作「彭」。又《鹽鐵論》出《毀學篇》，今本作「商鞅困於彭池」。

### 卷六十九《蘇秦列傳》

### （1）於是資蘇秦車馬金帛以至趙

按：吳國泰曰：「資，假作齎。一曰假作坌，有助義，亦通。」吳氏前說是。齎，猶言給予、送給。《戰國策・燕策一》正作「齎」，《燕召公世家》作「予」。《李斯傳》「資之金玉」，北大簡（三）《趙正書》「資」作「齎」。

### （2）竊為君計者，莫若安民無事，且無庸有事於民也

按：下句《趙策二》作「請無庸有為也」。且，猶請也（徐仁甫說）。庸，讀為用。P.3616《春秋後語》無「庸」字。

### （3）請別白黑，所以異陰陽而已矣

《索隱》：《戰國策》云「請屏左右，白言所以異陰陽」，其說異此。

---

〔註573〕王恒傑《春秋後語輯考》，齊魯書社，1993年版，第25頁。

〔註574〕段玉裁《校〈漢書・地理志〉注》，收入《經韻樓集》卷5，上海古籍出版社，2008年版，第96頁。

然言別白黑者，蘇秦言己今論趙國之利，必使分明，有如白黑分別，陰陽殊異也。

按：吳汝綸曰：「別白黑，猶言辨是非。」施之勉從其說。李笠曰：「疑《史》文本無『所以』二字。原文蓋以『別白黑』與『異陰陽』對舉。又或《史記》原作『別白所以異陰陽』，『別白』與『白言』義同。」瀧川資言曰：「『請別白黑所以異』句，『白黑』猶言利害，『陰陽』暗斥從橫。」池田曰：「交之得與不得，其分猶白之與黑相反，而其實不過利害兩端，實易覩耳。」王叔岷曰：「《考證》本『異』字絕句，則『陰陽而已矣』句，語意不明。此當讀『請別白黑』句，『所以異陰陽而已矣』句。別、異互文，異亦別也。所猶若也。此謂『請別白黑，若以別陰陽而已矣』。《索隱》說近之。」徐仁甫曰：「『別白黑』與『異陰陽』相對為文。所以猶所由也。當讀『請別白黑所以』句，『異陰陽而已矣』又為一句。」檢《趙策二》鮑彪注：「陰陽，言事止有兩端，指謂從橫。」吳師道補注：「《史》作『請別白黑所以異』。」瀧川於「異」字句，謂「陰陽暗斥從橫」，乃暗襲鮑、吳說耳。王叔岷讀「黑」字句是，謂「異亦別也」亦是，餘說則誤。此言分別陰陽，猶如分別白黑耳，時有一中。《意林》卷1引《范子》：「掩目別白黑，雖時時一中，猶不知天道論陰陽，有時誤中耳。」取譬相同。

（4）夫割地包利，五伯之所以覆軍禽將而求也

按：包利，《趙策二》、P.3616《春秋後語》作「效實」。本篇下文亦云「夫事秦，必割地以效實」。包，吳國泰讀作挌、抱，訓取。挌（抱）訓聚斂，亦可。實亦利也。「包」是主動詞，言己聚其利。「效」是被動詞，言彼效其實。

（5）秦無韓、魏之規，則禍必中於趙矣

按：瀧川資言曰：「《策》『規』作『隔』。」P.3616《春秋後語》、《長短經·七雄略》、《冊府元龜》卷886作「規」，《趙策二》作「隔」。規，謀議也，與上文「畏韓、魏之議其後也」之「議」對應。隔、規一聲之轉。

（6）不待兩軍相當而勝敗存亡之機固已形於胸中矣

按：形，《趙策二》作「見」，義同。

（7）豈撟於眾人之言而以冥冥決事哉

按：王叔岷曰：「殿本『撟』作『掩』，《趙策》、《長短經》並同（鮑彪

注：『掩猶蔽。』），古字通用。」《冊府元龜》卷886亦作「掩」，姚宏注：「掩，錢、劉作『闇』。」P.3616《春秋後語》作「闇」。「闇」是正字，與「冥冥」相應。俗字作暗，《鹽鐵論·論儒》：「二君之能知霸王，其冊素形於己，非暗而以冥冥決事也。」

（8）後有長姣美人

《索隱》：《說文》云：「姣，美也。」

按：王叔岷曰：「《說文》：『姣，好也。』《索隱》『美』疑本作『好』，涉正文『美』字而誤耳。」《趙策二》「姣」作「庭」，P.3616《春秋後語》作「佼」。《爾雅》：「庭，直也。」庭之言挺，長而直也。字亦作侹，《說文》：「侹，長皃。」P.3693V《箋注本切韻》：「侹，長直。」俗字亦作娗、艇，P.2011王仁昫《刊謬補缺切韻》、P.3693V《箋注本切韻》並云：「娗，長好皃。」《玄應音義》卷11：「《通俗文》：『平直曰侹。』經文作艇，非也。」音轉又作婷，今語「婷婷」是也。

（9）是故夫衡人日夜務以秦權恐愒諸侯以求割地

按：權，宋刊本《長短經·七雄略》誤作「擁」。

（10）令天下之將相會於洹水之上，通質，刳白馬而盟

按：令，《趙策二》、P.3616《春秋後語》、《通鑒》卷2同，《長短經·七雄略》誤作「合」。

（11）谿子、少府時力、距來者，皆射六百步之外

《集解》：韓有谿子弩，又有少府所造二種之弩。案：時力者，謂作之得時，力倍於常，故名時力也。距來者，謂弩埶勁利，足以距來敵也。

《索隱》：韓又有少府所造時力、距來二種之弩。按：時力者，謂作之得時則力倍於常，故有時力也。距來者，謂以弩埶勁利，足以距於來敵也。其名並見《淮南子》。

《正義》：少府時力、距來者，皆弩名，具於《淮南子》。少府，韓府名也，言谿子之蠻出柘竹弩材，令少府造時力、距來二弩，皆射六百步外。（據《考證》本，黃善夫本左上方校記亦引之）

《校勘記》：故有時力也：有，《集解》作「名」，疑是。（7／2752）

按：《韓策一》、P.3616《春秋後語》亦作「距來」。王念孫曰：「小司馬緣文生義，非也。『距來』當為『距黍』。《韓策》作『距來』，亦後人依《史

記》改之。《類聚·軍器部》、《初學記·武部》、《御覽·兵部》並引《廣雅》曰：『繁弱、鉅黍，弓也。』《荀子》曰：『繁弱、鉅黍，古之良弓也。』（楊倞注：『黍當為來。』即惑於小司馬之說。）時力、距黍，皆疊韻字，故《荀子》、《廣雅》並作『鉅黍』。《文選·閒居賦》：『谿子巨黍，異檠同機。』李善注引《史記》作『巨黍』〔註575〕。距、鉅、巨，古並通用。」施之勉曰：「《御覽》卷346引《史記》作『距黍』。」陳直曰：「『時力』疑為『射力』之誤字，『距來』疑為『距末』之誤字。」王說是也，張文虎、胡紹煐、瀧川資言、張森楷、王叔岷從其說〔註576〕，王叔岷又指出《索隱》「故有時力」之「有」當從《集解》作「名」。《荀子》見《性惡篇》。《御覽》卷348引作「距黍」，施氏誤記其卷號。《玉海》卷150引蘇秦說作「巨黍」。阮元亦定作「黍」字〔註577〕。《古文苑》卷6黃香《九宮賦》：「操巨㯥之礛弩，齊佩機而鳴廓。」章樵注：「巨㯥，音貍，弩名。」「㯥」是「㯥」形誤，乃「綀」、「耗」俗字，「巨㯥」又「距來」之誤。

（12）墨陽

《索隱》：《淮南子》云「服劍者貴於剡利，而不期於墨陽、莫邪」。

按：《淮南子》出《修務篇》，景宋本「貴」作「期」，「剡」作「銛」。「銛」從䚡（甜）省聲，「剡」之音轉。服，讀作佩。

（13）合賻

《集解》：賻，音附。徐廣曰：「一作伯。」

《索隱》：《戰國策》作「合伯」，《春秋後語》作「合相」。

按：姚本《韓策一》作「合伯賻」，姚宏注：「曾無『伯』字。」鮑本作「合伯」。P.3616《春秋後語》作「合相」。姚本作「合伯賻」，後人旁記異文而混入「賻」字。《後語》「相」是「柏」形誤。

（14）革抉

《集解》：徐廣曰：「抉，一作決。」

《索隱》：音決。謂以革為射決。決，射韝也。

按：抉，《韓策一》同，P.3616《春秋後語》作「袂」。金正煒申《索隱》

---

〔註575〕引者按：李善注引《史記》、《孫卿子》皆作「巨黍」。
〔註576〕胡紹煐《文選箋證》卷18，黃山書社，2007年版，第439頁。
〔註577〕阮元《揅經室三集》卷3《商銅距末跋》，收入《續修四庫全書》第1479冊，上海古籍出版社，2002年版，第224～225頁。

說〔註 578〕。

（15）乃西面事秦，交臂而服

按：面，《韓策一》、《長短經‧七雄略》同，P.3616《春秋後語》作「向」。《廣雅》：「面，嚮也。」本字為偭，《說文》：「偭，鄉（嚮）也。」

（16）今茲效之，明年又復求割地

按：王叔岷曰：「茲猶年也。」P.3616《春秋後語》「茲」作「年」。

（17）與則無地以給之

按：王叔岷曰：「《韓策》、《長短經》『與』下並有『之』字。」P.3616《春秋後語》「與」下亦有「之」字。

（18）此所謂市怨結禍者也

按：結，P.3616《春秋後語》、《長短經》同，《韓策一》作「買」。

（19）於是韓王勃然作色

按：勃然，《長短經》同，《韓策一》作「忿然」，P.3616《春秋後語》作「怫然」，並一聲之轉。已詳《魏世家》校補。

（20）北有河外

按：河外，《韓策一》同，P.3616《春秋後語》、《長短經》作「河水」〔註 579〕。

（21）輷輷殷殷

《正義》：輷，麾宏反。殷音隱。

按：吳國泰曰：「『訇（輷）』《說文》作『轟』，群車聲也。」池田引恩田蕙樓說同。王叔岷曰：「卷子本《玉篇》引『輷輷』作『輵輵』（《春秋後語》同），云：『《倉頡篇》：「輵輵，聲也。」《聲類》：「亦轟字也。」』」《一切經音義》卷 17 引『輷輷』亦作『輵輵』，引《蒼頡篇》：『輵輵，聲也。』『輷』、『輵』並與『轟』同。」王氏所引《一切經音義》，乃《慧琳音義》。《玉篇殘卷》「輵，呼萌反」，引《史記》作「輵輵」，即「輷輷」、「轟轟」轉語。《玄應音義》卷 12：「轟轟：今作輷〔註 580〕，《字書》作輵，同。呼萌反。《說文》：『轟轟，群車聲也。』」《長短經‧七雄略》、《御覽》卷 158

〔註 578〕金正煒《戰國策補釋》卷 5，收入《續修四庫全書》第 422 冊，上海古籍出版社，2002 年版，第 559 頁。

〔註 579〕《長短經》據宋刊本，四庫本作「河外」。

〔註 580〕《慧琳音義》卷 52 轉錄《玄應音義》，「輷」作「輵」。

引《春秋後語》亦作「輷輷」〔註581〕，《御覽》有注：「輷輷，車馬聲也。輷，火宏切。」字亦作「軯軯」，《玉篇殘卷》：「軯，《字書》亦輷字也。」P.3616《春秋後語》作「輷輷」，必是「輷輷」形誤，二者音異而義同。

### （22）臣聞越王句踐戰敝卒三千人，禽夫差於干遂

按：戰敝卒，P.3616《春秋後語》、《長短經》作「戰弊卒」，《魏策一》作「以散卒」。鮑彪注：「散則非梟勇。」鮑氏據誤字為說，非是。「散」是「敝」形誤。戰弊卒者，以弊卒戰也。吳國泰曰：「『戰敝卒』三字不可解，『戰』當為『杖』字之借，倚任也。」《張儀列傳》「夫戰孟賁、烏獲之士」，吳說同，殊不足信。

### （23）武王卒三千人，革車三百乘，制紂於牧野

按：制，P.3616《春秋後語》、《長短經》同，《魏策一》作「斬」。「制」是「剬」形訛，字亦作劗、劃，猶言斷首，與「斬」義同。《說文》「斬」、「劗（劃）」同訓「截（截）也」。

### （24）《周書》曰：「緜緜不絕，蔓蔓奈何？豪氂不伐，將用斧柯。」

按：伐，《賈子·審微》、《說苑·敬慎》、P.3616《春秋後語》、《長短經·七雄略》同，《魏策一》引作「拔」。伐，讀為拔。《家語·觀周》引《周書》作「札」，王肅注：「札，拔也。」《治要》卷10、《廣韻》「扎」字條引《家語》作「扎」〔註582〕。扎（札），讀作摳。《說文》：「摳，拔也。」《書鈔》卷30引作「撥」，亦「拔」轉語。

### （25）車轂擊，人肩摩

按：王叔岷曰：「《御覽》卷700引『擊』上、『摩』上並有『相』字。」《御覽》見卷160，王氏誤記。《文選·廣絕交論》李善注分引二句，亦有「相」字。「相」字蓋臆增，《論衡·藝增》、《長短經》無。擊亦摩也，讀為扴、挈，並一聲之轉。《說文》：「扴，刮也。」又「挈，齘挈，刮也。」《廣雅》：「挈，刮也。」刮即摩也。《易·豫》：「介於石。」上博簡「介」作「矝」，馬王堆帛書作「疥」。《釋文》：「介，古文作『砎』。鄭云：『謂磨砎也。』馬作『挀』，云：『觸小石聲。』」「介」是「扴」省文，鄭玄得其誼。「車轂相摩」的專字作「轚」，《說文》：「轚，車轄相擊也。」

〔註581〕　《長短經》據宋刊本，讀畫齋叢書本、四庫本作「輷輷」。
〔註582〕　《治要》據天明刊本，日鈔本仍作「札」。

**（26）家殷人足，志高氣揚**

按：王叔岷曰：「《御覽》卷 160 引作『家給人足，志氣高揚』。《長短經》下句亦作『志氣高揚』。」王氏所據《長短經》乃讀畫齋叢書本，宋刊本作「志高氣陽」。《齊策一》作「家敦而富，志高而揚」，P.3616《春秋後語》作「家殷而富，志高氣揚」。

**（27）且夫韓、魏之所以重畏秦者**

按：王叔岷曰：「《齊策》、《長短經》並無『重』字。」P.3616《春秋後語》亦無「重」字。「重」字涉下文「是故韓、魏之所以重與秦戰」而衍。

**（28）百人守險，千人不敢過也**

按：敢，《長短經》同，《齊策一》、P.3616《春秋後語》作「能」。敢，猶能也、得也。

**（29）是故恫疑虛喝，驕矜而不敢進**

《索隱》：上音通，一音洞。恐懼也。

按：吳國泰曰：「恫者，詷字之借，誇誕之義。喝者，訶字之借。」吳說殊誤。《齊策一》亦作「恫」，P.3616《春秋後語》、《長短經》、《古史》卷 40 作「洞」〔註 583〕，借字。《太史公自序》「大臣洞疑」，亦作借字。王引之曰：「洞讀為恫，恫疑，恐懼也。疑亦恐也。」〔註 584〕金正煒從王說〔註 585〕。「疑」是「儗」省文，字亦作䰯（䰯）〔註 586〕。《說文》：「儗，一曰惶也。」《廣雅》：「䰯，懼也。」又「䰯，恐也。」P.2011 王仁昫《刊謬補缺切韻》：「䰯，怨。」「怨」必是「恐」形誤。P.3616《春秋後語》無「驕矜」二字。宋刊《長短經》「矜」形誤作「務」〔註 587〕。

**（30）僻遠守海**

按：瀧川資言曰：「楓、三本『海』下有『嵎』字。」P.3616《春秋後語》誤倒作「僻守遠海」。

---

〔註 583〕《長短經》據宋刊本，讀畫齋叢書本、四庫本作「恫」。

〔註 584〕王引之說轉引自王念孫《史記雜志》，收入《讀書雜志》卷 3，中國書店，1985 年版，本卷第 61 頁。

〔註 585〕金正煒《戰國策補釋》卷 2，收入《續修四庫全書》第 422 冊，上海古籍出版社，2002 年版，第 473 頁。

〔註 586〕參見王念孫《廣雅疏證》，收入徐復主編《廣雅詁林》，江蘇古籍出版社，1992 年版，第 313 頁。

〔註 587〕讀畫齋叢書本、四庫本不誤。

（31）北有陘塞、郇陽

《集解》：徐廣曰：「楚威王十一年，魏敗楚陘山。析縣有鈞水，或者郇陽今之順陽乎？一本『北有汾、陘之塞』也。」

按：《水經注·均水》：「均水出析縣北山。」「鈞水」即「均水」。亦作「沟水」，《集韻》：「沟，水名，在沂（淅～析）縣。」然不當引析縣之鈞水，「郇陽」亦非「順陽」，徐廣說非是。《漢書·地理志》漢中郡有旬陽，注：「北山旬水所出，南入沔。」「郇陽」即「旬陽」也。《水經注·沔水》：「漢水又東合旬水，水北出旬山……旬水又東南逕旬陽縣南。」

（32）練士厲兵

按：《楚策一》同，P.3616《春秋後語》作「鍊士厲兵」，宋刊《長短經》作「陳士勵兵」。「陳」是「練」形誤。練、鍊，並讀為柬，字亦作簡，猶言選擇。厲，讀為勵，勉勵。

（33）今主君欲一天下，收諸侯，存危國

按：收，《楚策一》、P.3616《春秋後語》作「安」。

（34）北報趙王，乃行過雒陽，車騎輜重，諸侯各發使送之甚眾，疑於王者。周顯王聞之恐懼

《索隱》：「疑」作「擬」讀。

《正義》：卒，倉忽反。言車騎使送之甚多，疑是王者之行。（據《考證》本）

按：黃善夫本上方校記云：「甚，本乍（作）『其』。」又左側校記云：「其眾擬於王者，《正義》作『卒有疑於王者』。《正義》云云。」梁玉繩曰：「擬，《索隱》本作『疑』。」張文虎曰：「《索隱》本『疑』，各本作『擬』。」瀧川資言曰：「楓、三本作『其眾疑於王者』，據桃源抄。《正義》本作『卒有疑於王者』，各本『疑』作『擬』，恐誤，今訂。『疑』讀如字，《索隱》非是。『甚眾』、『其眾』兩通，據《國策》，蘇秦過洛陽，在說楚王前，與此異。」王叔岷曰：「景祐本、黃善夫本、殿本『疑』皆作『擬』，《御覽》卷470、517、《記纂淵海》卷40、74引咸同，《通鑒》亦作『擬』。如從楓、三本，『甚眾』作『其眾』屬下讀；或從《正義》本『疑』上有『卒有』二字，則『疑』並讀如字。如從《索隱》本，『甚眾』二字屬上絕句，則『疑於王者』，『疑』讀為『擬』，亦未為不可。」宋元各本及慶長本正文都作「擬」，《初學記》卷18、《冊府元龜》卷782、917、《古史》卷40、《通志》

卷 93 引同。黃善夫本、乾道本、淳熙本、元刻本、慶長本《索隱》都作「疑作擬讀」。P.3616《春秋後語》作「乃還報趙，諸侯各發使送之，車騎輜重，其眾擬於王者。行過洛陽，周顯王聞之恐懼」。是各本作「擬」，《索隱》本、楓、三本作「疑」也。今本正文有誤倒，當據《後語》校訂。疑、擬，並讀作儗，僭也〔註588〕。「甚眾」當作「其眾」，與《正義》本作「卒」義合，指蘇秦之隨從者。「卒」當音臧沒反，不當音倉忽反，《正義》說全誤。

### （35）以面掩地而謝曰

按：掩，《御覽》卷 517、《記纂淵海》卷 40 引作「伏」，《冊府元龜》卷 917 作「攬」。「攬」字誤。掩，讀為揜。《說文》：「揜，一曰覆也。」《釋名》：「伏，覆也。」

### （36）且使我有雒陽負郭田二頃，吾豈能佩六國相印乎

按：王叔岷曰：「且，猶若也。吳氏《經詞衍釋》卷 8 有說。」吳說是也，楊樹達說同〔註589〕，但未溯源。且，讀為借、藉。「且使」表示假設語氣，同義複詞。《御覽》卷 683、《記纂淵海》卷 74 引《史記》，《御覽》卷 460 引《戰國策》，並刪「且」字，P.3616《春秋後語》同，亦通。

### （37）乃投從約書於秦

《索隱》：乃設從約書。案：諸本作「投」。言設者，謂宣布其從約六國之事以告於秦。若作「投」，亦為易解。

按：王念孫謂正文「投」本作「設」，《索隱》當作「設當為投」。王叔岷指出《長短經·七雄略》作「投縱約書」。正字當作「投」，今猶有「投書」之言。

### （38）今使弱燕為鴈行而彊秦敝其後

按：池田引龍洲曰：「『敝』與『蔽』通。」瀧川資言說同，蓋即襲龍洲說耳。敝，《長短經·七雄略》引作「推」，《冊府元龜》卷 886、《古史》卷 40 引作「蔽」，《燕策一》作「制」，《御覽》卷 990 引《春秋後語》作「繼推」。

---

〔註588〕 參見黃生《義府》卷上，《字詁義府合按》，中華書局，1954 年版，第 110 頁。
〔註589〕 楊樹達《詞詮》，中華書局，1954 年版，第 313 頁。

（39）大王誠能聽臣計，即歸燕之十城

按：即，亟也。

（40）**此所謂棄仇讎而得石交者也**

按：瀧川資言曰：「《策》『石交』作『厚交』，義同。」王叔岷曰：「《長短經》注『石』作『碩』，古字通用。」《長短經・七雄略》引「得石交」作「結碩友」，《燕策一》作「立厚交」，二氏校語未盡。《玉篇》：「石，厚也。」李人鑒曰：「疑『石交』二字乃『厚交』傳抄之誤。『厚』或寫作『后』，『后』與『石』形近。」非是。

（41）**其後齊大夫多與蘇秦爭寵者，而使人刺蘇秦，不死，殊而走**

《集解》：《風俗通義》稱漢令「蠻夷戎狄有罪當殊」。殊者，死也，與「誅」同指。而此云「不死，殊而走」者，蘇秦時雖不即死，然是死創，故云「殊」。

按：李元吉曰：「不死殊而走，蓋以五字為句，言不至死殊而賊已走也。或以為秦以成死創，故云殊而走。夫殊乃斷首之謂，豈止成死創而可言殊耶？」〔註590〕顧炎武曰：「《史記》『殊而走』，《說文繫傳》曰：『斷絕分析曰殊。』謂斷支體而未及死。」〔註591〕杭世駿《疏證》、林茂春從顧說〔註592〕。方苞曰：「殊，分也，絕也。蘇秦將死未絕，而刺者走去也。」段玉裁曰：「不死殊而走者，謂人雖未死，創已決裂也，皆斷之說也。」崔適從段說〔註593〕。梁履繩曰：「《左傳・昭公二十三年》『斷其後之木而弗殊。』殊者，斷而未離也，義如《史記》『刺蘇秦，不死，殊而走』（《尚靜齋經說》。案《莊子・在宥篇》《釋文》：『殊死：如字。《廣雅》云：「殊，斷也。司馬云：決也。」』」〔註594〕李笠曰：「『殊』與『死』二字形既相近，義復相同……二字為誤衍其一。或謂『殊死』二字本可駢用，此處可倒作

---

〔註590〕 李元吉《讀書囈語》卷 10，收入《續修四庫全書》第 1143 冊，上海古籍出版社，2002 年版，第 526 頁。

〔註591〕 顧炎武《日知錄》卷 27（陳垣校注），安徽大學出版社，2007 年版，第 1522 頁。

〔註592〕 林茂春《史記拾遺》，收入《二十四史訂補》第 1 冊，書目文獻出版社，1996 年版，第 684 頁。

〔註593〕 段玉裁《說文解字注》，上海古籍出版社，1981 年版，第 162 頁。《說文》：「殊，一曰斷也。」今本脫「一曰斷也」四字，段氏據《左傳釋文》補。

〔註594〕 梁履繩《左通補釋》卷 27，收入《續修四庫全書》第 123 冊，上海古籍出版社，2002 年版，第 571 頁。

『死殊』……駢用之說仍難從。」瀧川資言引顧、方說，又引中井積德曰：「『不死殊』之『死』，疑衍文。」瀧川氏曰：「『死殊』二字連讀。」池田引川合樊山曰：「不殊者，言氣息未絕也。」吳國泰曰：「『殊而走』之言不辭。《集解》之說亦強為之解也。殊，《說文》『死也』。是『死』、『殊』二字同義，當是一本作『死』，一本作『殊』，後人誤而合之耳。」張森楷曰：「《廣雅》：『殊，斷也。』……謂刺蘇秦者已斷其一體，必死而尚未死，故云『殊而走』也。」施之勉曰：「《御覽》卷 827 引《春秋後語》作『而使人刺之，不殊而走』。《淮南王傳》注：『晉灼曰：不殊，不死。』顏師古云：『殊，絕也。』此謂秦將死未絕，而猶走也。走，秦走，非刺者走，方說未是。」王叔岷曰：「《御覽》卷 633 引《說苑》佚文無『殊』字，卷 827 引《春秋後語》無『死』字（有注云：『殊，絕。』）。『死殊』複語，故可略其一，『死』非衍文。」施說「走」指蘇秦走，是也。諸說皆未得「殊」字之誼。S.1439《春秋後語釋文》出「不死殊」。《御覽》卷 633 引《說苑》作「使人刺秦而不死」，與此文不同；《御覽》卷 827 引《春秋後語》脫「死」字。殊，讀為趀、趺，實是「踰」轉語，跳行也。謂蘇秦被刺未死，跳行而逃走也。字亦作迷，馬王堆帛書《陽陽五行》：「於七中迷至復迊（過）涉歲。」

（42）齊後聞之，乃恨怒燕

按：水澤利忠曰：「恨，南化、梅『良』。怒，耿『怨』」黃善夫本上方校記云：「恨，本作『良』。」「良」字誤，「恨怒」是漢代人語。

（43）竊聞大王義甚高……至於邯鄲，所見者紲於所聞於東周

按：瀧川資言曰：「『紲』、『屈』同。」王叔岷曰：「《燕策》『紲』作『高』，疑涉上文『甚高』字而誤。」紲，讀為屈，短也，字亦作詘、抳，與「義甚高」之「高」相對舉。

（44）（齊）南攻楚五年，畜聚竭；西困秦三年，士卒罷敝；北與燕人戰，覆三軍，得二將

按：《燕策一》作「積聚散」。鮑彪注：「積亦積。為秦所困。」「困」是主動詞，非被動詞，鮑說非是。《韓策一》「是我困秦、韓之兵而免楚國之患也」，馬王堆帛書《戰國縱橫家書·公仲倗謂韓王章》同，《韓世家》「困」誤作「因」，亦其例。《秦策一》「昔者齊南破荊，中（東）破宋 〔註595〕，

─────────

〔註595〕《韓子·初見秦》「中」作「東」，是也。

西服秦，北破燕」，文例相同，「服」亦是主動詞。

### （45）夫驕君必好利，而亡國之臣必貪於財

按：驕君必好利，《燕策一》作「驕主必不好計」。《策》義為長，驕君必自用而不聽臣下之計，故云「驕君必不好計」。《仲尼弟子列傳》：「夫上驕則恣。」

### （46）彼將有德燕而輕亡宋

按：王叔岷曰：「有猶以也。」王說非是。《燕策一》作「彼且德燕而輕亡宋」。「有」字衍文。

### （47）齊秦不合，天下無變，伐齊之形成矣

按：變，《燕策一》同，《魏策一》作「憂」。「憂」是「變」形誤。

### （48）齊紫，敗素也，而賈十倍

按：倍，《燕策一》、馬王堆帛書《戰國縱橫家書・謂燕王章》（本篇下文省稱作帛書本）同，《御覽》卷 814 引誤作「部」。

### （49）則莫若挑霸齊而尊之

《正義》：挑，田鳥反，執持也。

按：《四庫考證》：「《國策》『挑』作『遙』。」杭世駿、張森楷說同。方苞曰：「挑，與『挑戰』同義，興起而播弄之也。」池田引子潤曰：「挑，挑誘也，如『挑處子』之挑，《正義》謬矣。」王駿觀曰：「挑訓撥弄也。『執持』非是。」吳國泰曰：「挑者，遙字之借。《燕策》正作『遙』。」王叔岷曰：「挑、遙古通。」韓兆琦曰：「『挑』疑與『誂』通，以言語引誘、慫恿。」挑、遙一聲之轉，字亦作搖；帛書本作「招」，亦借字。《廣雅》：「挑、搖，疾也。」《方言》卷 2：「速、搖，疾也。東齊海岱之閒曰速，燕之外鄙、朝鮮洌水之閒曰搖。」《燕策一》作「遙」，當是燕方言。字亦作佻，《方言》卷 12：「佻，疾也。」

### （50）使使盟於周室，焚秦符

《正義》：符，徵兆也。

按：杭世駿《疏證》引金甡曰：「按：符者，節信也。《張儀傳》云『借宋之符』。焚秦符者，絕之也。《楚世家》云『齊折楚符而合於秦』。解作徵兆何說？」《四庫考證》引張照說同，池田從張說。金、張說是也，「符」指符節，使者所憑藉，帛書本「盟」作「明」，「焚」作「棼」，均借字。

（51）其大上計，破秦；其次，必長賓之

《索隱》：長音如字。「賓」為「擯」。

《正義》：大好上計策，破秦；次計，長擯棄關西。

按：水澤利忠曰：「《索隱》『為』，慶、彭、游、凌、殿『音』。」當改「賓為擯」作「賓音擯」。帛書本「賓」作「怹」，亦「擯」借字，一聲之轉也。擯秦，與上文「焚秦符」相應，言與之斷交也。

（52）秦五世伐諸侯

按：伐，帛書本同，《燕策一》作「結」。結，讀為拮、戛，揲也，擊也。

（53）秦王之志苟得窮齊，不憚以國為功

按：《燕策一》「國」下衍「都」字，餘同。帛書本下句作「不難以國壹棲」。憚亦難也。「棲」是「捷」形誤，讀作「接」，解作「求勝」〔註596〕。為功，猶言取功。

（54）因驅韓、魏以伐齊

按：驅，《燕策一》同，帛書本作「迵」，借字〔註597〕。

（55）燕、趙棄齊如脫躧矣

按：王叔岷曰：「如脫躧矣，《燕策》作『猶釋弊躧』，姚校云：『一云「脫屣也」。』與《史記》合。『躧』與『屣』同。」帛書本「脫躧」作「說沙」，均借字〔註598〕。

（56）諸侯贊齊而王不從，是國伐也；諸侯贊齊而王從之，是名卑也

按：二「贊」字，《燕策一》均作「戴」，帛書本分別作「贊」、「伐」。裘錫圭謂「伐」是「贊」誤寫〔註599〕。贊，謁見。戴，尊奉。

（57）夫去尊安而取危卑，智者不為也

按：取，帛書本同，《燕策一》作「就」。就，猶從也，取也。李斯《諫

---

〔註596〕 參見《長沙馬王堆漢墓簡帛集成》第 3 冊，中華書局，2014 年版，第 246 頁。

〔註597〕 參見《馬王堆漢墓帛書〔參〕》，文物出版社，1983 年版，第 65 頁。

〔註598〕 參見《馬王堆漢墓帛書〔參〕》，文物出版社，1983 年版，第 65 頁。

〔註599〕 參見《長沙馬王堆漢墓簡帛集成》第 3 冊，中華書局，2014 年版，第 246 頁。

逐客書》:「今棄叩缶擊甕而就鄭衛，退彈箏而取韶虞。」就、取互文。

**（58）乘船出於巴**

《正義》:《周地志》云:「南渡老子水，登巴嶺山。」

按:「老子水」是「獠子水」訛語。《水經注·沔水》:「有廉水出巴嶺山，北流逕廉川，故水得其名矣。廉水又北注漢水，漢水右合池水，水出旱山……俗謂之獠子水。」《周地志》是《周地圖記》別稱。《隋書·經籍志》:「《周地圖記》一百九卷。」

**（59）智者不及謀，勇士不及怒**

按:《燕策二》「勇士」作「勇者」。此蓋古語，亦見《吳子·治兵》。怒，奮其威也。吳國泰曰:「怒者，勁字之借，並力也，字亦作努。」殊不可信。

**（60）我離兩周而觸鄭，五日而國舉**

《索隱》:離，如字。謂屯兵以罹二周也，而乃觸擊於鄭，故五日國舉。舉猶拔也。

《正義》:離，歷也。歷二周而東觸新鄭州，韓國都拔矣。

按:瀧川資言引中井積德曰:「離，猶是離別之離，謂歷此而離去也。」《正義》說是，離、歷一聲之轉，猶言經過。

**（61）我舉安邑，塞女戟，韓氏太原卷**

《正義》:劉伯莊云:「太原當為太行。卷猶斷絕。」

按:吳師道《補正》:「按《趙策》:『秦舉安邑而塞女戟，韓氏太原絕。』《正義》以卷為絕，據此。」〔註600〕金正煒曰:「『絕』與『卷』草書相似，因以致誤。」〔註601〕張森楷從金說。瀧川資言引中井積德曰:「卷，猶言席卷也，言取之易且速也。」橫田惟孝亦訓席卷〔註602〕。吳國泰曰:「卷者，捲之省文。《說文》:『捲，收也。』劉說非是。」王駿觀曰:「卷即卷縣。『太』當為『吞』字之壞文。」「卷」無斷絕義，劉說非，吳說得之。王氏改字無據。

---

〔註600〕杭世駿《疏證》、瀧川引作焦竑說，未詳所出，蓋二氏誤記。

〔註601〕金正煒《戰國策補釋》卷6，收入《續修四庫全書》第422冊，上海古籍出版社，2002年版，第580頁。

〔註602〕橫田惟孝說轉引自范祥雍《戰國策箋證》，上海古籍出版社，2006年版，第1712頁。

（62）彊弩在前，鈠戈在後

《正義》：劉伯莊云：「鈠，音四廉反，利也。」

按：吳國泰曰：「鈠，《燕策》作『銛』，皆『剡』之借。《說文》：『剡，銳利也。』」王叔岷曰：「《文選‧魏都賦》劉淵林注引『鈠』作『銛』，《燕策二》同。銛、鈠，正、假字。」吳說是，「銛」是「剡」音轉。

（63）為木人以寫寡人，射其面

按：張文虎曰：「『寫』乃『象』字之譌。《燕策》作『象』。」池田引慧樓說同。李笠曰：「寫猶象也。張說非也。《國策》吳師道《補注》曰：『象，一本作寫。』士禮居叢書影宋本《國策》亦作『寫』。黃丕烈《札記》云：『寫字是。』」吳國泰亦謂「寫猶象也」。瀧川資言曰：「各本『象』作『寫』。恩田仲任曰：『寫，當作象，古字與寫相似，《燕策》作象。』張文虎說同。愚按：楓、三本正作『象』，今依訂。李笠引《秦始皇紀》作『寫』為是，參存。」水澤利忠曰：「象，井、紹、慶、彭、毛、凌、殿『寫』，南化、楓、棭、三、高《校記》『象』，蜀、耿『象』字下有『監本作寫』四字注。」王叔岷曰：「景祐監本南宋補版作『象』。《御覽》卷396引《春秋後語》作『像』。《燕策》姚本作『寫』，鮑本作『象』。『寫』、『象』本同義。」李、吳、王說是也。黃善夫本、紹興本、乾道本、元刻本、慶長本、四庫本作「寫」，《冊府元龜》卷888、《古史》卷40同；淳熙本作「象」。黃善夫本上方校記云：「寫，本乍（作）『象』。」「寫」字不誤，猶言模仿，顧炎武有說〔註603〕。作「象（像）」亦有據，《酷吏列傳》：「匈奴至為偶人象郅都，令騎馳射。」《漢書‧西南夷列傳》：「刻木象漢吏，立道旁射之。」《論衡‧亂龍》：「匈奴敬畏郅都之威，刻木象都之狀，交弓射之。」

（64）已得講於魏，至公子延，因犀首屬行而攻趙

《索隱》：至，當為「質」，謂以公子延為質也。

按：瀧川資言曰：「楓、三本『至』作『質』。」水澤利忠曰：「至，南化、楓、棭、三、梅、高『質』。」王叔岷曰：「至、質古通。」黃善夫本上方校記云：「至，本作『質』。」《古史》卷40作「質」。

（65）已得講於趙，則劫魏，魏不為割

《校勘記》：下「魏」字原無，張文虎《札記》卷5：「『不』上當重『魏』

---

〔註603〕顧炎武《日知錄》卷32（陳垣校注），安徽大學出版社，2007年版，第1856頁。

字，《策》有。」今據補。（7／2756）

按：金正煒校《策》曰：「《史》不重『魏』字，此蓋誤複。文以六字為句，謂前以葉、蔡委於魏，今劫魏而不為之割也。衍『魏』字即義不可通。」〔註604〕池田引關修齡說同〔註605〕。金、關說非是，當補「魏」字。言秦劫魏以求割地，而魏不為割也。《屈原列傳》「（秦）因留懷王，以求割地。懷王怒，不聽」，文例同。

## （66）困則使太后弟穰侯為和，贏則兼欺舅與母

《索隱》：贏猶勝也。

《正義》：贏猶寬假也。（據《考證》本）

按：朱駿聲曰：「贏，叚借為嬴。」〔註606〕施之勉從其說。瀧川資言、吳國泰、池田並謂「贏」當作「嬴」。王叔岷曰：「《正義》本『贏』作『嬴』。嬴、贏，正、假字。《燕策》姚本作『嬴』，鮑本作『贏』。」朱、王說通假，是也。黃善夫本上方校記引《正義》「贏猶寬假也」，字從女，不能必定《正義》本從貝作「贏」。慶長本作「贏」。

## （67）此必令言如循環，用兵如刺蜚

《正義》：刺，七賜反。猶過惡之人有罪，刺之則易也。言秦譴謫諸國，以兵伐之，若刺舉有罪之人，言易也。（據《考證本》，黃善夫本上方校記亦引之）

按：《燕策》姚本作「刺蜚繡」，校云：「錢本添入『蜚』字。」鮑本作「刺蜚」，鮑彪曰：「《集韻》：『蜚，蟲名。』喻易也。」杭世駿《疏證》從鮑說。黃丕烈曰：「《史記》作『刺蜚』。此必《策》文作『繡』，《史記》作『蜚』，遂兩存也。」于鬯曰：「刺繡，當是喻其勤密。」〔註607〕李笠曰：「『刺蜚』之義有二：『蜚』同『飛』，羽蟲也。刺蜚者謂伐國如刺取羽蟲之易也。此一說。刺，謂如蠡蜚之刺人。蜚，謂如鳥禽之飛舉，並形容用兵之便也。此又一說。疑《史》、《策》本同作『刺蜚』，後人以不解『蜚』字

---

〔註604〕 金正煒《戰國策補釋》卷6，收入《續修四庫全書》第422冊，上海古籍出版社，2002年版，第581頁。

〔註605〕 池田四郎次郎《史記補注（下編）》（池田英雄增補），日本明德出版社，1975年版，第67頁。

〔註606〕 朱駿聲《說文通訓定聲》，武漢市古籍書店，1983年版，第859頁。

〔註607〕 黃、于二氏說並轉引自范祥雍《戰國策箋證》，上海古籍出版社，2006年版，第1717頁。

之義，因改作『繡』。」瀧川資言曰：「楓、三本『此必』作『必亡』，『蜚』作『韭』，二本近長。『必亡』屬上句，言譴謫諸國，必亡之也。韭，菜屬，葉細長而扁，叢生。刺，採取也。刺韭，猶言薙草。中井積德曰：『「蜚」、「飛」同，飛蟲也。』岡白駒曰：『蜚，蟲名。』此皆依『蜚』字作解者，參存。」水澤利忠曰：「蜚，南化、楓、三、梅『韭』。」池田引關修齡曰：「蜚，古『飛』字。刺蜚，蓋喻用兵敏捷。」王叔岷曰：「如《考證》說，『必亡』二字屬上句，甚牽強。《考證》釋『刺韭』為『薙草』，尤為傅會。楓、三本必有誤，不可從。《燕策》作『此必令其言如循環，用兵如刺蜚繡』，『蜚』下姚校云：『錢本添入蜚字。』是舊本但作『刺繡』。鮑本但作『刺蜚』，無『繡』字，蓋據《史記》刪之，不知《燕策》本作『刺繡』也（參看黃氏《札記》）。此承上文譴謫言之，言即譴謫之言，與『用兵』無涉。當讀『此必令言如循環用兵』句，『如刺蜚』句。《田單列傳贊》：『兵以正合，以奇勝，奇正還相生，如環之無端。』所謂『循環用兵』也。此藉以喻言之巧耳。《說文》：『蠹，負蠜也。蜚，蠹或從蟲。』又《正義》：云云，似說『蜚』為『罪』，蜚、罪並諧非聲，或可通借，然恐非此文之旨也。」牛鴻恩等曰：「蜚，通『斐』。蜚繡，文繡。刺繡必彼此交錯而行，故范雎說『相錯如繡』。用兵如刺蜚繡，意為交錯用兵。」〔註608〕瀧川妄說，王氏駁之，是也，宋元各本及慶長都本作「此必」，楓、三本不可從。但王氏讀亦誤，且「罪」是會意字，不從非得聲，其言通借，亦未得。此文「言如循環」與「用兵如刺蜚」是對文。言如循環者，上文云「適燕者曰以膠東，適趙者曰以濟西，適魏者曰以葉、蔡，適楚者曰以塞酈陌，適齊者曰以宋」，是也。《鹽鐵論·遵道》「辭若循環」，《後漢書·馮衍傳》李賢注引馮衍《與婦弟任武達書》「詞如循環」，此即「言如循環」也。刺，《燕策二》、《冊府元龜》卷888、《古史》卷40、《通志》卷93同，宋元各本及慶長本作「刺」。黃善夫本下方校記云：「蜚，一本作『韭』。」「刺蜚」未詳。

### （68）皆以爭事秦說其主

按：《燕策二》同。金正煒曰：「『以爭』當為『爭以』，或『爭』即『事』之譌衍。」〔註609〕池田從其說。金說非是。「爭事秦」為詞，見《楚世家》、

---

〔註608〕 牛鴻恩說轉引自《漢語大詞典》（縮印本），漢語大詞典出版社，1997 年版，第 1016 頁。

〔註609〕 金正煒《戰國策補釋》卷 6，收入《續修四庫全書》第 422 冊，上海古籍

《穰侯列傳》。

（69）燕使約諸侯從親如蘇秦時

按：使，《燕策二》作「反」。金正煒校「反」作「乃」，范祥雍則訓「反」為「重」〔註610〕。范說是。

## 卷七十《張儀列傳》

（1）張儀者，魏人也

《索隱》：又《書略說》餘子謂庶子也。

按：「餘子謂庶子也」五字，黃善夫本（補抄）、乾道本、淳熙本、元刻本、慶長本、四庫本作「以餘子謂之季子也」。

（2）吾恐其樂小利而不遂，故召辱之，以激其意

按：王叔岷曰：「《御覽》卷406引『而不遂』作『忘求進』。『不遂』猶『不進』。」《御覽》卷406引作「恐以小利忘求進」，《白氏六帖事類集》卷10同（未標出處）。

（3）拔一國而天下不以為暴

按：拔，《秦策一》同，《新序‧善謀》作「服」。

（4）蜀既屬秦，秦以益彊，富厚，輕諸侯

按：輕，《秦策一》同，《新序‧善謀》作「制」。

（5）無名山大川之限

按：限，《魏策一》作「阻」。

（6）秦折韓而攻梁，韓怯於秦，秦韓為一，梁之亡可立而須也

《索隱》：《戰國策》「折」作「挾」也。

按：王念孫曰：「折，讀為制。『挾』與『制』義亦相近。」池田引吳汝綸曰：「《國策》『折』作『挾』，當據改。王懷祖讀『折』為『制』，義稍迂。」瀧川資言曰：「折猶制也，不必改字。」吳國泰曰：「『折』當是『挾』字之訛。」張森楷曰：「《魏策》『怯』作『劫』，與上『劫魏』劫字應，是。此誤。」施之勉從張說。徐仁甫曰：「《魏策》作『韓劫於魏』，『劫』字承

出版社，2002年版，第581頁。

〔註610〕 金正煒《戰國策補釋》卷6，收入《續修四庫全書》第422冊，上海古籍
　　　　　出版社，2002年版，第581頁。范祥雍《戰國策箋證》，上海古籍出版社，
　　　　　2006年版，第1719頁。

上句『秦折（讀制）韓』而言，『劫』字義長。」李人鑒亦說《策》作「挾」、「劫」義長。王、張說是也，吳汝綸、瀧川皆未達通借。《古史》卷 41「怯」亦作「劫」。宋刊《長短經·七雄略》「折」作「析」，「怯」作「恃」，並誤。

（7）人主賢其辯而牽其說

按：瀧川資言曰：「《策》『賢』作『覽』，《史》文為勝。」王叔岷曰：「《長短經》『賢』字同。《魏策》『賢』作『覽』。下文『大王賢其說而不計其實』，《齊策一》『賢』亦作『覽』（敦煌本《春秋後語》同）。高注：『覽，受。』於義亦佳。覽乃擥之借字，俗作攬，亦作擥，《廣雅》：『擥，取也。』」敦煌本《春秋後語》卷號是 P.5034V。王說非是，李人鑒指出「覽」是「賢」形誤。

（8）此北弱齊而西益秦也

按：瀧川資言曰：「《楚世家》、《秦策》『益』作『德』，義長。」王叔岷曰：「『德』與『益』義近。《秦策二》高注：『德，恩也。楚與齊絕，為施恩德於秦。』益猶助也。施恩德於秦，即是助秦矣。」高、王說未安，此就楚言，「德」當讀作得，言楚得益於秦，指商、於之地六百里及娶秦女。

（9）齊王大怒，折節而下秦

按：《楚世家》作「折楚符而合於秦」。節指符節。此「折節」非屈己下人之誼。

（10）國貧而數舉兵

按：數，《楚策一》作「驟」。驟亦數也。

（11）危難在三月之內

按：《長短經·七雄略》「難」誤作「雖」。

（12）偏守新城

按：宋刊《長短經·七雄略》「偏」誤作「編」。

（13）臣聞功大者易危，而民敝者怨上

按：姚本《楚策一》「功」作「攻」，「敝」作「獘」（鮑本仍作「敝」）；《長短經·七雄略》「民敝」作「人弊」。「攻」是借字。「功大者易危」承上文「五戰而三勝」言之，下文「守易危之功」（《楚策一》同）則承此文言之。

（14）此所謂兩虎相搏者也

《集解》：徐廣曰：「搏，或音戟。」

按：王引之曰：「『搏』本作『據』，徐廣音戟，正是『據』字之音。辯見《楚策》。」《楚策一》「此所謂兩虎相搏者也」，王引之曰：「《御覽·兵部》引此『搏』作『據』，『據』字是也。據讀若戟，謂兩虎相挶持也。《說文》曰：『扎，持也。讀若戟。』《說文》：『虎，鬬相扎不解也。從豕、從虍。彘豕之鬬不相捨。』……扎、撽、戟字異而義同，又通作『據』。《文選·江淹〈雜體詩〉》『幽并逢虎據』，李善注引此《策》『兩虎相據』，尤其明證矣。《史記·張儀傳》載此文，當亦作『兩虎相據』，《集解》引徐廣音戟，正是『據』字之音。」〔註611〕張文虎、池田從王說。瀧川資言曰：「『搏』字義自通，不必改作『據』。」王叔岷曰：「『搏』字義雖通，而徐音戟，則是『據』字。」二王說是，徐廣本《史記》作「據」，據、戟一聲之轉，瀧川不通古音。《文選·答賓戲》「而蹻吳蒼也」，李善注：「徐廣《史記注》：『蹻音戟。』『蹻』與『據』同。」李善據正文改字作「蹻」。據，讀為据。《說文》：「据，戟挶也。」虎鬥之專字則作虎。王駿觀曰：「『搏』無戟音，徐氏誤也。」王氏誤其字作「搏」，不知音戟者本作「據」，即戟音之轉。

（15）虎賁之士跿跔科頭貫頤奮戟者

《集解》：跿跔音徒俱，跳躍也。又云偏舉一足曰跿跔。科頭謂不著兜鍪入敵。

《索隱》：跿跔音徒俱二音。跔又音劬。劉氏云「謂跳躍也」。又《韻集》云「偏舉一足曰跿跔」。《戰國策》曰「虎摯之士跿跔」。貫頤，謂兩手捧頤而直入敵，言其勇也。

按：①跿跔，《韓策一》同，宋刊《長短經·七雄略》作「號詢」。吳師道《補注》：「跿猶下文『徒程（裎）』，此謂徒跣也，義與『科頭』愜。」瀧川資言引中井積德曰：「跿跔，猶徒跣也。『跿』字他書無所見，蓋『徒』字。『跔』字可因而推焉。」水澤利忠指出《索隱》本「『韻集』互倒，而『跿跔』作『跔號』。」池田曰：「『跔』同『趜』，行貌。」陳直曰：「本文與《戰國策》皆作『跿跔』，知非誤字。疑為『徒約』二字之假借，謂赤足不履，與『科頭』義相對舉。」徐復曰：「『跿』為『徒』之後起俗字。《廣

〔註611〕 王引之說轉引自王念孫《戰國策雜志》，收入《讀書雜志》卷 1，中國書店，1985 年版，本卷第 84～85 頁。

雅》：『徒，袒也。』又『跔』疑『褐』字之誤。徒褐，猶袒褐也，義與『科頭』正協。」〔註612〕中井、陳氏、徐氏說「跿」為「徒」俗字，是也，「跿」從徒省聲，是「徒」分別字，指跣足，俗字亦作跥、踱。《集韻》：「跿、踱：跿跔，跣也，或從徒。」（施之勉已引）徒、但一聲之轉，俗字作「袒」。《說文》：「但，褐也。」「跔」字不誤，徐氏改作「褐」，無據。跿跔猶言赤足跳躍。《楚辭》宋玉《九辯》「故騊跳而遠去」，洪興祖注：「一作『駒跳』，一作『騊騥』。」《文選》、《御覽》卷896、《事類賦注》卷21作「駒跳」。「駒」是「跔」分別字，「騊」是「跿」分別字，亦跳也，同義連文。跔，讀為躍、玃。《說文》：「躍，行皃。」又「玃，行皃。」當指跳行皃。字亦作距，《王翦傳》「方投石超距」，《索隱》：「超距，猶跳躍也。」②《索隱》引《韻集》，黃善夫本、元刻本、慶長本未引，乾道本、淳熙本作「偏舉一足曰跔跥」（《韻集》皆誤倒作《集韻》，張文虎已乙正，水澤氏「跥」誤作「號」）。《索隱》又引《戰國策》，黃善夫本、元刻本、慶長本僅引「虎摯之士」四字，乾道本、淳熙本作「虎摯之士虎跔」。「跥」是「踶（蹄）」俗字。「跔跥」即「跔蹄」，亦作「跼蹄」。《文選·江賦》李善注引《聲類》：「偏舉一足曰跼蹄也。」「跼」同「跔」。「虎跔」是「踶跔」脫誤。《長短經》作「號詢」者，亦是「踶跔」之誤。「踶跔」又是「跔蹄」之倒文。「跔」是「句」增旁字，言足句曲也。《司馬相如傳》「蠼以連卷」，《漢書》「蠼」作「躩」，顏師古注引張揖曰：「躩，跳也。連卷，句蹄也。」《集解》所引一說「偏舉一足曰跿跔」，非此文之誼。

（16）無異垂千鈞之重於鳥卵之上

按：《韓策一》「垂」作「墮」，「於」上有「集」字。垂，讀為墮。P.3697《捉季布傳文》「垂賞搥金條格新」，P.3197、S.5439「垂」作「墮」。

（17）則鴻臺之宮、桑林之苑非王之有也

《集解》：徐廣曰：「桑，一作栗。」

按：《韓策一》、《長短經·七雄略》亦作「桑林」，《御覽》卷196引《策》作「樂林」，未詳孰是。

（18）大王賢其說而不計其實

按：《長短經·七雄略》同，《齊策一》作「大王覽其說而不察其至

〔註612〕徐復《戰國策正詁》，收入《徐復語言文字學論稿》，江蘇教育出版社，1995年版，第120頁。

實」，P.5034V《春秋後語》作「大王覽其說而不計其實」。高誘注：「覽，受。」「覽」是「賢」形誤。計，考計，與「察」同義，經傳多借「稽」字為之。

（19）趙入朝澠池，割河間以事秦

按：《齊策一》同，《長短經・七雄略》「朝」下有「歌」字，衍文。下文亦云「今趙王已入朝澠池，效河間以事秦」，《趙策二》云「（趙王）於是乃以車三百乘入朝澠池，割河間以事秦」。言趙王入朝秦王於澠池也。

（20）繕甲厲兵

按：《趙策二》同，姚校云：「繕，一作綴。」《秦策一》有「綴甲厲兵」語。宋刊《長短經・七雄略》「厲」作「勵」，借字。

（21）唯大王有意督過之也

《索隱》：督者，正其事而責之。督過，是深責其過也。

按：王念孫謂「督」、「過」皆訓責，王叔岷從之，是也。過，《趙策二》、P.5523V《春秋後語》同，P.2702《春秋後語》、宋刊《長短經》誤作「遇」，P.5034V《春秋後語》誤作「通」。

（22）秦雖僻遠，然而心忿含怒之日久矣

按：《長短經》同，《趙策二》「忿」下有「悁」字。鮑彪注：「悁亦忿。」悁，恚也，一聲之轉。

（23）願以甲子合戰，以正殷紂之事

按：正，《趙策二》同，宋刊《長短經》作「征」。

（24）約四國為一以攻趙，趙服，必四分其地

按：王念孫曰：「『服』字義不可通，『趙服』當為『趙破』，字之誤也。《趙策》作『破趙而四分其地』，是其證。」張文虎、瀧川資言、張森楷從其說。黃式三曰：「《策》『破』，《史記・儀傳》及《通鑑》皆作『服』，形相似而譌。」﹝註613﹞崔適曰：「『服』字衍。」吳國泰曰：「服者，『破』字之借。」王叔岷曰：「《春秋後語》亦作『破趙而四分其地』。惟作『趙服』，義自可通。蓋趙服而分其地，與破趙而分其地，意亦相符。《長短經》、《通鑒》並從《史》作『趙服』。」王叔岷說是，惟宋刊《長短經》誤作「趙勝」。

---

﹝註613﹞黃式三《周季編略》卷8上，收入《續修四庫全書》第347冊，上海古籍出版社，2002年版，第101頁。

服，讀作覆或負，敗也。

（25）面相見而口相結

按：口相結，《趙策二》作「身相結」，《長短經》作「口相約」。

（26）願大王之定計

按：上下文並有「願大王孰計之」語，定猶孰（熟）也〔註614〕，非「決定」之誼。

（27）蔽欺先王，獨擅綰事

按：《集韻》：「綰，繫也。《史記》：『獨擅綰事。』或作綄。」李笠曰：「《趙策》作『獨制官事』，『綰』與『擅』同義，疑一本作『擅』，一本作『綰』，後遂兩存之耳。《策》作『官』，即作『綰』本之誤也。」瀧川資言曰：「《策》『獨擅』作『獨制』，『擅』與上文複，《策》為長。綰，《策》作『官』。『綰』、『官』、『管』通，統轄之意。」吳國泰曰：「綰者，『官』字之借。」徐復曰：「官事，亦言官業。」〔註615〕瀧川說是，官、綰，並讀為管，字亦借「筦」、「斡」為之。《趙策二》「蔽欺」作「蔽晦」。

（28）割地謝前過以事秦

按：王叔岷曰：「《趙策》『割』作『剖』，史公說『剖』為『割』耳。」金正煒校《策》云：「『剖地』當從《史》作『割地』，二形相似而誤。」〔註616〕金說是，《策》下文「割河間以事秦」，正作「割」字。

（29）陰告廚人曰：「即酒酣樂，進熱啜，反鬥以擊之。」於是酒酣樂，進熱啜，廚人進斟，因反鬥以擊代王

《索隱》：啜，音昌悅反。按：謂熱而啜之，是羹也。於下云「廚人進斟」，斟謂羹汁，故因名羹曰斟。

《正義》：啜，昌拙反。劉伯莊曰：「即熱羹也。」（據《考證》本）

《校勘記》：汁，原作「勺」，據耿本、黃本、彭本、柯本、凌本、殿本改。《方言》卷3：「斟、協，汁也。北燕、朝鮮洌水之閒曰斟，自關而東曰協，關西曰汁。」（7／2787）

〔註614〕例證參見《故訓匯纂》，商務印書館，2003年版，第565頁。
〔註615〕徐復《戰國策正詁》，收入《徐復語言文字學論稿》，江蘇教育出版社，1995年版，第116頁。
〔註616〕金正煒《戰國策補釋》卷4，收入《續修四庫全書》第422冊，上海古籍出版社，2002年版，第519頁。

按：《方言》卷 3 郭璞注：「謂和協也。或曰潘（瀋）汁，所未能詳。」「協」從無羹汁之義，故《方言》「汁」是「協」同音借字，和協義，非謂羹汁。此文「䤿」指「熱啜」，即「羹汁」，斷無疑問，《索隱》說是也。但「䤿」無羹汁義。《說文》：「䤿，勺也。」段玉裁曰：「勺之謂之䤿，引申之盛於勺者亦謂之䤿。」〔註 617〕段說非是。《燕策一》「䤿」作「䤿羹」。此文「䤿」當是「糂」形誤，《長短經》誤同。「䤿羹」亦當作「糂羹」。《說文》：「糂，以米和羹也。糝，古文糂從參。」S.617《俗務要名林》、《廣韻》並云：「糂，羹糂。」《呂氏春秋‧任數》「藜羹不䤿」，《墨子‧非儒下》、《荀子‧宥坐》作「糂」，《呂氏春秋‧慎人》、《韓詩外傳》卷 7、《說苑‧雜言》並作「糝」。亦其例。鮑彪注：「䤿，注也。」亦非是。

## （30）秦王以為然，乃具革車三十乘，入儀之梁

按：入儀之梁，《齊策二》作「納之梁」。「入」即「內」，古「納」字。

## （31）是王內罷國而外伐與國，廣鄰敵以內自臨

按：瀧川資言曰：「『內自臨』有譌誤，《策》無『內』字。」吳國泰曰：「臨，伐也。《西周策》『以臨韓、魏』，注：『伐也。』」王叔岷引施之勉曰：「《考證》非也。《李斯傳》『內自虛而外樹怨於諸侯』，此『內自臨』與『內自虛』句法同。《西周策》『以臨韓、魏』，高注：『臨猶伐也。』內自臨，內自伐也。《孟子》所謂『國必自伐，而後人伐之』矣。」今施氏《訂補》已棄其說，改引郭希汾曰：「言使鄰敵土地日廣，以自臨患難也。」王叔岷曰：「如釋此『內自臨』為『內自伐』，則與《孟子》取義不類。且上文方言『外伐與國』，此遽言『內自伐』，意亦不貫。臨猶制也。『廣鄰敵』與上『外伐與國』相應，『內自制』與上『內罷國』相應。」郭希汾解「廣鄰敵」是，但解「以臨」則誤。施氏說「臨猶伐也」是也，但引《孟子》則誤，王叔岷說亦非是。《齊策二》作「是王內自罷而伐與國，廣鄰敵以自臨」，李人鑒指出此文「自臨」上「內」字當據《策》刪〔註 618〕，則殊不必，《策》無「外」、「內」二字，本書則加二字作對舉。「臨」謂以兵加之（即上文「楚臨南鄭」之臨）。言王疲敝國力而攻擊與國，是使鄰敵彊大而來以兵加己也。《蘇秦列傳》「夫破宋，殘楚淮北，肥大齊，讎彊而國害」，「廣鄰敵」即所謂「肥大齊」、「讎彊」也，「自臨」即所謂「國害」也。繆文遠曰：「『臨』

---

〔註 617〕段玉裁《說文解字注》，上海古籍出版社，1981 年版，第 718 頁。
〔註 618〕李人鑒《太史公書校讀記》，甘肅人民出版社，1998 年版，第 1067 頁。

殆『孤』字之訛。」〔註619〕妄改無據也。

**（32）軫重幣輕使秦楚之間，將為國交也**

按：王叔岷曰：「《御覽》卷 463 引作『陳軫重幣輕信，秦使之楚，將為交也』。」《御覽》有倒誤。下文云「有事，秦將輕使重幣事君之國」，是「輕使」不誤也。

**（33）中謝對曰：「凡人之思故，在其病也。彼思越則越聲，不思越則楚聲。」**

按：王叔岷曰：「『故』字當屬下讀，『故』與『固』同，《御覽》卷 463 引『故』正作『固』。」王說非是。《類聚》卷 75、《文選·登樓賦》李善注、《御覽》卷 738、《冊府元龜》卷 736、833、887、《古史》卷 41 引皆作「故」。思故，猶言思舊。「在其病也」下句號當改作逗號。

**（34）公叔以為便，因委之犀首以為功**

按：《魏策一》「便」作「信」，姚校云：「曾作『便』，劉作『信』。」鮑本作「然」。

## 卷七十一《樗里子甘茂列傳》

**（1）樗里子滑稽多智，秦人號曰「智囊」**

《索隱》：滑音骨。稽音雞。鄒誕解云「滑，亂也。稽，同也。謂辨捷之人，言非若是，言是若非，謂能亂同異也」。一云滑稽，酒器，可轉注吐酒不已。以言俳優之人出口成章，詞不窮竭，如滑稽之吐酒不已也。

《正義》：滑讀為淈，水流自出。稽，計也。言其智計宣吐如泉，流出無盡，故楊雄《酒賦》云「鴟夷滑稽，腹大如壺」是也。顏師古云：「滑稽，轉利之稱也。滑，亂也。稽，礙也。其變無留也。」一說稽，考也，言其滑亂不可考較。

按：瀧川資言、錢鍾書均從鄒誕生說〔註620〕，吳國泰從酒器說。徐仁甫曰：「此曰『滑稽多智』，即解『滑稽』為『多智』。顏師古云云。稽訓疑（礙）留，拘泥不變。滑訓轉利。可知『滑稽』一詞是動賓結構。人能轉利留滯，非多智乎？」王泗原曰：「滑稽，以其音表隱曲之義，與『正直』相反。」〔註621〕王叔岷曰：「《說文》：『滑，利也。』」稽讀為計，《正義》

〔註619〕繆文遠《戰國策新校注》，巴蜀書社，1998 年版，第 297 頁。
〔註620〕錢鍾書《管錐編》，中華書局，1986 年版，第 316～317 頁。
〔註621〕王泗原《古語文例釋》，上海古籍出版社，1988 年版，第 353 頁。

是也。『滑稽』猶言『利計』，亦即『巧計』矣。」諸說皆非。「滑稽」轉語作「突梯」、「諉訑」，狡猾、詐欺之義〔註622〕。

（2）且夫周豈能無憂其社稷哉

按：《西周策》、《長短經‧七雄略》「憂」形誤作「愛」。

（3）公仲方有得秦救，故敢扦楚也

按：《韓策二》作「公仲柄得秦師」。鮑彪注：「柄，猶持。」吳師道《補注》：「《史記》『方有得秦』。按字書，『枋』與『柄』同，此恐字訛。」金正煒曰：「柄，猶杖也。《漢書‧李尋傳》『臣已不足杖矣』，注：『杖，謂倚任也。』」〔註623〕吳國泰曰：「『有』當讀作『以』。『柄』與『枋』同，『枋』即『方』之借字也。」張森楷曰：「《策》與此語意大同。《廣雅》：『有，取也。』方有得秦救，言方以為取得秦救也。」朱瑗說同張氏〔註624〕。王叔岷曰：「有，猶以也。」李人鑒謂此文與《策》不可解。「有」是「有無」之「有」，諸說非是。方、柄一聲之轉，並讀為傍，依恃也。

（4）今之燕必經趙

按：經，《長短經‧七雄略》同，《秦策五》作「徑」，古字通。

（5）文信侯叱曰：「去！我身自請之而不肯，女焉能行之？」

按：宋元各本及慶長本同，《秦策五》「去」在「曰」字上。姚宏校云：「曾作『曰去』，劉作『去曰』。」吳師道《補注》：「姚云『曾作曰去』，語勝。」《史記》及曾本是，《呂氏春秋‧序意》：「（豫讓）叱青荓曰：『去！長者吾且有事。』」又《權勳》：「子反叱曰：『訾！退！酒也。』」退亦去也。《平原君列傳》：「楚王叱曰：『胡不下！吾乃與而君言，汝何為者也！』」下亦去也。《酈生列傳》：「酈生瞋目案（按）劍叱使者曰：『走！復入言沛公。』」走亦去也。皆其例。可證「去」當在「曰」下，猶今語曰「滾」，劉本作「叱去曰」誤。

（6）甘羅曰：「大項橐生七歲為孔子師。」

《索隱》：音託。尊其道德，故云「大項橐」。

〔註622〕參見蕭旭《荀子校補》，花木蘭文化出版社，2016年版，第101～102頁。

〔註623〕金正煒《戰國策補釋》卷5，收入《續修四庫全書》第422冊，上海古籍出版社，2002年版，第564頁。

〔註624〕朱瑗《〈史記‧樗里子甘茂列傳〉疏證》，《國立編譯館館刊》第1卷第4期，1971年版，第111頁。

《正義》：尊其道德，故曰「大」。（據《考證》本）

《校勘記》：大，景祐本、紹興本、耿本、黃本、彭本、柯本、凌本、殿本作「夫」，《秦策五》同，疑是。（7／2806）

按：①張文虎曰：「《索隱》本『大』，各本作『夫』。」周尚木曰：「依義自以作『夫』為長，小司馬釋『大』，固不勉望文生義之病，然竟改正文注文以滅古書之跡，是亦妄舉耳。」沈家本曰：「此當以『夫』字為是，不必從《索隱》以示奇。」李笠曰：「《索隱》本『夫』作『大』，注云『尊其道德，故云大項橐』，恐是小司馬因誤本曲為之說。」瀧川資言曰：「楓山、三條本『夫』作『大』，《索隱》本、《正義》本亦作『大』。《策》作『夫』，《策》義為長。《淮南子·修務訓》：『項託年七歲為孔子師。』」水澤利忠曰：「夫，南化、楓、梅、三、梅、高、《索》『大』。《索》『故云大項橐』，耿、慶、彭、凌、游、殿無『大』字。」施之勉曰：「黃善夫本、凌本、殿本並作『夫』。」王叔岷曰：「景祐本『夫』字亦同。《秦策五》姚注引作『大』，與《索隱》、《正義》本及楓、三本合。《玉燭寶典》卷4引『夫』亦作『大』，並云：『董仲舒《對冊》云：「良玉不琢〔註625〕，無以異於大巷達人〔註626〕，不學而自知。」注云：「大項橐也。」嵇康《高士傳》乃言「大項橐與孔子俱學於老子」。』今本《漢書·董仲舒傳》『大巷達人』作『達巷黨人』，孟康注『大項橐』，『大』誤『人』。此文『夫』字，當從故本作『大』。《論衡·實知篇》：『夫項橐年七歲〔註627〕，教孔子。』李人鑒曰：「司馬貞未能正其誤而妄為之注。」乾道本、慶長本、四庫本「大」亦作「夫」，《御覽》卷404引《春秋後語》、《冊府元龜》卷773、890、《古史》卷42、《通志》卷93同。黃善夫本下方校記云：「夫，乍（作）『大』。」此文當作「夫」，發語辭，《玉燭寶典》不可從也。《淮南子·修務篇》：「夫項託年七歲為孔子師，孔子有以聽其言也。」（瀧川引脫「夫」字）《淮南子》及《論衡》皆作「夫」字。《漢書》孟康注「大項橐」之「大」是動詞推崇、尊重義，不能作證據。《玉燭寶典》所引嵇康《高士傳》，今本佚，疑有誤，不可考，所引《高士傳》下文「（孔子）問大項：居何在」，《文選·皇太子釋奠會作詩》李善注引作「孔子問項橐曰：居何在」，是《高

---

〔註625〕引者按：原書「琢」作「琭」，王氏引誤。
〔註626〕引者按：原書無「以」字，「達」作「黨」，王氏引誤。
〔註627〕引者按：原書「橐」作「託」。

士傳》舊本亦未必就作「大項」。②乾道本、慶長本、四庫本《索隱》亦無「大」字。正文「大」既作「夫」，因刪注文「大」字。

（7）武安君南挫彊楚，北威燕、趙

按：威，《長短經・七雄略》形誤作「滅」。《孫子列傳》「西破彊楚，入郢；北威齊、晉」，《伍子胥列傳》「西破彊楚，北威齊、晉」，文例皆同。

（8）破城墮邑

按：墮，《長短經・七雄略》作「隳」，古字通。

（9）去咸陽七里而立死於杜郵

按：王叔岷曰：「《白起傳》、《論衡・禍虛篇》並稱起引劍自殺；《秦策》則云『絞而殺之』。」李人鑒曰：「『立死』二字不可解，疑『立』字誤。」立死，《長短經・七雄略》作「賜死」。《蔡澤列傳》亦云「遂賜劍死於杜郵」，但此文與《策》乃甘羅說辭，不可斷以《傳》。此文「立」疑「交」形訛，借作「絞」。

（10）王不如齎臣五城以廣河間

《索隱》：齎音側奚反，一音賫。並謂割五城與臣也。

按：齎，宋刊《長短經・七雄略》作「賫」，同「賫」，並俗「齎」字，猶言送也。

## 卷七十二《穰侯列傳》

（1）其客宋公謂液曰

《索隱》：《戰國策》作「宋交」。

按：《趙策三》作「宋突」，其人又見《趙策四》。

（2）事成，魏冄故德公矣

按：吳國泰曰：「『故』訓意也。言事若成，則魏冄之意德公矣。」其說殊誤。《趙策三》「故」作「固」，正字。

（3）於是穰侯之富，富於王室

按：瀧川資言曰：「楓山、三條本『王室』作『王家』。」水澤利忠曰：「室，南化、楓、梅、三『家』。」王叔岷曰：「《書鈔》卷139、《初學記》卷18、《御覽》卷471引此亦皆作『王家』。」下文云「穰侯擅權於諸侯，涇陽君、高陵君之屬太侈，富於王室」，《書鈔》卷139、《初學記》卷18引其文「王室」作「王家」，非引此文，王氏誤記也。《水經注・濟水》、《文

選·後漢書皇后紀論》李善注引此文仍作「王室」。

（4）夫秦何厭之有哉

按：厭，馬王堆帛書《戰國縱橫家書·須賈說穰侯章》（本篇下文省稱作帛書本）、《魏策三》、《冊府元龜》卷 890、《古史》卷 43、《通志》卷 93 同；宋元各本及慶長本、四庫本、殿本作「猒」，古字。

（5）此非敢攻梁也，且劫王以求多割地

按：張森楷、王叔岷並指出《國策》「敢」作「但」。鄭良樹曰：「帛書本《國策》作『敢』。」〔註 628〕徐仁甫曰：「《史》『敢』，音近『但』而誤。」李人鑒曰：「帛書『非敢』下脫『攻』字，《魏策三》『非敢』誤作『非但』。此《傳》『且劫王以求多割地』一語，《魏策三》作『且劫王以多割也』，帛書作『且劫王以多割』。此《傳》衍『求』字，『地』字乃『也』字之誤（《魏策三》無言『割地』者）。」金正煒曰：「『割也』當為『割地』之損。」〔註 629〕敢，讀為但，徐說是，《冊府元龜》卷 890 亦作「但」。此文疑本作「且劫王以求多割地也」，今本脫一「也」字，二句「也」字對應。「求」未必是衍文。帛書及《策》省「地」字。《張儀列傳》「然後王可以多割得地也」，可證「地」非誤字。

（6）今王背楚、趙而講秦，楚、趙怒而去王

按：帛書本及《魏策三》「背」作「循」。金正煒曰：「循當讀為遁。《廣雅》：『遁，欺也。』」〔註 630〕張森楷曰：「《國策》『背』作『循』。」王叔岷曰：「《魏策》『背』作『循』。循借為遁，《廣雅》：『遁，避也。』避與背義近。」帛書整理者曰：「循，當作『遁』，逃避。」〔註 631〕金說是，此「循」當是「遁」異體字，當訓欺蒙。《廣雅》：「遁、突，欺也。」遁、突一聲之轉。此文作「背」，與「欺」相因，下文云「百相背也，百相欺也」。

（7）《周書》曰「惟命不于常」

按：水澤利忠曰：「于，南化、楓、柀、三、梅『為』。」《書·康誥》、

〔註 628〕鄭良樹《史記賸義》，收入《大陸雜志史學叢書》第 5 輯第 2 冊《史記考證研究論集》，第 83 頁。

〔註 629〕金正煒《戰國策補釋》卷 5，收入《續修四庫全書》第 422 冊，上海古籍出版社，2002 年版，第 549 頁。

〔註 630〕金正煒《戰國策補釋》卷 5，收入《續修四庫全書》第 422 冊，上海古籍出版社，2002 年版，第 549 頁。

〔註 631〕《馬王堆漢墓帛書〔參〕》，文物出版社，1983 年版，第 50 頁。

《魏策三》「于」同，帛書本作「為」，下文「是以天幸自為常也」（《魏策三》及帛書同），正解作「為」。褚少孫《三王世家》亦云「唯命不可為常」，王引之據褚說，云「于，猶為也」〔註632〕，是也；裴學海謂「于，猶有也，于、有一聲之轉」〔註633〕，未洽。

### （8）臣聞魏氏悉其百縣勝甲以上戍大梁，臣以為不下三十萬

按：帛書本「戍」誤作「戎」，其上又有「以」字，餘同《史記》。吳國泰曰：「上戍，《魏策》作『止戍』。『上』當為『止』之訛。」池田引安井息軒曰：「大梁，魏王所居，故曰『上』。」瀧川資言曰：「『勝』如『勝冠』之勝，任也。」張森楷曰：「《國策》『甲』作『兵』，『上』作『止』。」王叔岷曰：「《魏策》『勝甲』作『勝兵』，猶言精兵耳。《策》『上』作『止』，疑『上』乃『止』之壞字。」李人鑒曰：「《魏策三》『上』字誤『止』，帛書作『上』，與此《傳》同。」帛書整理者曰：「勝甲，指能穿上甲冑作戰的士卒。」〔註634〕金正煒曰：「『止』當為『上』之誤。蓋晉陽在晉國之西也。此以西戍為上。」〔註635〕鄭良樹曰：「金氏謂『止』當作『上』，以《史記》為正，甚塙。帛書本《國策》字亦作『上』，與《史記》相符，可證其說。」〔註636〕瀧川、李氏說是，吳、王說非也。金氏說「止當作上」是也，但所解則誤。「勝」即「勝任」之勝。《國語·吳語》「筋力不足以勝甲兵、志行不足以聽命者歸」，《管子·問》「餘子之勝甲兵有行伍者幾何人」，「勝甲兵」省稱則曰「勝甲」或「勝兵」。《蕭相國世家》：「為君計，莫若遣君子孫昆弟能勝兵者悉詣軍所。」《淮南衡山列傳》：「今吾國雖小，然而勝兵者可得十餘萬。」《漢書·西域傳》：「戶四百五十，口千七百五十，勝兵者五百人。」勝甲以上，謂勝任甲兵以上者，勝任甲兵是最低條件。

### （9）夫三晉之相與也，秦之深讎也

按：張森楷曰：「《國策》『與』作『結』。」相與，猶言相交，與「相

---

〔註632〕王引之《經傳釋詞》，嶽麓書社，1984 年版，第 24 頁。

〔註633〕參見裴學海《古書虛字集釋》，中華書局，1954 年版，第 43 頁。

〔註634〕《馬王堆漢墓帛書〔參〕》，文物出版社，1983 年版，第 50 頁。

〔註635〕金正煒《戰國策補釋》卷 5，收入《續修四庫全書》第 422 冊，上海古籍出版社，2002 年版，第 549 頁。

〔註636〕鄭良樹《史記賸義》，收入《大陸雜志史學叢書》第 5 輯第 2 冊《史記考證研究論集》，第 83 頁。

結」同義。

（10）夫齊，罷國也，以天下攻齊，如以千鈞之弩決潰癰也

按：《秦策二》無「決」字，姚宏校云：「錢、劉『弩』下有『射』字。」
《策》錢、劉本是，《記纂淵海》卷 56 引同。「潰癰」是名詞，「潰」不是
動詞。《新序·善謀》：「今以中國之大，萬倍之資，遣百分之一以攻匈奴，
譬如以千石之弩射癰潰疽（「癰潰疽」當乙作「潰癰疽」），必不留行矣。」
《商子·外內》：「以此遇敵，是以百石之弩射飄葉也。」並是其證。《鹽鐵
論·伐功》：「以漢之強，攻於匈奴之眾，若以強弩潰癰疽。」亦脫動詞
「射」字。

（11）及其貴極富溢，一夫開說，身折勢奪而以憂死

按：瀧川資言曰：「楓山、三條本『開說』作『關說』，可從。《梁孝王
世家》、《佞幸傳》亦有『關說』字。」水澤利忠曰：「開，南化、楓、棭、
三、梅、高『關』。」王叔岷曰：「關說，猶『通說』，義固可通。然《索隱
述贊》已云『一夫開說，憂憤而亡』，則作『開說』，蓋此文之舊矣。《曹相
國世家》『終莫得開說』（《漢書》同，如淳注：『開，謂有所啟白。』），《考
證》引古鈔本、楓、三本『開』作『關』，亦形近之誤。《呂氏春秋·壅塞
篇》『彼且胡可以開說哉』，亦用『開說』一詞。」王說非是。黃善夫本校
記云：「開，本乍（作）『關』。」「開」是「關」形誤，《索隱》所見本已誤，
另詳《曹相國世家》校補。

（12）況於羈旅之臣乎

按：羈，宋元各本及慶長本作「羇」。

## 卷七十三《白起王翦列傳》

（1）乃挾詐而盡阬殺之，遺其小者二百四十人歸趙

按：張文虎曰：「毛本『遺』作『遣』。」「遣」是形誤，淳熙本誤同。
黃善夫本上方校記云：「遺，猶留。」

（2）南定鄢、郢、漢中，北禽趙括之軍，雖周、召、呂望之功不益
　　於此矣

按：張森楷曰：「《秦策》『定』作『亡』。」《長短經·七雄略》「定」
作「取」。亡，讀為改、撫。《說文》：「改，撫也，讀與撫同。」改、撫一
聲之轉，《說文》以今字釋古字也。《墨子·節用中》「南撫交阯，北降幽都」，

文例相同。召，《長短經》、《冊府元龜》卷888、《古史》卷44、《通志》卷93同；宋元各本及慶長本作「邵」，古鈔本《治要》卷12引同（天明刊本仍作「召」）。「周、召」指周公旦、邵公奭二人也。

### （3）王翦果代李信擊荊

按：張文虎曰：「舊刻『果』作『柬』，《御覽》卷274同。」瀧川資言曰：「楓山、三條本、《御覽》『果』作『柬』，可從。」水澤利忠曰：「果，南化、楓、三、梅、蜀、殿『柬』。」王叔岷曰：「殿本『果』亦作『柬』。」黃善夫本下方校記云：「果，或本『柬』。」「柬」是「果」形譌，瀧川說非是，其引《御覽》亦是竊取張說耳。果，猶卒也，終也。

### （4）而善飲食撫循之

按：王叔岷曰：「《書鈔》卷160、《御覽》卷330引『撫』並作『拊』。《說文》：『拊，揗也。』」《通典》卷155亦作「拊」。

## 卷七十四《孟子荀卿列傳》

### （1）平原君側行撇席

《索隱》：《字林》曰「襒音匹結反」。韋昭曰「敷蔑反」。張揖《三蒼訓詁》云「襒，拂也。」謂側而行，以衣襒席為敬，不敢正坐當賓主之禮也。

按：張文虎曰：「凌本『撇』作『襒』。」沈家本曰：「毛本『撇』，王本、凌本、官本『襒』。作『撇』是，《文選・甘泉賦》注引張揖《三蒼注》作『撇』，此作『襒』者，誤也。《文選・洞簫賦》注引《說文》：『撆，拭也。』『拭』與『拂』同義。《四字講德論》注：『撆與撇同。』則『撇』者，『撆』之異體。《刺客傳》之『蔽席』，則『撇』之叚借字也。」池田從沈說。瀧川資言曰：「《文選》注引《說文》：『撆，拂也。』《刺客傳》『蔽席』。三字通用。」瀧川竊取沈家本說又約其言耳。水澤利忠曰：「襒，景、井、蜀、紹、衲、毛、金陵『撇』。」林茂春曰：「《刺客傳》『蔽席』，『蔽』疑作『襒』，音蟞，《孟荀列傳》『平原君側行襒席』。」〔註637〕吳國泰曰：「撇者，拂字之借。」施之勉曰：「景祐本『襒』作『撇』。」譚戒甫曰：「《文選・甘泉賦》注引張揖《三蒼注》：『撇，拂也。』又《刺客傳》作

---

〔註637〕林茂春《史記拾遺》，收入《二十四史訂補》第1冊，書目文獻出版社，1996年版，第700頁。

『蔽席』。則『撇』為異體，『蔽』為假字。」〔註638〕王叔岷曰：「《文選·甘泉賦》注引張揖《三蒼注》云：『撇，拂也。』與《索隱》引作『襒』異。《索隱》蓋據正文改『撇』為『襒』耳。《文選·洞簫賦》注引《說文》：『擎，拭也。』（段注本《說文》改『拭』作『飾』，云：『飾者，今之拭字。《史記·荊軻傳》「跪而蔽席」、《孟荀傳》「襒席」，皆「擎」之異體。』）《考證》『拭』作『拂』，失檢。景祐本『襒』作『撇』，『撇』即『擎』字。」正文「撇」，景祐本、紹興本同；黃善夫本、乾道本、淳熙本、元刻本、慶長本作「襒」（《索隱》同，水澤氏誤校），《書鈔》卷34、《班馬字類》卷5引同；殿本、瀧川《考證》本作「襒」。「襒」從示不從衣，當是「撇」形誤。後人妄改從衣作「襒」字耳，林茂春說全誤。《後漢書·趙岐傳》李賢注引《三輔決錄注》「三輔高士未曾以衣裾襒其門也」，宋刊《冊府元龜》卷781「襒」作「襲（襲）」，亦「拂」借字。撇（擎）、拂一音之轉，《三蒼訓詁》是聲訓，猶言拂拭。《刺客列傳》「跪而蔽席」，《索隱》：「蔽猶拂也。」《燕策三》作「拂席」。《屈原列傳》：「修路幽拂，道遠忽兮。」《楚辭·懷沙》「拂」作「蔽」。《大事記解題》卷4引本文作「避席」，非是。

### （2）持方柄欲內圓鑿，其能入乎

《索隱》：方柄是筍也，圓鑿是孔也。謂工人斲木，以方筍而內之圓孔，不可入也。

按：《索隱》「筍」是「榫」借音字。

### （3）伊尹負鼎而勉湯以王，百里奚飯牛車下而繆公用霸，作先合，然後引之大道

按：李笠曰：「『作』同『詐』。謂先以詐術求合，然後引之（同『至』）大道也。」瀧川資言從其說。張森楷曰：「作，使也。」施之勉從張說。王叔岷曰：「作，使也。引之大道，猶『引以大道』。」譚戒甫曰：「作先合，謂以鼎牛為進身之階。」〔註639〕譚說是，「作」謂動作，即指伊尹負鼎、百里奚飯牛，言先以動作合於湯王、繆公，然後引之大道也。

〔註638〕譚戒甫《〈史記·孟子荀卿列傳〉校釋》，《中國歷史文獻研究集刊》第1集，湖南人民出版社，1980年版，第88頁。

〔註639〕譚戒甫《〈史記·孟子荀卿列傳〉校釋》，《中國歷史文獻研究集刊》第1集，湖南人民出版社，1980年版，第89頁。

（4）客以謂髡

按：謂，問也。《墨子・耕柱》「巫馬子謂子墨子曰」，《類聚》卷73引「謂」作「問」。《尹文子・大道下》「謂鄭賈曰」，《類聚》卷83、《御覽》卷911引「謂」作「問」。

（5）不遂大道而營於巫祝

按：王叔岷曰：「《廣雅》：『遂，行也。』」譚戒甫曰：「不遂，不成。」〔註640〕王、譚說非是。遂，讀為述。《說文》：「述，循也。」《風俗通義・窮通》「遂」作「遵」，遵亦循也。

（6）如莊周等又滑稽亂俗

按：張文虎曰：「舊刻、毛本作『滑稽』。」瀧川資言曰：「『猾』、『滑』通，毛本作『滑』。」施之勉曰：「景祐本作『滑』，《元龜》卷767引亦作『滑』。」王叔岷曰：「景祐本、殿本亦並作『滑』。」紹興本、四庫本亦作「滑」，《冊府元龜》卷854亦同；黃善夫本、乾道本、淳熙本、元刻本、慶長本作「猾」。

## 卷七十五《孟嘗君列傳》

（1）文曰：「必受命於天，君何憂焉。必受命於戶，則可高其戶耳，誰能至者！」

按：「焉」下句號改作問號。王叔岷曰：「《論衡・福虛篇》兩『必』字並作『如』，《四諱篇》下『必』字亦作『如』，《御覽》卷184引此下『必』字亦作『如』。《風俗通》、《異苑》下『必』字並作『若』。『必』與『如』、『若』同義。」《白氏六帖事類集》卷9引此文二「必」作「若」，「則可」作「但」。

（2）今君後宮蹈綺縠而士不得短褐，僕妾餘粱肉而士不厭糟糠

《索隱》：短亦音豎。豎褐，謂褐衣而豎裁之，以其省而便事也。

《校勘記》：「短」、「裋」通。（7／2858）

按：①張文虎曰：「據《索隱》，疑『短』本作『裋』，故音豎。」池田從張說。瀧川資言曰：「裋，各本作『短』，今從楓山、三條本。陳仁錫曰：『今本裋作短，誤。』」水澤利忠曰：「裋，景、井、蜀、紹、慶、中統、

---

〔註640〕譚戒甫《〈史記・孟子荀卿列傳〉校釋》，《中國歷史文獻研究集刊》第1集，湖南人民出版社，1980年版，第92頁。

彭、《索》、毛、凌、殿、金陵『短』。南化、楓、三、梅《校記》『裋』。」
吳國泰曰：「蹈者，韜字之借，引申訓藏。」施之勉曰：「《通志》作『裋』。」
王叔岷曰：「《索隱》單本、景祐本、黃善夫本、殿本皆作『短』，《記纂淵
海》卷 39 引同。《御覽》卷 689 引《春秋後語》亦作『短』。裋、短，正、
假字。」乾道本、淳熙本、慶長本亦作「短」，《冊府元龜》卷 849、《事類
賦注》卷 12 引《春秋後語》同；四庫本作「裋」，《古史》卷 45 引同。黃
善夫本上方校記云：「短，本乍（作）『裋』。」②黃善夫本、紹興本、乾道
本、元刻本、慶長本、四庫本作「厭」，《冊府元龜》卷 849、《古史》卷 45、
《通志》卷 94、《記纂淵海》卷 39 引同；景祐本、淳熙本作「猒」。「猒」
是本字，《說文》：「猒，飽也。」俗字作饜。③蹈，讀為燾，字亦作幬，覆
也。《列女傳》卷 6「後宮蹈綺縠，弄珠玉」，亦同。《儀禮·鄉射禮》鄭玄
注：「今文韜為翿。」是其相通之證。《平原君列傳》「婢妾被綺縠，餘粱肉，
而民褐衣不完，糟糠不厭」，被亦覆也；《說苑·復恩》「被」作「荷」，負
也，義相近。又音轉作糅，《齊策四》「下宮糅羅紈，曳綺縠，而士不得以
為緣」，《御覽》卷 475 引「糅」作「蹈」，「糅」即「蹈」聲轉字。

（3）嬰卒，謚為靖郭君

《集解》：《皇覽》曰：「靖郭君冢在魯國薛城中東南陬。」

《索隱》：陬音鄒，亦音緅。陬者，城隅也。

按：《御覽》卷 560 引《皇覽冢墓記》「東南陬」脫誤作「東聚」。

（4）孟嘗君舍業厚遇之，以故傾天下之士

按：王叔岷曰：「傾猶奪也。」王說非是。傾，傾伏。

（5）孟嘗君使人抵昭王幸姬求解

《索隱》：抵音丁禮反。按：抵謂觸冒而求之也。

按：《索隱》抵訓觸冒，則是讀作牴，其說非是。瀧川資言曰：「抵，
至也。」池田引憲樓曰：「抵音紙，至也。《索隱》音、義並非。」吳國泰
曰：「抵者，適字之借，實借為『之』。」王駿觀曰：「抵，至也，達也。訓
抵為觸冒，非是。」張森楷曰：「抵，歸也。又，憑託也。《索隱》以為『觸
冒』，非是。」施之勉從張說。王叔岷曰：「此文既言求，則『抵』不必訓
憑託。『抵』訓歸，則與《考證》訓至同義。」抵，讀作趆。《說文》：「趆，
趨也。」猶今言投奔。《文選·詣建平王上書》李善注、《冊府元龜》卷 930、
《御覽》卷 499、694 引俱作「抵」（《御覽》卷 499 作俗譌字「扺」），《白

氏六帖事類集》卷4引「抵」作「說」，乃臆改。《范雎列傳》「念諸侯莫可以急抵者」，《風俗通義·窮通》「急抵」作「赴急」，抵亦讀作趄。《說文》：「赴，趨也。」

（6）乃夜為狗，以入秦宮臧中

《正義》：臧，在浪反。

按：臧，《班馬字類》卷 4 引同；宋元各本及慶長本、四庫本、殿本作「藏」，《書鈔》卷 129、《文選·詣建平王上書》李善注、《白氏六帖事類集》卷 4、《御覽》卷 499、694、《冊府元龜》卷 930、《古史》卷 45、《通志》卷 94、《記纂淵海》卷 68、《合璧事類備要》前集卷 34 引同。黃善夫本、元刻本、慶長本、四庫本、殿本《正義》亦作「藏」。

（7）及孟嘗君有秦難，卒此二人拔之

按：池田曰：「拔，『拔群』、『拔萃』之『拔』。」王叔岷曰：「《記纂淵海》卷 58 引『拔』作『救』，義近。」王氏所據《記纂淵海》，是四庫本，宋刊本在卷 19，作「拔」，是「拔」俗訛字〔註641〕。《記纂淵海》卷 56（宋刊本在卷 11）引作「捄」，當是「拔」形訛；又卷 60（宋刊本卷 30）引仍作「拔」。《廣雅》：「拔，除也。」《刺客列傳》《集解》引徐廣曰：「蔽，一作拔。」黃善夫本、乾道本、元刻本「拔」誤作「捄」，亦其相訛之例。

（8）皆笑曰：「始以薛公為魁然也，今視之，乃眇小丈夫耳。」

按：王叔岷曰：「《類聚》卷 19 引『魁然』作『魁梧』，『今』上有『然』字。《御覽》卷 483 引『魁然』亦作『魁梧』。」李人鑒說略同。《野客叢書》卷 23 引同《類聚》，《通志》卷 94 作「魁梧然」。

（9）遂自剄宮門以明孟嘗君

按：王叔岷曰：「《文選·陳情表》注引『剄』作『刎』。」《冊府元龜》卷 865 亦作「刎」。

（10）又禁天下之變

《索隱》：變謂齊、秦合則親弗、呂禮用，用則秦、齊輕孟嘗也。

按：《東周策》「變」作「率」，鮑彪注：「率，猶從也，謂從齊。」「天下之變」指天下之兵變，「率」當是「變」形誤。

---

〔註641〕影宋本《搜神秘覽》卷上「拔髭」之「拔」亦作「拔」，是其例。

（11）代舍客馮公形容狀貌甚辯

按：辯，巧言也，專字作諞，俗作會意字辡，亦借「便」字為之。

（12）**馮驩乃西說秦王曰：「天下之遊士馮軾結靷西入秦者，無不欲彊秦而弱齊；馮軾結靷東入齊者，無不欲彊齊而弱秦。」**

按：馮軾，淳熙本同；景祐本、黃善夫本、紹興本、元刻本、四庫本作「憑軾」，《冊府元龜》卷 889、《古史》卷 45、《通志》卷 94 同；乾道本上句作「馮軾」，下句作「憑軾」（下文二句重出都作「憑軾」），古字通。《田敬仲完世家》蘇代說秦王曰：「中國白頭游敖之士，皆積智欲離齊、秦之交，伏式結軼西馳者，未有一人言善齊者也；伏式結軼東馳者，未有一人言善秦者也。」《韓策三》作「伏軾結靷」。「馮（憑）軾」即「伏軾」，馮、伏一聲之轉。《酈生列傳》「酈生伏軾下齊七十餘城」，《淮陰侯列傳》、《漢書·蒯通傳》、《漢紀》卷 3「伏軾」同，《漢書·酈食其傳》作「馮軾」（《御覽》卷 461、645 引作「憑軾」，又卷 776 引作「憑軶（軾）」）。《酷吏列傳》「同車未嘗敢均茵伏」，《漢書》「伏」作「馮」，錢大昕謂「聲相近」〔註 642〕。《魏世家》「中旗馮琴而對曰」，《索隱》：「《春秋後語》作『伏琴』，《說苑》作『伏瑟』。」《說苑》見《敬慎篇》〔註 643〕。

（13）**此雄雌之國也，勢不兩立為雄，雄者得天下矣**

按：王念孫引其友武進顧子明曰：「『為雄』下衍一『雄』字，『為雄』二字屬下讀。」張文虎、張森楷、池田從其說，徐仁甫說同。王叔岷曰：「顧氏讀『勢不兩立』為句，謂『為雄』下衍一『雄』字，王氏從之，非也。」《冊府元龜》卷 889、《古史》卷 45 作「勢不兩立，為雄者得天下矣」，是宋人已如此讀，早於清人顧子明。然據下文「此勢不兩雄」，則王叔岷說是，宋人引脫一「雄」字耳。

## 卷七十六《平原君虞卿列傳》

（1）**民家有躄者，槃散行汲**

《集解》：散，亦作跚。

《索隱》：散，亦作跚，同音。

---

〔註 642〕 錢大昕《史記考異》，收入《二十二史考異》卷 5，《嘉定錢大昕全集（二）》，江蘇古籍出版社，1997 年版，第 104 頁。

〔註 643〕 參見王念孫《讀書雜志》卷 16《餘編下·文選》，中國書店，1985 年版，本卷第 108 頁。此有補充。

按：《黃氏日抄》卷 46：「槃散，躠貌，意即『蹣跚』。」李笠曰：「《司馬相如傳》：『婆珊勃窣。』《索隱》引韋昭曰：『婆珊，匍匐上下也。』」瞿方梅說同。瀧川資言曰：「槃散，跛行貌。《司馬相如傳》：『婆珊勃窣。』」瀧川引「婆珊」為證，乃竊李笠說。吳國泰曰：「『槃散』者，『蹣跚』之借，跛行貌。」施之勉曰：「《白帖》卷 9 引『槃』作『盤』，《御覽》卷 740 引《春秋後語》亦作『盤』。」王叔岷曰：「敦煌本《春秋後語》『槃散』作『鹽跚』，《御覽》卷 740 引《春秋後語》作『盤散』（注云：『散音珊。』）。《御覽》卷 391 引《史記》亦作『盤散』，《說文繫傳》卷 3 引《史記》作『盤跚』。槃與盤，散與珊，古並通用。鹽，俗字。」王氏所稱敦煌本《春秋後語》，卷號是 P.2569。P.2872V《春秋後語》作「盤跚」，《白氏六帖事類集》卷 3、9 作「盤散」，《通志》卷 94 作「槃跚」，《事文類聚》別集卷 6 作「婆散」，《六書故》卷 16 引作「槃橄」。諸字形並同。字或作「蹣跚」、「婆姍」、「便姍」、「婆珊」、「盤姍」、「盤珊」、「蹣跚」等〔註 644〕。《班馬字類》卷 1：「槃散，與『蹣跚』同，行不進貌。」

**（2）使遂蚤得處囊中，乃穎脫而出，非特其末見而已**

《索隱》：鄭玄曰「穎，環也」。脫音吐活反。

《正義》：穎，禾穗末也。穎脫而出，言特出眾穗之上。（據《考證》本，黃善夫本上方校記亦引之）

按：黃善夫本上方校記云：「脫，突也。」脫、突、出，並一聲之轉。《索隱》所引鄭玄說，《禮記·少儀》：「刀卻刃授穎，削授拊。」鄭玄注：「穎，鐶也。拊，謂把。」「鐶」同「環」。張森楷謂《禮·少儀》鄭玄注作「鐔也」，改「環」作「鐔」，張氏所據乃誤本。「穎」字舊說紛紜。《通鑒》卷 5 胡三省注引毛晃曰：「錐鋩曰穎。」《增韻》：「穎，錐鋩。」《說文繫傳》：「穎謂禾穗之端也，非謂芒為穎。穎者，銳也。故謂錐之末為穎。」程瑤田曰：「禾成而下垂曰穎，字從頃。頃，頭不正也。《說文》曰：『穎，禾末也。』引《詩》曰：『禾穎穟穟。』……穎之義，余初以謂毛遂言錐之出囊曰穎脫，疑取諸禾苗之銳者，及涵泳其文，乃知其所謂穎者，言錐之拊，非言錐之末。蓋謂錐之出於囊也，脫離其拊而盡見於外……又《少儀》云『枕几穎杖，執之尚左手』，鄭氏注：『穎，警枕也。』『刀卻刃授穎』，

---

〔註 644〕 參見蕭旭《〈說文〉「般姍」疏證》，收入《群書校補（續）》，花木蘭文化出版社，2014 年版，第 1852～1853 頁。

鄭氏注：『穎，鐶也。』案警枕形圜，刀鐶在拊，皆謂禾之成而下垂者為穎也。」〔註645〕王紹蘭從程說〔註646〕。段玉裁曰：「末，謂錐尖。穎，謂錐莖。」〔註647〕施之勉從段氏此說。《說文》：「穎，禾末也。」段氏注：「穎之言莖也，頸也，近於采（穗）及貫於采者皆是也……是則穎在錐則卻於末，在刀則卻於刃，在禾則卻采也。渾言之則穎為禾末，析言之則禾芒乃為秒。」〔註648〕朱駿聲曰：「穎，謂錐末也。」〔註649〕黃式三曰：「末謂刀首。《索隱》引鄭德注云：『穎，環也。』按《禮》康成注：『穎，柄也。』」〔註650〕焦循曰：「《釋名》：『刀，到也，其末曰鋒，其本曰環。』《史記·平原君列傳》云云，末謂錐之鋒，則穎謂錐之本。『卻刃授穎』謂卻末授本。其本曰環，故穎即環也。今人於錐本亦作環。」〔註651〕徐灝曰：「《大雅·生民》云『實穎實栗』，毛傳：『穎，垂穎也。』蓋禾成稯在裹中謂之穎，其狀如薴之含苞，既熟則穎脫而出。（《戰國策》毛遂曰『使遂蚤得處囊中，乃穎脫而出，非特其末見而已』即此義。穎指囊而言，解者誤以穎為鐵利之稱，而以錐末為穎，如此則仍是末見，非穎脫矣。下文『刀卻刃授穎』，若以刀鐶為穎，其可通乎？）此穎之本義，故其字從禾。」〔註652〕李述來曰：「此『穎』字當從木從頃，《集韻》云『錐柄也』。謂併柄俱脫然而出，故云『非特其末見而已』，若以為鋒穎，則與『末』何異？」池田從李說〔註653〕。王駿觀曰：「《玉篇》云：『穎，錐鋋也。』言遂若早處囊中，當

〔註645〕程瑤田《九穀考》卷1《梁》，收入《皇清經解》卷548，上海書店，1988年版，第3冊，第791～792頁。

〔註646〕王紹蘭《說文段注訂補》，收入丁福保《說文解字詁林》，中華書局，1988年版，第7169頁。

〔註647〕段玉裁《古文尚書撰異》卷3，收入阮元《清經解》卷570，上海書店，1988年版，第4冊，第53頁。

〔註648〕段玉裁《說文解字注》，上海古籍出版社，1981年版，第323頁。

〔註649〕朱駿聲《說文通訓定聲》，武漢市古籍書店，1983年版，第860頁。

〔註650〕黃式三《周季編略》卷8下，收入《續修四庫全書》第347冊，上海古籍出版社，2002年版，第178頁。

〔註651〕焦循《禮記補疏》卷3，收入《續修四庫全書》第105冊，上海古籍出版社，2002年版，第21頁。

〔註652〕徐灝《通介堂經說》卷26，收入《續修四庫全書》第177冊，上海古籍出版社，2002年版，第243頁。

〔註653〕李述來《讀通鑑綱目條記》卷1，收入《續修四庫全書》第342冊，上海古籍出版社，2002年版，第560頁。池田四郎次郎《史記補注（下編）》（池田英雄增補），日本明德出版社，1975年版，第107頁。

使錐鋌脫其柄而出也。錐本無環，《索隱》解誤。」王繼如曰：「『穎』的語源當為『挺』，『挺』之義為出。『穎脫』為雙聲連綿詞，其義為出脫。」王先生在文尾附記又說：「我的看法已有所改變，就是不把『穎』解為動詞『脫』，而是覺得把『穎』解為錐挺子為好，即是除去錐的把手和錐的末稍而剩下的那金屬桿的部分。這種說法又回到段玉裁了。」〔註654〕今人說「穎脫」者，尚有數家，皆牽附不足信，不復徵引。《禮記》「穎」指刀環，小司馬引鄭說，則以此文指錐環，其說是也，焦循申其說，亦得之。黃式三說改「鄭玄」作「鄭德」，非是；又引《禮》康成注「穎，柄也」，今無考，當是黃氏誤記。此文「穎」與「末」對舉，則宋人解「穎」為錐鋌、錐末，均誤，徐灝、李述來駁之是也，但徐氏解作「穎囊」、李氏解作「錐柄」亦誤。程瑤田說「禾成而下垂曰穎，字從頃。頃，頭不正也」，其說精矣，但解此文「穎」為錐拊，仍誤；解「脫」為脫離，亦誤。「穎」字從禾，頃聲，謂禾之頭不正，指禾穗。《說文》「穎，禾末也」，毛傳「穎，垂穎也」，「禾末」、「垂穎」亦指禾穗。《小爾雅》：「禾穗謂之穎。」禾穗下垂，取義於頭不正也。段玉裁說「穎之言莖也」，未得其語源。刀環在刀的把柄末端，其形圓或半圓形（參見附圖1），有似於頭不正，故刀環亦稱作「穎」。此文則轉指錐環耳，亦在錐的末端，圓形或半圓形（參見附圖2）。朱駿聲說「穎」訓刀環是「營」借字，云「營猶環也」〔註655〕，亦未得其語源。《禮記》警枕稱作「穎」者，穎之言頃也，傾也，取傾側偃息為義。焦循曰：「《類聚》引蔡邕《警枕銘》云：『應龍蟠蟄，潛德保靈。制器象物，示有其形。哲人降鑒，居安聞傾。』《說文》：『傾，仄也。』穎從頃，與『傾』同聲。警枕之名傾，猶畚之歆者名頃筐也……穎之為器，蓋擁於後，坐久倦怠，歆倚於上，取義於傾仄，故名穎。穎、倚一聲之轉，其背高仰，可承首，故有枕名……李尤《讀書枕銘》云：『聽政理事，怠則覽書。傾倚偃息，隨體興居。』此云『傾倚』亦以枕名，蓋即穎類也。」〔註656〕焦說警枕稱作「穎」取義於傾仄，是也，但所引《類聚》卷70「居安聞傾」之「傾」是傾危義，與「安」對舉，不是警枕之名。「穎脫而出，非特其末見而已」者，

〔註654〕王繼如《「穎脫」新解》，收入《訓詁問學叢稿》，江蘇古籍出版社，2001年版，第319～323頁。

〔註655〕朱駿聲《說文通訓定聲》，武漢市古籍書店，1983年版，第860頁。

〔註656〕焦循《禮記補疏》卷3，收入《續修四庫全書》第105冊，上海古籍出版社，2002年版，第21頁。

言錐之出於囊也，錐鐶亦將突出來，不僅僅是錐末而已。錐鐶不能出於囊，毛遂誇飾之辭，以自顯其能耳。《集韻》：「穎，一曰錐柄，一曰刀環，一曰警枕。」字改從木，實是「穎」字譌變，三義的語源一也，都取義於傾〔註657〕。

附圖 1：兩周時期刀的形制圖

附圖 2：戰國時期錐的形制圖

### （3）十九人相與目笑之而未廢也

《索隱》：按：鄭玄曰：「皆目視而輕笑之，未能即廢棄之也。」

《正義》：言十九人相與目視之，竊笑，未敢發聲也。「發」字或作「廢」者，非也，毛遂不由十九人而得廢棄也。（據《考證》本）

按：王念孫曰：「《索隱》本『發』作『廢』。注曰：『鄭氏云：皆目視而輕笑之，未能即廢棄之。』念孫案：『廢』即『發』之借字。正文本作『廢』。」張文虎、瀧川資言、張森楷從王說。池田引中井積德曰：「未發，謂不出之於言也。」王駿觀曰：「未發者，未發於口也。」章詒燕曰：「發者，發見於外也……不當作『廢』字解。」王叔岷曰：「黃善夫本、殿本《索隱》『按鄭玄曰』並作『發，一作廢。鄭玄云』。王說是。《正義》未達假借之旨。」宋元各本及慶長本、四庫本、殿本正文作「發」，《冊府元龜》卷847、《古史》卷46、《通志》卷94同。乾道本、淳熙本、元刻本、慶長本、四庫本《索隱》並同黃本。鄭玄未曾注《史記》，李笠指出「鄭玄」當作「鄭氏」，是也，鄭氏指鄭德。

### （4）公等錄錄，所謂因人成事者也

《索隱》：按王劭云「錄，借字耳」。又《說文》云「錄錄，隨從之貌」。

按：錢大昕曰：「按《說文》本作『娽』，云『隨從也』，故王邵以『錄』

<hr />

〔註657〕警枕稱作「穎」，亦可能是聲訓，警、穎一聲之轉。敬、頃聲轉的用例，參見張儒、劉毓慶《漢字通用聲素研究》，山西古籍出版社，2002 年版，第 564 頁。

為借字。」吳國泰說同。王叔岷曰:「《類聚》卷 73、《御覽》卷 480、《記纂淵海》卷 68 引『錄錄』作『碌碌』,《春秋後語》、《記纂淵海》卷 42 引《通鑒》並同。《廣韻》『碌』下引此文作『碌碌』,云:『《史記》亦作錄。』錄、碌並碌之借字。王劭引《說文》『錄錄』,乃『碌碌』之誤。」蔣斧印本《唐韻殘卷》「碌」字條引作「碌碌」,《白氏六帖事類集》卷 10、《冊府元龜》卷 847 引作「碌碌」。

（5）毛先生一至楚,而使趙重於九鼎大呂

《索隱》:九鼎大呂,國之寶器。言毛遂至楚,使趙重於九鼎大呂,言為天下所重也。

按:《索隱》「言為天下所重也」,乃據《索隱》單行本;黃善夫本、乾道本、淳熙本、元刻本、慶長本、四庫本作「謂為天子所重也」(四庫本脫「為」字)。

（6）士方其危苦之時,易德耳

《正義》:言士方危苦之時,易有恩德。

按:池田引中井積德曰:「易德,謂易施恩惠也。」王叔岷曰:「《記纂淵海》卷 68 引『德』作『得』,《御覽》卷 460 引《戰國策》同,古字通用。」「得」是借字。《說苑·復恩》「易德」作「易為惠」。《家語·入官》:「故德者,政之始也。」《大戴禮記·子張問入官》「德」作「惠」。《玉篇》:「德,惠也。」《越絕書·敘外傳記》「故空社易為福,危民易為德。」

## 卷七十七《魏公子列傳》

（1）平原君之游,徒豪舉耳,不求士也

《索隱》:謂豪者舉之。舉亦音據也。

《正義》:劉伯莊曰:「豪者舉之,不論德行。」(據《考證本》,黃善夫本上方校記亦引之)

按:顧炎武曰:「謂特貌為豪傑舉動,非欲求有用之士也。」杭世駿、林茂春、池田從顧說〔註658〕。張文虎曰:「謂徒以客眾為豪耳,《索隱》非。」瀧川資言引顧、張說,又引中井積德曰:「舉是舉動之舉。」沈家本曰:「言但有客眾自豪之舉動耳。」王駿圖曰:「徒豪舉謂徒為豪興之舉,猶言但高

---

〔註658〕林茂春《史記拾遺》,收入《二十四史訂補》第 1 冊,書目文獻出版社,1996 年版,第 684 頁。

興耳。」王叔岷曰:「豪舉,謂豪誇行為。顧說是。班固《西都賦》『鄉曲豪舉游俠之雄』,『豪舉』一詞本此。」《文選·西都賦》李善注引此文,又呂延濟注:「豪舉,謂豪俠之人自相稱舉以誇矜。」此皆王說所本。余謂「豪舉」是名詞,是平原君交遊之人,讀作「豪渠」,也倒言作「渠豪」。渠亦豪也,大也。

### (2) 語未及卒,公子立變色,告車趣駕歸救魏

按:告,讀作膏。膏車,謂以脂膏滑潤車軸。《田敬仲世家》:「豨膏棘軸,所以為滑也。」《說文》:「鉆,一曰膏車鐵鉆。」蔣斧印本《唐韻殘卷》:「膏,古到反,膏車。又音高。」《慧琳音義》卷 36:「膏車鎋:上音告。《考聲》云:『以膏油加車軸曰膏車。』」也稱作「脂車」,《詩·何人斯》:「爾之安行,亦不遑舍。爾之亟行,遑脂爾車。」韓兆琦解「告」作「告訴」,非是。

### 卷七十八《春申君列傳》

### (1) 王又割濮歷之北,注齊秦之要,絕楚趙之脊

按:瀧川資言曰:「慶長本標記引劉伯莊云:『注,音朱諭反,猶截也。』中井積德曰:『注,接也。齊、秦之地相接,如天下之腰也。脊,脊中之直理,以喻直道。』愚按:《策》『注』作『斷』,『趙』作『魏』。」吳國泰曰:「注,通也。」徐仁甫曰:「『注』下脫『之燕斷』三字。『注』猶『屬』。《策》作『屬之燕』上屬為句;『斷齊楚(秦)之要』下屬為句。」劉伯莊說「注,音朱諭反,注猶截也」,見黃善夫本下方校記,非慶長本標記,瀧川氏誤記。《秦策四》作「王又割濮磨(歷)之北屬之燕,斷齊、秦之要,絕楚、魏之脊」,《新序·善謀》作「王又割濮歷之北注之秦,齊之要,絕楚、趙之脊」。石光瑛曰:「三書皆有奪誤。《史》之『注』字,即《策》『屬』字。『注』、『屬』古通用。《史》文『注』下奪『之秦斷』三字,『齊』下『燕』訛為『秦』。《策》文『燕』亦與『秦』互誤。本書(引者按:指《新序》)『注之秦』三字連接不誤,而『齊』上奪『斷燕』二字。蓋謂割濮歷之地屬之秦,則燕、齊交通之路中斷,如人之斷腰也。」〔註659〕石說有理,則當校補作:「王又割濮歷之北注〔之秦,斷〕齊、秦(燕)之要,絕楚、趙之脊。」

---

〔註659〕石光瑛《新序校釋》,中華書局,2001 年版,第 1194～1195 頁。

（2）絀攻取之心

按：王叔岷曰：「《通鑑》注：『絀，黜也。』《長短經·七雄略》注『絀』正作『黜』。」《廣雅》：「黜，減也。」《秦策四》作「省攻伐之心」，高誘注：「省，減。」《新序·善謀》作「挾戰功之心」，石光瑛校「挾」作「陝（狹）」，讀「功」為「攻」〔註660〕。挾當讀作匧、篋，藏也。

（3）沒利於前而易患於後也

按：《秦策四》、《新序·善謀》同。高誘注：「沒，貪也。」錢大昕曰：「『沒』與『昧』同。」瀧川資言、池田從錢說。吳國泰曰：「沒者，冒字之借。」沒、昧、冒（𢤱），並一聲之轉，貪也。《韓詩外傳》卷10「此皆言〔貪〕前之利，而不顧後害者也」〔註661〕，文義相同。易者，輕忽也，與「不顧」義同，王念孫曰「易者，延也」〔註662〕，池田又引息軒曰「『易』與『施』通，延也」，均未允。

（4）臣恐韓、魏卑辭除患而實欲欺大國也

按：張文虎曰：「『除』疑『徐』之誤。《說文》：『徐，緩也。』《策》作『慮』。」瀧川資言、池田從張說。金正煒曰：「鮑注：『以慮患，故卑辭。』其說迂曲，疑『慮患』當作『虛憙』，形似而譌也。」〔註663〕吳國泰曰：「除者，紓字之假。紓，緩也。《秦策》『除』作『慮』，蓋『攄』之脫誤，攄亦訓緩也。」石光瑛曰：「金說謬。《史記》、本書作『除患』，則『患』字必不誤可知。『慮』本作『攄』，舒也，本字作紓，緩也。此《策》作『攄』，訓除與徐，或訓紓與舒，文爛為『慮』，後人遂不得其解。」〔註664〕王叔岷曰：「《秦策》『除』作『慮』，史公蓋說『慮』為『除』耳。《新序》、《通鑑》並從《史》作『除』，於義自通，無煩改字。」石、王說是，金氏改字無據。慮，讀作攄（不是誤字），字亦作捈，抒也，除去也，解除也。

（5）刳腹絕腸

按：絕，《新序·善謀》、《元和郡縣志》卷16引《水經注》同，《御覽》

---

〔註660〕 石光瑛《新序校釋》，中華書局，2001年版，第1196頁。

〔註661〕 「貪」字據《書鈔》卷124、《類聚》卷60引補。

〔註662〕 王念孫說轉引自王引之《經義述聞》卷17，江蘇古籍出版社，1985年版，第398頁。

〔註663〕 金正煒《戰國策補釋》卷2，收入《續修四庫全書》第422冊，上海古籍出版社，2002年版，第463頁。

〔註664〕 石光瑛《新序校釋》，中華書局，2001年版，第1206～1207頁。

卷 368 引此文誤作「結」。

### （6）韓、魏之彊，足以校於秦

《索隱》：校音教。謂足以與秦為敵也。一云校者，報也，言力能報秦。

《正義》：校，敵也。（據《考證》本，黃善夫本上方校記亦引之）

按：王叔岷曰：「《秦策》高注：『校猶亢也。』《新序》作『枝』，『枝』乃『校』之誤。盧文弨《拾補》稱宋本《新序》作『校』。」《新序》南宋刊本、鐵華館校宋本仍作「枝」，盧氏殆誤校。《冊府元龜》卷 889 作「較」，同「校」。「枝」同「支」，亦通，未必是誤字〔註665〕。

### （7）一年之後，為帝未能，其於禁王之為帝有餘矣

《索隱》：言齊一年之後，未即能為帝，而能禁秦為帝有餘力矣。然「禁」字作「楚」者，誤也。

按：張文虎曰：「宋、中統、游、王、毛本『禁』作『楚』。如《索隱》云，則『禁』字小司馬所改，與《策》合。」水澤利忠曰：「禁，蜀、慶、中統、彭、毛、《通志》『楚』，南化、楓、梅、三《校記》『禁』。」慶長本、四庫本、瀧川《考證》本作「禁王」，《秦策四》、《新序・善謀》、《通志》卷 94 同（水澤氏誤校）；宋元各本作「楚王」，《古史》卷 48 同。黃善夫本下方校記云：「楚，或作『禁』。」《索隱》本當是作「楚」，故有校語「然禁字作楚者，誤也」。徑改作「禁」字，則《索隱》校語無著落矣。

### （8）壹舉事而樹怨於楚

按：樹怨，《新序・善謀》同，《秦策四》作「注地」。高誘注：「事，戰事也。注，屬。」鮑彪注：「注，猶屬，言地廣。」吳師道《補正》：「注瀉之注。」金正煒曰：「『地』當作『怨』，『怨』損半，字因誤為『地』。《管子・大匡篇》：『公若先反，恐注怨焉，必不殺也。』又《周策》：『吾得將為楚王屬怨於周。』義與此同。後文『注地於齊，齊之右壤可拱手而取也』，亦為『注怨』之譌，鮑改『齊』為『秦』，由不辨『地』之為『怨』耳。」〔註666〕張森楷曰：「《國策》『樹怨』作『注地』，誤。」金說《策》上文「注地」當作「注怨」是也。「注」通「澍」，亦可讀作尌（樹）。《說文》：「尌，

〔註665〕 參見石光瑛《新序校釋》，中華書局，2001 年版，第 1214 頁。
〔註666〕 金正煒《戰國策補釋》卷 2，收入《續修四庫全書》第 422 冊，上海古籍出版社，2002 年版，第 463 頁。

立也，讀若駐。」《家語・致思》：「思仁恕則樹德，加嚴暴則樹怨。」《策》下文「注地於齊」（本書同），謂地與齊相連屬，則不是「注怨」之誤。

## （9）王施以東山之險，帶以曲河之利，韓必為關內之侯

《校勘記》：施，《秦策四》作「襟」。（7／2899）

按：《四庫考證》卷24：「刊本『襟』訛『施』，據《戰國策》改。」張文虎曰：「『施』字疑誤，《策》作『襟』。」水澤利忠、池田從張說。瀧川資言曰：「《策》『施』作『襟』。恩田仲任曰：『《策》注：「襟，蔽障如襟。」蓋「襟」本作「衿」，與「施」相似，故誤。古人「襟」、「帶」二字為對者多。』愚按：《新序》亦作『施』，『施』字義亦通，不必改。」石光瑛改「施」作「扡（拖）」，謂「作『施』無理」〔註667〕。吳國泰曰：「施謂旁及也。」王叔岷曰：「《長短經》注、《通鑒》『施』字並從《史記》。《秦策》姚校云：『劉本「襟」字作「施」字。』亦從《史記》也。」李人鑒曰：「《秦策四》『施』作『襟』，不知此《傳》及《新序》何以妄改作『施』？」〔註668〕《策》作「襟」自不誤，本書及《序》作「施」亦不誤，瀧川說「『施』字義亦通」，不知其作何解？「施」當音徒何反，讀作袘，俗作袘。《說文》：「袘，衣裾也。」又「裾，衣袍也。」指衣前襟。

## （10）若是而王以十萬戍鄭，梁氏寒心

按：戍，《長短經・七雄略》同，姚本《秦策四》誤作「成」（鮑本已校正），《新序・善謀》誤作「伐」。

## （11）王之地一經兩海，要約天下

《索隱》：謂西海至東海皆是秦地。

《正義》：廣言橫度中國東西也。

按：瀧川資言曰：「『經』、『徑』通。要約，猶管束也。《策》『約』作『絕』。」池田引中井積德曰：「要約，謂管束天下之腰也，非結約之謂也。」吳國泰曰：「經者，互字之借。《說文》：『互，竟也。』『約』當為『絕』字之訛。」王叔岷曰：「《秦策》姚本『經』作『任』（高注：『一注東海。』），『任』蓋『徑』之壞字。鮑本『任』作『注』，蓋不知『任』本作『徑』，據高注改為『注』耳。《新序》作『桎』，蓋亦『徑』之誤。《通鑒》注：『要

---

〔註667〕石光瑛《新序校釋》，中華書局，2001年版，第1218頁。
〔註668〕李人鑒《太史公書校讀記》，甘肅人民出版社，1998年版，第1144頁。

約，猶約束也。』」王氏校作「徑」是也，石光瑛亦改「桎」、「任」作「徑」，並云「經乃徑之借字」〔註669〕。石說至確，「徑」即「直徑」之「徑」。約，《新序》同。石光瑛據《策》，謂「約」是「絕」誤，云：「絕，斷也。韓、魏居天下中，如人身要（腰）然，韓、魏服，則秦地徑兩海，自西徂東，要（腰）中斷矣。」其說亦是，李人鑒亦校作「絕」。

### （12）今楚王恐不起疾

按：瀧川資言曰：「楓山、三條本『王』下有『病』字，《通鑑》作『楚王疾恐不起』。」水澤利忠曰：「楓、梅、三『今楚王病，恐不起疾』。」吳國泰曰：「『恐不起疾』不辭。『疾』疑為『矣』字之誤。」王叔岷曰：「『疾』字當在『王』字下，《通鑑》是。《長短經》注亦作『今楚王疾恐不起』。楓、三本『王』下有『病』字，則『起』下不當有『疾』字。」王說非是，「不起疾」不誤。《晉世家》：「君即不起病，大夫輕更立他公子。」「不起病」即「不起疾」也。《公羊傳·莊公三十二年》「寡人即不起此病」，《管子·戒》「若不可諱也不幸而不起此疾」，又《小稱》「若不可諱而不起此病也」，《韓子·十過》「即不幸而不起此病」，皆其證。《晏子春秋·內篇諫上》「晏子起病而見公」，此則是肯定句。

## 卷七十九《范雎蔡澤列傳》

### （1）雎詳死，即卷以簀，置廁中

《索隱》：簀謂葦荻之薄也，用之以裹尸也。

按：《說文》：「簀，牀棧也。」又「第，牀簀也。」此是聲訓，簀、棧、第並一聲之轉，又音轉作茨、笓、笙，竹席也。

### （2）王稽辭魏去，過，載范雎入秦

按：水澤利忠曰：「過，《通志》『遂』。」王叔岷曰：「《類聚》卷53、《御覽》卷630引『過』並作『乃』。『過』疑『迺』之誤。」王說非是。「過」指經過三亭之南。《類聚》、《御覽》引作「稽知其范雎，乃載以入秦」，是約引本書，括其大意，不是引「過」作「乃」，安得據以改字？

### （3）我寧且匿車中

按：「寧且」複辭，且亦寧也，願也。日本宮內廳藏舊抄本無「寧」字。

---

〔註669〕石光瑛《新序校釋》，中華書局，2001年版，第1223～1224頁。下文引同。

（4）今臣之胸不足以當椹質

《索隱》：椹者，莝椹也。質者，剉刃也。

按：「質」或作「櫍」、「鑕」，亦椹也。不得訓作剉刃。

（5）楚有和樸

按：樸，《古史》卷49、《通志》卷93引作「璞」，《秦策三》同。

（6）為其割榮也

《索隱》：割榮即上之擅厚，謂擅權也。

按：黃善夫本校記云：「割榮，謂明主割取諸侯之榮也。」杭世駿《疏證》：「割榮，謂割落榮華，不使權下屬耳，蓋隱指穰侯等。《索隱》之言意似相反。」何焯曰：「謂能割去素所尊榮之人。《索隱》之說非也。」林茂春從何說〔註670〕。沈家本曰：「《索隱》固非，何說亦未為得也。《國策》『割』作『凋』，鮑彪注：『凋，傷也。榮，草華也。此喻厚重，彼有擅之，則此無有。』其說較妥。割，分也。《呂覽·應言》注：『損也。』《漢書·楊雄傳下》集注：『諸侯擅厚則分主之榮而主之榮損也。』」李笠曰：「割榮，謂割損其榮祿耳。上云『善厚國者，取之於諸侯』，故諸侯苟擅厚其國，必剝削其爵祿也。《索隱》謬。」郭嵩燾曰：「割榮，謂割削其國以自榮。《索隱》誤。」瀧川資言曰：「中井積德曰：『割，如字，分也，謂分割天下之榮權而入於己也。惡其割榮，故不使擅厚。《索隱》失條理。』沈家本說同。《策》『割』作『凋』。」吳國泰曰：「榮者，瑩字之借。割，剖也。割瑩者，言能割剖玉石而識其真偽也，比擬能鑒別賢才之意。《秦策》作『凋』，謂琱琢玉石也，與割剖之意相近。」王叔岷曰：「《秦策》姚校云：『《史記》作「割榮」，《後語》作「害榮」。』害、割，正、假字。凋、害同義。」李人鑒曰：「《田儋列傳》『為害於身也』，竊疑此《傳》本作『為其害於口也』，與《田儋傳》句式同。『割』為『害』字之誤，『榮』字究為何字之誤，則不可知已。」余謂「割榮」不辭，「割」當作「剮」，「剮」同「彫」、「凋」。隸書「周」、「害」相似易譌。《墨子·小取》「或一害而一不害」，下文二「害」字並作「周」。《漢書·諸侯王表》「共王不周」，《漢書·景十三王傳》及《史記·漢興以來諸侯王年表》、《五宗世家》皆作「不害」。凋榮，謂凋落榮華。

---

〔註670〕林茂春《史記拾遺》，收入《二十四史訂補》第1冊，書目文獻出版社，1996年版，第684頁。

（7）群臣莫不洒然變色易容者

《集解》：徐廣曰：「洒，先典反。」

《索隱》：鄭玄曰「灑然，肅敬之貌」也。

按：張文虎曰：「《索隱》『洒』作『灑』。案：徐音先典反，則本『洒』字。段氏《說文注》云：『洒、灑殊義而雙聲，故相假借。』」瀧川資言引余有丁曰：「洒然，非但肅敬，兼有恐懼意。」又引中井積德曰：「洒然，色變之貌。」水澤利忠曰：「《索》『灑』，耿、慶、彭、游、凌、殿『洒』。」吳國泰曰：「灑者，慞字之借，懼也，字亦作慬、作悚，今通作聳。」王叔岷曰：「《索隱》單本『洒』作『灑』，古字通用。」乾道本、慶長本《索隱》「灑然」亦作「洒然」。吳說殊為無據。鄭說出《禮記・玉藻》鄭注：「洒如，肅敬貌。」「洒如」即「洒然」，亦作「洗然」。《文選・夏侯常侍誄》「子乃洗然變色易容」，李善注引本書。《廣雅》：「洒，齊也。」洒、齊一聲之轉。「洒」謂整齊容貌，故「洒然」訓肅敬之貌。

（8）鄉使文王疏呂尚而不與深言，是周無天子之德，而文武無與成其王業也

按：水澤利忠曰：「無與，《通志》『無以』。」無與，《秦策三》同；《古史》卷 49 亦作「無以」，乃以意改之。與、以，一聲之轉。下文「無與昭姦」同。

（9）鼓腹吹籈

《集解》：徐廣曰：「籈，一作簫。」

按：王叔岷曰：「《御覽》卷 371、486 引『籈』作『簫』，卷 827 引《春秋後語》同。《詩・周頌・有瞽》孔疏、《初學記》卷 16、《御覽》卷 581 引亦作『簫』（《書鈔》卷 111 引亦作『簫』，惟誤為《伍員傳》文）。」《白氏六帖事類集》卷 18、王應麟《漢制考》卷 4、《記纂淵海》卷 78 引作「簫」。《書鈔》卷 111 凡二引，《籈部》引作「籈」，又《簫部》引作「簫」。「籈」是「籚」俗字。

（10）足下上畏太后之嚴，下惑於姦臣之態

《索隱》：態謂姦臣諂詐之志也。

按：《秦策三》同。王念孫讀態為慝〔註671〕。

---

〔註671〕王念孫《荀子雜志》，收入《讀書雜志》卷 12，中國書店，1985 年版，本卷第 7 頁。

（11）諸侯見齊之罷獘，君臣之不和也，興兵而伐齊，大破之

按：王叔岷曰：「《秦策》『獘』作『露』。露，敗也。《長短經》注作『落』，『落』與『露』聲近古通。」《秦策三》「和」作「親」，「興」作「舉」。「興」當作「舉」，下文云「因舉兵而伐之」。

（12）齊附而韓、魏因可虜也

按：王叔岷曰：「《秦策》『虜』作『虛』，鮑注：『可使為丘墟。』」韓兆琦曰：「虜，謂虜其王而滅其國。」諸說非是。「虜」、「虛」都是「慮」形誤，下文「若韓聽，而霸事因可慮矣」（《策》『慮』作『成』），文例相同。

（13）北斷太行之道，則上黨之師不下

按：瀧川資言曰：「祕閣、楓山、三條本『斷』作『斬』，與《策》合。」水澤利忠曰：「斷，秘閣、南化、楓、柀、三、梅、高『斬』，殿『守』。」《長短經・七雄略》作「斷」，《類聚》卷7、《白氏六帖事類集》卷2引《策》作「壍」。《廣雅》：「斬，斷也。」「壍」是「斬」形誤。殿本作「守」，無據。

（14）穰侯使者操王之重，決制於諸侯，剖符於天下

按：決制，謂擅權。《秦策三》作「決裂」，鮑彪注：「謂分剖其地。」又下章作「分裂」。《策》誤，「制」誤作「製」，又誤作「裂」。

（15）戰勝攻取則利歸於陶國，獘御於諸侯；戰敗則結怨於百姓，而禍歸於社稷

《索隱》：獘者，斷也。御，制也。言穰侯執權，以制御主斷於諸侯也。

按：獘，黃善夫本、紹興本、乾道本、淳熙本、元刻本作「獘」，慶長本作「弊」，《古史》卷49作「幣」，《冊府元龜》卷890、《通志》卷93及姚本《秦策三》作「弊」，鮑本《秦策》作「敝」。吳師道《補正》：「下章『利盡歸於陶，國之幣帛』云云，恐此有缺誤。」李元吉曰：「弊御於諸侯，非斷制諸侯之謂。言戰勝攻取，利賂歸於陶；而疲弊則穰侯盡以歸之諸屬邑縣也。諸侯，謂縣邑之長。『御』當作『及』或『遍』訓之為是。」〔註672〕梁玉繩曰：「依《索隱》則『國』字絕句，依《策》鮑注則『陶』字絕句。吳氏據《策》別篇云『利盡歸於陶，國之幣帛竭入太后之家』，疑此有缺誤，當是也。《史》仍《策》文耳。」張文虎從

___

〔註672〕李元吉《讀書嘥語》卷10，收入《續修四庫全書》第1143冊，第528頁。

梁說〔註673〕。黃丕烈曰：「《史記》文同。小司馬讀『弊御於諸侯』為句，當如吳氏讀『陶』字句絕者為是。」〔註674〕金正煒曰：「下章『戰勝攻取，利盡歸於陶，國之幣帛竭入太后之家，竟內之利分移華陽』，則此文弊即幣也，『幣』、『弊』古通用。《廣雅》：『御，進也。』陶國謂穰侯，諸侯謂華陽、涇陽之屬。」〔註675〕瀧川資言曰：「『弊』與『利』對言，病也。御，訓為嚮，猶歸也。」池田「國」字絕句，引子潤曰：「弊，罷困也，與『利』字照對。御，猶制也。言戰勝之利歸於陶國，而諸侯罷弊可以制御也。」王駿觀曰：「此與下文句法一律，則當以『國』字絕句為是，特《索隱》解未當耳。《廣韻》云：『弊與獘同，惡也，困病也。』『御』有卸義。言戰勝則利歸於陶國，而弊卸於諸侯。《志疑》以『陶』字絕句為是，謬甚。」韓兆琦襲取王說。吳國泰曰：「弊猶害也。御者，『與』之借字也。」張森楷曰：「弊，惡也，猶病也。御，進也。謂有惡進於諸侯，與下『禍歸』同意。《索隱》說非。」池田引子潤說乙「結怨」作「怨結」，吳國泰、王叔岷、徐仁甫、李人鑒均據《秦策三》乙之，是也，日本宮內廳藏舊抄本正作「怨結」，《通鑒》卷 5 同。此文非「弊」與「利」對文，當「國獘」連文。金正煒讀弊為幣，諸侯謂華陽、涇陽之屬，皆是也，但金氏「陶國」連文則誤。御，主也，制也。言國幣為諸侯所控制。

（16）《詩》曰：「木實繁者披其枝，披其枝者傷其心；大其都者危其國，尊其臣者卑其主。」

按：《秦策三》鮑彪注以「木實繁者披其枝，披其枝者傷其心」為《逸詩》，認為下二句「大其都者危其國，尊其臣者卑其主」是「此因《詩》申之也」。吳師道《補正》云：「恐此四語皆《詩》，非必《逸詩》，古有此語爾。」吳說是，《秦策三》下章范雎又說：「臣聞之也，木實繁者枝必披，枝之披者傷其心；都大者危其國，臣強者危其主。」與此正同。池田引《韓子·揚權》「枝大本小，將不勝春風，不勝春風，枝將害心」，謂亦

〔註673〕張文虎《校刊史記集解索隱正義札記》卷 5，中華書局，1977 年版，第548 頁。

〔註674〕黃丕烈《戰國策札記》卷上，收入《叢書集成新編》第 109 冊，新文豐出版公司，1985 年印行，第 771 頁。

〔註675〕金正煒《戰國策補釋》卷 2，收入《續修四庫全書》第 422 冊，第 455～456 頁。

此喻。考《賈子・大都》「本細末大，弛必至心」，《鹽鐵論・刺權》「枝大而折斡」，語皆本於《策》。

### （17）崔杼、淖齒管齊，射王股，擢王筋，縣之於廟梁

按：瀧川資言曰：「楓山、三條本無『崔杼』二字，與《策》合，可從。」王叔岷曰：「《通鑒》亦無『崔杼』二字。」日本宮內廳藏舊抄本亦無「崔杼」二字，又「淖」作「悼」，瀧川失校。擢王筋，《秦策三》作「縮閔王之筋」。《楚策四》「擢閔王之筋，縣於其廟梁」，《韓子・姦劫弒臣》「擢潛王之筋，懸之廟梁」。擢，引也，拔也，抽也。縮，段玉裁、朱駿聲讀作搐〔註676〕，亦引也。《小爾雅》：「縮，抽也。」縮、抽一聲之轉。

### （18）其所授者，妒賢嫉能，御下蔽上，以成其私，不為主計

按：吳國泰曰：「御下蔽上，謂制御其下而蒙蔽其上也。」韓兆琦曰：「御，駕馭、控制。」二氏說非是。御，讀為牾，字或作午、忤、仵、迕，違逆也。字亦作迕，《鶡冠子・近迭》、《王鈇》並有「迕下蔽上」語，又《天則》：「下之所迕，上之可蔽。」字又作慮，馬王堆帛書《九主》：「慮下幣（蔽）上。」《冊府元龜》卷890「蔽」誤作「獘」。

### （19）收穰侯之印，使歸陶，因使縣官給車牛以徙，千乘有餘

按：瀧川資言曰：「祕閣、楓山、三條本『徙』作『從』。」水澤利忠曰：「徙，秘閣、南化、楓、棭、三、梅、高『從』。」施之勉曰：「《御覽》卷772引『徙』作『從』。」祕閣本即宮內廳藏舊抄本作「徙」，瀧川、水澤均失校。《御覽》卷772引「因」作「自」。「從」、「徙」是「徙」形誤。「自」是「曰」形誤，俗「因」字，宮內廳藏舊抄本正作「曰」。

### （20）范雎聞之，為微行，敝衣閒步之邸，見須賈

按：王叔岷曰：「《御覽》卷816引『閒步之邸』作『徒步入邸』。」《御覽》卷816引「敝」作「獘」，「徒步入邸」乃類書臆改，非其舊。《御覽》卷829引作「弊衣閒步」，省「之邸」二字，又「行」誤作「時」。

### （21）范叔一寒如此哉

按：《御覽》卷34、816引省「一」字。

---

〔註676〕段玉裁《說文解字注》「搐」字條，上海古籍出版社，1981年版，第605頁。朱駿聲《說文通訓定聲》「搐」字條，武漢市古籍書店，1983年版，第286頁。

### （22）乃肉袒郤行，因門下人謝罪

按：瀧川資言曰：「楓、三本『人』作『入』。」水澤利忠曰：「人，南化、楓、三、梅『入』。」王叔岷曰：「《通鑒》『人』亦作『入』。『人』乃『入』之誤。」李人鑒曰：「『人』字乃『入』字之誤。」宋元各本及慶長本、宮內廳藏舊抄本作「人」，《冊府元龜》卷919、《古史》卷49、《通志》卷93引同。黃善夫本下方校記云：「人，一乍（作）『入』。」王、李說非是。「門下人」不誤，指門下通報之人。《張儀列傳》「蘇秦乃誠門下人不為通」，亦其例。

### （23）擢賈之髮以續賈之罪，尚未足

按：黃善夫本校記引盧藏用曰：「拔髮相續，以比罪不足當之。」方苞曰：「北音『續』、『數』相近而誤也。或曰：擢髮而續之，尚不足以比其罪之長也。」梁玉繩曰：「《評林》云：『續、贖古通用。』《別雅》云：『續當作贖，或傳寫誤，或因聲借用。』方氏《補正》云云。」張森楷從梁說。池田從凌氏《評林》說。瀧川資言曰：「愚按：或說為是。」沈家本曰：「擢髮安能贖罪？此『續』當如字。續髮而未足喻其多也。」黃式三改作「數」，云：「數，《史》作『續』，古聲同借。舊云『續、贖通』，非。」〔註677〕吳國泰曰：「續者，『數』字之借。」施之勉曰：「《元龜》卷919引『續』作『贖』。」王叔岷曰：「續、贖古通。《記纂淵海》卷69、70引『續』作『讀』，古亦通用。」黃善夫本上方校記引盧氏曰：「言拔髮相續，以比罪不足當之。」慶長本「續」旁校記云：「贖，古通用。」宋刊《冊府元龜》卷919引仍作「續」，施之勉未見宋本。四庫本《記纂淵海》卷69、70，宋刊本在卷140、143，分別作「續」、「讀」，王叔岷亦未見宋本。《御覽》卷373、641引作「續」，「讀」是形誤。讀續為贖，不可信，以髮贖罪，非所聞也，沈家本駁之，是矣。續髮亦未見其長，或說亦非。方、黃、吳三氏讀續為數，可備一說。余謂「續」讀作覿，字亦作覿，字從賣（賣）得聲〔註678〕，徒谷切。《爾雅》：「覿，見也。」《說文繫傳》：「覿，見也。」此謂顯示。髮以喻其多，言擢髮以顯見其罪之多，尚未足也。

### （24）宮車一日晏駕

《集解》：應劭曰：「天子當晨起早作，如方崩殂，故稱晏駕。」

---

〔註677〕黃式三《周季編略》卷8下，收入《續修四庫全書》第347冊，上海古籍出版社，2002年版，第165頁。

〔註678〕「賣」屋部字，隸變作「賣」，與支部字「賣」相混。

按：四庫本、殿本、瀧川《考證》本作「晨起」，《漢書・天文志》顏師古注引應劭同；宋元各本及慶長本、宮內廳藏舊抄本都誤作「晏起」。

（25）念諸侯莫可以急抵者

按：急抵，《風俗通義・窮通》作「赴急」。抵，讀作赿。《說文》：「赿，趨也。」又「赴，趨也。」「赴急」當乙作「急赴」。以急抵者，言以窮迫而趨赴者。

（26）**信陵君聞之，畏秦，猶豫未肯見**

按：猶豫，《風俗通義・窮通》作「猶與」。

（27）**魏齊聞信陵君之初難見之，怒而自剄**

按：《風俗通義・窮通》「難」作「重」，「怒」上有「大」字，「剄」作「刎」。重亦難也。

（28）**欲以激勵應侯**

按：勵，《冊府元龜》卷 909、929、《通志》卷 93 作「厲」。此非勸勉義，「勵」當是「厲」借字。「激厲」猶言刺激欺凌。《後漢書・袁安傳》：「司徒桓虞改議從安，太尉鄭弘、司空第五倫皆恨之。弘因大言激勵虞曰：『諸言當還生口者，皆為不忠。』」亦其例。

（29）**先生曷鼻**

《集解》：徐廣曰：「曷，一作偈。偈，一作仰。」

《索隱》：曷鼻，謂鼻如蝎蟲也。偈音其例反。

《正義》：曷鼻，有橫文若蝎蟲也。（據《考證》本，黃善夫本下方校記引作「曷鼻，言有橫文若蝎蟲之形」。）

按：王念孫曰：「曷，讀為遏。遏鼻者，偃鼻也。偃鼻者，仰鼻也（《廣雅》：『偃，仰也。』）。故徐廣曰：『曷，一作仰。』《列女傳・辯通傳》曰『鍾離春極醜無雙，白（引者按：字當作『臼』）頭深目，卬鼻結喉』是也。偃、遏一聲之轉。小司馬不解『曷鼻』之義，而以為鼻如蝎蟲，其失甚矣。」瀧川資言、張森楷從王說。段玉裁曰：「『曷』同『遏』。遏鼻，言其內不通而齆。」〔註679〕池田引段、王說，謂「各有理」，而不能裁斷。朱駿聲據《索隱》說，云：「曷，段借為蝎。」〔註680〕王叔岷曰：「《文選・

---

〔註679〕段玉裁《說文解字注》「頞」字條，上海古籍出版社，1981 年版，第 416 頁。
〔註680〕朱駿聲《說文通訓定聲》，武漢市古籍書店，1983 年版，第 665 頁。

歸田賦》注引作『偈鼻』（與一本合）。《御覽》卷463引作『揭鼻』。『偈』
與『揭』同，高舉也。是『揭鼻』猶『仰鼻』矣。《白帖》卷9引作『鼻
仰』，蓋倒其文耳。」《白氏六帖事類集》卷9二引，一作「鼻仰」，一作
「顒鼻」。《御覽》卷367、729二引同今本作「曷鼻」，卷729有注「曷鼻，
如謂蝎蟲也」，蓋本於《正義》。黃善夫本校記引《後語》作「偈鼻」。此
言鼻形，非言鼻病，王念孫說是，段玉裁說非也。王叔岷不諳訓詁，其說
亦非也。偃鼻，言鼻之仰臥，非謂高舉也。作「偈」作「揭」作「顒」，
皆不得其誼而臆改。

### （30）巨肩

《集解》：徐廣曰：「巨，一作渠。」

《索隱》：巨肩謂肩巨於項也，蓋項低而肩豎。

《正義》：「肩」或作「肩」，言肩高。（據《考證》本）

按：瀧川資言曰：「《正義》本『巨肩』作『巨肩』，謂肩大也，亦通。」
王駿觀曰：「蓋言其肩之寬大，異於常人也。」施之勉曰：「《白帖》卷9『巨
肩』作『巨眉』。」陳直曰：「《爾雅》：『邛邛駏虛。』本文謂如巨虛之肩，
與『蝎鼻』義相對舉。」王叔岷曰：「《文選·歸田賦》注引作『戴肩』，《御
覽》卷463引作『戾肩』（與《正義》本合）。『戴肩』乃『戴肩』之誤，『戴』
與『鳶』同。『戾肩』乃『渠肩』之誤。『渠』有大義，與『巨』合。施
氏稱《白帖》作『巨眉』，『眉』乃『肩』之誤。」李人鑒曰：「《御覽》卷
463引作『戾肩』，『曷鼻』之下言及『肩』，似不倫類。《御覽》引作『戾肩』，
較近情理。」《白氏六帖事類集》卷9引作「戾肩」，施氏乃誤校，王氏亦
未複檢。黃善夫本校記引《後語》亦作「戾肩」。《御覽》卷367、729二引
同今本作「巨肩」，卷729有注「巨肩，謂頂（項）佰（低）而肩豎」，蓋
本於《正義》。王說「戴」是「戴（鳶）」誤，是也。「戾肩」不辭。此當有
脫文，疑本作「戾頸，戴肩」。《淮南子·道應篇》「淚注而鳶肩」，《類聚》
卷78引「淚注」作「渠頭」，有注：「渠，大也。」《三國志·邰正傳》裴
松之注引作「戾頸」。「注」、「頭」讀為脰，亦頸也。「淚」是「戾」增旁借
字。「渠」字或體「㴱」，與「淚」字或體「㳠」形近致誤，既誤作「渠」，
又易作「巨」，徐廣所見本已誤矣。《選》注引作「戴肩」，《白帖》引作「戾
肩」，《御覽》卷463引作「戾肩」，皆是脫誤。「肩」是「肩」形誤。戾頸，
猶言曲頸。鳶肩，言其肩如鳶鳥之肩上聳。又音轉作「鵑肩」，清華簡（三）

《說命上》言傅說之狀「鵑肩」﹝註681﹞。

### （31）懕齃

《索隱》：齃音烏曷反。懕齃謂鼻懕眉。

按：方以智曰：「『懕齃』即《孟子》之『懕頞』也。」﹝註682﹞姚鼐曰：「齃，鼻莖也，烏割切。」﹝註683﹞瀧川資言引恩田仲任曰：「『齃』與『頞』通。懕齃，鼻莖懕縮也。」施之勉曰：「《文選·歸田賦》注、《白帖》卷7、《御覽》卷382引『齃』作『頞』。《說文》：『頞，鼻莖也。』」王叔岷曰：「《繫傳》引亦作『頞』。『齃』為『頞』之重文，非通用字。《索隱》『謂鼻懕眉』，《御覽》卷729引作『謂懕鼻於眉』，文意較明。」《白帖》見卷9，非卷7，施氏誤記。《後漢書·周燮傳》李賢注引亦作「頞」。「齃（頞）」的語源是偃，言偃臥也。《釋名》：「頞，鞍也，偃折如鞍也。」劉成國說不甚切，鞍亦言偃也。《御覽》卷382有注：「頞，鼻董（莖）也。」「董」是「莖」形誤。今本《索隱》「眉」上當據《御覽》補「於」字。

### （32）燕客蔡澤，天下雄俊弘辯智士也

按：李人鑒據《御覽》卷463所引，謂「弘」字衍文，非是。「智」當據《秦策三》作「之」，音誤，又涉下文「辯智」一詞而誤。《通鑑》卷6作「蔡澤，天下雄辨之士」。《儒林列傳》「天下有名之士也」，文例同。

### （33）彼一見秦王，秦王必困君而奪君之位

按：張文虎曰：「『秦王』二字衍。」瀧川資言從張說。王叔岷曰：「《御覽》卷463引此『秦王』二字不疊，《容齋隨筆》卷13同。《通鑑》作『彼見王，必困君而奪君之位』，『王』字不疊，亦可證此『秦王』二字不當疊。」張、王說非是，後世引文，皆是以意節引，不能盡據。《史記》此文本於《秦策三》，《策》作「彼一見秦王，秦王必相之而奪君位」，正疊「秦王」二字。奪，讀作敓，彊取也。

﹝註681﹞ 參見胡敕瑞《讀〈清華大學藏戰國竹簡（三）〉札記之一》，清華大學出土文獻中心網站，2013年1月5日。又參見虞萬里《清華簡《說命》「鵑肩女惟」疏解》，《文史哲》2015年第1期，第128～135頁。

﹝註682﹞ 方以智《通雅》卷18，收入《方以智全書》第1冊，上海古籍出版社，1988年版，第627頁。

﹝註683﹞ 姚鼐《惜抱軒筆記》卷4，收入《續修四庫全書》第1152冊，上海古籍出版社，2002年版，第175頁。

（34）應侯因讓之曰：「子嘗宣言欲代我相秦，寧有之乎？」

按：張文虎曰：「《御覽》卷 463、《冊府元龜》卷 890 引並作『嘗』。各本作『常』，誤。」王叔岷曰：「鮑本《秦策》『常』亦作『嘗』。」宋元各本及四庫本、慶長本、宮內廳藏舊抄本都作「常」，《古史》卷 49、《通志》卷 93 同。作「常」是《史記》舊本，是「嘗」借字，非誤字。

（35）夫四時之序，成功者去

按：張文虎曰：「成功者去，《御覽》引下有『未成者來』四字。」王叔岷曰：「《御覽》卷 463 引『成功』作『功成』，『去』下更有『未成者來』四字。」「未成者來」四字是宋人以意添之，《秦策三》無此四字。《漢紀》卷 19 寬饒奏封事引《易傳》：「若四時之運，成功者去。」《御覽》卷 460 引《策》「成功」亦作「功成」。

（36）耳目聰明而心聖智

按：《秦策三》無「而心」二字，此當是衍文，或衍「心」字。「聖智」亦屬耳目而言，與「聰明」平列。《文子·道德》：「文子問聖智。老子曰：『聞而知之，聖也；見而知之，智也。』」

（37）夫公孫鞅之事孝公也，極身無貳慮，盡公而不顧私

按：瀧川資言曰：「《秦策》無『慮』字。」王叔岷曰：「《商君列傳》《集解》引《新序論》云：『夫商君，極身無二慮，盡公不顧私。』即本此文。《秦策》無『慮』字，非。」《秦策三》「顧」作「還」，鮑彪注：「還，反顧也。」王念孫則讀還為營〔註 684〕。據《史記》易作「顧」，鮑說為長。

（38）設刀鋸以禁姦邪，信賞罰以致治

按：「邪」疑衍文。或「治」下脫「彊」、「平」等字。《潛夫論·德化》：「故能使民辟奸邪而趨公正，理弱亂以致治強。」

（39）欺舊友，奪魏公子卬

按：瀧川資言曰：「《秦策》『奪』作『虜』。」李人鑒曰：「此《傳》『交』字誤作『友』，『虜』字誤作『奪』，當據《秦策三》訂正。」李說非是。《鹽鐵論·非鞅》「今商鞅……欺舊友以為功，刑公族以立威」，同此作「友」

---

〔註 684〕王念孫《管子雜志》，收入《讀書雜志》卷 7，中國書店，1985 年版，本卷第 120 頁；又《荀子雜志》，收入《讀書雜志》卷 11，中國書店，1985 年版，本卷第 37 頁。

字。《論衡‧禍虛》「商鞅欺舊交，擒魏公子卬」，則同《策》作「交」字。
交，友也。奪，讀作敚，彊取也，與「虜」、「擒」義合。

### （40）成功而弗矜，貴富而不驕怠

按：《秦策三》作「多功而不矜，貴富不驕怠」。「怠」疑衍文，《策》
下句脫「而」字。《老子》第 30 章「果而勿驕，果而勿矜」，亦「矜」、「驕」
對舉。《荀子‧君道》：「貧窮而不約，富貴而不驕。」

### （41）批患折難

《索隱》：批患謂擊而卻之。折音之列反。

按：《秦策三》同。汪榮寶曰：「『折難』無義，必『扞難』之誤，『扞』、
『折』隸形相似也。楚公子比字子干，王氏引之《名字解詁》以為本於
《牧誓》『比爾干』，此望文生訓，蓋亦取於『批扞』以為義也。然則『批
扞』連文，古人常語。」〔註 685〕王叔岷曰：「批借為排。折猶解也。」
汪氏改字是，王氏讀批為排亦是。《魯仲連列傳》：「排患釋難。」《淮南
子‧原道篇》：「排患扞難。」《刺客列傳》「欲批其逆鱗哉」，《燕策三》「批」
作「排」。

### （42）此皆乘至盛而不返道理，不居卑退處儉約之患也

按：王引之曰：「《史記‧蔡澤傳》『乘至盛而不反道理』，《秦策》『反』
譌作『及』。」〔註686〕瀧川資言曰：「祕閣本『返』作『反』。《秦策》作『及』，
無『不居卑退處儉約之患』九字。」王叔岷曰：「《秦策》姚本『返』作
『及』，鮑本作『近』。『及』乃『反』之誤，『近』乃『返』之誤。作『反』
是故書。『不反道理』即下句所謂『不居卑退、處儉約』也。」韓兆琦曰：
「不返，不退回。《戰國策》作『不及』，即『未達』、『不懂』。」宋元各本
及慶長本都作「返」，王引之當未見祕閣本，而以意改作「反」耳。疑「返」
上「不」是衍文。返道理，謂違背道理。「不居卑退、處儉約之患」九字疑
是注文混入。

### （43）夫商君為秦孝公明法令，禁姦本，尊爵必賞，有罪必罰

按：瀧川資言曰：「祕閣本無『必賞有罪』四字，楓本無『有罪必罰』
四字。祕閣本義長。」吳國泰曰：「尊爵必賞，按雖尊貴之爵，苟有功者必

---

〔註685〕汪榮寶《法言義疏》，中華書局，1987 年版，第 48 頁。
〔註686〕王引之《經義述聞》卷 17，江蘇古籍出版社，1985 年版，第 413 頁。

賞之。」「尊爵必賞」不辭，當有脫文。末二句必是「〔有功〕必賞，有罪必罰」。《范雎列傳》：「有功者不得不賞。」《樂毅列傳》：「其功多者賞之。」《管子‧七法》：「有功必賞，有罪必誅。」《六韜‧文韜‧盈虛》：「所憎者，有功必賞；所愛者，有罪必罰。」「尊爵」上下不知脫文云何。

### （44）損不急之官

按：水澤利忠曰：「損，秘閣『捐』。」池田曰：「據《吳起傳》，損，『捐』之譌。」損，宋元各本及慶長本都作「損」。秘閣本即宮內廳藏舊抄本上方校記云：「『損』、『捐』兩字，說本不同。」「捐」字是形誤，池田說偵矣，另詳《吳起傳》校補。

### （45）禁游客之民，精耕戰之士

按：水澤利忠曰：「客，南化、楓、梭、三、梅、高『宕』，毛『說』。」韓兆琦曰：「精，礔、鼓勵。」黃善夫本下方校記云：「客，一作宕。」「宕」當是「客」形誤。《韓子‧和氏》：「禁游宦之民，而顯耕戰之士。」精，讀為旌，彰表、彰明，與「顯」同義。《釋名》：「旌，精也，有精光也。」此是聲訓〔註687〕。

### （46）使馳說之士無所開其口，禁朋黨以勵百姓

按：勵，宋元各本及慶長本、宮內廳藏舊抄本、四庫本作「厲」，《冊府元龜》卷890、《古史》卷49同。作「厲」是其舊本。

### （47）墾草入邑

《索隱》：劉氏云：「入猶充也。謂招攜離散，充滿城邑也。」

按：王駿圖曰：「入邑者，收其租入也。」吳國泰曰：「入者，『為』字之借。《秦策》作『墾草刱邑』，刱，造也，與『為』字之義正同。」徐仁甫曰：「《呂氏春秋‧勿躬篇》作『墾田大邑』，謂擴大其邑也。此『入邑』無義，當為『大』字之誤。」王叔岷曰：「《秦策》『入』作『刱』，姚校云：『曾一作入。』」姚宏曰：「刱，錢、劉一作仞，曾一作入。」王氏引姚校不全。《管子‧小匡篇》亦作「墾草入邑」，睡虎地秦簡《為吏之道》「根（墾）田人邑」，銀雀山漢簡《王法》「狠（墾）草仁邑」，《呂氏春秋‧勿躬》「墾田大邑」，《韓子‧外儲說左下》「墾草仞邑」，《新序‧雜事四》「墾田刱邑」。裘錫圭謂「刱」乃「仞」之誤，「入」、「大」為「人」之誤，「仞」、「人（仁）」

---

〔註687〕相通之例另參見高亨《古字通假會典》，齊魯書社，1989年版，第65頁。

並讀為扨〔註688〕，是也。宋元各本並誤作「入」。

### 卷八十《樂毅列傳》

#### （1）先禮郭隗以招賢者

《正義》：《說苑》云：「寡人地狹民寡，齊人取薊八城，匈奴驅馳樓煩之下。」

按：取薊，宋刊《說苑·君道》作「削取」，盧文弨據《正義》校作「取薊」，朱駿聲說同，向宗魯從盧說〔註689〕。劉文典謂「取薊」於義為長〔註690〕。諸說未必是，不可盡信《正義》孤證。《文選·王文憲集序》李善注、《御覽》卷405、474引並作「削取」。

#### （2）樂毅於是并護趙、楚、韓、魏、燕之兵以伐齊，破之濟西

《索隱》：護謂總領之也。

按：王叔岷曰：「《通鑒》『護』作『將』，與《索隱》釋『護』之義合。」《治要》卷12、《御覽》卷307、《冊府元龜》卷242、253、361、750引作「護」，宋刊《類聚》卷59引誤作「獲」，《御覽》卷200引脫此字。護，監督、監領。《留侯世家》：「上雖病，彊載輜車，臥而護之，諸將不敢不盡力。」「護」亦此義。

#### （3）燕惠王後悔使騎劫代樂毅，以故破軍亡將失齊；又怨樂毅之降趙，恐趙用樂毅而乘燕之獘以伐燕

按：怨，《冊府元龜》卷244、《古史》卷50誤作「恐」。《燕策二》「乘」作「承」，借字。

#### （4）左右誤寡人

按：《燕策二》同。桂馥引《策》文以證《說文》「誤，謬也」〔註691〕。誤，字亦作虞，欺惑也。另詳《齊太公世家》校補。

---

〔註688〕裘錫圭《考古發現的秦漢文字資料對於校讀古籍的重要性》，收入《裘錫圭學術文集》卷4，復旦大學出版社，2012年版，第370～371頁。

〔註689〕盧文弨《群書拾補·說苑》，收入《續修四庫全書》第1149冊，上海古籍出版社，2002年版，第410頁。朱駿聲說轉引自左松超《說苑集證》，（臺灣）國立編譯館，2001年版，第42頁。向宗魯《說苑校證》，中華書局，1987年版，第16頁。

〔註690〕劉文典《說苑斠補》，收入《劉文典全集（3）》，北京師範大學出版社、安徽大學出版社，2013年版，第19頁。

〔註691〕桂馥《說文解字義證》，齊魯書社，1987年版，第208頁。

（5）臣不佞，不能奉承王命，以順左右之心

按：命，《新序·雜事三》同，《燕策二》作「教」。《廣韻》：「命，教也。」

（6）故假節於魏，以身得察於燕

按：《燕策二》、《新序·雜事三》同。王念孫曰：「察，讀為交際之際。際，接也。言身得接見先王也。」牟庭相曰：「察，讀為際，謂交際也。」〔註692〕金正煒曰：「察，知也。《新序·節士篇》『為人臣而不見察於其君者，則不敢立於其朝』，此正其義。王念孫說轉紆。」〔註693〕池田從金說。石光瑛曰：「『察』字對上文『觀』字言，觀淺而察深。察，審也，知也。如王說轉迂。」〔註694〕張森楷引王樹枏曰：「察，至也。」施之勉、王叔岷並從王樹枏說，王叔岷又曰：「王念孫讀察為際，際亦至也。」文云「察於燕」，不云「察於燕王」，則察不得訓接見，亦不得訓知，王念孫、牟庭相、金正煒、石光瑛說非是（上文云「臣竊觀先王之舉」，所觀者是王）。王樹枏說可通，察訓至，亦是讀為際。余謂察讀作傺，止住也，停留也。

（7）先王過舉，廁之賓客之中，立之群臣之上

按：《學林》卷10：「廁，間次之廁也。」桂馥曰：「廁，間也。」〔註695〕石光瑛曰：「立，讀為位。廁，猶列也。」〔註696〕吳國泰曰：「廁者，『次』字之借。立者，『位』之省文。」王叔岷曰：「《釋名》：『廁，雜也。』《燕策》、《新序》『廁』並作『擢』。」李人鑒曰：「『廁』字蓋『擢』字之誤，當據《國策》及《新序》訂正。」石氏、吳氏讀立為位，是也。諸家說「廁」實同，但廁訓閒雜，其義不安。「廁」無緣是「擢」之誤，當讀為抐，捽也，拔取也。擢亦拔也。

（8）夫齊，霸國之餘業而最勝之遺事也

按：王念孫曰：「『最』當為『取』，字之誤也。『取』與『驟』同（取，古『聚』字。『驟』、『聚』、『取』三字古聲並相近，故『驟』亦通作『取』）。

〔註692〕牟庭相《雪泥書屋雜志》卷4，收入《續修四庫全書》第1156冊，上海古籍出版社，2002年版，第522頁。

〔註693〕金正煒《戰國策補釋》卷6，收入《續修四庫全書》第422冊，上海古籍出版社，2002年版，第586頁。

〔註694〕石光瑛《新序校釋》，中華書局，2001年版，第363～364頁。

〔註695〕桂馥《說文解字義證》「屖」字條，齊魯書社，1987年版，第303頁。

〔註696〕石光瑛《新序校釋》，中華書局，2001年版，第364頁。

驟勝者，數勝也。齊嘗破燕滅宋，取楚之淮北，故曰驟勝之遺事也。《燕策》正作『驟勝』。」瀧川資言、張森楷、池田從王說。石光瑛曰：「『驟』、『最』、『冣』俱一音之轉。『最』非誤字明矣。」〔註697〕石說是。

### （9）練於兵甲，習於戰攻

按：練亦習也，熟也。《燕策二》、《新序·雜事三》「練」作「閑」，閑亦習也，字本作嫻、嫺。《新序》「兵甲」作「兵革」。石光瑛曰：「閑者，嫺之借字。嫺，習也。練者練習其事，與『閑』字異誼同。」〔註698〕

### （10）若先王之報怨雪恥

按：恥，《燕策二》同，《新序·雜事三》作「醜」。醜亦恥也。

### （11）離毀辱之誹謗，墮先王之名

按：李笠曰：「《國策》與《新序》並無『謗』字，此疑衍。」王叔岷曰：「《燕策》『誹』作『非』，古通。」《新序》「毀」作「虧」，一聲之轉。

### （12）室有語，不相盡，以告鄰里

《正義》：言家室有忿爭不決，必告鄰里，今故以書相告也。

按：《四庫考證》引顧炎武曰：「謂一室之中有不和之語，乃不自相規勸，而告之隣里，此為情之薄矣。《正義》謂『必告』者非。」〔註699〕杭世駿、林茂春、張森楷、池田亦從顧說〔註700〕。牛運震曰：「言己有過，尚望樂間諱之也。《正義》解誤。」〔註701〕李笠曰：「《燕策》云『室不能相和，出語鄰家，未為通計也』（《新序》同，惟『語』字作『訟』），較《史》文更為顯明，顧說是也。」〔註702〕瀧川資言從李說，又引岡白駒曰：「有忿爭不相和之言論，不相盡以告鄰里。室家之情，相掩其惡。《正義》非。」〔註703〕瞿

---

〔註697〕石光瑛《新序校釋》，中華書局，2001年版，第365頁。

〔註698〕石光瑛《新序校釋》，中華書局，2001年版，第365頁。

〔註699〕《史記考證》卷80，景印文淵閣《四庫全書》第244冊，臺灣商務印書館，1986年初版，第505頁。顧說出《日知錄》卷27。

〔註700〕杭世駿《史記考證》，收入《二十五史三編》第1冊，嶽麓書社，1994年版，第145頁。林茂春《史記拾遺》，收入《二十四史訂補》第1冊，書目文獻出版社，1996年版，第686頁。池田四郎次郎《史記補注（下編）》（池田英雄增補），日本明德出版社，1975年版，第138頁。

〔註701〕牛運震《讀史糾謬》卷1《史記》，收入《續修四庫全書》第451冊，第28頁。

〔註702〕李笠《廣史記訂補》卷8，復旦大學出版社，2001年版，第215頁。

〔註703〕瀧川資言《史記會注考證》，北嶽文藝出版社，1999年版，第3765頁。

方梅曰：「《正義》非也。室有語者，言家中有應語之事，不盡之於家長，而轉以其語告之鄰里。」施之勉從瞿說〔註704〕。王駿圖曰：「謂室有忿爭，不於室內盡其言，乃以之告鄰里，是謂家醜外揚。」〔註705〕章詒燕曰：「鄰里喻趙，室喻燕。謂樂間以己言不用於燕，而即歸於趙，猶室中不肯盡言，而反告於鄰里也。」〔註706〕王叔岷曰：「語借為唔，逆也。『不相盡』當絕句。相猶互也。《小爾雅》：『盡，止也。』『室有唔，不互止』即《燕策三》『室不能相和』之意。」〔註707〕李人鑒曰：「『盡』字乃『蓋』字之誤。《燕策三》云『室不能相和，出語鄰家』（《新序・雜事三》作『室不能相和，出訟鄰家』）。……『不相蓋，以告鄰里』者，謂室有爭訟，不能掩蓋，反出而相告於鄰里。」〔註708〕徐仁甫曰：「『室有語不相盡』，論難曰語，引申則『語』有齟齬不合之義。《小爾雅》：『盡，止也。』『不相盡』即忿爭不決。《新序》『語』作『訟』，非。」〔註709〕顧炎武、瞿方梅、王駿圖、章詒燕、徐仁甫以「不相盡」屬上「室有語」為義；瀧川《考證》本「不相盡以告鄰里」七字作一句讀，則以「不相盡」屬下為義。當「不相盡」句，「盡」字不誤，謂盡其言。「語」讀如字，指論爭，與「訟」義近。

### 卷八十一 《廉頗藺相如列傳》

（1）藺相如者，趙人也，為趙宦者令繆賢舍人

按：宦，《御覽》卷433、630引誤作「官」。宦者令，指宦者令丞。

（2）燕王私握臣手，曰「願結友」

按：《文選・恨賦》李善注、《御覽》卷630引「友」作「交」，王念孫說「友」是「交」形誤，張文虎、瀧川資言、韓兆琦從其說。吳汝綸引其子吳闓生曰：「王改古語為俗語。」施之勉從吳說。王說未必是，作「結友」自通。

〔註704〕瞿方梅《史記三家注補正》卷6，《學衡》第55期，1926年版，第14頁。施之勉《史記會注考證訂補》，華岡出版有限公司，1976年版，第1294頁。

〔註705〕王駿圖、王駿觀《史記舊註平義》，正中書局，1936年版，第308頁。

〔註706〕章詒燕《史記諍言》，收入《讀史諍言》卷1，商務印書館，1935年版，第15頁。

〔註707〕王叔岷《史記斠證》，中華書局，2007年版，第2443頁。

〔註708〕李人鑒《太史公書校讀記》，甘肅人民出版社，1998年版，第1173頁。

〔註709〕徐仁甫《史記注解辨正》，四川大學出版社，1993年版，第141頁。

（3）趙王於是遂遣相如奉璧西入秦

按：王叔岷曰：「《御覽》卷 467、483 引『奉』並作『賷』。賷，俗『齎』字，持也。」《文選·魏都賦》劉淵林注、《文選·與鍾大理書》李善注、《宋孝武宣貴妃誄》李善注二引作「奉」，《後漢書·朱暉傳》李賢注、《書鈔》卷 129、《類聚》卷 84、《初學記》卷 20、《御覽》卷 433、630、806、《事類賦注》卷 9 引同，是其舊本。作「賷」乃以意改之。

（4）相如因持璧卻立，倚柱，怒髮上衝冠

按：瀧川資言曰：「楓、三本，《御覽》卷 373、806『衝』作『穿』。」王叔岷曰：「『穿』與『衝』同義。」黃善夫本上方校記云：「衝，本乍（作）『穿』，《十九史略》『衝』作『指』。」《世說新語·品藻》劉孝標注、《類聚》卷 17、84、《文選·覽古詩》李善注、《後漢書·朱暉傳》李賢注、《御覽》卷 433、483 引均作「衝」，是其舊本。作「穿」、「指」是以意改之。《刺客列傳》：「士皆瞋目，髮盡上指冠。」《風俗通義·聲音》同，鮑本《燕策三》「指」作「衝」。《莊子·盜跖》：「盜跖聞之大怒，目如明星，髮上指冠。」《呂氏春秋·必己》：「孟賁瞋目而視船人，髮植，目裂，鬢指。」高誘注：「植，豎。指，直。」《淮南子·泰族篇》：「聞者莫不瞋目裂眥，髮植穿冠。」指，讀作楷，支抵也，拄也。

（5）大王欲得璧，使人發書至趙王，趙王悉召群臣議

按：上「趙王」之「王」字衍文，《古史》卷 51 引正無。

（6）嚴大國之威以修敬也

按：敬，《御覽》卷 433 引同，卷 483 引誤作「好」。

（7）大王必欲急臣

按：《御覽》卷 483 引「急」誤作「擊」。

（8）臣觀大王無意償趙王城邑

按：王叔岷曰：「上下文皆不以『城邑』連文，《記纂淵海》卷 49 引此無『邑』字。《類聚》卷 84 引作『無償趙王城色』。《文選·與鍾大理書》注引作『無償趙城色』，『趙』下略『王』字。《御覽》卷 693 引作『無償城色』，略『趙王』二字。《文選·覽古詩》注引作『無償趙城意』，《御覽》卷 483 引作『無償城意』，亦並有略文。」宋刊《文選·覽古詩》李善注引作「無意與趙城」，王氏失檢。《文選·西征賦》李善注、《御覽》卷 433 引

作「無償趙王城邑」，殿本《後漢書‧朱暉傳》李賢注引作「無意償趙城邑」，《御覽》卷 806 引作「無意趙王城邑」。今本不誤，「色」是「邑」形誤。各書脫「意」字，又改「邑」作「色」。

### （9）秦王與群臣相視而嘻

《索隱》：嘻，音希。乃驚而怒之辭也。

《正義》：嘻，音希，恨怒之聲。（據《考證》本，黃善夫本下方校記亦引之）

按：胡文英曰：「嘻，張口見齒也，吳諺以張口向人為嘻。」〔註 710〕瀧川資言引中井積德曰：「『嘻』只是驚怪之聲，不必有怒意。」胡氏說無據，中井不達訓詁。嘻，讀為欸。《說文》：「欸，可惡之辭。」字亦作欸，《玄應音義》卷 18 引《蒼頡訓詁》：「欸，恚聲也。」字亦作唉，《項羽本紀》：「亞父曰：『唉，豎子不足與謀。』」《索隱》：「唉，歎恨發聲之辭。」

### （10）請奏盆缻秦王，以相娛樂

按：王念孫曰：「『奉』當為『奏』，字之誤也。奏，進也。《文選‧西征賦》注、《御覽‧器物部》引此並作『奏』。」張文虎曰：「舊刻『奏』，《御覽》卷 433 又 758、《冊府元龜》卷 847、《寰宇記》卷 5 引並同。各本作『奉』，誤。」池田從王、張說，張森楷從王說。王叔岷曰：「王氏謂『奉』為『奏』之誤，是也。《風俗通‧聲音篇》引此『奉』正作『奏』。」諸說是也，《御覽‧器物部》即卷 758。景祐本作「奏」，《文選‧覽古詩》李善注引亦同；黃善夫本、紹興本、乾道本、淳熙本、元刻本、慶長本作「奉」，《冊府元龜》卷 247、657、《古史》卷 51、《通志》卷 94、《班馬字類》卷 3 引同。下文「於是相如前進缻」，「進」是其誼也。古鈔本《治要》卷 12 引作「秦」，是「奏」形誤，天明刊本亦誤作「奉」。

### （11）相如請得以頸血濺大王矣

《正義》：濺，音贊。

按：濺，《文選‧西征賦》李善注引作「湔」，皆「濺」俗字。

### （12）奢不能難

按：王叔岷曰：「《白帖》卷 6、《記纂淵海》卷 41 引『難』並作『詰』，

---

〔註710〕胡文英《吳下方言考》卷 3，收入《續修四庫全書》第 195 冊，上海古籍出版社，2002 年版，第 24 頁。

義近。」宋刊《記纂淵海》在卷115。《事文類聚》後集卷6、《合璧事類備要》前集卷31引亦作「詰」，蓋以意改之也。

（13）王曰：「母置之，吾已決矣。」

按：《御覽》卷511引「置」作「致」，借字。

（14）此固其理也，有何怨乎

按：《事文類聚》前集卷24、《合璧事類備要》前集卷34引「怨」作「怒」，《御覽》卷827引《春秋後語》、宋刊《記纂淵海》卷111引晏殊《類要》同。

（15）廉頗之仇郭開多與使者金，令毀之

按：「廉頗之仇郭開」六字，《御覽》卷850引作「郭開怨頗（注：『郭開，頗之仇也。』），不欲令還」。

（16）歲餘，匈奴每來，出戰。出戰，數不利，失亡多

按：崔適曰：「『出戰』二字衍。」施之勉、王叔岷指出《通典》卷153、《冊府元龜》卷433、《通志》卷94、《御覽》卷294引《戰國策》、《通鑒》卷6無下「出戰」二字。《古史》卷51亦無之。《治要》卷12引下「出戰」作一「戰」字。

（17）彀者十萬人

按：王叔岷曰：「《御覽》卷278引『彀』下有『弦』字。」《御覽》卷294引《戰國策》、《通典》卷153、《冊府元龜》卷433「彀」下有「弓弩」二字。

（18）單于聞之，大率眾來入

按：《治要》卷12引同今本。《孫子·虛實》、《計》杜牧注二引「大」下有「喜」字，《御覽》卷294引《戰國策》、《通典》卷153、《冊府元龜》卷433同，則「大喜」二字句。

（19）太史公曰：知死必勇，非死者難也，處死者難

按：「知死必勇」蓋當時成語。《說苑·反質》侯生曰：「臣聞知死必勇。」《季布欒布列傳》太史公曰「彼誠知所處，不自重其死」，《集解》引如淳說引「非死者難，處死者難」以解。

（20）相如一奮其氣，威信敵國

按：王叔岷曰：「《長短經·臣行篇》注引『奮』作『厲』，義同。」《史

記》舊本當作「奮」，作「厲」乃趙蕤以意改之。《匈奴列傳》「將率席中國廣大，氣奮，人主因以決策」，亦作「奮」字。

### 卷八十二《田單列傳》

（1）樂毅因歸趙，燕人士卒忿

按：瀧川資言曰：「楓、三本『忿』作『分心』。《御覽》卷 292 所引《國策》『士卒忿』作『士卒離』，今本《國策》無。」水澤利忠曰：「南化、楓、楲、三、梅『忿』字作『分心』二字。」池田曰：「燕人忿王之信反間。」施之勉曰：「《通典》卷 151 引『士卒忿』作『士卒離心』。《御覽》卷 914 引《春秋後語》亦作『士卒離心』。」王叔岷曰：「『忿』乃『分心』二字之誤合。《御覽》卷 292 引《國策》作『士卒離心』，《考證》失引『心』字。《御覽》卷 914 引《春秋後語》作『王卒離心』，『王』乃『士』之誤。《趙奢傳》亦云：『士卒離心』。」李人鑒說略同王氏。《孫子集註·用間》何氏注亦作「士卒離心」。

（2）田單又收民金，得千溢，令即墨富豪遺燕將，曰：「即墨即降，願無虜掠吾族家妻妾，令安堵。」

按：王叔岷曰：「《御覽》卷 282 引《國策》、《長短經》『將』下並有『書』字，當從之。」徐仁甫亦據《御覽》引補「書」字。《通典》卷 156、《冊府元龜》卷 433「將」下亦有「書」字。然不當補「書」字，王說非是。所遺燕將者，指千溢之金。

（3）田單乃收城中得千餘牛，為絳繒衣，畫以五彩龍文

按：絳繒衣，《文選·馬汧督誄》李善注、《為曹洪與魏文帝書》李善注、《書鈔》卷 158、《通典》卷 161、《通鑒》卷 4 引同；《御覽》卷 868 引倒作「繒絳衣」。《御覽》卷 282 引《戰國策》「絳」誤作「縫」。「絳」形誤作「繒」，又易作「縫」。諸祖耿輯《戰國策逸文》失校〔註711〕。

（4）燕軍大駭，敗走

按：《文選·馬汧督誄》李善注引「大駭敗走」倒作「大敗駭走」。

（5）燕之初入齊，聞畫邑人王蠋賢

《集解》：劉熙曰：「齊西南近邑。畫音獲。」

---

〔註711〕諸祖耿《戰國策逸文考》，《制言》第 37、38 期合刊，1937 年版，本文第 15 頁。又諸祖耿《戰國策集注匯考》，鳳凰出版社，2008 年版，第 1762 頁。

《索隱》：畫，一音獲，又音胡卦反。劉熙云：「齊西南近邑。」

《正義》：《括地志》云：「戟里城在臨淄西北三十里，春秋時棘邑，又云澅邑。」蠋所居即此邑，因澅水為名也。

按：梁玉繩曰：「《說苑・立節》作『蓋邑人』，未知孰是。因考齊有畫邑、畫邑，判然兩地。《路史・國名紀七》載之。『畫』乃《後書・耿弇傳》所云『進軍畫中』者（《弇傳》注：『西安，在臨淄西北。畫中，在西安城東南也。』），『畫』為『澅』之省文，因澅水得名。《水經注》卷26作『澅』（《困學紀聞》卷8引《水經注》作『澅』，非。《風俗通・窮通篇》『譚子迎孟嘗君於澅』，亦『澅』之誤）。《史・建元侯表》有澅清侯，王蠋所居即此，音獲。若孟子所宿，是畫而非畫也……畫邑、畫邑，一北一南。」梁說非是，羅泌《路史》卷30、毛奇齡《經問》卷10亦彊生分別。「蓋」是「畫」形誤。《孟子・公孫丑下》：「孟子去齊，宿於畫。」趙岐注：「畫，齊西南近邑也。」「畫」亦是「畫」形誤。《水經注・淄水》：「又有澅水注之，水出時水，東去臨淄城十八里，所謂澅中也，俗以澅水為宿留水，西北入于時水。孟子去齊，三宿而後出澅，故世以此而變水名也。水南山西有王歇墓，昔樂毅伐齊，賢而封之，歇不受，自縊而死。」《明一統志》卷24：「畫邑城，在臨淄縣西北二十里，燕樂毅伐齊，聞畫邑人王蠋賢；孟子去齊，宿於畫，即此。」是其確證也〔註712〕。《後漢書・耿弇傳》：「弇進軍畫中。」李賢注：「畫中，邑名也。畫音胡麥反。故城在今西安城東南，有澅水，因名焉。」《風俗通義・窮通》：「孟嘗君逐於齊，見反，譚子迎於澅。」P.3696V《箋注本切韻》：「澅，水名，在齊。」即是此地。又《一統志》謂畫邑去臨淄城二十里，則《括地志》「三十里」恐是「二十里」之誤。

### 卷八十三《魯仲連鄒陽列傳》

#### （1）則連有蹈東海而死耳

按：王叔岷曰：「『連有』猶『連即』，『有』、『即』同義。」王說非是。《趙策三》作「則連有赴東海而死耳」。吳昌瑩曰：「有，猶寧也。」蔣禮鴻說同〔註713〕。有，猶言寧願也。《漢書・鄒陽傳》「則士有伏死堀穴巖藪

---

〔註712〕參見朱駿聲《說文通訓定聲》「畫」字條，武漢市古籍書店，1983年版，第353頁。

〔註713〕吳昌瑩《經詞衍釋》，中華書局，1956年版，第53～54頁。蔣禮鴻《商君書錐指》，中華書局，1986年版，第80頁。

之中耳」，《新序》、《漢紀》、《文選》略同，本書脫「有」字（李笠、王叔岷、徐仁甫有說），「有」亦此義，王叔岷說誤同於此。

（2）新垣衍曰：「燕則吾請以從矣；若乃梁者，則吾乃梁人也，先生惡能使梁助之？」

按：金正煒曰：「《類篇》：『請，受言也。』謂燕之從趙，亦姑承其說也。或為『設』之譌。《秦策》『請為大王設秦楚之戰』，鮑注：『設者，無其事施陳為之。』《齊策》『今先生設為不宦』，鮑注：『設者，虛假之辭。』」〔註714〕金氏二說皆誤。請，且也，猶言姑且。

（3）辛垣衍怏然不悅

按：《趙策三》同，《長短經・七雄略》「怏然不悅」作「愕然」。

（4）齊湣王之魯，夷維子為執策而從

按：《趙策三》無「為」字，《長短經・七雄略》「為」下有「御」字。此當據補「御」字。

（5）彼又將使其子女讒妾為諸侯妃姬

按：《趙策三》、《長短經・七雄略》同。金正煒曰：「按《漢書・趙幽王友傳》：『讒女亂國兮，上曾不寤。』讒妾猶讒女也。又『讒』字或本為『孅』，『讒』一讀如『廉』，與『孅』字一聲之譌。《漢書賈誼傳》：『庶人孅妾緣其履。』注：『孅，庶賤也。』」〔註715〕吳國泰曰：「疑『讒』當為『儳』字之借。」讒，讀為儳。《禮記・表記》：「君子不以一日使其躬儳焉，如不終日。」鄭玄注：「儳焉，可輕賤之貌也。」讒妾，猶言賤妾。

（6）吾聞之，智者不倍時而棄利，勇士不卻死而滅名，忠臣不先身而後君

《索隱》：卻死猶避死也。

《校勘記》：張文虎《札記》卷5：「《索隱》本『卻』，故注云『避死』，各本誤『怯』。」按：景祐本、紹興本、耿本、黃本、彭本、凌本、殿本作「怯死」，下文亦云「勇士不怯死」，注同。（8 / 2991）

按：池田從張文虎說。乾道本、慶長本亦作「怯死」，《御覽》卷328、

---

〔註714〕金正煒《戰國策補釋》卷4，收入《續修四庫全書》第422冊，上海古籍出版社，2002年版，第527頁。

〔註715〕金正煒《戰國策補釋》卷4，收入《續修四庫全書》第422冊，上海古籍出版社，2002年版，第528頁。

《古史》卷54、《記纂淵海》卷63、《永樂大典》卷13451引同，《齊策六》、《類聚》卷25、《白氏六帖事類集》卷14、《長短經·七雄略》、《冊府元龜》卷415、889、《通志》卷93亦同（《類聚》、《白帖》未言出處）。《鶡冠子·世兵》：「明將不倍時而棄利，勇士不怯死而滅名。」此尤其確證。《列女傳》卷8「君子謂聶政姊仁而有勇，不去死以滅名」，《戰國策·韓策二》吳師道《補注》引作「不怯死」。《索隱》本誤作「卻」，張文虎獨取《索隱》誤本，非是，李人鑒已駁之。韓兆琦曰：「卻，退避、逃避。」非是。下文「故智者不再計，勇士不怯死」，《齊策六》同，《長短經》「不怯死」誤作「不再卻」。

（7）魏攻平陸

按：《齊策六》同，宋刊《長短經·七雄略》「陸」誤作「陵」。

（8）斷右壤，定濟北

按：《齊策六》、《長短經·七雄略》「定」作「存」。

（9）今楚、魏交退於齊，而燕救不至

《索隱》：交者，俱也。前時楚攻南陽，魏攻平陸，今二國之兵俱退，而燕救又不至，是勢危也。

按：《齊策六》同，宋刊《長短經·七雄略》「退」誤作「兵」。

（10）亡意亦捐燕棄世，東遊於齊乎

按：《齊策六》同，《長短經·七雄略》「捐」作「懟」。鮑彪注：「捐亦棄。」鮑說或非。捐，讀作悁，忿恨也。《說文》「悁」、「忿」互訓，悁、患一聲之轉。懟亦怨恨也。悁燕者，忿恨於燕王也，上文云「今公行一朝之忿，不顧燕王之無臣，非忠也」，即是也。下文云「故去感忿（忿）之怨，立終身之名；棄忿悁之節，定累世之功」，「忿悁之節」云云，亦承此「悁燕」而言。棄世，謂遺世。金正煒誤解「棄世」為「去世」，改「世」作「代」，云「燕、代接壤，故舉燕並及於代」〔註716〕，非是。

（11）矯國更俗，功名可立也

按：張森楷曰：「《國策》『更』作『革』，『俗』下有『於天下』三字。」「更」、「革」與「改」並一聲之轉。

---

〔註716〕金正煒《戰國策補釋》卷3，收入《續修四庫全書》第422冊，上海古籍出版社，2002年版，第487頁。

（12）且吾聞之，規小節者不能成榮名，惡小恥者不能立大功

按：王叔岷曰：「《御覽》卷 328 引作『效小節者不能行大威，惡小恥者不能立榮名』，與《齊策》同，《類聚》卷 25 亦同。疑所引乃《齊策》文。《長短經》注作『效小節者不能行大威，惡小恥者不能成榮名』，『成』字蓋從《史》，餘則皆本《齊策》也。」規亦效也。

（13）故兼三行之過而為五霸首

按：《齊策六》作「然而管子并三行之過，據齊國之政，一匡天下，九合諸侯，為五伯首」，此是省文，「并」、「兼」義同。《類聚》卷 25「并」字同，《長短經·七雄略》誤作「棄」。

（14）燕將見魯連書，泣三日，猶豫不能自決

按：王叔岷曰：「《文選·遊赤石進帆海詩》注、《擬古詩》注、《御覽》卷 162、《記纂淵海》卷 70 引『見』皆作『得』，《類聚》及《御覽》引《魯連子》、《長短經》注並同。『見』疑『尋』之壞字。尋，古『得』字。」《文選》注凡三引，除王氏所舉外，《答賓戲》李善注引亦作「得」。《類聚》引《魯連子》見卷 60。《御覽》卷 350、595 凡二引《魯連子》，均作「得」，《書鈔》卷 103、《事類賦注》卷 13 引同。《白氏六帖事類集》卷 15「燕將得書自殺」，未列出處。然本書作「見」自通，《後漢書·崔駰傳》李賢注引作「見」，《類聚》卷 36 引魏隸《高士傳》同。

（15）勝等嫉鄒陽

按：嫉，《漢書·鄒陽傳》作「疾」，乃省借字。

（16）徒虛語耳

按：《漢書·鄒陽傳》、《文選·獄中上書自明》同，《新序·雜事三》作「徒虛語爾」（本篇下文分別省稱作《漢書》、《文選》、《新序》），《漢紀》卷 9 作「今定虛矣」。徒、定一聲之轉。

（17）昔者荊軻慕燕丹之義，白虹貫日，太子畏之

《集解》：應劭曰：「精誠感天，白虹為之貫日也。」

按：《集解》「精誠」，《開元占經》卷 98 引誤作「積誠」。

（18）夫精變天地而信不喻兩主，豈不哀哉

《正義》：喻，曉也。（據瀧川《考證》本）

按：王叔岷曰：「《漢紀》、《文選》『精』下並有『誠』字。《漢書》亦

有『誠』字，王氏《補注》云：『官本無「誠」字，引宋祁曰：「精字下疑有誠字。」』《漢書》北宋景祐本、南宋嘉定本、南宋建安本、南宋慶元本均脫「誠」字，《治要》卷17引同，故宋祁校補「誠」字，王氏校語說「《漢書》亦有『誠』字」不確。《新序》、《類聚》卷58亦脫「誠」字。喻，《漢紀》同，讀作諭，《漢書》、《新序》、《文選》、《類聚》正作「諭」。

（19）無使臣為箕子、接輿所笑

按：笑，《漢書》、《漢紀》、《文選》同，《新序》誤作「歎」。

（20）蘇秦相燕，燕人惡之於王，王按劍而怒，食以駃騠；白圭顯於中山，中山人惡之魏文侯，文侯投之以夜光之璧

《集解》：《漢書音義》曰：「駃騠，駿馬也，生七日而超其母。敬重蘇秦，雖有讒謗，而更膳以珍奇之味。」

按：黃善夫本校記引《決》云：「投謂拋擲與之。」瀧川資言曰：「投以夜光之璧者，憤怒之極，不暇擇物也。」池田曰：「投，賜也。」李人鑒曰：「投，投擲。」石光瑛曰：「『投』、『賜』誼近，讀如『投我以木瓜』之投。」〔註717〕張森楷曰：「《漢書》『投』作『賜』。」施之勉曰：「《御覽》卷806、《事類賦》卷9引『投』作『賜』，《漢書》亦作『賜』。此『投』字，即《衛風·木瓜》之《詩》『投我以木瓜』之投，義為遺贈，與『賜』字同。瀧川以『投』作投擲解，謬甚。」韓兆琦說同施氏。投，《新序》、《文選》、《類聚》卷58同。「投」訓賜是也，瀧、李說大誤。《文選》呂向注：「文侯不信讒者而更親白圭，而贈以寶玉也。」是呂氏早訓「投」作贈。

（21）甯戚飯牛車下，而桓公任之以國

《集解》：應劭曰：「齊桓公夜出迎客，而甯戚疾擊其牛角商歌曰：『南山矸，白石爛，生不遭堯與舜禪。短布單衣適至骭，從昏飯牛薄夜半，長夜曼曼何時旦？』」

《索隱》：矸音公彈反。矸者，白淨貌也。顧野王又作岸音也。

按：①《書鈔》卷106引應劭注作「南山悵悵，白石爛爛」，《文選·嘯賦》李善注引應劭注作「南山峇峞，白石爛」。矸，《漢書》顏師古注引同，《後漢書·蔡邕傳》李賢注引《三齊記》亦同，《御覽》卷898引《史

〔註717〕石光瑛《新序校釋》，中華書局，2001年版，第401頁。

記〉、《御覽》卷 572 引《淮南子》、《事類賦注》卷 11 引《淮南子》、《事文類聚》後集卷 39 引《琴操》作「粲」，《類聚》卷 94 引《琴操》作「研」，《記纂淵海》卷 84 引《三齊略記》作「燦」。「研」是「矸」形、聲之誤（「研」從开得聲，古音开、干亦相通），讀畫齋叢書本《琴操》作「矸」。「㷱」當是「燦」形誤，俗「粲」字。②爛，《類聚》卷 94 引《琴操》作「礧」（又「石」誤作「不」），俗字。「爛」與上句「粲」字即「粲爛」之分言，亦作「粲彣」。《廣雅》：「粲、彣，文也。」蔣斧印本《唐韻殘卷》：「彣，粲彣，文彰兒，出《字〔林〕》。」山石曰「粲爛」，水波曰「漦瀾」，其義一也。③適至，《書鈔》卷 106、《文選・嘯賦》李善注引同，《後漢書・蔡邕傳》李賢注引《三齊記》亦同，《御覽》卷 898 引《史記》作「才至」，《類聚》卷 94 引《琴操》作「裁至」，《記纂淵海》卷 84 引《三齊略記》、《事文類聚》後集卷 39 引《琴操》作「纔至」，《御覽》卷 572 引《淮南子》作「長止」，《事類賦注》卷 11 引《淮南子》作「適止」。④薄夜半，《文選・嘯賦》李善注引應劭說、《後漢書・蔡邕傳》李賢注引《三齊記》同，《書鈔》卷 106 引「薄」作「至」，《御覽》卷 572 引《淮南子》、《事類賦注》卷 11 引《淮南子》、《記纂淵海》卷 84 引《三齊略記》同。⑤曼曼，《漢書》顏師古注引同；《書鈔》卷 106 引作「漫漫」，《後漢書》李賢注引《三齊記》、《御覽》卷 572 引《淮南子》、《事類賦注》卷 11 引《淮南子》、《御覽》卷 898 引《史記》同，讀畫齋叢書本《琴操》亦作「漫漫」；宋刊《類聚》卷 94 引《琴操》作「冥冥」，《文選・嘯賦》李善注引應劭說作「瞑瞑」。此言夜之長，「冥冥」當是「曼曼」形誤，又易作「瞑瞑」。

## （22）豈借宦於朝，假譽於左右

《校勘記》：借宦，《漢書》作「素宦」，《漢紀》作「素官」，《文選》同。（8 / 2992）

按：瀧川資言曰：「《漢書》、《文選》『借』作『素』，『假』作『借』。」施之勉曰：「《類聚》『借』作『素』，『假』作『借』。《新序》『借』作『藉』。」王叔岷曰：「《漢紀》『借』亦作『素』。」《文選》同《漢書》作「素宦」，《校勘記》云者，則使人誤以為《文選》同《漢紀》作「素官」。古鈔本《治要》卷 17 引《漢書》作「素官」（天明刊本作『素宦』），《類聚》卷 58 亦作「素官」。宋刊《新序》「假譽」同，「借宦」作「藉宦」（嘉靖翻宋本「宦」作「官」）。藉亦借也。

（23）**感於心，合於行，親於膠漆**

按：瀧川資言曰：「《文選》『行』作『意』。《漢書》、《文選》『親於』作『堅如』。」池田曰：「《漢書》『親』作『堅』，似是。」張森楷曰：「《漢書》作『堅如膠漆』。」施之勉曰：「《新序》『親於』作『堅於』。」王叔岷曰：「《漢紀》亦作『堅如』。於猶如也。」親，讀為儓。《廣雅》：「儓，仞也。」儓、仞是聲訓，「仞」同「韌」，字亦作「肕」、「忍」。《說文》：「韌，柔而固也。」亦堅牢之義。王念孫《廣雅疏證》云「未詳」〔註718〕，據此可補。「堅於膠漆」、「固於膠漆」、「牢於膠漆」是古書恒言。音轉亦作靳，《集韻》：「靳，肕也。」靳、肕、堅亦聲之轉（『靳』是雙聲符字），也是所謂聲訓。

（24）**昔者魯聽季孫之說而逐孔子，宋信子罕之計而囚墨翟**

《索隱》：司城子罕姓樂名喜，乃宋之賢臣也。《漢書》作「子冉」。不知子冉是何人。文穎曰「子冉，子罕也」。又按：《荀卿傳》云「墨翟，孔子時人，或云在孔子後」。又《襄二十九年左傳》「宋饑，子罕請出粟」。按：時孔子適八歲，則墨翟與子罕不得相輩，或以子冉為是也。

按：陳士元《名疑》卷2：「子罕與墨翟不同時，疑《漢書》『子冉』為是，子罕、子冉蓋二人。」梁玉繩曰：「《漢書》及《新序》『子罕』作『子冉』，豈『冉』、『罕』音近通用乎？而此子罕必子罕之後，以字為氏。」瀧川資言從梁說。繆篆則謂「子冉」當是「子罕」之誤〔註719〕。王叔岷曰：「《文選》亦作『子冉』，《類聚》作『子舟』。『舟』乃『冉』之誤。」《漢紀》亦作「子罕」。梁說絕不可信，「冉」、「罕」不是音近通用。信，《漢書》作「任」。因，《新序》亦作「逐」。

（25）**齊用越人蒙而彊威、宣**

《索隱》：越人蒙未見所出。《漢書》作「子臧」。又張晏云「子臧，越人」。或蒙之字也。

按：王先謙引沈曾植曰：「《潛夫論·論榮篇》：『由余生於五狄，越象產於八蠻，而功顯齊、秦，德立諸夏。』『越象』與『由余』並舉，疑即子臧，《史記》作『越人蒙』，『蒙』蓋『象』字之誤。」〔註720〕王叔岷曰：「古

---

〔註718〕王念孫《廣雅疏證》，收入徐復主編《廣雅詁林》，江蘇古籍出版社，1992
　　　　年版，第396頁。

〔註719〕繆篆《老子古微》，《制言》第39期，1937年版，本文第9頁。

〔註720〕王先謙《漢書補注》卷51，中華書局，1983年版，第1096頁。

人名與字相應，『冡』借為『冢』，《說文》：『冢，覆也。』『臧』借為『藏』。『覆』與『藏』義正相應，則『象』乃『蒙』之誤矣。」王叔岷說非其創見，清人早言之。王引之曰：「臧亦藏字。蒙，包藏也。《鄘風・君子偕老》毛傳云：『蒙，覆也。』《昭十三年左傳》杜注云：『蒙，裹也。』皆包藏之義也。」〔註721〕文廷式曰：「『越象』蓋『越蒙』之誤。」〔註722〕俞樾曰：「『越象』當作『越蒙』。」〔註723〕

### （26）豈拘於俗，牽於世，繫阿偏之辭哉

《正義》：阿偏謂阿黨之言及偏辭。（據瀧川《考證》本，黃善夫本上方校記亦引之）

按：李慈銘曰：「阿，《文選》、《漢書》俱作『奇』。」王叔岷曰：「《漢書》作『繫奇偏之浮辭哉』，王氏《補注》云：『「奇偏」無義，《史記》作「阿偏」，「奇」與「阿」形近致誤也。』《廣雅》：『畸、偏、阿，衺也。』奇、畸古通，『阿偏』、『奇偏』並不正之義。『奇』非『阿』之誤。《新序》、《文選》亦並作『奇偏』。」王叔岷說是，但其說未盡，「奇」、「畸」、「阿」並一聲之轉，王念孫早已指出：「『阿』與『奇衺』之『奇』聲亦相近。」〔註724〕石光瑛亦謂「《史》作『阿』誤」〔註725〕，失考矣。《治要》卷17引《漢書》無「浮」字。

### （27）夫晉文公親其讎，彊霸諸侯；齊桓公用其仇，而一匡天下

按：王叔岷曰：「《新序》、《文選》『彊』上並有『而』字，與下文句法一律。」《漢書》上句亦脫「而」字。或謂下句「而」字衍文，亦可。

### （28）至夫秦用商鞅之法，東弱韓、魏，兵彊天下，而卒車裂之

按：瀧川資言曰：「楓、三本、《漢書》、《文選》『兵』作『立』。」水澤利忠曰：「兵，南化、楓、三、梅『立』。」池田曰：「《漢書》『兵』作『立』，是也。」張森楷曰：「《漢書》『兵』作『立』。」施之勉曰：「《新序》『兵』

〔註721〕王引之《春秋名字解詁》，收入《經義述聞》卷22，江蘇古籍出版社，1985年版，第543～544頁。

〔註722〕文廷式《純常子枝語》卷13，收入《續修四庫全書》第1165冊，上海古籍出版社，2002年版，第179頁。

〔註723〕俞樾《茶香室續鈔》卷3，收入《續修四庫全書》第1198冊，第407頁。

〔註724〕王念孫《廣雅疏證》，收入徐復主編《廣雅詁林》，江蘇古籍出版社，1992年版，第181頁。

〔註725〕石光瑛《新序校釋》，中華書局，2001年版，第419頁。

作『立』。」王叔岷曰:「『立』字是,『兵』蓋『立』之誤,或淺人所改。《列子·說符篇》『此而不報,無以立懂於天下』(《釋文》:『懂,勇也。』)與此『立』字用法同。」王說非是,《列子》「立」是豎立義,用法不同。黃善夫本上方校記云:「兵,本乍(作)『立』,《漢書》作『立』。」諸本「立」當據此校作「兵」,形近致誤。《冊府元龜》卷 872 用《漢書》,亦作「兵」字。《御覽》卷 821 引《史記》佚文:「秦孝公任商鞅……少數年之間,國富兵強,天下無敵。」

## (29)於陵子仲辭三公為人灌園

《集解》:《列士傳》曰:「楚於陵子仲,楚王欲以為相,而不許,為人灌園。」

《索隱》:《孟子》云陳仲子,齊陳氏之族。兄為齊卿,仲子以為不義,乃適楚,居於於陵,自謂於陵子仲。楚王騁以為相,子仲遂夫妻相與逃,為人灌園。《列士傳》云字子終。

按:《集解》所引《列士傳》,《文選》李善注引作《列女傳》,《後漢書·馮衍傳》李賢注引同,今本《列女傳》卷 2 作:「楚王聞於陵子終賢,欲以為相,使使者持金百鎰往聘迎之……於是子終出謝使者而不許也,遂相與逃而為人灌園。」又考皇甫謐《高士傳》卷中:「陳仲子者,齊人也。其兄戴為齊卿,食祿萬鍾。仲子以為不義,將妻子適楚,居於陵,自謂於陵仲子……楚王聞其賢,欲以為相,遣使持金百鎰,至於陵聘仲子……於是出謝使者,遂相與逃去,為人灌園。」則「《列士傳》」當作「《列女傳》」或「《高士傳》」。《漢傳》顏師古注云云,未言出處,考其文與《高士傳》相合。

## (30)終與之窮達,無愛於士

《正義》:顏曰:「無愛,無恪惜也。」(據瀧川《考證》本,黃善夫本上方校記亦引之)

按:施之勉曰:「《新序》『愛』作『變』,五臣本《文選》亦作『變』。孫志祖曰:『愛,《新序》作「變」,與上句「終與之窮達」意相貫,疑「愛」字誤。』池田亦從孫志祖說。王叔岷曰:「《漢書》『愛』字同。李善本《文選》亦作『愛』,注云:『於士所求,無所愛惜也。』與師古注合,則『變』非誤字。《新序》作『變』,疑後人所改。五臣本《文選》亦作『變』,又據《新序》而改耳。」徐友蘭校《新序》曰:「『變』當為『戀』。」

〔註726〕石光瑛曰：「三書（引者按：指《史記》、《新序》、《文選》）『通』作『達』，『變』作『愛』。此字當依本書作『變』。作『愛』無誼，且與上句不貫（孫志祖云云）。」〔註727〕作「無變」義長，與「終」字相應。言困窮或通達都與士相始終，無所變改也。

### （31）臣聞明月之珠，夜光之璧，以闇投人於道路，人無不按劍相眄者

按：石光瑛曰：「眄，宋本、嘉靖本、鐵華館本作『眄』，與三書合，眾本作『盼』。盧文弨曰：『盼譌。』按《說文》：『盼，恨視也。』正合此句之意。《說文》又曰：『眄，目偏合也，一曰衺視也，秦語。』二誼皆與本文不甚關合。疑三書之『眄』，皆當作『盼』。諸本作『盼』，乃未改之幸存者。盧氏反斥為譌，是以不狂為狂也。《荀紀》作『人莫不按劍為（引者按：『為』當作『而』）怒』。」〔註728〕宋元各本及慶長本作「眄」，《御覽》卷342、806引同，《漢書》、《新序》、《文選》、《類聚》卷58亦同，《漢紀》作「怒」。盧說是，石說非也。宋人王觀國《學林》卷10有「盼、眄、盼」三字辨，謂鄒陽書當作「眄」，訓邪視。《史記》宋元各本及慶長本作「眄」，《御覽》卷342、806、《事類賦注》卷9引同，《文選·遊仙詩》李善注引鄒陽《上書》亦同。《新序》除石氏所舉三本外，程本、龍谿本、四庫本、武井驥本亦作「眄」。《漢書》宋刊本如北宋景祐本、南宋嘉定本、南宋建安本、南宋慶元本，《文選》宋刊本如影宋本、宋淳熙本，均作「眄」字。宋刊《記纂淵海》卷13、142引《史記》作「盼」（卷142二引）；四庫本《淵海》分別在卷56、70，卷56引作「盼」；卷70二引，一作「盼」，一作「眄」。古鈔本《治要》卷17引《漢書》作「眄」俗寫；天明刊本引作「盼」。是各書唐宋版本皆作「眄」字，後人妄改作「盼」或「盼」。「眄」訓邪視，義並無不合，邪視亦怒之一種表現也。

### （32）輪困離詭

《集解》：張晏曰：「輪困離詭，委曲槃戾也。」

按：①瀧川資言曰：「楓、三本『離詭』作『離倚』，《漢書》、《文選》

---

〔註726〕徐友蘭《群書拾補識語·新序》，收入《叢書集成續編》第92冊，上海書店，1994年版，第572頁。

〔註727〕石光瑛《新序校釋》，中華書局，2001年版，第435頁。

〔註728〕石光瑛《新序校釋》，中華書局，2001年版，第440頁。

作『離奇』。」池田曰：「離詭，離異怪詭也。按《淮南子‧俶真訓》『萬民乃始憪㤾離跂』，《莊子‧天地篇》『楊墨乃始離跂』，字雖異而義即同耳。」施之勉曰：「《新序》作『離奇』，《類聚》卷58亦作『離奇』。」王叔岷曰：「《記纂淵海》卷56引此亦作『離奇』，《漢紀》同。奇、倚古通。『離奇』與『離詭』同義。」池田說非是。詭、奇一聲之轉，王說猶未通古音。「奇辭」、「琦辭」音轉作「詭辭」、「佹辭」，「崎嶇」音轉作「攲陬」，「攲器」音轉作「攲器」，「奇譎」音轉作「詭譎」，「觭」音轉作「舥」，皆其例〔註729〕。②石光瑛曰：「『輪囷』亦作『轔囷』，『輪』、『轔』聲轉字。」〔註730〕池田曰：「輪囷，《天官書》作『綸困』，蓋委蛇旋曲之貌。」說皆是也，字亦作「綸棍」、「輪菌」、「轔輵」、「鄰菌」、「嶙困」、「碖硱」、「崘峘」、「輪稛」等形，倒言則作「硱碖」、「峈（岩）嶙」。

## （33）雖蒙堯、舜之術，挾伊、管之辯

《索隱》：言雖蒙被堯、舜之道。

按：王念孫曰：「包，本作『蒙』。此後人以意改之也。《索隱》本作『蒙』，注曰：『蒙被堯、舜之道。』則舊本作『蒙』明矣。《新序》、《漢書》、《文選》並作『蒙』。」張文虎曰：「《索隱》本、各本作『包』。王說云云。」瀧川資言曰：「『蒙』依《索隱》本、楓、三本、《新序》、《漢書》、《文選》。他本作『包』。『包』、『抱』通。」池田曰：「包，《索隱》本作『蒙』，與《漢書》、《文選》合。履軒曰：『包，抱也。』」水澤利忠曰：「蒙，景、井、蜀、耿、慶、彭、毛、游、凌、殿『包』，紹『抱』。」吳國泰曰：「包者，裹字之省。小司馬如之訓之，非也。」張森楷曰：「《索隱》以『蒙被』為解，則《史》文固非『包』字，不知誰所妄改。」王叔岷曰：「景祐本、黃善夫本、殿本『蒙』皆作『包』。《考證》本定作『蒙』，從王說也。又云『包、抱通』，是也。」據池田所引，瀧川說「包」通「抱」，實竊自中井積德（字履軒）說。紹興本作「包」，水澤氏失檢；乾道本、慶長本、四庫本亦作「包」。黃善夫本下方校記云：「包，本乍（作）『蒙』，《漢書》作『蒙』。」張森楷說非是，《索隱》以「蒙被」為解，只能說明《索隱》本作「蒙」字而已。《史記》不必同《新序》等書，《史記》自作「包」，讀作裹（吳說是），俗作「抱」，與「挾」同義對舉。蒙，讀作奉，俗作捧，持也，與「抱」亦是

---

〔註729〕參見蕭旭《荀子校補》，花木蘭文化出版社，2016年版，第577～578頁。
〔註730〕石光瑛《新序校釋》，中華書局，2001年版，第441頁。

一聲之轉。

### （34）欲開忠信

按：開，《新序》、《漢書》、《文選》同。顏師古曰：「開，謂陳說也。」李善注：「《小雅》曰：『開，達也。』」王念孫從李說。余謂「開」當作「關」，形近而譌。《漢書·王褒傳》《聖主得賢臣頌》「進退得關其忠，任職得行其術」，《文選》同，字正作「關」。李周翰注：「關，猶用。」王先謙曰：「關，通也。」〔註731〕關，讀為貫，用也、行也。《廣雅》：「貫，行也。」

### （35）而不牽於卑亂之語，不奪於眾多之口

按：王叔岷曰：「『卑亂』與『眾多』對言，『卑亂之語』猶『微雜之語』。《漢紀》、《文選》『卑亂』並作『卑辭』。李善注：『聖人有深謀善計而即行之，不為卑辭所牽制。』《漢書》官本亦作『卑辭』，王先謙云：『下言語，上不得言辭。』岷以為作『卑辭』義亦可通。惟『辭』非語辭之辭。卑辭之語，謂卑諂辯訟之語也。『辭』之本義為辯訟。」王叔岷下說非是。宋刊《漢書》均作「辭」，宋祁校云：「浙本『辭』作『亂』。」「辭」是「亂」形誤，《新序》亦作「卑亂」。

### （36）攝於威重之權，主於位勢之貴

按：瀧川資言曰：「攝，《漢書》作『籠』，《文選》作『誘』。主，《漢書》、《文選》作『脅』。楓、三本作『匡』。中井積德曰：『主作脅為長。』」池田亦從履軒（中井積德）說。水澤利忠曰：「主，南化、楓、三、梅『匡』。」吳國泰曰：「攝者，懾字之借。主者，懼字之借。」石光瑛曰：「籠，《選》及《漢紀》作『誘』。案：『籠』乃『聾』之叚借字。《說文》：『聾，失氣言也，一曰言不止也，從言，龘省聲。傅毅讀若慴。』段注云：『此與「慴」音誼同。』『聾』與『脅』對舉，其誼略同。《史》作『攝』，攝亦懾之借字，意不殊也。或謂『籠』謂為所籠絡，非。」〔註732〕張森楷曰：「《漢書》『攝』作『籠』，『主』作『脅』。」施之勉曰：「《新序》『攝』作『籠』，『主』作『脅』。荀《紀》『攝』作『誘』。」王叔岷曰：「《廣雅》：『主，守也。』《漢紀》『主』亦作『脅』。又『主』有『正』義，則與楓、三本作『匡』義合，然此義不長。」李人鑒曰：「不知後人何以妄改為『攝』與『主』？」韓兆琦曰：「主，主宰、支使。」考《說文》：「聾，籀文聾不省。」「聾」是「聾」

---

〔註731〕王先謙《漢書補注》，書目文獻出版社，1995年版，第1263頁。
〔註732〕石光瑛《新序校釋》，中華書局，2001年版，第453頁。

省文，字從龖省聲，與「懾」、「慴」同字。《說文》：「懾，失氣也，一曰服也。」《說文》「讋」、「懾」同訓失氣，本是一字之異體耳。「籠」從龍聲，當是「讋」誤字，非叚借字，《治要》卷 17 引《漢書》已誤。石說「籠乃讋叚借字」非是，餘說則皆是。王叔岷之訓解，全不可取。宋元各本及慶長本作「主」，黃善夫本上方校記云：「主，乍（作）『匡』。」「匡」是「匡」俗譌字〔註733〕。「匡」俗字作「匡」、「匡」〔註734〕，脫誤作「主」耳。「匡」是「恇」省文。《禮記・禮器》鄭玄注：「匡，猶恐也。」《釋文》本作「恇」，云：「恇，音匡。」《說文》：「恇，怯也。」《廣雅》：「憍、恇，怯也。」「憍」同「脅」。是「恇」與「脅」同義，皆謂以威力恐劫之。故本書作「匡（恇）」，《新序》、《漢書》、《漢紀》、《文選》作「脅」也。

### （37）故回面汙行以事諂諛之人而求親近於左右

《索隱》：杜預云：「回，邪也。」

按：瀧川資言引中井積德曰：「回，轉也，革也。」王先謙引王先慎曰：「案回訓為邪，『邪面』不詞。回，轉也，易也。面，向也。此謂轉易其向，而汙穢其行耳。」〔註735〕施之勉、池田並從從王說（池田誤作王先謙說）。吳國泰曰：「回者，蘷字之借。《說文》：『蘷，裹也。』」中井及王氏訓「回」為轉易是也，但王氏訓「面」為向則誤。《通鑒》「莫或回革」，胡三省注：「回，轉也，反也。」回面，猶言革面。《文選・冊魏公九錫文》「遠人回面」，李善注引《劇秦美新》「海外遐方，回面內向。」《後漢紀》卷 30 作「迴面」，《三國志・武帝紀》作「革面」，《白氏六帖事類集》卷 14 引形誤作「四面」。

### 卷八十四《屈原賈生列傳》

### （1）嫻於辭令

《集解》：《史記音隱》曰：「嫻，音閑。」

《正義》：閑，雅也。（據瀧川《考證》本，黃善夫本上方校記亦引之）

---

〔註733〕潭州宋刻本《集韻》「匡」正作「匡」形。又潭州宋刻本《集韻》「恇」作「恇」，「框」作「框」，「軭」作「軭」，「眶」作「眶」，「劻」作「劻」，「郔」作「郔」，「筐」作「筐」，「胵」作「胵」，「距」作「距」，皆是其比。

〔註734〕參見黃征《敦煌俗字典》，上海教育出版社，2005 年版，第 227 頁。曾良、陳敏《明清小說俗字典》，廣陵書社，2018 年版，第 339 頁。

〔註735〕王先謙《漢書補注》，中華書局，1983 年版，第 1098 頁。

按：瀧川資言曰：「嫺，讀為閑，習也。」王叔岷曰：「嫺、閑古通。《正義》本『嫺』蓋作『閑』……皆當訓習。《文選‧報任少卿書》注引此『嫺』作『敏』，恐非其舊。」古鈔本《治要》卷 12 引作「閑」（天明刊本仍作『嫺』），同《正義》本。訓習之本字當作「嫺」，「閑」是借字，瀧川不明小學，其說俱矣。

## （2）讒人閒之

按：閒，毀謗。《方言》卷 3：「閒，非也。」「非」同「誹」。《廣雅》：「閒、誹、謗，諎也。」

## （3）不獲世之滋垢

按：王念孫曰：「獲者，辱也。言不為滋垢所辱也。《廣雅》曰：『獲，辱也。』又曰：『濩、辱，汙也。』濩亦獲也，古聲義同耳。」〔註 736〕錢大昕曰：「『滋』與『兹』同，《說文》云：『兹，黑也。《春秋傳》：「何故使我水兹。」』」〔註 737〕張文虎從王說，瀧川資言、池田、張森楷、韓兆琦從王、錢說。①王說是矣，而有未盡。「獲（濩）」訓汙辱，乃「汙」字音轉。元刊本《韓詩外傳》卷 1：「少以獲眾，弱以侮強，忿不量力者，兵共殺之。」吳闓生曰：「《廣韻》：『獲，辱也。』故以與『侮』對言。《國策》『葉公子高身獲於表薄』，《史記‧屈原傳》『不獲世之滋垢』，是也。獲之為辱，古書所見已鮮，不知者改『獲』為『敵』，則此義益淪亡矣。」〔註 738〕《史記》例是王念孫說，《戰國策》例則是金正煒說〔註 739〕，並非吳氏創見。《說苑‧雜言》、《家語‧五儀解》、《文子‧符言》「獲」作「犯」，犯讀作氾，亦汙也。《廣雅》：「氾、濩、辱，汙也。」王念孫曰：「《漢博陵太守孔彪碑》云：『浮斿塵埃之外，矚然氾而不俗。』是氾為汙也。」〔註 740〕②錢說亦

〔註 736〕 王念孫《史記雜志》，收入《讀書雜志》卷 3，中國書店，1985 年版，本卷第 1 頁。其說又見《廣雅疏證》，收入徐復主編《廣雅詁林》，江蘇古籍出版社，1992 年版，第 214 頁。

〔註 737〕 《嘉定錢大昕全集（二）》「兹」誤作「茲」，徑正，江蘇古籍出版社，1997 年版，第 86 頁。

〔註 738〕 北江（吳闓生）《與李杏南論〈韓詩外傳〉書》，北京《雅言》1941 年第 6 期，第 13 頁。

〔註 739〕 金正煒《戰國策補釋》卷 3，收入《續修四庫全書》第 422 冊，上海古籍出版社，2002 年版，第 496 頁。

〔註 740〕 王念孫《廣雅疏證》，收入徐復主編《廣雅詁林》，江蘇古籍出版社，1992 年版，第 214 頁。

是也，「滋」音玄，非「滋益」之「滋」，當讀作茲，俗作黵，俗讀誤作子絲反之「茲」字。《說文》所引《春秋傳》，今本《左傳‧哀公八年》「茲」作「滋」，杜預注：「滋，濁也。」《釋文》：「滋，音玄，本又作茲，子絲反，濁也。《字林》云：『黑也。』」《玉篇》：「茲，子狸切，濁也，黑也，或作黵、滋。」垢指黑垢。

（4）人君無愚智賢不肖，莫不欲求忠以自為，舉賢以自佐

按：為，猶言輔助。《晉書‧段灼傳》《假還上表》：「是有國者，皆欲求忠以自輔，舉賢以自佐。」語本此文。

（5）新沐者必彈冠，新浴者必振衣

按：《楚辭‧漁父》、《韓詩外傳》卷1、《新序‧節士》「彈冠」同，《荀子‧不苟》作「彈其冠」，《說苑‧談叢》作「拭冠」。王逸注：「拂塵坌也。」彈，拂拭。字亦作担，俗作撣。《玉篇》：「担，拂也。」字亦作膽，《爾雅》「桃曰膽之」，《禮記‧內則》同。鄭玄注：「膽，治擇之名也。」膽謂拂拭去其毛，舊說多誤，不具徵引。章太炎曰：「今通謂拭治為膽。」〔註741〕此則得之矣，今吳語謂拂拭曰膽。

（6）寧赴常流而葬乎江魚腹中耳

《索隱》：常流猶長流也。

按：沈家本曰：「常流，《楚詞》作『湘流』。」瀧川資言、池田說同。吳國泰曰：「『常』即『長』之借。《楚辭》作『湘流』，亦通。」王叔岷曰：「《廣雅》：『長，常也。』則常亦長也。《記纂淵海》卷46引此『常流』作『湘流』，蓋與《楚辭》文相溷。」徐仁甫曰：「『常』、『湘』古音相通，如『相羊』古作『常羊』，則『常流』即『湘流』可知，不當訓為長流。」韓兆琦曰：「常，通『長』。」四庫本《記纂淵海》在卷49（宋刊本在卷68），王氏失記。徐仁甫說是。「常流」是「湘流」音轉，《文選‧漁父》亦作「湘流」。「相羊」、「相佯」、「相翔」轉語作「常羊」、「尚羊」、「徜徉」、「倘佯」、「常翔」，是其比也。

（7）離婁微睇兮，瞽以為無明

《正義》：睇，田帝反，眄也。

---

〔註741〕章太炎《新方言》卷3，收入《章太炎全集（7）》，上海人民出版社，1999年版，第68頁。

《校勘記》：眄，黃本、彭本、柯本、凌本、殿本作「盼」。（8／3020）

按：張文虎曰：「『眄』譌『盼』，今改。」池田從張說，王叔岷亦指出「盼」誤。「盼」訓恨視，非其誼，當是「眄」形誤。「睇」是屈子所用古楚語。《說文》：「睇，目小視也。南楚謂眄曰睇。」《玉篇》引「睇」作「眱」，一聲之轉，「眱」是「睇」改易聲符的異體字。《方言》卷2：「睇，眄也。陳、楚之閒，南楚之外曰睇。自關而西，秦、晉之閒曰眄。」

（8）重華不可牾兮

按：王叔岷曰：「『牾』乃『啎』之俗誤。」紹興本作「啎」。

（9）懲違改忿兮

按：《楚辭‧懷沙》「違」作「連」。王逸注：「懲，止也。忿，恨也。言止己留連之心，改其忿恨。」王念孫曰：「『連』當從《史記‧屈原傳》作『違』，字之誤也。違，恨也。言止其恨、改其忿也。『恨』與『忿』義相近，若云『留連之心』，則非其類矣。班固《幽通賦》『違世業之可懷』，曹大家曰：『違，恨也。』（《漢書‧敘傳》『違』作『悼』。《廣雅》：『悼，恨也。』）」〔註742〕馬其昶、瀧川資言、池田、張森楷、韓兆琦從王說〔註743〕，是也。《說文》：「媁，不說（悅）皃。」「媁」是其本字。楊雄《蜀都賦》：「洪溶忿葦，紛揚搔翁。」「忿葦」即屈賦之「忿違」。改，讀作解。朱謙之說「改忿」即《老子》之「解其忿」〔註744〕。

（10）含憂虞哀兮，限之以大故

《集解》：王逸曰：「娛，樂也。大故謂死亡也。」

《索隱》：《楚詞》作「舒憂娛哀」。娛音虞。娛者，樂也。

按：王念孫曰：「『含』當為『舍』，字之誤也。『舍』即『舒』字也。」瀧川資言、池田、張森楷、王叔岷從王說。吳國泰曰：「虞者，娛字之借。」王叔岷又曰：「《楚辭》朱注引此正作『舍』……此文當從作『虞』之本訓憂。哀亦憂也。『憂虞哀』三字疊義。『舍憂虞哀』簡言之，即『舒憂』耳。」朱熹《楚辭集注》卷4引此仍作「含」，王叔岷失檢。王念孫說是，王叔

〔註742〕王念孫《讀書雜志》卷16《餘篇下‧楚辭》，中國書店，1985年版，本卷第63頁。王念孫《史記雜志》說略同，《讀書雜志》卷3，本卷第1頁。
〔註743〕馬其昶《屈賦微》卷下，收入《叢書集成續編》第24冊，新文豐出版公司，1988年印行，第617頁。
〔註744〕朱謙之《老子校釋》，中華書局，1984年版，第228頁。

岷說非。「舍憂」與「虞哀」均是動賓結構的詞語，言舒散其憂愁，娛樂其哀悲。

（11）曾唫恒悲兮，永歎慨兮

按：張文虎曰：「唫，舊刻作『吟』。」朱季海曰：「《方言》第一：『慭，傷也……楚潁之間謂之慭。』唫、慭雙聲……皆楚人語……洪氏《補注》以為吟歎字，非也。」〔註745〕朱說非是。唫、慭雖雙聲，但韻不通。洪氏《補注》以「唫」為「吟」，是也。吟歎正憂愁悲哀之一種表現。《釋名》云：「吟，嚴也，其聲本出於憂愁，故其聲嚴肅，使人聽之悽歎也。」字亦作欽，《爾雅》：「欽欽，憂也。」《詩·晨風》：「憂心欽欽。」毛傳：「思望之，心中欽欽然。」

（12）於是懷石遂自投汨羅以死

《正義》：《續齊諧記》云：「屈原以五月五日投汨羅而死，楚人哀之，每於此日以竹筒貯米投水祭之。漢建武中，長沙區回白日忽見一人，自稱三閭大夫……以五色絲轉縛之，此物蛟龍所憚。」

按：《正義》所引《續齊諧記》，明刊本《續齊諧記》「區回」作「區曲」，明刊本《太平廣記》卷291、《類說》卷6、《說郛》卷115引同。「區曲」誤。區回，《歲華紀麗》卷2、《御覽》卷851、《御覽》卷930引同，《玉燭寶典》卷5引作「區迴」，《類聚》卷4、《初學記》卷4、《御覽》卷31、《事類賦注》卷4引「歐回」。轉縛，明刊本《續齊諧記》作「纏」，《太平廣記》、《類說》、《說郛》引同；《初學記》、《事類賦注》引作「約縛」，《類聚》、《歲華紀麗》、《御覽》卷930引作「縛」，《御覽》卷31引作「約」，《御覽》卷851引作「纏縛」。一人，《玉燭寶典》卷5引作「士人」，《御覽》卷930引作「一士人」，疑此脫「士」字。又《御覽》卷930引「貯米」作「貯粉米」，「建武」作「武建」。「建武」是東漢光武皇帝年號。「武建」不是漢代年號，乃「建武」誤倒。

（13）景差

《集解》：徐廣曰：「差，或作『慶』。」

《索隱》：《楊子法言》及《漢書·古今人表》皆作「景瑳」，今作「差」是字省耳。又按：徐、裴、鄒三家皆無音，是讀如字也。

---

〔註745〕朱季海《楚辭解故》，上海古籍，1980年版，第148～149頁。

按：水澤利忠曰：「差，南化、楓、梅、三『瑳』。」王叔岷曰：「差，俗書作『羞』，往往誤為『羌』。『羌』、『慶』古通，故『差』遂轉誤為『慶』耳。」今本《法言·吾子》仍作「景差」，晉李軌《音義》：「景差：初佳切，舊本作『景瑳』。」王說是也，但其說有小誤。「羌」一般是「羌」俗字。「差」俗字作「羞」形，亦偶作「羌」形，形近易譌。宋廿一卷本《古文苑》卷2宋玉《大言賦》「楚襄王與唐勒、景羞、宋玉遊於陽雲之臺」，章樵注：「三人，楚大夫。『羞』作『切瑳』之『瑳』。」宋九卷本《古文苑》卷1「羞」作「差」。

（14）俟罪長沙

《正義》：顏云：「『俟』作『竢』，同，待也。」（據瀧川《考證》本）

按：王叔岷曰：「《楚辭集注》本『俟』亦作『竢』。」俟，《文選·弔屈原文》同，《漢書》作「竢」。顏師古注：「竢，古『俟』字。俟，待也。」《班馬字類》卷4引作「竢」，又引《正義》云：「竢，古『候』字，待也。」黃善夫本下方校記云：「《正義》『俟』作『竢』，曰：『竢，古候字，待也。』」「候」當是「俟」形誤。

（15）賈生為長沙王太傅三年

《正義》：《湘水記》云：「誼宅中有一井，誼所穿，極小而深，上斂下大，其狀如壺。傍有一局腳石牀，容一人坐，形流古制，相承云誼所坐。」

按：《書鈔》卷133引盛弘之《荊州記》：「湘州南寺之東有賈誼宅，宅之中有井，井旁有局腳石牀，可容一人坐，形制甚古，相傳曰誼所坐也。」《御覽》卷706引盛弘之《荊州記》：「長沙郡有賈誼所穿井，旁局腳石床，一床可容一人坐，其形古制，傳云誼所坐床也。」局，讀為句，字亦作跔、踘，曲足也。晉·陸翽《鄴中記》：「石虎御牀辟方三丈，其餘牀皆局腳，高下六寸。」《金樓子·興王》：「宋臺建，有司奏東西堂施局腳床、銀涅釘，帝不許。」《夢溪筆談》卷1：「本朝帕頭有直腳、局腳、交腳、朝天、順風，凡五等。」《禮記·禮器》鄭玄注：「禁，如今方案，隋長，局足，高三寸。」「局足」也即「局腳」。《營造法式》卷3、16有「山棚鋜腳石」。「鋜」又其俗字。

（16）楚人命鴞曰服

《索隱》：晉灼云「《巴蜀異物志》有鳥小如雞，體有文色，土俗因形名之曰服。」

《校勘記》:「如」字原無。張文虎《札記》卷5:「『鳥』下疑脫『如』字。」按:《文選‧鵩鳥賦》李善注引《巴蜀異物志》「小」下有「如」字,今據補。(8／3022)

按:《漢書》顏師古注引晉灼說同,宋祁曰:「注文『鳥』字下疑有『如』字。」此張說所本。宋說是也,《埤雅》卷9引《異物志》正作「鳥如小雞」。《文選》李善注引作「有鳥小如鷄」,《爾雅翼》卷16引作「(鵩)小如雉」,「如」字誤倒在「小」下。

### (17)庚子日施兮

《集解》:徐廣曰:「施,一作斜。」

《索隱》:施音移。施猶西斜也。《漢書》作「斜」也。

按:黃生曰:「施,日斜也。」〔註746〕錢大昕曰:「施,古斜字。斜、邪音義同也。」〔註747〕王筠曰:「班『施』作『斜』。案《漁父歌》曰『昭昭侵以施』,亦借『施』為『斜』。」朱駿聲曰:「施,叚借為暆。」〔註748〕瞿方梅曰:「施、斜義同。《說文》:『迆,衺行也。』字亦作『迻』,『施』其假借字。」池田從瞿說。李笠曰:「『施』、『移』古字通也。」張森楷曰:「『施』本作『暆』。《越絕書》『日昭昭,侵以暆』,即此誼。」〔註749〕施之勉從錢說,又指出:「《御覽》卷21引『施』作『斜』。」王叔岷曰:「施借為暆。《說文》:『暆,日行暆暆也。』段注:『《史記》「庚子日施兮」,施即《說文》暆字也。暆暆,徐行之意。』暆暆,蓋斜行之意。《文選》『施』亦作『斜』。」《御覽》卷23、《事類賦注》卷4引亦作「斜」。施讀為迆,俗作迱、斜。日西斜的專字作暆。

## 卷八十五《呂不韋列傳》

### (1)此奇貨可居

《正義》:《戰國策》云:「……不韋曰:『今力田疾作,不得煖衣飽食;今定國立君,澤可遺後世,願往事之。』秦子異人質於趙,處於扈城,故往說之。」

〔註746〕黃生《義府》卷下,黃生、黃承吉《字詁義府合按》,中華書局,1954年版,第208頁。

〔註747〕錢大昕《答問六》,收入《潛研堂集》卷9,上海古籍出版社,1989年版,第132頁。

〔註748〕朱駿聲《說文通訓定聲》,武漢市古籍書店,1983年版,第483頁。

〔註749〕引者按:《越絕書‧越絕荊平王內傳》原文作「施」字。

按：張文虎曰：「王、柯『扄』作『聊』。」《正義》所引《戰國策》「飽食」，《秦策五》作「餘食」，《御覽》卷 480 引同。又「扄城」，《策》同。高誘注：「扄城，趙邑。」吳師道《補正》：「字書無『扄』字，《龍龕手鑑》云『音昕』。」《字彙補》引吳注「音昕」作「音腳」，今各本《龍龕手鑑》都作「音聊」。黃善夫本、元刻本、慶長本、殿本《正義》亦作「聊城」，《御覽》卷 480 引《策》同；《冊府元龜》卷 878 作「宨城」，注：「宨城，趙邑。宨音疋貌反。」「扄」疑是「宨」異體字，匹貌反，音轉如「聊」也。「扄城」是趙地，「聊城」則是齊地，二城非一地。

### （2）以色事人者，色衰而愛弛

按：弛，乾道本、淳熙本作「弴」，水澤利忠失校。「弴」是俗字。

### （3）雖欲開一語，尚可得乎

按：開，當作「關」，宋元各本及慶長本均誤。《尉繚子・將理》：「雖有堯舜之智，不能關一言。」另詳《曹相國世家》校補。

### （4）使毐以其陰關桐輪而行

《正義》：以桐木為小車輪。

按：陳直曰：「『使毐以其陰關桐輪而行』一句，為注家所未解，不能遽定為誤字。」是陳氏不解此句也。關，讀為貫，穿也。《禮記・雜記下》：「叔孫武叔朝見輪人，以其杖關轂而輠輪者。」孔疏：「關，穿也。輠，迴也。謂作輪之人，以扶病之杖關穿車轂中而迴轉其輪。」以其陰關桐輪而行者，以其陰穿車轂中而迴轉其輪，極言其陰如杖，大且堅耳。周廣業曰：「始謂關輪，極形其大耳。閱《北堂書鈔》引《夢書》曰『輪軸為夫婦，夢得輪軸，夫婦之事也。』乃知不韋為此，將以示意也。」〔註750〕《書鈔》見卷 141，清刻舊鈔本《書鈔》詞條作「輪軸」，引《夢書》二「輪軸」作「轉軸」。周氏引《夢書》，附會之說耳。

### 卷八十六《刺客列傳》

### （1）於是桓公乃遂割魯侵地，曹沫三戰所亡地盡復予魯

按：王叔岷曰：「《文選・求自試表》注、《御覽》卷 323 引此並無『地』字，『予』並作『于』。」《冊府元龜》卷 740、《通志》卷 89「予」作「于」。

---

〔註750〕周廣業《過夏雜錄》卷 2，收入《續修四庫全書》第 1154 冊，上海古籍出版社，2002 年版，第 235 頁。

「于」是「予」形訛。

（2）光伏甲士於窟室中

《集解》：徐廣曰：「窟，一作空。」

按：《四庫考證》：「窟，《左傳》作『堀』，《吳越春秋》作『窋』。」杭世駿說同〔註751〕。王叔岷曰：「窟、窋古字通用。徐注：『窟，一作空。』『空』疑本作『空』，即『窟』之隸變。」王說「窟」隸變作「空」，無據。《正字通》：「空，古文『塞』，以土窒穴也。見《古文奇字》。」「空」字見郭店楚簡《窮達以時》簡10，正用作「塞」。《左傳·昭公二十七年》作「堀」，《釋文》：「堀，本又作窟，同。」《初學記》卷22、《御覽》卷174、346、355引並作「窟」，《書鈔》卷122、《御覽》卷342引作「掘」。《吳越春秋》作「窋」，《初學記》卷22、《御覽》卷302引並作「私」。

（3）故進百金者，將用為大人麤糲之費，得以交足下之驩

按：將用為，《韓策二》作「特以為」。「將」、「特」並通，然二字形近，必有一誤。李人鑒據《策》改作「特」。

（4）而嚴仲子奉百金為親壽

按：奉，《韓策二》作「舉」。「舉」是「奉」形誤，《御覽》卷473引《策》已誤。上文「嚴仲子奉黃金百溢，前為聶政母壽」（《策》同），字亦作「奉」。

（5）聶政乃辭，獨行杖劍至韓

按：王叔岷曰：「殿本『杖』作『仗』，《韓策》同，杖、仗，正、俗字。《文選·別賦》注引此『杖』作『拔』，《御覽》卷473引《戰國策》、卷352引樂資《春秋後傳》亦並作『拔』。」「拔」是「杖」形訛。《文選·贈劉琨並書》李善注引仍作「杖」，不誤。《類聚》卷33引《策》仍作「仗」，《御覽》卷473承襲《類聚》，而誤「仗」作「拔」。

（6）因自皮面決眼

《索隱》：皮面謂以刀割其面皮，欲令人不識。決眼謂出其眼睛。

《正義》：謂自剝其面皮，決其眼睛。（據瀧川《考證》本，黃善夫本下方校記亦引之）

按：《韓策二》作「因自皮面抉眼」。王念孫曰：「如小司馬說，則當

〔註751〕杭世駿《史記疏證》卷47說同《史記考證》。

云『割面皮』，不當云『皮面』矣。今案《廣雅》曰：『皮離也。』又曰：『皮，剝也。』然則皮面者，謂以刀自剝其面也。王褒《僮約》曰：『落桑皮梭。』皮之為言猶披也。《續列女傳》曰：『聶政自披其面。』是『皮』與『披』同義。」張文虎、張森楷、池田從王說。李笠曰：「《文選·別賦》注引《史記》作『因自破面抉眼』，『破』蓋『披』之誤。《續列女傳》曰：『聶政自披其面。』《御覽》卷 517 引《史記》亦作『披面』。」瀧川資言曰：「中井積德曰：『皮面，謂剝面皮。』愚按：《列女傳》『皮』作『披』，《御覽》卷 574 引《史》亦作『披』，《文選注》作『破』。」吳國泰曰：「皮者，剝字之借。」施之勉曰：「《春秋後韓語》『皮』作『破』，《御覽》卷 376、517 引『皮』作『披』。」王叔岷曰：「《白帖》卷 6 引『皮面決眼』作『毀面抉目』。《文選·別賦》注引此仍作『皮面決眼』，《御覽》卷 574 未引此文，《考證》並失檢。」瀧川按語乃竊自李笠，又誤鈔《御覽》卷號。施氏所引敦煌卷《春秋後語》卷號是 P.2569。《文選·別賦》六臣本李善注引《史》作「破面決眼」，此蓋李笠所據。《水經·濟水注》亦作「披面」。「皮」之本字為「柀」，析離也。「披」、「破」皆借字，俗字或作剦、剘。《法言·淵騫篇》：「（政）為嚴氏犯韓，刺相俠累，曼面為姊，實壯士之靡也。」曼讀為𩑶，亦剝離也。《廣雅》：「剝、𩑶、皮，離也。」〔註752〕

（7）鄉使政誠知其姊無濡忍之志

《索隱》：濡，潤也。人性淫潤則能含忍，故云「濡忍」也。若勇躁則必輕死也。

按：王叔岷曰：「濡忍猶柔忍。濡借為儒，《說文》：『儒，柔也。』」韓兆琦從王說。王說未得本字，且隔於古音，未能會通。「儒」是名詞，訓柔者，是聲訓，指柔弱之人。陳玉樹曰：「濡忍即柔忍……濡、柔、蹂並同音，尤、侯、幽三韻與虞、模相通轉。」〔註753〕朱駿聲曰：「濡，叚借為嬬、為偄、為㜸、為懦。」〔註754〕合陳、朱二氏說為一，斯善矣。婦人弱曰嬬，士人弱曰儒，其義一也。

---

〔註752〕此上參見蕭旭《〈莊子〉拾詁》，《中國語學研究·開篇》第 30 卷，日本好文 2011 年 9 月出版，第 38～41 頁；又收入《群書校補（續）》，花木蘭文化出版社，2014 年版，第 1959～1061 頁。

〔註753〕陳玉樹《毛詩異文箋》卷 9，收入《續修四庫全書》第 74 冊，上海古籍出版社，2002 年版，第 303 頁。

〔註754〕朱駿聲《說文通訓定聲》，武漢市古籍書店，1983 年版，第 363 頁。

（8）必絕險千里以列其名

按：張文虎曰：「毛本『列』譌『烈』。」王叔岷曰：「列借為烈，顯也。」王說是也，字亦作𢌿。《廣雅》、《玉篇》並云：「𢌿，美也。」王念孫曰：「《小雅‧賓之初筵篇》『烝衎烈祖』，鄭箋云：『烈，美也。』『烈』與『𢌿』通。」胡吉宣說全本王氏〔註755〕。

（9）荊軻既至燕，愛燕之狗屠及善擊筑者高漸離

《索隱》：漸音如字，王義音哉廉反。

《校勘記》：王義，原作「王義之」，據耿本、黃本、彭本改。（8／3065）

按：刪「之」字乃據張文虎說，張氏據《隋志》指出晉人王義撰《小學篇》一卷。考《隋書‧經籍志》又指出「梁有《文字要記》三卷，王義撰」，《索隱》所引王義說惟此一見，不知究是誰氏？水澤利忠曰：「《索隱》，衲、耿、慶、彭、游無『子』字而『哉』作『子』。」王叔岷曰：「黃善夫本、殿本並作：『《正義》：音子廉反。』」與柯本同誤。黃本作「王義」，不作「正義」，王氏誤校。乾道本亦作「王義」，慶長本、四庫本誤作「正義」。又各本「哉廉反」作「子廉反」。《宋世家》《索隱》：「漸漸，音子廉反，又依字讀。」以「子廉反」與「依字讀」區別二音，與此正同。考《說文》：「𤟭，𤟭離也。」《玉篇》：「𤟭，𤟭蠪也。」「𤟭」當從漸省聲。《史記‧司馬相如傳》《上林賦》：「蛟龍赤螭，鮰鱱𤟭離。」《漢書》、《文選》、《類聚》卷66作「漸離」，李善注引司馬彪曰：「漸離，魚名也。」戰國人物「高漸離」，取魚名為人名也。段玉裁指出「周人或以漸離為名，取於物為假也」，王筠指出「高漸離蓋以物名為名」〔註756〕，池田引喬松年說略同。桂馥亦引《廣韻》「𤟭蠪，蟲名」說之〔註757〕。《論衡‧書虛》作「高漸麗」，離、麗一聲之轉。

（10）荊軻雖游於酒人乎，然其為人沈深好書

按：金人王若虛《史記辨惑》：「『乎』字尤乖。」李笠曰：「『乎』疑『中』字之譌。」瀧川資言從李說。徐仁甫曰：「此『乎』字用於提句。『乎』不必改為『中』。」「乎」是「所」轉語，李氏改字非是，徐說亦未得。《老子》

---

〔註755〕王念孫《廣雅疏證》，收入徐復主編《廣雅詁林》，江蘇古籍出版社，1992年版，第53頁。胡吉宣《玉篇校釋》，上海古籍出版社，1989年版，第643頁。

〔註756〕段玉裁《說文解字注》，王筠《說文解字句讀》，王筠《說文釋例》，並收入丁福保《說文解字詁林》，第12999頁。

〔註757〕桂馥《札樸》卷3，中華書局，1992年版，第128頁。

第 19 章「故令有所屬」，郭店楚簡本「有所」作「或乎」。《莊子・則陽》：「萬物有乎生，而莫見其根；有乎出，而莫見其門。」《淮南子・原道篇》二「乎」作「所」。又《天下》：「其運無乎不在。」又《知北遊》：「無所不在。」〔註758〕

### （11）太子逢迎，卻行為導，跪而蔽席

《集解》：徐廣曰：「蔽，一作撥，一作拔。」

《索隱》：蔽音疋結反。蔽猶拂也。

按：沈家本曰：「《策》作『拂席』。蔽者，撇之叚借也。徐廣曰『一作撥』，撥者，撇之譌也。」瀧川資言引張照曰：「『蔽』疑當作『襒』，音瞥，《孟荀列傳》：『平原君側行襒席。』」瀧川又云：「《燕策》作『拂』。」水澤利忠曰：「拔，紹、慶、彭、游、殿『抹』。」王叔岷曰：「蔽借為擊，『襒』與『擊』同，『蔽』非誤字。擊，拭也。拭猶拂也。《三蒼》注云：『撇，拂也。』『撇』即『擊』字。『撥』、『拔』並『拂』之借字。」瀧川所引張照說，出自《四庫史記考證》，《考證》未指明是張照說。考杭世駿《疏證》卷 47 有此說，然則《四庫史記考證》乃杭說，非張說，瀧川不考，想當然耳，龍良棟誤同。王說是，但有小疏。「襒」是「撇」形誤。蔽、擊（撇），與「拂」亦是一聲之轉，《三蒼》是聲訓。沈家本說「撥」是誤字，隔於古音也。「抹」是「拔」形譌。

### （12）燕督亢之地圖

《正義》：督亢坡在幽州范陽縣東南十里。今固安縣南有督亢陌，幽州南界。

按：《水經注・巨馬水》引《上古聖賢冢地記》：「督亢地在涿郡，今故安縣南有督亢陌，幽州南界也。」此《正義》所本。

### （13）且提一匕首入不測之彊秦，僕所以留者，待吾客與俱

按：《燕策三》「且」作「今」。且，猶今也〔註759〕。

### （14）風蕭蕭兮易水寒，壯士一去兮不復還

按：《燕策三》、《水經注・易水》引《燕丹子》、《文選・荊軻歌》並作「蕭蕭」。李周翰曰：「蕭蕭，風聲也。」王叔岷曰：「蕭借為肅，《楚辭・

〔註758〕另參見裴學海《古書虛字集釋》，中華書局，1954 年版，第 252～253 頁。
〔註759〕參見裴學海《古書虛字集釋》，中華書局，1954 年版，第 671 頁。

七諫·沈江》『商風肅而害生兮』，王注：『肅，急貌。一作「肅肅」。』蕭蕭猶肅肅，亦急貌也。」「蕭」古音同「肅」。「蕭蕭」同「飂飂」，寒風清冷貌。《廣雅》：「飂，風也。」王念孫曰：「飂之言肅肅也。《楚辭·七諫》『商風肅而害生兮』，王逸注云：『肅，急貌。』《思元（玄）賦》云『迅猋漻其滕我兮』。『漻』、『肅』並與『飂』通。《燕策》云『風蕭蕭兮易水寒』。『蕭』與『肅』古亦同聲也。」〔註760〕二王氏訓「急貌」，皆誤。字亦作「肅肅」、「飂飂」、「飀飀」、「謖謖」。《類聚》卷9晉傅咸《神泉賦》：「氣冷冷以含涼。風肅肅而恆起。」《世說新語·容止》：「肅肅如松下風，高而徐引。」徐，緩慢。則「肅肅」不得訓為「疾速」、「勁烈貌」、「風急貌」，至為明顯。P.2011王仁昫《刊謬補缺切韻》：「飂，涼風。」蔣斧印本《唐韻殘卷》：「飂，風聲。出《字指歸》。」

### （15）遂至秦，持千金之資幣物，厚遺秦王寵臣中庶子蒙嘉

按：遂，《燕策三》作「既」。遂，猶既也，時間副詞。《秦策四》：「吳之信越也，從而伐齊，遂攻齊人於艾陵，還為越王禽於三江之浦。」《春申君列傳》、《新序·善謀》「遂」作「既」。《新序·雜事四》：「公召郤虎曰：『衰言所以勝鄴。』遂勝，將賞之，曰：『蓋聞之子，子當賞。』」《呂氏春秋·不苟》「遂」作「既」。

### （16）荊軻奉樊於期頭函，而秦舞陽奉地圖柙

《索隱》：戶甲反。柙亦函也。

按：張文虎曰：「《索隱》本『柙』，各本作『匣』。」水澤利忠曰：「柙，耿、《索》『匣』。」宋元各本及慶長本作「匣」，《燕策三》同。黃善夫本、乾道本、淳熙本、元刻本、慶長本、四庫本、殿本《索隱》亦作「匣」。樊於期，《武梁祠堂畫象》碑文作「樊於其」。元人周德清《中原音韻》卷下說此人名「於音烏」。周說有理，「烏」是疑問詞，用反問詞表示否定，「於（音烏）期」就是「無期」的意思。猶言無終極，祈求延年長壽。秦漢人也有取名「毋期」、「過期」、「無極」、「未央」的，其義一也。還有一種可能，期讀為忌，「於（音烏）期」即「無忌」，猶言無傷害。秦漢人取名「無忌」、「毋忌」、「弗忌」、「不害」、「毋害」、「毋傷」很常見〔註761〕。秦相呂

〔註760〕王念孫《廣雅疏證》，收入徐復主編《廣雅詁林》，江蘇古籍出版社，1992年版，第323頁。

〔註761〕秦漢人名參見陳家寧《〈史記〉殷、周、秦〈本紀〉新證圖補》，廈門大學

不韋，韋疑讀為諱，不韋亦無忌之誼。

（17）時惶急，劍堅，故不可立拔

按：《燕策三》同。李慈銘曰：「江南本『堅』作『豎』，義長。」瀧川
資言從其說。王叔岷曰：「《燕策》『堅』同。作『豎』恐是誤字。」王說是，
宋元各本及慶長本均作「堅」，《冊府元龜》卷848、《古史》卷59引同。鮑
彪注：「惶，恐也。堅，在室牢也。」何建章曰：「堅，《廣雅》：『長也。』」
〔註762〕徐仁甫說同何氏。何、徐說是也，鮑注望文生義。王念孫《廣雅疏
證》云：「『堅』為『長短』之長。《逸周書·謚法解》云：『堅，長也。』」
〔註763〕「劍堅」即「劍長」，上文云「拔劍，劍長，操其室」，下文《索隱》
引王劭曰：「古者帶劍上長，拔之不出室，欲王推之於背，令前短易拔，故
云『王負劍』。」「堅」訓長者，蓋「徑」聲轉字，謂直而長也。

（18）高漸離變名姓為人庸保

《索隱》：《欒布傳》曰「賣庸於齊，為酒家人」，《漢書》作「酒家保」。
案：謂庸作於酒家，言可保信，故云「庸保」。《鶡冠子》曰：「伊尹酒保」。

按：吳國泰曰：「庸保者，『傭僕』之借字。」吳氏讀保為僕，不可信。
保之言孚也，猶言信任。此用作名詞，指可信任之傭工。「任」字用法相同，
作名詞則作專字「賃」。庸保，猶言庸賃。《范雎列傳》范雎曰：「臣為人庸
賃。」

（19）秦皇帝惜其善擊筑，重赦之，乃矐其目

《集解》：矐音海各反。

《索隱》：海各反，一音角。說者云以馬屎燻令失明。

按：梁玉繩曰：「《風俗通》『赦』作『殺』。」瀧川資言曰：「楓本『赦』
作『殺』為是。重猶難也。張文虎曰：『《風俗通》作殺。』」王叔岷曰：「楓
本『赦』作『殺』，疑據《風俗通》改之。」黃善夫本上方校記云：「赦，
本作『殺』。」瀧川說是，李人鑒說同。「赦」是「殺」形誤。矐，《風俗通·
聲音》、《文選·西征賦》李善注、《御覽》卷812引同，《冊府元龜》卷848

2008 年博士學位論文，第238～239頁。劉釗《關於秦印姓名的初步考察》，
收入《書馨集》，上海古籍出版社，2013年版，第230、232、250頁。

〔註762〕何建章《戰國策注釋》，中華書局，1990年版，第1206頁。

〔註763〕王念孫《廣雅疏證》，收入徐復主編《廣雅詁林》，江蘇古籍出版社，1992
年版，第347頁。

作「瞳」。《集韻》：「瞳，去目睛也。《史記》『乃瞳其目。』」又「曉，失明也。《史記》『乃瞳其目』。或作瞳。」《索隱》說非是，瞳之言摧也，《說文》：「摧，敲擊也。」敲（殼）、摧音轉，此乃聲訓。《漢書・五行志》「摧其眼以為人彘」，顏師古注：「摧謂敲擊去其精（睛）也。」正作本字。「摧」俗字作「攉」，敲擊去其眼睛的專字因從目作「瞳」、「曉」。

（20）高漸離乃以鉛置築中

《索隱》：劉氏云「鉛為挺著築中，令重，以擊人。」

按：長而直曰挺，此用作名詞，指鉛條。著，猶置也。

（21）舉筑朴秦皇帝

《索隱》：朴，擊也。

按：施之勉曰：「四部備要本《風俗通・聲音篇》『朴』作『扑』。」王叔岷曰：「景祐本、殿本『朴』並作『扑』，《文選・西征賦》注引同。『朴』乃『扑』之誤。《風俗通》亦誤『朴』，盧氏《拾補》校作『扑』，施氏失檢。《燕策》、《論衡・書虛篇》『扑』並作『擊』。」黃善夫本、乾道本、淳熙本、慶長本作「朴」，《御覽》卷 812 引同；紹興本、四庫本亦作「扑」，《冊府元龜》卷 848、856、《古史》卷 59、《通志》卷 180 同，《太平寰宇記》卷 67 引作「撲」。朴、扑，並讀為攴，「撲」聲近義同。施氏所據四部備要本《風俗通》，乃據漢魏叢書本排印，漢魏叢書本作「朴」，施氏失檢原本；元刊本、隨庵叢書本《風俗通》作「扑」。

## 卷八十七《李斯列傳》

（1）年少時，為郡小吏

《索隱》：鄉小史。劉氏云「掌鄉文書」。

《校勘記》：王念孫《雜志》：「《索隱》本『郡』作『鄉』，注曰：『劉氏云掌鄉文書。』據此則劉與小司馬本皆作『鄉』。『鄉』謂上蔡之鄉也。《類聚・獸部》引此正作『鄉』。」《白氏六帖事類集》卷 29、《御覽》卷 186 引《史記》並作「鄉」。（8／3093）

按：王念孫曰：「《索隱》本『郡』作『鄉』，注曰：『劉氏云掌鄉文書。』據此則劉與小司馬本皆作『鄉』。鄉謂上蔡之鄉也。今本『鄉』誤為『郡』，又於注內加『郡，一作鄉』四字，斯為謬矣。《御覽・獸部》引此作『郡』，則所見本已誤。《類聚・獸部》引此正作『鄉』。」池田、張森楷從王說。

張文虎曰：「《御覽》卷 188 引亦作『鄉』，與小司馬本合。」瀧川資言曰：「楓本『郡』作『鄉』，《御覽》卷 188 引《史》亦作『鄉』。」施之勉曰：「《白帖》卷 29 引《史》『郡小吏』作『鄉吏』。」王叔岷曰：「《文選·思舊賦》注引此已作『郡小吏』，則唐時自有作『郡』、作『鄉』之兩本，非至《御覽·獸部》（卷 911）引此始作『郡』也。《考證》所稱《御覽》卷 188，乃卷 186 之誤。黃善夫本、殿本《索隱》『劉氏』上並有『郡，一作鄉』四字，『鄉』下並有『內』字。」李人鑒亦謂作「鄉小吏」是。瀧川竊張文虎說，張氏《御覽》卷號誤作卷 188，瀧川承其誤。乾道本、淳熙本、元刻本、慶長本、四庫本《索隱》並同黃本。王念孫說非是，「郡小吏」是二漢習語，見於《後漢書·楊終傳》、《公孫瓚傳》、《周防傳》三傳，亦見於《類聚》卷 33 引《三輔決錄》、《御覽》卷 253 引《汝南先賢傳》、《三國志·張既傳》，而「鄉小吏」則未一見。

（2）秦之乘勝役諸侯，蓋六世矣

按：役，《類聚》卷 25、《御覽》卷 461、《冊府元龜》卷 308、890 引同，《長短經·七雄略》誤作「侵」。

（3）諸侯名士可下以財者，厚遺結之；不肯者，利劍刺之

按：結，《長短經·七雄略》、《懼誡》二篇俱誤作「給」。

（4）今怠而不急就，諸侯復彊，相聚約從，雖有黃帝之賢，不能并也

按：「就」屬下句，假設之辭。《御覽》卷 461 引脫「就」字，「賢」誤作「資」。

（5）垂明月之珠，服太阿之劍

按：吳國泰曰：「服者，佩字之借。」吳說是。《御覽》卷 802 引「垂」誤作「乘」。

（6）樹靈鼉之鼓

《集解》：鄭玄注《月令》云：「鼉皮可以冒鼓。」

按：鼉，《御覽》卷 802 引同；《文選》作「鱓」，注音：「鱓，徒河〔反〕」。李善注引鄭玄《禮記》注：「鱓皮可以冒鼓也。」《集韻》：「鼉，或作鱓。」《大戴禮記·夏小正》：「剝鱓以為鼓也。」鱓亦鼉也，同從單得聲。《淮南子·時則篇》高誘注：「鼉皮可以作鼓。」《說文》：「鱓，魚名，皮可為鼓。」皮可為鼓之鱓，乃鼉，非黃鱔。《類聚》卷 24 引「鼉」誤作「龜」。

（7）此非所以跨海內制諸侯之術也

按：跨，《文選》同，呂延濟注：「跨，據也。」《類聚》卷24引「跨」誤作「誇」。

（8）上不知其駑下

按：王叔岷曰：「《御覽》卷470引『駑下』作『駑困』。」駑下謂資質愚陋，《御覽》誤也，《書鈔》卷50引同今本。

（9）高固內官之廝役也

按：瀧川資言曰：「楓、三本『固』作『故』。」施之勉曰：「景祐本『固』作『故』，《長短經》亦作『故』。」王叔岷曰：「《長短經》『固』亦作『故』。」紹興本、淳熙本亦作「故」，《古史》卷56、《通志》卷179同；黃善夫本、乾道本、元刻本、慶長本作「固」。作「故」是其舊本。內官，各本同，獨紹興本作「內官」，宋刊《長短經・懼誡》作「內宮」。疑作「內宮」是。

（10）辯於心而詘於口

《正義》：詘，猶訥也。（據瀧川《考證》本，黃善夫本校記亦引之）

按：《班馬字類》卷5：「古『訥』字多作『詘』。」詘、訥一聲之轉。《漢書・儒林傳》「江公吶於口」，《御覽》卷617引「吶」作「訥」。

（11）豈可負哉

按：宋刊《長短經・懼誡》「負」誤作「道」。

（12）則天下賢不肖莫敢不盡力竭任以徇其君矣

按：上文云「則臣不敢不竭能以徇其主矣」，任亦能也。古鈔本《治要》卷12引二「徇」作「殉」（天明刊本仍作「徇」），下同。

（13）夫不能修申、韓之明術，行督責之道

按：修，《通鑒》卷8同，古鈔本《治要》卷12引作「循」（天明刊本仍作「修」）。「循」字誤。《滑稽列傳》「今子大夫修先王之術，慕聖人之義」，亦作「修」字。修亦行也。下文云「不能行聖人之術」。

（14）而徒務苦形勞神，以身徇百姓

按：天明刊本《治要》卷12引同，古鈔本《治要》「徒」作「從」，「形」作「刑」，「徇」作「殉」。「從」是「徒」形誤。

（15）《韓子》曰「布帛尋常，庸人不釋，鑠金百溢，盜跖不搏」

《索隱》：搏猶攫也，取也。凡鳥翼擊物曰搏，足取曰攫，故人取物亦

謂之搏。

按：郭嵩燾曰：「《說文》：『搏，索持也。』上文『彈箏搏髀』，搏，猶拍也。」搏，《論衡·非韓》引《韓子》同，校宋本《韓子·五蠹》作「掇」。《淮南子·說山篇》：「琬琰之玉在洿泥之中，雖廉者弗釋；弊箅甂瓾在袵茵之上，雖貪者不搏。」高誘注：「搏，取。」《鹽鐵論·詔聖》：「夫鑠金在鑪，莊蹻不顧；錢刀在路，匹婦掇之。」《申鑒·政體》：「投百金於前，白刃加其身，雖巨跖弗敢掇也。」皆自《韓子》化出（陳直已指出《鹽鐵論》例）。搏，讀為捕。《說文》：「捕，取也。」《文選·西京賦》：「摝紫貝，搏耆龜。」薛綜注：「搏、摝皆拾取之名。」掇亦拾取也。小司馬謂取義於鳥翼擊物，非是；郭說亦誤。張森楷鈔「搏」作「搏」〔註764〕，是誤認作「搏」字矣。

### （16）且夫儉節仁義之人立於朝，則荒肆之樂輟矣；諫說論理之臣閒於側，則流漫之志詘矣

按：張文虎曰：「蔡、王、柯、毛本『閒』作『開』。」瀧川資言襲張說，又補充「楓本作『關』」之異文。水澤利忠曰：「閒，景、蔡、耿、慶、彭、毛、凌、殿『開』，南化、楓、柀、三《校記》『關』。」池田曰：「胤案：閒，厠也。」施之勉曰：「景祐本、黃善夫本作『開』。」王叔岷曰：「閒猶近也。《記纂淵海》卷 60 引作『間』。殿本、嚴氏所據本亦並作『開』。作『開』、作『關』義並難通，蓋誤。」王氏所據《記纂淵海》乃四庫本，宋刊本在卷 29，引「閒」作「聞」。紹興本、乾道本、四庫本亦作「開」，《古史》卷 56、《通志》卷 94 同；慶長本亦作「關」。黃善夫本下方校記云：「開：關。」指一本作「關」。《大學衍義》卷 18 引作「間」，注：「間，去聲，厠也。」此字當作「間」，訓厠，雜置、間雜也。《廣雅》：「厠，間也。」

### （17）凡賢主者，必將能拂世磨俗

《索隱》：拂音扶弗反。磨音莫何反。拂世，蓋言與代情乖戾。磨俗，言磨礪於俗使從己。

按：杭世駿《疏證》卷 47：「『拂』與『弼』同，《索隱》非是。下云『廢其所惡，立其所欲』，何嘗與世情拂戾？」張文虎曰：「《索隱》本『磨』，各本作『摩』。」吳國泰曰：「摩者，礳字之借。礳以上下相逆為用，故引申為逆義。拂世礳俗，猶言拂世逆俗也。」王叔岷曰：「《索隱》本『摩』

作「磨」。摩、磨，正、俗字。」韓兆琦曰：「拂，違背。磨，摩擦，不相合。」黃善夫本下方校記云：「注『磨』，小板（版）乍（作）『摩』。」宋元各本及慶長本正文都作「摩」。黃善夫本、乾道本、淳熙本、元刻本、慶長本《索隱》「代情」作「世情」，淳熙本、元刻本、慶長本《索隱》亦作「摩」。古鈔本《治要》卷 12 引作「弼世磨俗」（天明刊本作「拂世摩俗」）。拂、弼一聲之轉，並讀為弗，矯正也。《說文》：「弗，撟（矯）也。」《漢書·王莽傳》「拂世矯俗」，拂、矯同義對舉。小司馬說訓拂為乖戾，非是；「摩」則磨礪義，小司馬說是也。韓說全誤。

（18）雖申、韓復生，不能加也

按：古鈔本《治要》卷 12 引「復」作「更」（天明刊本仍作「復」）。

（19）事來有以揆之

《集解》：徐廣曰：「揆，一作撥也。」

按：《治要》卷 12 引作「揆」。「撥」是「揆」形誤。《左傳·文公十八年》「以揆百事」，杜預注：「揆，度也。」黃善夫本、慶長本《集解》「一作撥」誤作「一作揆」，黃本下方校記云：「一作『揆』，作『擢』。」「擢」亦誤。

（20）李斯不得見，因上書言趙高之短曰：「臣聞之，臣疑其君，無不危國；妾疑其夫，無不危家。」

按：杭世駿《疏證》卷 47 引余有丁曰：「『疑』即《易》『陰疑於陽』之疑，言勢相近均敵也。」瀧川資言、池田從余說。張文虎曰：「《文言》：『陰疑於陽必戰，為其嫌於無陽也。』案：疑當讀為礙。《說文》：『礙，僭也。』無陽，猶言無君。嫌於無陽，九家作『兼於陽』，兼猶並也，言並立也，義與『疑』亦同。《管子》云：『內有疑妻之妾，此宮亂也；庶有疑嫡之子，此家亂也；朝有疑相之臣，此國亂也。』《史記·李斯列傳》云云，即此『疑』字。」〔註765〕李慈銘曰：「兩『疑』字讀如『疑女於夫子』之疑，疑即礙也。」吳國泰曰：「二『疑』字皆『擬』字之省，擬謂僭擬也。」諸說是也，「疑」猶言比並也。下文云「今有大臣於陛下擅利擅害，與陛下無異」，即所謂「臣擬其君」也。李斯所說出《慎子·德立》：「立天子不使諸侯疑，立諸侯不使大夫疑，立正妻不使群妻疑，立嫡子不使庶孽疑……

---

〔註765〕張文虎《舒藝室隨筆》卷 1，收入《續修四庫全書》第 1164 冊，上海古籍出版社，2002 年版，第 296 頁。

臣疑〔其〕君，而無不危國；孽疑〔其〕宗，而無不危家。」〔註766〕

## （21）今高有邪佚之志，危反之行

按：危亦反也，違也。《廣雅》：「恑，反也。」王念孫曰：「危，讀為詭，亦反也。」瀧川資言從王說。王念孫《廣雅疏證》云：「班固《幽通賦》『變化故而相詭兮。』曹大家注云：『詭，反也。』《韓子‧詭使篇》云：『下之所欲，常與上之所以為治相詭。』《大戴禮‧保傅篇》『左右之習反其師。』《賈子‧傳職篇》『反』作『詭』。《史記‧李斯傳》云云。『詭』、『危』並與『恑』通。《說文》：『恑，變也。』變亦反也。」〔註767〕字亦作佹。佚亦邪也，行不正曰佚，目不正曰眣，日不正曰昳，足不正曰跌，骨不正曰胅、骴，其義一也。韓兆琦曰：「佚，放縱。」非是。

## （22）絜行脩善

按：王叔岷曰：「黃善夫本、殿本『絜』並作『潔』，《通鑑》作『潔』。」景祐本、紹興本作「絜」，乾道本、元刻本、慶長本、四庫本亦作「潔」，淳熙本作「潔」。《通鑑》卷8作「潔」，王氏失檢。《治要》卷12引「絜」作「潔」，又「脩」形譌作「循」。

## 卷八十八《蒙恬列傳》

### （1）若知賢而俞弗立，則是不忠而惑主也

《索隱》：俞即踰也，音臾。謂知太子賢而踰久不立，是不忠也。

按：張文虎曰：「《索隱》本『俞弗』，各本作『愈不』。」水澤利忠曰：「俞，景、井、蜀、紹、蔡、耿、慶、中統、彭、毛、凌、殿『愈』。」池田引恩田蕙樓曰：「『愈』如《論語》『汝與回也孰愈』之『愈』。」吳國泰曰：「愈者諭字之借，告也，諫也。」王叔岷曰：「俞乃踰之借字。景祐本、黃善夫本、殿本『俞』皆作『愈』（古、今字）。」李人鑒曰：「愈猶勝也。此謂蒙毅知太子賢，且勝於諸子，而不之立。《索隱》非也。」宋元各本及慶長本均作「愈」。俞、愈，副詞，猶言乃也，反而也。《呂氏春秋‧盡數》：「夫以湯止沸，沸愈不止，去其火則止矣。」《淮南子‧原道篇》「愈」作「乃」。

〔註766〕二「其」字據《治要》卷37引補。
〔註767〕王念孫《廣雅疏證》，收入徐復主編《廣雅詁林》，江蘇古籍出版社，1992年版，第368頁。王引之《經義述聞》卷16說同，江蘇古籍出版社，1985年版，第388頁。

（2）此其兄弟遇誅，不亦宜乎

按：兄弟遇誅，《論衡‧禍虛》引誤作「子弟過誅」。

## 卷八十九《張耳陳餘列傳》

（1）使天下父子不相安

按：安，《漢書‧張耳陳餘傳》作「聊」，《漢紀》卷 1、《長短經‧懼誠》「聊」下復有「生」字。顏師古注：「言無聊賴，以相保養。」聊，安樂也。

（2）滅燕易矣

按：《漢書》同，《漢紀》卷 1 作「破燕必矣」，《新序‧善謀》作「滅無日矣」。「無日」疑是「燕易」之譌。

（3）扶以義，可就功

按：扶以義，《漢書》作「輔以誼」。扶，輔助也。

（4）趙王朝夕袒韝蔽，自上食，禮甚卑，有子壻禮

按：杭世駿《疏證》卷 48「禮甚卑」下引《史詮》：「《漢書》『禮』作『體』。」張森楷說同，均未作按斷。李人鑒據《漢書》校作「體甚卑」。李說非是，「體」是借字。《田叔列傳》載此事作「趙王張敖自持案進食，禮恭甚」，可證「禮」是正字。《管子‧霸言》：「是故聖王卑禮以下天下之賢而王之。」《淮南子‧人間篇》：「禮甚卑，辭甚服。」《列子‧湯問》：「執禮甚卑。」《新序‧雜事二》：「淳于髡之徒禮倨，鄒忌之禮卑。」

（5）貫高怨家知其謀，乃上變告之

按：《通鑒》卷 12 用此文，胡三省注：「謀，謂謀弒上事。變，非常也。謂上告非常之事。」胡注非是。變，讀為釆，亦告也。《說文》：「釆，辠人相與訟也。」《後漢書‧陳元傳》《諫督察三公疏》：「至乃陪僕告其君長，子弟變其父兄。」變、告同義對舉。《黥布列傳》「赫至，上變言布謀反有端」，亦同。

（6）乃轞車膠致，與王詣長安

《正義》：謂其車上著板，四周如檻形，膠密不得開，送致京師也。

按：瀧川資言引中井積德曰：「『致』、『緻』同，密也。」池田亦引中井說。施之勉曰：「《正義》是，中說非也。《急就篇》卷 4『檻車膠』，註：『載以檻車，又加膠漆，取周密也。』《說文》：『致，送詣也。』送詣者，送而至其處也。」陳直曰：「《急就篇》云『攻擊劫奪檻車膠』，與本文同義。」

中井說固非，《正義》亦誤。《漢書·張耳陳餘傳》無「膠致」二字，「轞」作「檻」。顏師古注：「檻車者，車而為檻形，謂以板四周之，無所通見。」此《正義》前說所本，則「四周」之「周」是動詞。《急就篇》卷4：「攻擊劫奪檻車膠。」顏師古註：「群盜相與攻擊劫奪人者，吏捕得之，載以檻車，又加膠漆，取周密也。一曰：膠者，謂膠罪人之目，使不得開絕變難也。」顏氏後說是。《正義》謂「膠」指轞車膠密不得開，乃取顏氏前說，《通鑒》卷12胡三省注又取《正義》說，皆非是。《嶽麓書院藏秦簡（肆）》簡0898：「膠致桎傳。」膠亦指膠其目也。《呂氏春秋·贊能》「乃使吏鞹其拳，膠其目，盛之以鴟夷，置之車中。」《說苑·雜言》：「管夷吾束縛膠目，居檻車中。」此皆居檻車而膠其目之明證。道藏本《易林·豐之困》：「管仲遇桓，得其願歡。膠目殺糾，振冠無憂。」此用《呂氏》管仲典。《莊子·胠篋》：「滅文章，散五采，膠離朱之目，而天下始人含其明矣。」是春秋戰國時「膠目」之確證也。《正義》及施氏解「詣」是。膠致，謂膠其目而送致也。

**（7）吏治榜笞數千，刺剟，身無可擊者**

《集解》：徐廣曰：「剟，丁劣反。」

《索隱》：徐廣音丁劣反。案：掇亦刺也，《漢書》作「刺爇」，張晏云「爇，灼也」。《說文》云「燒也」。應劭云「以鐵刺之」。

按：朱駿聲據《索隱》，云：「掇，叚借為剟。」〔註768〕王筠曰：「班『剟』作『爇』。」陳直曰：「剟，疑原本為『刈』字，即『艾』字之假借，謂用艾灼也。《漢書》作『刺爇』〔註769〕，『爇』與『刈』字聲音相近，『爇』為薰灼，與『艾』字意義相近。」王叔岷曰：「《索隱》『掇亦刺也』，是所據本『剟』作『掇』，《通鑒》注引《索隱》『掇』作『剟』，蓋以正文改之。剟、掇，正、假字。」《漢書·張耳陳餘傳》顏師古注引應劭曰：「以鐵刺之，又燒灼之。」《索隱》引應劭說，僅引「以鐵刺之」四字，乃釋「刺」字，非釋「剟」字，當有脫文。據《漢書》「剟（掇）」作「爇」，則「剟（掇）」當不用本義訓刺，班氏所說必有依據。「剟（掇）」是「爇」音轉借字，字亦作「炳」，《集韻》：「爇，《說文》：『燒也。』或作炳。」《靈樞經·病傳篇》：「黃帝曰：『余受九針於夫子，而私覽於諸方，或有導引、行氣、喬摩、

〔註768〕朱駿聲《說文通訓定聲》，武漢市古籍書店，1983年版，第675頁。
〔註769〕陳氏原文「爇」字下部「熱」誤作「熱」，徑正，下同。

灸熨、刺炳、飲藥之一者，可獨守耶？』」「刺剟」即「刺炳」，惟《靈樞經》指「刺炳」指針刺燒灸，與此文指刑法有所不同耳。《張儀列傳》「秦得燒掇焚杅君之國」，《秦策二》「燒掇」作「燒炳」，掇亦讀作炳（爇），另詳彼篇校補。陳直改字，隔於古音，殊無證據。

（8）乃仰絕肮，遂死

《集解》：韋昭曰：「肮，咽也。」

《索隱》：蘇林云：「肮，頸大脈也，俗所謂胡脈，下郎反。」蕭該或音下浪反。

按：王叔岷曰：「《御覽》卷 368 引『肮』作『亢』，韋注同，與《漢書》合。《通鑒》亦作『亢』，《漢紀》作『吭』。《說文》：『亢，人頸也。』『肮』、『吭』並俗字。單本《索隱》蘇注『肮』亦作『亢』，與《漢書》蘇注合。」《御覽》卷 438 引《漢書》作「吭」。《劉敬傳》《索隱》引蘇林注：「亢，頸大脈，俗所謂胡脈也。」（宋本「亢」作「肮」）《漢書·婁敬傳》顏師古註引張晏曰：「亢，喉嚨也。」蘇林引俗語「胡脈」，亦見《外臺秘要方》卷 24、29。胡、喉一聲之轉〔註770〕，「喉嚨」轉語則作「胡嚨」。「喉脈」亦見《巢氏諸病源候總論》卷 25。蔣斧印本《唐韻殘卷》：「膠，喉脈。」

## 卷九十 《魏豹彭越列傳》

（1）人生一世間，如白駒過隙耳

《索隱》：小顏云「白駒謂日影也。隙，壁隙也。」

《校勘記》：壁隙也。隙，《漢書》顏師古註作「際」。《說文》：「隙，壁際孔也。」（8／3130）

按：《索隱》引小顏說「壁隙」，黃善夫本、乾道本、元刻本、慶長本、四庫本同，淳熙本作「際」。作「壁隙」亦不誤，指壁之間隙，與「壁際」義同，或小司馬所改。《說文》：「塈，壁閒隙也。」《集韻》：「闟，闟墿，壁隙也。」

## 卷九十一 《黥布列傳》

（1）寡人北鄉而臣事之

按：鄉，《漢書·黥布傳》同，《漢紀》卷 2 作「面」。下文「夫北面而

---

〔註770〕參見惠士奇《禮說》卷 13，收入《叢書集成三編》第 24 冊，新文豐出版公司，1997 年版，第 447 頁。

臣事人者」，亦作「面」。顏師古曰：「鄉，讀曰嚮。」面，讀為偭。《說文》：「偭，鄉（向）也。」

（2）臣請與大王提劍而歸漢

按：王筠曰：「班『提』作『杖』。」王叔岷曰：「《御覽》卷461引『提』作『將』。」《御覽》引「提」作「持」，王氏誤記。

（3）隨何直入，坐楚使者上坐，曰：「九江王已歸漢，楚何以得發兵？」

按：《漢書·黥布傳》同，《長短經·霸圖》「發兵」上有「令」字。

（4）上裂地而王之，疏爵而貴之

按：王叔岷曰：「《墨子·尚賢中篇》：『般爵以貴之，裂地以封之。』」《晏子春秋·內篇問上》：「裂地而封之，疏爵而貴之。」《說苑·臣術》同，《新序·雜事五》上句作「列地而與之」。《長短經·三國權》引此文「貴」作「賞」，蓋形近而誤。

（5）與上兵遇蘄西，會甀

《索隱》：上古外反，下持瑞反。韋昭云「蘄之鄉名」。《漢書》作「垂」，應劭音保，鉦下亭名。

《正義》：甀，逐瑞反。

按：王駿觀曰：「《漢書》作『會缶』，孟康注曰：『音儈保，邑名。』並非應劭之說，《索隱》誤也。」王叔岷亦指出《索隱》「誤孟康為應劭」，又云：「黃善夫本、殿本《索隱》『鉦下亭名』四字，並作『非也』二字，與《高紀》《索隱》合。又《正義》『逐』字並作『遂』。」乾道本、淳熙本、元刻本、慶長本、四庫本《索隱》同黃本，《漢書·高帝紀》顏師古注指出「音保非也」，此本書《高祖本紀》《索隱》所本。元刻本、慶長本、四庫本《正義》亦作「遂瑞反」，與黃本同，「遂」是「逐」形譌。

（6）與布相望見，遙謂布曰

按：遙，《漢書·黥布傳》作「隃」。顏師古注：「隃，讀曰遙。」顏注是也，一聲之轉。字亦作踰，《禮記·投壺》「毋踰言」，鄭玄註：「踰言，遠譚語也。踰，或為遙。」

（7）以故長沙哀王使人紿布

按：紿，讀作詒，欺也。《漢書·黥布傳》作「誘」，亦欺也。

（8）何其拔興之暴也

《索隱》：拔，白曷反，疾也。

按：吳國泰曰：「拔，擢也，不訓疾。」朱起鳳謂「拔興」同「勃興」、「悖興」、「敦興」，云：「拔、勃同音通叚。」〔註771〕朱說是也，拔，疾貌。

## 卷九十二《淮陰侯列傳》

（1）信亦知其意，怒，竟絕去

按：竟，《風俗通義·窮通》作「遂」，《漢紀》卷2作「乃」，並同義。

（2）中情怯耳

按：王叔岷曰：「中，心也。情，猶實也。中情怯耳，猶言心實怯耳。」王說非是。《書鈔》卷129引無「中」字。中情，猶言內情。

（3）信亡楚歸漢，未得知名，為連敖

《集解》：徐廣曰：「連敖，典客也。」

《索隱》：李奇云：「楚官名。」張晏云：「司馬也。」

按：湖南常德漢壽縣株木山金賦村29號墓1986年出土官璽有「連䠗」，即此「連敖」〔註772〕。

（4）上不欲就天下乎？何為斬壯士

按：《漢書·韓信傳》、《漢紀》卷2「何為」作「而」。裴學海曰：「而，寧也，何也，與言『何為』同義。」〔註773〕就，《漢書》同，《漢紀》作「取」。就，猶取也，得也。《戰國策·燕策一》：「夫去尊寧而就卑危，知者不為也。」《史記·蘇秦列傳》同，《戰國縱橫家書》作「取卑危」。

（5）必欲爭天下，非信無所與計事者

按：水澤利忠曰：「所，南化、楓、梅、三『可』。」爭，《漢書·高帝紀》、《韓信傳》同，《漢紀》卷2作「定」。二字皆通，而音亦相轉。李人鑒謂「無所」當據《漢書·高帝紀》、《韓信傳》及《漢紀》作「無可」，非是。「無所」猶言「無可」〔註774〕。下文「千人皆廢」，李人鑒據《漢紀》改「廢」作「靡」，亦誤。李氏不知「廢」、「伏」一聲之轉，猶今言跌倒、

〔註771〕朱起鳳《辭通》卷10，上海古籍出版社，1982年版，第994頁。

〔註772〕參見施謝捷《古璽彙考》，安徽大學2006年博士學位論文，第152頁。

〔註773〕裴學海《古書虛字集釋》，中華書局，1954年版，第541頁。

〔註774〕參見王引之《經傳釋詞》，嶽麓書社，1984年版，第210頁。徐仁甫《史記注解辨正》說同，四川大學出版社，1993年版，第173頁。池田從王說。

倒伏。王駿圖曰「廢，猶退也」，亦誤。附識於此。

（6）**王素慢無禮**

按：慢，《漢紀》卷2同，《漢書·韓信傳》作「嫚」。師古曰：「『嫚』與『慢』同。」

（7）**大王自料勇悍仁彊孰與項王**

按：料，《漢書·韓信傳》、《漢紀》卷2同，《新序·善謀》作「斷」。「料」俗字作「斱」，形誤作「斷」（俗「斷」字）。

（8）**惟信亦為大王不如也**

按：梁玉繩引《評林》：「一本『亦』下有『以』字。」水澤利忠指出「南化、楓、棭、三、景、蜀、殿」本「亦」下有「以」字。施之勉曰：「景祐本『亦』下有『以』字，《新序》、荀《紀》『亦』下亦有『以』字。」王叔岷曰：「殿本『亦』下亦有『以』字，《新序》、《漢書》、《漢紀》、《通鑑》皆同。」慶長本、四庫本「亦」下亦有「以」字，《長短經·霸圖》同；黃善夫本、乾道本、紹興本、元刻本則無「以」字，《御覽》卷290引同。

（9）**今大王誠能反其道，任天下武勇，何所不誅？……以義兵從思東歸之士，何所不散**

《索隱》：何不散。劉氏云：「用東歸之兵擊東方之敵，此敵無不散敗也。」

按：杭世駿《疏證》引《史詮》：「荀《紀》『散』作『勝』。」王叔岷曰：「《御覽》卷290引『散』作『尅』，《漢紀》作『勝』，義同。作『散』蓋此文之舊。」《漢書·韓信傳》、《新序·善謀》、《漢紀》卷2、《長短經·霸圖》作「散」，《通典》卷150引作「尅」。散，讀為殘，謂殘滅也。《荀子·榮辱》：「家室立殘，親戚不免乎刑戮。」《說苑·貴德》「立殘」作「離散」。《老子》第64章：「其微易散。」馬王堆帛書同，郭店楚簡「散」作「後」。劉洪濤曰：「《方言》卷3：『散，殺也，東齊曰散。』……『誅』應訓為殺……『散』也應訓為殺，與《方言》相合……訓殺之『散』應語源於當翦滅講之『剗』……『散』可能是『剗』的古齊方言音變。」〔註775〕餘說與之雖不盡同，要亦同源。

---

〔註775〕劉洪濤《〈方言〉「散，殺也」疏證》，《語言科學》2017年第1期，第1～5頁。

（10）而兩將之頭可致於戲下

按：戲，《漢書·韓信傳》同；《類聚》卷 25、《御覽》卷 461 引作「麾」，《漢紀》卷 2、《通鑒》卷 10 同，《治要》卷 15、《御覽》卷 448 引《漢書》亦同。師古曰：「戲，讀曰麾。」

（11）後有大者，何以加之

按：王筠曰：「班『加』作『距』，似是。」王叔岷曰：「《漢紀》『加』亦作『距』。距，今作『拒』，與『加』義符。加，當也。」距，讀為距，俗作拒。加，讀為迓、禦，猶言迎擊、抵禦。或讀加為旅，旅距（拒）之旅，拒也。《史記·魯世家》「嘉天子命」，《書序·嘉禾》「嘉」作「旅」。

（12）不終朝破趙二十萬眾

按：終朝，《長短經·霸圖》同；《漢書·韓信傳》作「旬朝」，《治要》卷 15 引同，《御覽》卷 448 引誤作「旬朔」。旬，滿也，足也。「旬朝」與「終朝」義同。「旬歲」、「旬年」、「旬月」之「旬」用法均同。

（13）今將軍欲舉倦斃之兵，頓之燕堅城之下，欲戰恐久力不能拔

按：瞿方梅曰：「頓讀為鈍。」瀧川資言竊其說，云：「頓讀為鈍，弊也。」池田引履軒曰：「頓，屯舍也。」王叔岷曰：「頓猶遽也，驟也。『頓之』猶『遽往』。《考證》讀頓為鈍，訓弊，非也。」《漢語大字典》訓作「止宿、屯駐」〔註 776〕。諸說皆誤。頓，讀為屯，聚積也。「頓」下「之」字指代倦弊之兵。《魏志·曹仁傳》：「今頓兵堅城之下，以攻必死之虜，非良計也。」「頓」字同。《漢書·韓信傳》、《漢紀》卷 2 同此文，《御覽》卷 448 引《漢書》「舉」誤作「與」，「頓」誤作「埍」。

（14）方今為將軍計，莫如案甲休兵

按：吳國泰曰：「案者，安字之借。」吳說非是。案，《漢書》、《漢紀》卷 2、《長短經·霸圖》作「按」，《御覽》卷 448 引《漢書》作「偃」，一聲之轉，按抑、抑止也。《新序·雜事五》「乃案兵而輟不攻魏」，《淮南子·修務篇》「案」作「偃」。《楚世家》「案兵息民」，《漢書·高祖本紀》「案」作「偃」。方今，《漢書·韓信傳》作「當今」，亦一聲之轉。

---

〔註 776〕《漢語大字典》（第二版），崇文書局、四川辭書出版社，2010 年版，第 4647 頁。

### （15）燕已從，使諠言者東告齊，齊必從風而服

按：吳國泰曰：「諠者，查字之借。查言，謂大言也。」瀧川資言引岡白駒曰：「諠言者，辯士。」施之勉引張森楷曰：「『諠』與『諼』同，詐也。謂策士辯言者也。」王叔岷從張說，又曰：「辯士多詐言，故諠言者為辯士。然此以『燕已從』告齊，非詐言也。」諸說均非。《漢語大字典》：「諠，同『宣』，宣佈。」〔註777〕其說是也，「諠」是「宣」增旁字，「宣言」是本書成語，猶云公言。宋刊《長短經‧霸圖》「諠言」作「諠告」，即「宣告」。

### （16）齊偽詐多變，反覆之國也

按：偽詐，《漢書‧韓信傳》作「夸詐」。古音為、于一聲之轉〔註778〕，「夸」從于得聲，與「偽」亦是聲轉。夸，大也，專指大言虛妄之字作誇、謼、謣，《說文》：「謼，妄言也。謼，謼或從夸。」字亦作訏。《說文》：「訏，詭譌也。」《玉篇》、《集韻》並云：「奊，夸奊，自大。」《集韻》：「夸，夸奊，自大。」「夸奊」即「夸詐」，「奊」乃涉「夸」而改易義符的俗字。《酈生列傳》亦言「（齊）人多變詐」，《平津侯主父列傳》亦言「齊人多詐而無情實」，與此合。

### （17）今足下雖自以與漢王為厚交

按：厚交，《通鑒》卷10同，《漢書‧韓信傳》作「金石交」。疑「石」形誤作「后」，又以同音易作「厚」，因刪「金」字而作「厚交」。

### （18）天下之士雲合霧集，魚鱗襍逕，熛至風起

按：池田引子潤曰：「『逕』與『沓』同，襲積之貌。」襍逕，《長短經‧懼誠》同，《漢書‧蒯通傳》作「雜襲」。師古注：「雜襲猶雜沓，言相雜而累積。」《文選‧解嘲》：「天下之士雷動雲合，魚鱗雜襲」，李善注引此文為證。「襍逕」、「雜沓」、「雜襲」並一聲之轉，疊韻連語。「襲」從龖省聲，《說文》：「龖，讀若沓。」《司馬相如列傳》《上林賦》「雜逕累輯」，《漢書》、《文選》作「雜襲」。

---

〔註777〕《漢語大字典》（第二版），崇文書局、四川辭書出版社，2010年版，第4264頁。

〔註778〕參見張儒、劉毓慶《漢字通用聲素研究》，山西古籍出版社，2002年版，第401頁。

（19）容容無所倚

按：顧炎武曰：「『容容』即『顒顒』字。」〔註779〕《四庫史記考證》、杭世駿、林茂春從顧說〔註780〕。李慈銘曰：「『容容』即『顒顒』，仰望之貌。」朱起鳳曰：「容、顒，音之清濁。」〔註781〕李、朱說實本於顧氏。吳昌瑩曰：「庸，詞之用也。字亦作容。謂庸庸不可倚仗也。無，不也。所，可也。」〔註782〕施之勉從吳說。池田曰：「胤案：《張丞相傳》『其治容容隨世俗浮沈』，『容容』之義亦可以見。」吳國泰曰：「容者，㛆字之借。《說文》：『㛆，不安也。』『容容』連語，形容極不安定意。顧炎武以為即『顒顒』字，非也。」瀧川資言曰：「容容，猶搖搖也。」王叔岷、韓兆琦從瀧川說，王氏並指出「容借為㛆，顧、吳（引者按：指吳昌瑩）說並未審」。容容，讀作「悠悠」、「攸攸」，飄搖皃。《孔叢子‧對魏王》：「今天下悠悠，士亡定處。」阮籍《清思賦》：「翩翼翼以左右兮，紛悠悠以容容。」「容容」亦是「悠悠」轉語，同文疊用〔註783〕。宋刊《長短經‧懼誡》脫一「容」字，「倚」上有「依」字。

（20）南摧楚人之兵二十萬

按：摧，《漢書‧蒯通傳》、《長短經‧懼誡》同，《漢紀》卷3誤作「擁」。

（21）騏驥之跼躅，不如駑馬之安步

《集解》：徐廣曰：「跼，一作蹢也。」

按：瀧川資言曰：「跼躅，進退不定也。」池田引子潤曰：「跼，屈膝也。跼躅，亦『躑躅』也。」王叔岷曰：「《長短經》『跼』作『蹢』。跼，俗字。」王說「跼」是「蹢」俗字，非是。「跼躅」不辭，當是「蹢躅」形誤，雙聲連語，《長短經‧懼誡》不誤。「蹢躅」聲轉也作「躑躅」、「躅躑」、「躑躅」、「躑躕」、「擲躅」，又轉作「跙踟」、「跱踞」、「跙躔」、「跢

〔註779〕顧炎武《日知錄》卷27，康熙錦江書院刻本。
〔註780〕林茂春《史記拾遺》，收入《二十四史訂補》第1冊，書目文獻出版社，1996年版，第685頁。
〔註781〕朱起鳳《辭通》卷1，上海古籍出版社，1982年版，第75頁。
〔註782〕吳昌瑩《經詞衍釋》，中華書局，1956年版，第63頁。
〔註783〕《荀子‧禮論》：「躑躅焉，踟蹰焉」，「躑躅」即「踟蹰」音轉。《淮南子‧俶真篇》「蕭條霄霓」，「霄霓」即「蕭條」音轉。《漢書‧司馬相如傳》《上林賦》「柴池茈虒」，又《揚雄傳》《甘泉賦》「柴虒參差」，亦皆同。古人自有此句法。

趺」等。

（22）為德不卒

按：王叔岷曰：「《漢紀》『德』作『惠』，義同。」《御覽》卷 479 引作「為惠不終」，《漢紀》卷 3 同；《風俗通義‧窮通》、《漢書‧韓信傳》作「為德不竟」。竟亦卒也，終也。

（23）豨曰：「唯將軍令之。」

按：令，《漢書‧韓信傳》作「命」。令，讀為命，教也。下文「謹奉教」，即承此而言。

### 卷九十三《韓信盧綰列傳》

（1）上出白登

《集解》：如淳曰：「平城旁之高地，若丘陵也。」

按：高地，《漢書‧韓王信傳》顏師古注引同，《文選‧重贈盧諶》李善注引作「高之地」，《水經注‧灢水》引誤作「高城」。

（2）閼氏乃說冒頓曰：「今得漢地，猶不能居；且兩主不相戹。」

按：《漢書‧韓王信傳》同。《匈奴列傳》作「兩主不相困。今得漢地，而單于終非能居之也」，《漢書‧匈奴傳》同。猶，猶終也。

（3）僕之思歸，如痿人不忘起，盲者不忘視也

《索隱》：張揖云「痿不能起」，《哀帝紀》云「帝即位痿痺」是也。

按：《漢書‧韓王信傳》同。王叔岷曰：「《漢傳》王氏《補注》引沈欽韓曰：『《說苑‧叢談》：「蹩人日夜願一起，盲人不忘視。」蓋本此。』《叢談》當作《談叢》。《吳越春秋‧勾踐歸國外傳》：『今寡人念吳，猶蹩者不忘走，盲者不忘視。』」《玄應音義》卷 13、《慧琳音義》卷 55 引「痿」作「蹩」。

（4）欲王盧綰，為群臣觖望

《集解》：如淳曰：「觖音『決別』之決。望猶怨也。」瓚曰：「觖謂相觖而怨望也。」韋昭曰：「觖猶冀也。」

《索隱》：服虔音決。觖望，猶怨望也。又音企。韋昭音冀。

按：觖望，《漢書‧韓王信傳》同。《集解》引瓚曰「觖謂相觖而怨望也」，《文選‧吳都賦》李善注引同，疑有脫文。顏師古曰：「觖謂相觖也。望，怨望也。」疑瓚說當據顏注校正。方以智曰：「缺望、觖望，即『缺望』。

今又作『觖望』。」〔註784〕朱駿聲曰：「觖，叚借為眣。」〔註785〕吳國泰
說同朱氏。瞿方梅曰：「音決非也，當音眣。《說文》：『眣，明也。』趙氏
《孟子》注曰：『眣眣，側目相視。』側目，則怨望之貌也。又解：觖實缺
之假借字，不滿也。」瞿氏前說，實亦本於朱駿聲。瀧川資言引姚鼐曰：「觖
即缺字之異體，缺少之意。」又引中井積德曰：「不滿之意。」王先謙亦從
姚鼐說〔註786〕。池田引岡龍洲曰：「觖，缺也。謂不滿所望而怨也。」王
駿圖曰：「『望』有二解，不當專訓怨望也。此觖字直猶缺字，謂不滿也……
恐不滿群臣之意耳。」王叔岷曰：「觖借為缺。觖望，謂不滿而怨望也。」
蔣斧印本《唐韻殘卷》：「觖，古穴反，觖望，怨望也。又羌季反。」P.2011
王仁昫《刊謬補缺切韻》：「觖，望也。」說皆與《索隱》合。「羌季反」與
「音企」同，夬聲字轉作支部，故讀企音。此文「觖」不當訓冀，韋昭說
非是。朱駿聲說是，眣者，側視也，引申為恨視〔註787〕。字亦作眣，《玉
篇》：「眣，憂妬也。」《廣韻》：「眣，鼻目閒輕薄曰眣也。」《集韻》：「眣，
怒也，憂也。」蔣斧印本《唐韻殘卷》：「㜷，㜷㜷，輕薄易怒兒。」《慧琳
音義》卷27：「㢢，訓輕薄易怒兒。㜷㜷，急性也。㜷音於悅反。」〔註788〕
「㜷㜷」是複語，㜷亦怒也。杜甫《可歎》：「近者抉眼去其夫，河東女兒
身姓柳。」「抉眼」即「眣眼」，謂怒目相嫉妬也。「眣」音轉亦作「明」，《說
文》：「眣，涓目也。」《繫傳》作「眣，明也」，《玉篇》、《類篇》引作「眣，
明目也」，此是聲訓。《說文》：「明，視貌。」分別字作悁（悁）、怨，又音
轉作恚，忿恨也。字亦作哨，《玉篇》：「哨，怒也。」《廣韻》：「哨，怒哨。」
「觖望」即是「怨望」轉語，望亦怨也，同義複合詞。「觖」又音轉作傒，
《集韻》：「傒，恨也。」此文「為」字表示被動句。徐仁甫曰：「『為』借

〔註784〕方以智《通雅》卷7，收入《方以智全書》第1冊，上海古籍出版社，1988
　　　　年版，第295頁。
〔註785〕朱駿聲《說文通訓定聲》「夬」字條，武漢市古籍書店，1983年版，第662
　　　　頁。
〔註786〕王先謙《漢書補注》卷34，中華書局，1983年版，第942頁。姚鼐說見
　　　　《惜抱軒筆記》卷4，收入《叢書集成三編》第5冊，新文豐出版公司，
　　　　1997年版，第663頁。
〔註787〕參見蕭旭《〈說文〉疏證（三則）》，《北斗語言學刊》第7輯，2020年版，
　　　　第99～104頁。
〔註788〕唐·窺基《妙法蓮華經玄贊》卷9：「㢢，困極也。又作㜷，音扶列反，
　　　　輕薄易怒貌。㢢㜷也，㜷音於悅反。」「㜷」必是「㜷」形譌。

為畏。」非是。

### 卷九十四《田儋列傳》

#### （1）項梁既追章邯，章邯兵益盛，項梁使使告趙、齊，發兵共擊章邯

按：既，《漢書·田儋傳》同，《漢紀》卷 1 作「遂」。《項羽本紀》作「項梁已破東阿下軍，遂追秦軍」，《漢書·項籍傳》同。既，猶遂也。

#### （2）今在海中，不收，後恐為亂

按：為，《漢書·田儋傳》作「有」，一聲之轉。

#### （3）縱彼畏天子之詔，不敢動我，我獨不愧於心乎

按：池田曰：「《漢書》作『不動搖』，無『我』字，疑此『我』字涉下而衍。」王叔岷曰：「《漢書》『動我』作『動搖』，疑『搖』本作『我』，因『動』字聯想而誤。」上文「高皇帝迺詔衛尉酈商曰：『齊王田橫即至，人馬從者敢動搖者致族夷！』」，此文承上文，「動我」當從《漢書·田儋傳》作「動搖」。《御覽》卷438、514引此文脫「搖」字。

#### （4）二客穿其冢旁孔

按：《御覽》卷280引無「孔」字，《漢書·田儋傳》、《漢紀》卷3同。

### 卷九十五《樊酈滕灌列傳》

#### （1）大王今日至，聽小人之言，與沛公有隙

按：《漢書·樊噲傳》同。王叔岷曰：「至猶乃也，當屬下讀。《羽紀》作『而聽細說』（《通鑒》作『而聽細人之說』），『而』亦猶乃也。」王說非是，「至」是動詞，「而」是連詞，都不是表示出乎意外的副詞。宋刊《御覽》卷 434 引《漢書》「至」下增「而」字，正以「至」為動詞。《項羽本紀》「今沛公先破秦入咸陽，豪毛不敢有所近，封閉宮室，還軍霸上，以待大王來」，「至」與「來」字相對應，《羽紀》從沛公角度記述，言「來」；本文從項羽角度記述，言「至」。

#### （2）漢王急，馬罷，虜在後，常蹶兩兒欲棄之

《索隱》：蹶音厥，又音巨月反，一音居衛反。《漢書》作「蹳」，音撥。

按：王筠曰：「當從班作『蹳』，不屬上文。蓋傳寫者沿上『馬罷』，遂誤為馬蹶而改之。」瀧川資言引王先謙曰：「以足蹳兩兒使下也。」瞿方梅曰：「案『蹳』字不古，且尟見於他書，惟小徐本《說文》有之，不足據信。

竊疑《漢書》作『蹳』者，仍『蹶』字形近之誤耳。《說文》：『蹶，僵也。』言常僵仆此兩兒車下。」池田曰：「《說文》：『蹶，僵也。』」王叔岷曰：「《文選・上林賦》郭璞注：『蹩，蹋也。』『蹩』與『蹶』同。《漢書》作『蹳』，服虔注：『蹳音撥。』即《索隱》所本。晉灼曰：『音足跋物之跋。』《文選・羽獵賦》韋昭注：『跋，蹋也。』」東晉・佚名《漢宮春色・漢魯元公主外傳》作「蹶」，乃據《史記》也。顏師古曰：「服音是。」服、晉二讀並是，顏說失之。瞿說「蹳」是「蹶」形誤，殊無根據，且所訓亦誤。王叔岷二字訓蹋，亦未能溯源。蹳之字源是癹，分別字作蹳（蹳）或撥（撥），以足移物曰蹳，以手移物曰撥，其義一也。《說文》：「癹，以足蹋夷艸。《春秋傳》曰：『癹夷蘊崇之。』」《集韻》：「癹，或從足（蹳）從手（撥）。」蔣斧印本《唐韻殘卷》：「蹳，踏草聲。」《說文》所引《春秋傳》見《左傳・隱公六年》，今本誤作「芟夷」。蔣斧印本《唐韻殘卷》、P.3694V《箋注本切韻》並云：「撥，芟。」《廣韻》：「撥，芟撥。」「芟」亦必是「癹」形誤，諸家並失校〔註789〕。又音轉作跋。蹶，讀為趹，蹋也，踢也，與「蹳」同義，下文「材官蹶張」之「蹶」亦蹋也。以足移物曰蹶，以手移物曰撅，其義亦一也。《廣韻》：「撅，撅撥物也。」王筠自誤耳。

（3）謚為文侯

《索隱》：姚氏云：「《博物志》曰：『公卿送嬰葬，至東都門外，馬不行，踣地悲鳴，得石椁。』」

按：水澤利忠曰：「《索隱》『踣』，耿、慶、中統、彭、凌、殿『掊』。」范寧校《博物志》曰：「『踣地』不辭。『踣』應作『踢』，或作『踣』，或作『掊』。《汗簡》卷7、《史記索隱》、《御覽》卷556並引《西京雜記》（引者按：《索隱》、《御覽》所引乃《博物志》），《初學記》卷14、《書鈔》卷92引本書均作『掊』，《類聚》卷40引作『踣』。掊，手杷土也。踣，《說文》訓僵。此處作『掊』或作『踣』，均通。」〔註790〕蘇芃曰：「《博物志・異

---

〔註789〕黃侃《黃侃手批廣韻》，中華書局，2006年版，第563頁。趙少咸《廣韻疏證》，巴蜀書社，2010年版，第3331頁。周祖謨《廣韻校本》，中華書局，2004年版，第488頁。余迺永《新校互注宋本廣韻（定稿本）》，上海人民出版社，2008年版，第486頁。蔡夢麒《廣韻校釋》，嶽麓書社，2007年版，第1136頁。張涌泉《敦煌經部文獻合集》第5冊，中華書局，2008年版，第2491頁。

〔註790〕范寧《博物志校證》，中華書局，1980年版，第91頁。

聞》『蹋地悲鳴』。然而《初學記》卷 14、《書鈔》卷 92、《汗簡》卷 7 引《博物志》皆作『掊地』（引者按：《書鈔》卷 92 引作『棓』，《汗簡》卷 7 所引乃《西京雜記》），與黃本同。」〔註791〕范氏有誤校失校，且引《說文》訓踣為僵，蹋應作踢，亦誤。乾道本、慶長本《索隱》亦作「掊地」。士禮居叢書本、指海本《博物志》卷 7 作「踣地」，紛欣閣叢書本、古今逸史本、百子全書本作「跔地」，宋刊《類聚》卷 40 引作「踣地」，《書鈔》卷 92、94 引作「棓地」，《初學記》卷 14、《御覽》卷 552、556 引作「掊地」，今本《西京雜記》卷 4 作「跑地」（《御覽》卷 590 引同），《太平廣記》卷 391 引《獨異記》作「踣地」，《文選·冬節後至丞相第詣世子車中作》李善注引《西京雜記》作「跔地」。「踣」是「踣」形誤，「跔」是「跑」形誤，「棓」是「掊」形誤。《博物志》下文云「跑蹄下地得石」，足證「跔」當作「跑」。《廣韻》：「跑，足跑地也。」後作「刨」字，與「掊」一聲之轉。《經律異相》卷 3「復作一牛，身體高大，肥壯多力，麁腳利角，跑地大吼，驕突來前」，《慧琳音義》卷 78：「捊地：白茅反，或作抱、掊二〔形〕，同。以手指捊也。經從足作跑，非也。音雹也。」《經律異相》卷 47「（白狗）至本臥處床四腳下，以口足捊地」，宋、元、明本「捊」作「跑」，宮本作「把」。「把」必是「抱」形譌，「捊」與「掊」同。《慧琳音義》卷 79：「捊地：上鮑茅反，前第三十（引者按：『十』字衍文）卷已釋，今經文作掊，非也。」慧琳以「跑」、「掊」為誤字，均未得也。「虎跑泉」云者，「跑」即此義。P.2845《胡笳十八拍》：「馬飢掊雪銜草根，人渴敲冰飲流水。」P.3812「掊」作「馳」，Дx.3871＋P.2555 作「踣」，《樂府詩集》卷 59、《全唐詩》卷 23、303 作「跑」。「馳」是馬足刨地義的專字。王叔岷引金嘉錫說，謂《西京雜記》「跑」當作「跪」，非是。

## 卷九十六《張丞相列傳》

（1）趙堯進請問曰：「陛下所為不樂，非為趙王年少而戚夫人與呂后有卻邪？備萬歲之後而趙王不能自全乎？」

按：《御覽》卷 225 引脫「備」字。

（2）其人堅忍質直

按：《御覽》卷 225 引「堅」聲誤作「賢」。

---

〔註791〕蘇芃《南宋黃善夫本〈史記〉校勘研究》，南京師範大學 2010 年博士學位論文，第 124 頁。

（3）張丞相由此自絀，謝病稱老

按：絀，《曆書》作「黜」，《漢書·張蒼傳》作「詘」。「黜」是正字。

（4）錯所穿非真廟垣

按：穿，日本石山寺藏六朝寫本（下稱作「古寫本」）作「穿」。篆文「牙」、「身」相近，「穿」是俗譌字。

（5）平棘侯薛澤

按：棘，古寫本作「棘」。篆文「朿」、「來」相近，「棘」是「棘」俗譌字。《禮記·祭義》：「築宮仞有三尺，棘牆而外閉之。」《玉燭寶典》卷3引「棘」作「棘」。《類聚》卷91引馬融《與謝伯世書》：「黃棘下兔，芼以乾葵。」《御覽》卷926、《事類賦注》卷18引同，《玉燭寶典》卷11引「棘」作「棘」。「棘」、「棘」都是「棘」形譌。S.6825V《老子想爾注》卷上：「不見人民，但見荊棘生。」「棘」即「棘」。《齊民要術·棗》引《東方朔傳》：「武帝時上林獻棗，上以杖擊未央殿檻，呼朔曰：『叱叱先生，來來先生。知此篋裏何物？』朔曰：『上林獻棗四十九枚。』上曰：『何以知之？』朔曰：『呼朔者，上也。以杖擊檻兩木，林也。朔來來者，棗也。叱叱者，四十九也。』」《御覽》卷965引略同，東方朔以為「來來者棗也」，則「棗」俗譌字作「棗」，正是其比。

（6）何見之明

按：王叔岷曰：「古寫本、景祐本『何』上並有『是』字。」淳熙本亦有「是」字。

（7）以十年之間，不出長安城門而至丞相，豈非遇時而命也哉

按：張文虎曰：「《御覽》卷204引『命』為『合』，疑今本誤。」施之勉曰：「《書鈔》卷50引『遇』下有『四』字，『命』為『舍』。」《職官分紀》卷3引「命」亦作「合」。「舍」、「合」俱「命」形誤，「四」字衍文。下文云「或為之日少而得之，至於封侯，真命也夫」，即作「命」之確證。

卷九十七《酈生陸賈列傳》

（1）生自謂我非狂生

按：王叔岷曰：「古寫本『狂』下無『生』字，《漢傳》同，是也。今本『生』字，涉上文而衍。」黃善夫本上方校記亦標示「自謂我非狂」，無下「生」字。宋元各本及慶長本「狂」下皆衍「生」字。

（2）沛公方倨牀使兩女子洗足

《索隱》：樂產云：「邊牀曰倨。」

《校勘記》：樂產，耿本、黃本、《索隱》本、柯本、凌本、殿本作「樂彥」。（8／3260）

按：乾道本、慶長本「樂產」亦作「樂彥」。王叔岷曰：「《索隱》本出『踞牀洗』三字，疑所據本『洗』下無『足』字，《漢書·高紀》及《酈生傳》並無『足』字（師古注：『洗，洗足也。』）。《史記·高紀》『使兩女子洗足』，《考證》引祕閣本亦無『足』字。」李人鑒曰：「『洗』即今語『洗足』之意，其下本不必有『足』字。」王、李說非是，日本石山寺藏六朝寫本及宋元各本均有「足」字。下文「沛公方洗」，瀧川資言曰：「高山寺本、楓、三本『洗』下有『足』字。」水澤利忠指出石山本、南化本有「足」字。有「足」字者是其舊本，黃善夫本下方校記標示一「足」字，《永樂大典》卷 13451 引正有之。本書自作「洗足」，《漢書》自作「洗」，另詳《高祖本紀》校證。

（3）足下起糾合之眾，收散亂之兵

《集解》：糾合，一作「烏合」，一作「瓦合」。

《正義》：言瓦合聚而蓋屋，無恊力之心也。（據瀧川《考證》本，黃善夫本上方校記亦引之，「恊」作「僇」。）

按：瀧川資言曰：「《正義》本作『瓦合』，與《漢書》合。」池田曰：「胤案：《漢書》作『瓦合』。『糾合』似譌。」王叔岷曰：「古寫本『糾』作『瓦』，與《漢書》合。」《御覽》卷 463 引《漢書》作「烏合」，與一本合。

（4）計欲捐成皋以東

按：捐，各本同，日本石山寺藏六朝寫本誤作「損」。寫本不盡可據，下文「涉西河之外（水）」，又「詐（許）詔衡山王」，又「反天性（姓）」，又「掘（握）燒王先人冢」，又「居天下之膏腴（暎）」，又「直（宜）千金」，又「呂太后（多）崩」，又「計畫（畫）所以全（令）者」，又「口畫（畫）天下便事」，括弧中皆寫本誤字。

（5）方今燕、趙已定，唯齊未下

按：定，《漢書》、《漢紀》卷 2、《御覽》卷 460 引《戰國策》、《長短經·霸圖》同，《新序·善謀》作「復」。復，安定。

（6）無久愍公為也

《集解》：韋昭曰：「愍，汙辱。」

《索隱》：愍，患也。公，賈自謂也。言汝諸子無久厭患公也。

按：愍，日本石山寺藏六朝寫本作「㥃」，《集解》同，又「汙辱」作「辱也」；《漢書》「愍」作「潣」。

（7）時辟陽侯欲知平原君，平原君不肯見

按：瀧川資言曰：「知猶交也。」施之勉曰：「荀《紀》『知』作『交』。」王叔岷曰：「知、見互文，知亦見也。」瀧川說是，王說非也。知猶言交接、交往，故《漢紀》卷6逕作「交」字。

（8）狀貌類大儒

按：日本石山寺藏六朝寫本無「類」字，「儒」下有「也」字。

（9）陳留者，天下之據衛也，兵之會地也

按：張文虎曰：「《字類》引作『衛』，各本作『衝』。」水澤利忠曰：「南化、楓、棭、三『據衛』二字作『權衡』。衛，慶、彭、毛、凌、殿『衝』。」景祐本作「據衛」，黃善夫本、乾道本、淳熙本、元刻本、慶長本、四庫本作「據衝」，紹興本作「擄衛」。黃善夫本上方校記云：「據衝，本作『權衡』。」又引師說：「《決》作『權衡』，言拠依衡聚之處也。」「擄」、「拠」是「據」俗字，「衝」是「衛」俗字。作「權衡」者，形近致譌。《爾雅》「三達謂之劇旁。」王念孫引此文，云：「『據』與『劇』同。」〔註792〕王說是矣，「劇」指通道，與「衝」義同，不必拘泥於三達之道。上文云「夫陳留，天下之衛，四通五達之郊也」，即此文之誼。吳國泰曰：「據者，劇字之借，繁劇義。劇衝者，言繁劇衝要也。」吳氏得其字，而未得其誼。

（10）遂入破秦

按：水澤利忠曰：「入，石山、南化、楓、棭、三『大』。」黃善夫本上方校記云：「入，一乍（作）『大』。」

## 卷九十九《劉敬叔孫通列傳》

（1）婁敬脫輓輅

《集解》：蘇林曰：「一木橫鹿車前，一人推之。」

---

〔註792〕王念孫說轉引自王引之《經義述聞》卷27，江蘇古籍出版社，1985年版，第650頁。

《索隱》：輓者，牽也。音晚。輅者，鹿車前橫木，二人前輓，一人後推之。

《校勘記》：橫鹿車前，《漢書·劉敬傳》顏師古注引作「橫遮車前」，《通鑒》卷 11 胡三省注引同。（8／3284）

按：王先謙曰：「『遮』當作『鹿』。」〔註 793〕王說是也，《玉篇殘卷》「輅」字條引亦作「鹿」。「鹿」形誤作「庶」，又誤作「遮」。黃善夫本上方校記云：「脫輓輅，言棄所自牽之鹿車而見虞將軍也。」輅之言格也，指鹿車前橫木，又代指鹿車。《文選·西京賦》「婁敬委輅」，張銑注：「委，脫也。輅，鹿車也。」又《漢高祖功臣頌》：「建信委輅」，劉良注：「委，棄也。輅，庶車也。」「庶車」是「鹿車」形誤無疑。「鹿車」也作「轆車」，是「轆轤車」省稱〔註 794〕。《御覽》卷 156 引《集解》「鹿車」作「展車」，亦是形誤。

## （2）夫與人鬬，不搤其亢，拊其背，未能全其勝也

《集解》：張晏曰：「亢，喉嚨也。」

《索隱》：搤音厄。亢音胡朗反，一音胡剛反。蘇林以為亢，頸大脈，俗所謂「胡脈」也。

按：張文虎曰：「《索隱》本『亢』，《御覽》卷 371 又 496 引同，它本皆作『肮』。」水澤利忠曰：「景、井、蜀、紹、蜀刻、耿、慶、中統、彭、毛、凌、殿『肮』。」王叔岷曰：「景祐本、黃善夫本、殿本『亢』皆作『肮』，《集解》同（《索隱》兩『亢』亦作『肮』）。《御覽》卷 164 引《漢書》作『吭』。肮、吭並亢之俗體。《御覽》卷 156 引此『亢』作『喉』（卷 371 引作『亢』），《長短經·霸圖》注同，疑並因張注而改。」《索隱》單行本作「亢」，《白氏六帖事類集》卷 13 引同，《新序·善謀》、《漢書·劉敬傳》亦同；乾道本、慶長本亦作「肮」，《班馬字類》卷 5、《長安志》卷 2 引同，《御覽》卷 461 引《漢書》亦同；《元和郡縣志》卷 1、《冊府元龜》卷 849、《太平寰宇記》卷 25 引作「吭」。「亢」是本字，字亦借「頏」為之。蘇林引俗說「胡脈」，乃「喉脈」轉語。

---

〔註 793〕王先謙《漢書補注》卷 43，中華書局，1983 年版，第 1017 頁。

〔註 794〕參見蕭旭《「鹿車」名義考》，收入《群書校補（續）》，花木蘭文化出版社，2014 年版，第 2123～2134 頁。

（3）匈奴匿其壯士肥牛馬，但見老弱及羸畜

按：但，《漢書·劉敬傳》作「徒」。下文「今臣往，徒見羸瘠老弱」，亦作「徒」。但、徒一聲之轉。

（4）使者十輩來，皆言匈奴可擊

按：可，猶言容易〔註795〕。《漢書·劉敬傳》、《漢紀》卷3「可」作「易」。

（5）且明主在其上，法令具於下，使人人奉職，四方輻輳，安敢有反者

按：且，《漢紀》卷5作「今」。且猶今也。

（6）呂后與陛下攻苦食啖

《集解》：徐廣曰：「攻猶今人言擊也。啖，一作淡。」駰案：如淳曰：「食無菜茹為啖。」

《索隱》：案：孔文祥云：「與帝共攻冒苦，難俱食淡也。」案：《說文》云：「淡，薄味也。」音唐敢反。

按：《漢書·叔孫通傳》、《通鑒》卷12同。顏師古曰：「『啖』當作『淡』。淡謂無味之食也。言共攻擊勤苦之事，而食無味之食也。淡音大敢反。」胡三省注：「或曰：攻，治也。『啖』、『淡』古字通用。」吳國泰曰：「攻，治也，作也。啖者，淡字之借。攻苦謂治作勞苦。食淡謂飲食淡泊也。」瀧川資言中井積德曰：「攻，治也。謂食淡味而操業。」王先謙所據汲古閣本《漢書》「攻」作「共」，王氏曰：「共，官本作『攻』。據注，『攻』字是。《史記》同。攻，治也，不當訓擊。」〔註796〕王叔岷從王說，並指出「《類聚》卷24、《御覽》卷451、《白帖》卷15引此文『啖』作『淡』。」王筠曰：「班『攻』作『共』，然詳顏注，似亦『攻』字之譌。」《白氏六帖事類集》卷2引「啖」亦作「淡」。北宋景祐本、南宋嘉定本、南宋建安本、南宋慶元本、殿本《漢書》均作「攻」，《治要》卷16引同，汲古閣本誤也。攻，讀為恐、愇，《廣雅》：「愇，愇也。」憂懼之義。

（7）孝惠即位，迺謂叔孫生曰：「先帝園陵寢廟，群臣莫習。」

《校勘記》：莫習，原作「莫能習」。王念孫《雜志》：「莫能習，當從《漢書》作『莫習』。《書鈔·設官部》、《類聚·職官部》引《史記》並無『能』字。」今據刪。（8／3285）

---

〔註795〕參見徐仁甫《廣釋詞》，四川人民出版社，1981年版，第166頁。

〔註796〕王先謙《漢書補注》卷43，中華書局，1983年版，第1020頁。

按：《類聚‧職官部》未引《史記》，王氏失撿。

（8）「大直若詘，道固委蛇」，蓋謂是乎

按：王叔岷曰：「《長短經‧臣行》引此文作『大直若詘，道同蝘蜓』（『同』疑『固』之誤）。」《後漢書‧荀韓鍾陳列傳》：「所謂『大直若屈，道固逶迤』也。」李賢注：「逶迤，曲也。」

## 卷一百《季布欒布列傳》

（1）獨以己之私怨求一人

按：怨，《漢書‧季布傳》同，《御覽》卷 473 引誤作「怒」，《漢紀》卷 3 誤同。

（2）今噲奈何以十萬眾橫行匈奴中，面欺

按：欺，《漢書‧季布傳》、《匈奴傳》、《漢紀》卷 11 作「謾」。顏師古注：「謾，欺誑也。」

（3）夫婢妾賤人感慨而自殺者，非能勇也，其計畫無復之耳

《集解》：徐廣曰：「復，一作冀。」

按：王叔岷曰：「《說文》：『之，出也。』《漢傳贊》此語作『其畫無俚之至耳』，晉灼注：『俚，聊也，賴也。此為其計畫無所聊賴，至於自殺耳。』『計畫無所聊賴』即『計畫無復出』之意。」韓兆琦從王說，其說非是，蓋誤解「復」為副詞，故以「之」為動詞。「復」是動詞，「之」是代詞。復，讀為覆，反轉也。無復之，猶言不能轉敗為功耳。

## 卷一百一《袁盎鼂錯列傳》

（1）盎遂不謝

按：遂，猶竟也，終也。

（2）及絳侯免相之國，國人上書告以為反，徵繫清室

《集解》：《漢書》作「請室」。應劭曰：「請室，請罪之室，若今鍾下也。」如淳曰：「請室，獄也，若古刑於甸師氏也。」

按：梁玉繩曰：「《漢書》作『請室』是，蓋形近而譌。」張森楷從梁說。水澤利忠曰：「清，紹『請』。」池田引履軒曰：「請室是平時請事之處，如請讞之類皆造焉，不特自請罪，又非獄名。」王叔岷曰：「『清』、『請』古通，『清』非誤字。」王說是，但猶未盡。當以「清」為本字。清室，清靜之室，天子所居者。《司馬相如傳》《上林賦》：「醴泉涌於清室，通川過

乎中庭。」也稱作「靜室」，《後漢書・楊秉傳》秉諫桓帝曰：「王者至尊，出入有常，警蹕而行，靜室而止。」《御覽》卷 680 引《東觀漢記》作「清室」，《後漢紀》卷 21 同。《漢書・賈誼傳》「造請室而請罪」，顏師古注引應劭說，又引蘇林曰：「請音潔清。胡公《漢官》車駕出有請室令在前先驅，此官有別獄也。」師古認為應說是。實則蘇林讀「請」為「潔清」之「清」，是也。《後漢書・百官志》：「有請室令。車駕出，在前請所幸，徼車迎白，示重慎。」其說「在前請所幸」云云，也是附會之言。

（3）說盎曰

《集解》：徐廣曰：「說，一作謀。」

按：《漢書・爰盎傳》「說」作「諫」。「謀」當是「諫」形誤。

（4）雒陽劇孟嘗過袁盎，盎善待之

按：王叔岷曰：「《白帖》卷 7 引『善』作『厚』。」《白氏六帖事類集》卷 7 引「過」誤作「通」，王氏失校。

（5）錯為人陗直刻深

《集解》：韋昭曰：「術岸高曰陗。」瓚曰：「陗，峻。」

《索隱》：韋昭注本無「術」字。或云術，道路也。陗，七笑反。陗，峻也。

按：陗、峭，正、俗字。韋昭說「術」是衍文。《通鑒》卷 15 胡三省注引韋昭說正無「術」字。

（6）且臣恐天下之士噤口，不敢復言也

按：錢大昕曰：「《漢書》『噤』作『拑』。『拑』、『噤』聲相近，皆群母。」張森楷從錢說。王叔岷曰：「《說文》：『噤，口閉也。』《日者列傳》：『悵然噤口不能言。』亦同例。」錢、王說是，音轉亦作唫、吟、舲。字或省作金〔註797〕，《荀子・正論》：「金口蔽舌。」《潛夫論・明忠》、《賢難》並有「鉗口結舌」，「鉗口」亦「噤口」轉語。

**卷一百二《張釋之馮唐列傳》**

（1）以訾為騎郎

《集解》：蘇林曰：「顧錢若出穀也。」

---

〔註797〕參見方以智《通雅》卷 18，收入《方以智全書》第 1 冊，上海古籍出版社，1988 年版，第 638 頁。

按：顧，宋元各本及慶長本、殿本均作「雇」，《漢書·張釋之傳》顏師古注引蘇林說同。「雇」是正字。其下「若」字，猶言或也。

（2）豈斅此嗇夫諜諜利口捷給哉

《校勘記》：原本《玉篇》卷 9「諜」字條引《史記》作「便給」，《慧琳音義》卷 39 引作「辯給」。（9／3323）

按：羅本《原本玉篇》「諜」字條引作「便給」，而黎本《原本玉篇》引作「▓給」。「▓」是「捷」形誤。《漢書·張釋之傳》、《漢紀》卷 8、《長短經·是非》亦作「捷給」（《書鈔》卷 62、《治要》卷 17 引《漢書》同今本）。《類聚》卷 22 引《漢書》作「捷忌」，《後漢書·韋彪傳》李賢注引《漢書》作「捷急」。「忌」是「急」俗譌字，乃「給」音誤。「便（辯）給」雖通，但非其舊本，疑「捷」形誤作「便」，復易作「辯」。

（3）法如是足也。且罪等，然以逆順為差

按：差，《漢書·張釋之傳》誤作「基」〔註798〕，《治要》卷 17 引已誤。

（4）文帝輦過，問唐曰：「父老何自為郎？家安在？」

按：黃善夫本校記引抄云：「父老，尊老者之稱也。」《方言》卷 6：「凡尊老……南楚謂之父，或謂之父老。」下文「父知之乎」，張森楷曰：「《漢書》『父』下有『老』字。」「父」、「父老」皆南楚語，尊老之稱也。李人鑒謂本書「父」下當據《漢書》補「老」字，非是。

### 卷一百三 《萬石張叔列傳》

（1）見路馬必式焉

按：張森楷曰：「式，《漢書》作『軾』。」《漢紀》卷 14 亦作「軾」。路，《漢書·萬石君傳》同，《漢紀》作「輅」，古字通。

（2）上使取六劍，劍尚盛，未嘗服也

按：《漢書·衛綰傳》「尚」作「常」，借字。顏師古曰：「盛謂在削室之中也。」吳國泰曰：「服者，佩字之借。」楊樹達曰：「顏說是。服當讀為佩，服、佩古音近字通。」〔註799〕瀧川資言、池田並引中井積德曰：「尚

〔註798〕 參見王念孫《漢書雜志》，收入《讀書雜志》卷 5，中國書店，1985 年版，本卷第 76 頁。

〔註799〕 楊樹達《漢書窺管》，收入《楊樹達文集》之十，上海古籍出版社，1984 年版，第 358 頁。

盛，謂不損壞也。」吳、楊說是也，「服」與「佩」一聲之轉。《荀子‧勸學》：「蘭槐之根是為芷，其漸之滫，君子不近，庶人不服。」《晏子春秋‧內篇襍上》「服」作「佩」。謂劍還盛裝在劍室之中，未嘗佩帶過。中井解作「不損壞」，以不知「服」字之誼而臆說耳。

### （3）常衣敝補衣溺袴，期為不絜清

《索隱》：謂心中常期不絜之服，則「期」是「故」之意也。小顏亦同。

《正義》：期猶常也。

按：王駿觀曰：「期，必也。」楊樹達曰：「期，務也。」〔註800〕王叔岷曰：「《御覽》卷695引『期』作『甚』，恐非其舊。」王駿觀及楊說是也。北宋景祐遞修本《漢書‧周仁傳》亦作「期」，南宋嘉定本、建安本、慶元本作「故」，《書鈔》卷53引亦作「故」。「故」是「期」形譌。

## 卷一百四《田叔列傳》

### （1）邑中人民俱出獵，任安常為人分麋鹿雉兔，部署老小當壯劇易處，眾人皆喜，曰：「無傷也，任少卿分別平，有智略。」

按：王念孫曰：「『劇易』下本無『處』字。部署老小當壯劇易者，當，丁也。劇，難也（今俗作『劇』）。言部署其人之老小丁壯及事之難易也。《治要》引《六韜‧龍韜篇》曰：『知人飢飽，習人劇易。』〔註801〕《後漢書‧章帝紀》曰：『駕言出游，欲親知其劇易。』〔註802〕《列女傳》曰：『執務私事，不辭劇易。』（李賢注：『劇，猶難也。』）〔註803〕是古謂『難易』為『劇易』也。『劇易』下不當有『處』字，《御覽‧人事部》、《資產部》、《獸部》引此皆無『處』字。」瀧川資言、池田、張森楷並從王說，瀧川又云：「《史記》師說引劉伯莊云：『強壯者當難處，老小者當易處。』有『處』字亦通。」郭嵩燾曰：「言分所獵禽，先令老小與壯彊有力者易處，以防爭競。」施之勉曰：「《書鈔》卷37引《史記》『劇易』下有『處』字。」王叔岷曰：「《類聚》卷22、《御覽》卷467引『別』並作『則』。」黃善夫本上方校記亦引《史記》師說引劉說。宋元各本及慶長本均作「劇」字。「部署老小當壯劇易處」句，《書鈔》卷37引作「部署大小劇易處」，《御覽》

---

〔註800〕楊樹達《詞詮》，中華書局，1954年版，第163頁。

〔註801〕引者按：見《治要》卷31，字作「劇」。

〔註802〕引者按：《後漢書‧章帝紀》字作「劇」。

〔註803〕引者按：此指《後漢書‧列女傳》。李賢注作：「劇，猶雜也。」

卷 429（即《人事部》）引作「部署小大劇易」，又卷 831（即《資產部》）引作「部署老小劇易」，又卷 906（即《獸部》）「部署大小劇易」。分別平，《冊府元龜》卷 799、《御覽》卷 429、906 引同，《書鈔》卷 37 引作「分安分平」，《御覽》卷 467 引作「分則平也」。王念孫說是，《書鈔》已衍「處」字。「則」是「別」形譌。劇，猶言煩雜，故「劇易」猶言難易也。郭嵩燾不解「劇易」，以「易處」為詞，非是。

### 卷一百五《扁鵲倉公列傳》

### （1）帝甚喜，賜我二笥，皆有副

按：甚喜，《趙世家》、《論衡·紀妖》同，《風俗通義·皇霸》作「甚嘉之」。

### （2）搦髓腦，揲荒爪幕

《集解》：徐廣曰：「揲音舌。」

《索隱》：搦音女角反。揲音舌。荒，膏荒也。幕音漠。漠，病也。謂以爪決之。

《正義》：以爪決其闌幕也。

按：「漠」無病訓，《索隱》「漠病也」三字當連文，讀作「幕音漠，漠病也，謂以爪決之」，小司馬謂漠病則以爪決之。滕惟寅曰：「《品字箋》曰：『搦，把也。』揲，《說文》曰：『閱持也。』『荒』、『肓』同。『幕』、『膜』同。」周尚木曰：「自『割皮』以下，俱言治病之術，以二字為句，共八事。今本『腦』上脫一字，致不可句讀。又：荒，空也。揲荒猶今言按穴。小司馬作膏荒解，非是。」朱駿聲曰：「揲荒爪幕，謂取膏肓入膈膜也。」〔註804〕沈家本曰：「《說文》：『搦，按也。揲，閱持也。』」孫詒讓曰：「肓、荒古字通用，莫、幕亦膜之借字。《素問·痺論篇》云：『……熏於肓膜，散於胸腹。』王冰注云：『肓膜謂五藏之間鬲中膜也。』小司馬、張守節說並未審。」〔註805〕張驥曰：「《說文》：『揲，閱持也。』『荒』同『肓』。『幕』與『膜』通。《難經》七十八難曰『按所鍼之處，爪而下之』，即此『爪』字義。《說苑》作『束肓（引者按：《說苑》原作『盲』）莫』。」郭嵩燾曰：「『荒』同『暁（引者按：當作『膞』，下同）』，『幕』同『膜』，皆謂腠理

〔註804〕朱駿聲《說文通訓定聲》，武漢市古籍書店，1983 年版，第 142 頁。
〔註805〕孫詒讓《說苑札迻》，收入《札迻》卷 8，中華書局，1989 年版，第 263頁。

脈絡之徵也。《玉篇》:『㬰，肉間也。』《說文》:『膜，肉間脈（引者按：當作『胲』）膜。』《釋名》:『膜，幕也。』幕、絡一體也，二者皆在皮裏肉間。『肓』、『荒』同音而各別……《索隱》以『撲荒』當『膏荒』，甚誤。」吳國泰曰:「荒者，肓字之借，謂膏肓也。爪幕，當為『搔膜』之借。搔，刮也。『膃』字上當有奪文。」瀧川資言曰:「慶長本標記云:『《正義》荒作肓。』《御覽》卷721作『搦髓，折肓爪膜』，《說苑·辨物》作『束肓（引者按:《說苑》原作『盲』）莫』。」又引田子通曰:「『爪』字衍，即因『荒』下川而錯出耳，三字句，與『搦髓膃』對，句法為齊整。」又引孫詒讓說，又引多紀元胤說同沈家本。王叔岷曰:「撲、爪互文，義並同『持』。《御覽》引此『撲』作『折』，『折』蓋『持』之誤。《說苑》『撲荒爪幕』作『束盲莫』，盧文弨《拾補》校『盲』作『肓』，云:『『盲』譌。《史記》作「撲荒爪幕」，此「肓莫」即「荒幕」。莫（引者按：盧氏原文作『幕』），膜也』。」「荒幕」取孫詒讓說。田子通說「爪」字衍文，是也，《說苑》作「束盲（肓）莫」是其證。撲，當讀作牒、疊，重疊、折疊、積疊也。《廣韻》:「撲，摺撲。」字亦作葉，《廣雅》:「撲，積也。」又「葉、積，聚也。」王念孫曰:「『葉』與『撲』通……『牒』與『撲』聲亦相近。」〔註806〕《御覽》引作「折」，乃「摺」借字，與「撲」義同。《說苑》作「束」，猶聚也，亦與「撲」義同。

（3）不能若是而欲生之，曾不可以告咳嬰之兒

按：瞿方梅曰:「咳，古文作『孩』，小兒笑也，引伸為凡幼少之稱。」張驥說略同。瀧川資言引多紀元簡曰:「《說文》:『咳，小兒笑也。』《御覽》卷721作『孩』。」王叔岷曰:「『咳』與『孩』同。」《韓詩外傳》卷10作「如子之方，豈足以變童子哉」，《說苑·辨物》作「若子之方，豈足以變駭童子哉」。變，讀為諞，今作「騙」。「駭」則「咳（孩）」借字。

（4）流涕長潸，忽忽承睞

《索隱》:睞音接。睞即睫也。承睞，言淚恒垂以承於睫也。

按：滕惟寅曰:「『涊』省作『忽』。涊涊，水流疾貌。」池田從其說。吳國泰曰:「『忽忽』者，『活活』之借，水流貌。」二氏說俱是。「忽忽」即「涊涊」，古音勿聲、出聲、骨聲亦相通，故聲轉亦作「滑滑」、「汩汩」、

---

〔註806〕王念孫《廣雅疏證》，收入徐復主編《廣雅詁林》，江蘇古籍出版社，1992年版，第38頁。

「渨渨」、「泄泄」，淚水流出貌〔註807〕。「忽」音轉作「活」者，《逸周書·克殷解》「南宮忽」，孔晁注：「忽即括。」《史記·周本紀》、《類聚》卷 12 引《帝王世紀》作「南宮括」，亦即《論語·憲問》之「南宮适」（非『適』字），是其證。「活活」亦作「渵渵」，或省作「聒聒」。《說文》：「澘（活），水流聲。澘，澘或從聒。」《文選·謝靈運·登石門最高頂》：「活活夕流駛，噭噭夜猿啼。」《永樂大典》卷 11951、13074 引同，《類聚》卷 8 引「活活」作「聒聒」。聲轉亦作「澮澮」，《說文》：「巜，水流澮澮也。」「汩汩」等亦其音轉。王駿觀改竄此文，全不足取，文繁不錄。

（5）是以陽脈下遂，陰脈上爭

《集解》：徐廣曰：「遂，一作隊。」

《正義》：遂音直類反。《素問》云：「陽脈下遂難反，陰脈上爭如弦也。」

按：黃善夫本校記引幻云云：「下遂，蓋下墜義也。『遂』當作『墜』。」滕惟寅曰：「遂，《甲乙經》作『墜』，是也。」張驥曰：「『遂』當與『墜』同。」吳國泰曰：「遂者，隊之借字。隊，古墜字。」瞿方梅曰：「本『隊』字，借『遂』為之耳。」瀧川資言引多紀元胤曰：「《御覽》注：『遂，音隊。』並與『墜』通。」又引海保元備曰：「『遂』如字亦通。遂，行也，進也。即下文『陽內行』之義。」王叔岷曰：「《御覽》卷 375 引此，『遂』下注云：『音隊。』卷 721 引此，『遂』下注云：『音墜。』《說文》：『隊，從高隊也。』『遂』借字，『墜』俗字。」讀作「隊（墜）」是也，《雲笈七籤》卷 88 引作「墜」。《荀子·王制》「小事殆乎遂」，王念孫曰：「遂，讀為墜。」並引本文為證〔註808〕。

（6）聞周人愛老人，即為耳目痹醫

《索隱》：痹，音必二反。

按：痹，宋元各本及慶長本均作「痺」，《冊府元龜》卷 858、《御覽》卷 721、《古史》卷 58、《通志》卷 181、《記纂淵海》卷 87、《合璧事類備要》前集卷 55、《醫說》卷 2 引同。「痺」是俗字。

---

〔註807〕 參見蕭旭《〈世說新語〉「窟窟」正詁》，《群書校補（續）》，花木蘭文化出版社，2014 年版，第 2034～2035 頁。當時未知滕惟寅說，今特補舉之。

〔註808〕 王念孫《荀子雜志》，收入《讀書雜志》卷 11，中國書店，1985 年版，本卷第 2 頁。

（7）秦太醫令李醯自知伎不如扁鵲也

按：醯，宋元各本及慶長本均作「醯」，《千金要方》卷 1、《御覽》卷721、《古史》卷 58、《通志》卷 181、《合璧事類備要》前集卷 55、《事文類聚》前集卷 38、《醫說》卷 2 引同。「醯」是俗字。

（8）病得之心憂，數忔食飲

《索隱》：忔音疑乙反。忔者，風痹忔然不得動也。

按：朱駿聲從《索隱》說，解作「癡兒」〔註809〕。滕惟寅曰：「忔，『吃』借音通用。『吃』、『喫』同。」胡文英曰：「忔，音挹。案：忔，小兒飲食時哭泣驚怖，食停於胸而不下也。吳中謂小兒停食為忔。」〔註810〕張文虎曰：「《集韻》魚乙切下有『忔』字，訓心不欲也，引《史記》此文為證。《類篇》同。按：下文云『故煩懣食不下』，語正相應，則心不欲之訓當有所本。又『食飲』《集韻》、《類篇》並作『飲食』，疑此倒誤。」張驥曰：「忔，魚一切，心不欲也。」其說當本於《集韻》。郭嵩燾曰：「《說文》：『吃，言蹇難也。』此『忔』當亦蹇難之意，謂難食也。」瀧川資言引多紀元簡從《集韻》說，解作「蓋謂強食飲也」。韓兆琦曰：「忔，厭惡。」諸說惟郭嵩燾得其義，但未得其字。「忔」同「愃」。《廣雅》：「愃、飽，滿也。」字亦作餼，《方言》卷12：「餼，飽也。」字亦作飢、飲、餴、餲，《玉篇殘卷》「飲」字條引《埤蒼》：「飲，飽也。」P.2011 王仁昫《刊謬補缺切韻》：「餴，飽。」《集韻》：「飢、餴、餲，飽也，或從气從氣。」音轉又作餽，《玉篇》：「餽，餽也。」《廣韻》：「餽，飽也。」音轉亦作餽，蔣斧印本《唐韻殘卷》：「餽，食飽。」音轉亦作噫、欸，《說文》：「噫，飽食（出）息也。」〔註811〕又「欸，屰（逆）氣也。」字或省作意，《素問·至真要大論篇》：「腹脹，善噫。」馬王堆帛書《陰陽十一脈灸經》甲本同，乙本作「善意」。字亦作咳、餴、餴。《集韻》：「噫，《說文》：『飽食息也。』或作欸，通作餴。」此文忔謂飽而打噫。數忔食飲，謂屢屢食飲打飽噫而食不下也。上文云「氣鬲病，病使人煩懣，食不下，時嘔沫」，正寫嬰兒食飲時逆氣出也，吳語謂之「欸氣」、「餴飽」；故下文倉公云「作下氣湯以飲之」以愈其病。《說文》：「餽，餿餽也。」又「餿，

---

〔註809〕朱駿聲《說文通訓定聲》，武漢市古籍書店，1983 年版，第 569 頁。

〔註810〕胡文英《吳下方言考》卷 12，收入《續修四庫全書》第 195 冊，上海古籍出版社，2002 年版，第 104 頁。

〔註811〕《玄應音義》卷 11、14、18、20 引「食」作「出」。《玉篇》、《文選·長門賦》李善注引《字林》亦作「出」。

秦人謂相謁而食麥曰饐饐。」《廣韻》：「饐，饐饐，飽也。」饐、噎一聲之轉。「饐饐」即「噎饐」，雙聲疊韻連語，變音複合詞。黃侃曰：「秦人謂相謁而食麥曰饐饐，其語由『殷勤』來。」〔註812〕非是。

（9）齊郎中令循病，眾醫皆以為蹙入中，而刺之

按：杭世駿《疏證》引《史詮》：「洞本『人』作『入』。」王念孫曰：「蹙人中，『人』當為『入』，字之誤也。蹙，亦作厥。《釋名》曰：『厥，逆氣從下厥起，上行入心脅也。』故曰『蹙入中』。《御覽·方術部》（引者按：卷 721）引此正作『蹙入中』。」張驥、瀧川資言、龍良棟、張森楷、池田並從王說，瀧川又云：「凌本，毛本『入』譌『人』。」龍良棟又云：「吳本作『入』。」滕惟寅曰：「人，《類案》作『入』。謂蹙入腹中也。作『入』為是。」王叔岷曰：「黃本、殿本『入』並誤『人』，北宋監本不誤。」紹興本、乾道本、淳熙本、元刻本亦作「入」，《冊府元龜》卷 858、《通志》卷 181 引同；慶長本、四庫本亦誤作「人」，《醫說》卷 10 引誤同。下文言風蹶病云「陰氣者，病必入中」，此作「入」字確證。

（10）病得之流汗出潃。潃者，去衣而汗晞也

《索隱》：潃，劉氏音巡。

《校勘記》：潃，景祐本、紹興本、耿本、黃本、彭本、柯本、殿本作「潃」，《通志》卷 181 一作「潃」。王念孫《雜志》：「潃，當為『潃』，讀與脩同。《王風·中谷有蓷篇》『嘆其脩矣』，毛傳曰：『脩，且乾也。』故下文曰『潃者去衣而汗晞』也。考《說文》、《玉篇》、《廣韻》皆無『潃』字。」（9／3392）

按：《校勘記》校字不甚準確，茲為重校。水澤利忠曰：「潃，景、蜀、紹、蜀刻、耿、慶、中統、索、毛、凌、殿『潃』，南化校記『潃』。」水澤氏校字亦不甚準確。王念孫《雜志》乃引王引之說。王引之又云：「《集韻》『潃，松倫切，流皃』，引《史記》『汗出潃潃』。既誤沿劉氏之音，又誤以『潃潃』二字連讀，而訓為流皃，其失甚矣。」張驥從王說。張文虎曰：「潃，宋本、中統、游、王、柯作『潃』，凌作『潃』，《索隱》、舊刻、毛本作『潃（引者按：當作『潃』）』。案：《集韻·十八諄》：『潃，流皃，《史記》「汗出潃潃」。』與劉音合，是古本相承作『潃』。《雜志》

---

〔註812〕黃侃《字通》，收入《說文箋識》，中華書局，2006 年版，第 125 頁。

云云。」張森楷引王引之說，又引元簡曰：「《說文》：『潃，久汏也。』《禮記·內則》『滫髓（引者按：當作『瀡』）注：『秦人溲曰滫。』……別一解。」滕惟寅曰：「滲、潃、溲皆同音通用。」王叔岷曰：「北宋監本『潃』作『潃』，黃善夫本、殿本並作『潃』。『潃』乃『潃』之俗省。『滲』與『潃』同。」韓兆琦曰：「潃，同『潃』，溺，小便。」多紀元簡亂引一通，《內則》注「秦人溲曰滫」，溲指溲麵、調麵，殊所不合。王叔岷所校是。淳熙本亦作「潃」，宋刊《冊府元龜》卷 858、《通志》卷 181同（四庫本《元龜》作『滲』）；紹興本、乾道本、元刻本、慶長本、四庫本亦作「潃」；《醫說》卷 3 引作「滲」。王引之說「潃」當作「潃」，是也，而所釋則非。此文當「病得之流汗出潃潃者」九字作一句讀，倉公無「潃者，去衣而汗晞也」自釋字義之例。胡文英曰：「滲滲：音搜。《史倉公傳》：『得之汗流出滲滲者，去衣而汗晞也。』案：滲滲，汗流不止也。諺謂汗流不止曰滲滲。」〔註813〕胡說是也，「潃潃（滲滲）」是「攸攸」、「浟浟」、「潱潱」、「油油」聲轉，本訓水流貌，此文訓汗流貌。下文云「奴之病得之流汗數出」，此云「流汗出潃潃」，即「流汗數出」之誼，謂流汗不止也。

### （11）以次相乘，故三十日死。三陰俱摶者，如法；不俱摶者，決在急期；一摶一代者，近也。故其三陰摶，溲血如前止

《正義》：如淳云：「摶，音徒端反。」

按：滕惟寅曰：「『摶』當作『搏』，伯各反，拊也，擊也。下同。《素問》曰：『三陰俱搏二十日夜半死。』與此文不同，或『三』字《內經》誤作『二』歟？未可知也。」張文虎曰：「凌本與如淳音合。各本譌『搏』。」水澤利忠從張說，又云：「搏，凌、金陵『搏』。」郭嵩燾曰：「搏，猶擊也。」韓兆琦曰：「搏，聚攏一起，引申為同時出現。」《正義》引如淳音徒端反，是其所見本作「摶」字。滕惟寅及郭說是，張說非是。宋元各本及慶長本、四庫本作「搏」，宋刊《冊府元龜》卷858引同（四庫本《元龜》作『摶』）。考《素問·陰陽別論篇》：「陰搏陽別謂之有子（王冰注：『陰謂尺中也。搏謂搏觸於手也。尺脈搏擊與寸口殊別，陽氣挺然，則為有妊之兆。』）……陰虛陽搏謂之崩（王注：『陰脈不足，陽脈盛，搏則內崩而血流下。』），三陰俱搏二十日

---

〔註813〕胡文英《吳下方言考》卷 6，收入《續修四庫全書》第 195 冊，上海古籍出版社，2002 年版，第 50 頁。

夜半死（王注：『搏謂伏鼓異於常候也。陰氣盛極，故夜半死。』），二陰俱搏
十三日夕時死，一陰俱搏十日死。」〔註814〕則「搏」字是也，如淳所見本誤。

### （12）建亦欲效之

按：《御覽》卷 721 引「亦」作「炙」。「亦」俗字作「尒」，因而形誤
作「炙（炙）」。

### （13）臨菑氾里女子薄吾病甚

按：梁玉繩曰：「薄吾，女子名。」滕惟寅說同。施之勉引吳汝綸曰：
「『寒』為『薄吾』之姓，與『韓』同，局本誤刪之。」二說非是。「薄」
姓，「吾」名。古人喜以「吾」取名，如《列女傳》卷 6「徐吾」、「李吾」，
「吾」是「牙（伢）」轉語，猶今言伢兒。以「牙」為名者尤多，如「鮑叔
牙」、「東郭牙」等等〔註815〕。黃善夫本「薄吾」上有「寒」字，王念孫、
張文虎已指出為衍文。

### （14）切其脈，循其尺，其尺索刺麤

《索隱》：循音巡。案：謂手循其尺索也。刺音七賜反。麤音七胡反。
言循其尺索，刺人手而麤，是婦人之病也。

按：《索隱》以「尺索」為名詞，非是。滕惟寅曰：「《靈樞》曰：『審
其尺之緩急小大滑濇，肉之堅脆，而病形定矣。』索，錯，借音『錯』，物
理麤也。刺音辣，戾也。索刺，猶言甲錯，麤理貌。」張驥曰：「《靈樞・
邪氣臟府病形篇》：『脈濇，尺之皮膚亦濇。』又《論疾診尺篇》：『尺膚濇
者，風痺也。尺膚粗如枯魚之鱗者，水泆飲也。』」郭嵩燾曰：「《急就篇》
注：『索，謂切撚之令緊。』尺索者，尺脈緊，緊而粗，故著手若刺人。」
瀧川資言引多紀元胤曰：「索，尺膚枯臘之義。」滕惟寅引《靈樞》是，出
《論疾診尺篇》，但所解則誤。此文「其尺索」下當加逗號。索，古音色，
讀作濇、澀。「尺索」即「尺濇」，尺脈徵狀之一也。

### （15）脈法曰：「年二十脈氣當趨，年三十當疾步，年四十當安坐，　　　年五十當安臥，年六十已上氣當大董。」

《集解》：徐廣曰：「董謂深藏之。一作董。」

---

〔註814〕《黃帝內經太素・陰陽雜說》「二十日」作「三十日」，「十三日」作「十
　　　五日」，「十日」下有「平旦」二字，餘同。
〔註815〕參見蕭旭《「嬰兒」語源考》，收入《群書校補（續）》，花木蘭文化出版社，
　　　2014 年版，第 2081～2084 頁。

《索隱》：董音謹。

按：朱駿聲曰：「董，叚借為蓳。《方言》卷 12：『董，固也。』」並引此文為證[註816]。瀧川資言引多紀元簡曰：「《方言》：『董，固也。』」《方言》卷 12：「董，錮也。」郭璞：「謂堅固也。」《廣雅》、《玉篇》並云：「董，固也。」「錮」同「固」。「董」當是「董」形譌。

## 卷一百六《吳王濞列傳》

### （1）吳王恐，為謀滋甚

按：《漢書・吳王濞傳》「為」作「所」。

### （2）即山鑄錢

《索隱》：即山，山名。又：即者，就也。

按：王駿圖、瀧川資言、池田並謂《索隱》後說是，是也。「即山鑄錢」語亦見《平準書》，彼文《索隱》：「案即訓就，言就出銅之山鑄錢。一解：即山，山名也。」其前說是。《平準書》又云「縣官往往即多銅山而鑄錢」，《貨殖列傳》云「即鐵山鼓鑄」，「即」明顯是動詞，可證「即山」非山名。

### （3）里語有之，「舐穅及米」

《索隱》：言舐穅盡則至米，謂削土盡則至滅國也。

按：宋元各本及慶長本都作「舐」，宋刊《長短經・懼誡》、《御覽》卷 854 引同（讀畫齋叢書、四庫本《長短經》作「舐」）；《漢書・吳王濞傳》作「猲」。顏師古注：「猲，古舐字。舐，用舌食也，蓋以犬為喻也。」《說文》：「猲，犬食也。」段玉裁曰：「《漢・吳王濞傳》曰『猲穅及米』，《史記》作『舐』。『舐』見《舌部》，以舌取食也，食爾反。猲讀如答。異字異音而同義。顏注云『猲，古舐字』，乃大誤。」[註817]沈欽韓曰：「『猲』非『舐』字。《說文》：『猲，犬膏（食）也。』又『舓，以舌取食也。或從（作）舐。』又『舙』字『歠也』，《玉篇》云：『犬（引者按：『犬』應作『大』）食也。』『猲』當是『舙』之訛（《荀子・強國篇》『伏而咶天』，注：『咶與舐（引者按：應作『舐』）同。』則其字或從口）。」[註818]「舐」是「舐」俗字。「舐」與「舓」、「舐」同，「猲」與「舙（舙）」、「猶」、「啗」、

---

[註816] 朱駿聲《說文通訓定聲》，武漢市古籍書店，1983 年版，第 32 頁。

[註817] 段玉裁《說文解字注》，上海古籍出版社，1981 年版，第 474～475 頁。

[註818] 沈欽韓《漢書疏證》卷 27，收入《續修四庫全書》第 266 冊，上海古籍出版社，2002 年版，第 758 頁。

「噎」同，均是改易聲符的異體字。沈氏說「猛」是「舔」譌，失之。

### （4）同惡相助，同好相留，同情相成，同欲相趨，同利相死

按：瀧川資言引宋本《六韜·武韜·發啟》太公曰：「同病相救，同情相成，同惡相助，同好相趨。」王叔岷曰：「《呂氏春秋·察微篇》：『同惡固相助。』《漢傳》『相成』作『相求』。《補注》引王念孫云：『惡、助為韻，好、留為韻，情、成為韻，則作「成」者是也。《淮南子·兵略篇》亦曰：「同利相死，同情相成。」』《淮南子·人間篇》：「同情相成，同利相死。」其語皆本於太公。銀雀山漢簡《六韜》作：「〔同〕利相死，同請（情）相成，同亞（惡）相助，同好相趨。」《長短經·懼誡》作：「同利相救，同情相成，同惡相助，同好相趨。」

### （5）故以反為名，西共誅鼂錯，復故地而罷

按：杭世駿《疏證》引余有丁曰：「《漢書》作『以故反，名為西共誅錯』，更順。」池田從余說。李人鑒亦據《漢書》乙改。張文虎曰：「為名，宋本、毛本倒。」水澤利忠曰：「景、蜀、蜀刻、耿、毛『為名』互倒。」丁晏曰：「王本作『為名』，是，毛誤倒。」王叔岷曰：「《漢書·吳王濞傳》、《鼂錯傳》並作『目故反，名為西共誅錯，復故地而罷』。謂以『西共誅錯，復故地而罷』為名也。今本此文『以故』二字、『名為』二字並誤倒。景祐本『為名』作『名為』屬下讀，尚存其舊。《通鑒》作『以故反，欲西共誅錯，復故地而罷』，易『名為』二字為『欲』字耳。」丁說是也，上文「故相率以反」，下文「王以反為名」，足證「故以反為名」不誤。景祐本、紹興本、淳熙本並誤倒作「名為」，黃善夫本、乾道本、元刻本、慶長本、四庫本不誤。《漢書》亦當據此訂正。

### （6）願大王所過城邑不下，直棄去，疾西據雒陽武庫，食敖倉粟，阻山河之險以令諸侯

按：直，《漢書·吳王濞傳》同，《長短經·三國權》作「宜」。「宜」是形譌。

### 卷一百七《魏其武安侯列傳》

### （1）魏其者，沾沾自喜耳，多易。難以為相持重

《集解》：張晏曰：「沾沾，言自整頓也。多易，多輕易之行也。或曰：沾音幨也。」

按：《漢書·竇嬰傳》同。顏師古曰：「沾沾，輕薄也。或音他兼反。今俗言薄沾沾。」錢大昕曰：「『沾』即『姑』字。《說文》：『姑，小弱也。一曰：女輕薄善走貌。一曰：多技藝也。』」吳國泰曰：「『沾沾』者，『姑姑』之借。」王叔岷從錢說，又曰：「姑、沾，正、假字。」「姑」亦作「婆」。《說文》：「婆，妗也。」又「妗，婆妗也。一曰：善笑貌。」桂馥曰：「婆，通作『沾』。」王筠曰：「婆，亦省作沾。」〔註819〕朱駿聲曰：「沾，叚借為謙。或說借為姑、為婆，亦通。」〔註820〕朱氏後說是。《廣韻》：「婆，婆妗，喜皃。」蔣斧印本《唐韻殘卷》、P.2011 王仁昀《刊謬補缺切韻》並云：「姑，輕薄。」

## （2）武安者，貌侵，生貴甚

《集解》：韋昭曰：「侵音寢，短小也。又云醜惡也，刻确也。音核。」

《索隱》：服虔云「侵，短小也」。韋昭云「刻确也」。按：确音刻。又孔文祥「侵，醜惡也。音寢」。

按：《漢書·田蚡傳》「貌侵」同，《御覽》卷 382 引《漢書》作「貌寢」。「寢」同「寢」。程大昌《演繁露》續集卷 5：「侵讀如寢，寢即不颺也。」朱駿聲說同〔註821〕吳國泰曰：「侵者，寢字之借。《說文》：『寢，病臥也。』韋所云諸義，皆自『病臥』之義引申之也。」黃侃曰：「寢，貌寢，字當作黔。」〔註822〕馬敘倫曰：「借侵為醜。」〔註823〕池田引履軒曰：「侵，短陋不揚之意。」黃說是，餘說皆非也。《文選·登樓賦》李善註引《通俗文》：「暗色曰黔。」「侵（寢、寢）」、「黔」皆「沈（湛）」轉語，深黑之義〔註824〕俗字作寢、頛，《廣韻》：「寢，貌醜也。」《集韻》：「寢、頛，體陋也。或從頁。」

## （3）丞相入奏事，坐語移日，所言皆聽

按：移，讀作暆，亦省作施，日衺行也。

---

〔註819〕桂馥《說文解字義證》，王筠《說文解字句讀》，並收入丁福保《說文解字詁林》，中華書局，1988 年版，第 12140 頁。

〔註820〕朱駿聲《說文通訓定聲》，武漢市古籍書店，1983 年版，第 125 頁。

〔註821〕朱駿聲《說文通訓定聲》，武漢市古籍書店，1983 年版，第 82 頁。

〔註822〕黃侃《字通》，收入《說文箋識》，中華書局，2006 年版，第 132 頁。

〔註823〕馬敘倫《說文解字六書疏證》卷 15，上海書店，1985 年版，本卷第 40 頁。

〔註824〕參見蕭旭《〈史記〉校札》，收入《群書校補（續）》，花木蘭文化出版社，2014 年版，第 1991～2001 頁。

（4）臣乃不知魏其等所為

按：瀧川資言曰：「毛本『知』作『如』，與《漢書》合。作『知』義長。」施之勉曰：「景祐本作『如』，黃善夫本、凌本、殿本作『知』。」王叔岷謂與上文「不如魏其、灌夫日夜招聚天下豪桀壯士與論議」相應，云：「作『不如』是。」李人鑒亦謂「作『如』義長」。紹興本、乾道本、淳熙本、元刻本、慶長本俱作「不知」。作「不知」是。「不知魏其等所為」是反語，言魏其等欲有為也。

（5）何為首鼠兩端

《集解》：《漢書音義》曰：「首鼠，一前一卻也。」

《索隱》：服虔云「首鼠，一前一卻也」。

按：「首鼠」音轉亦作「首施」。首，讀為守。施、鼠，並讀為持。又作「首攝」，義同〔註825〕。

（6）杜門齰舌自殺

《索隱》：《說文》云「齰，齧也」。

按：王筠曰：「班『齚』作『齰』。」水澤利忠曰：「齰，景、蜀、蜀刻、紹、耿、慶、中統、毛、凌、殿『齚』。」王叔岷曰：「景祐本、黃善夫本、殿本『齰』皆作『齚』。《索隱》本作『齰』，《一切經音義》卷82引同。《漢傳》亦作『齰』。《說文》：『齰，齧也。齚，齰或從乍。』」《慧琳音義》卷82引本書作『齚』，王氏失檢。宋元各本及慶長本作「齚」，《黃氏日抄》卷46引同。

## 卷一百八《韓長孺列傳》

（1）何梁王為人子之孝，為人臣之忠，太后曾弗省也

《索隱》：省音仙井反。省者，察也。

按：下文「省」作「恤」。

（2）悅一邪臣浮說

《索隱》：悅，《漢書》作「訹」。《說文》云「訹，誘也」。

按：王駿觀曰：「訓怵為誘，於義不洽。字書云：『怵，惕也，惑也。』謂惑一邪臣浮說也。作『悅』，亦與怵惑義相發明。」李人鑒曰：「此《傳》『悅』當作『怵』，其下『一』字亦不當有。《南越列傳》『要之不可以

---

〔註825〕參見蕭旭《「首鼠兩端」解詁》，收入《群書校補（續）》，花木蘭文化出版社，2014年版，第2251～2256頁。

悅好語入見」，《漢書·南越傳》『悅』作『忱』，本書之『悅』字亦後人所妄改。」字書「忱」訓惕有之，訓惑則未聞。《索隱》二「訹」字，黃善夫本、乾道本、淳熙本、元刻本、慶長本並作「忱」。《四庫全書考證》據《漢書》、《說文》改作「訹」。宋祁《漢書考正》：「江浙本『訹』作『忱』。」《南越列傳》作「說」，《索隱》本作「悅」，云：「悅好語入見。悅，《漢書》作『忱』。韋昭云：『誘忱好語。』」《漢紀》卷 14 亦作「忱」。古音從兌、從術相通，忱（訹）讀為說（悅），猶言喜好也。《墨子·尚同中》「是以先王之書《術令》之道曰」，「術令」即《尚書》之「說命」，《禮記·緇衣》作「兌命」，清華簡（三）《敚命》作「敚命」。

### （3）安國為人多大略，智足以當世取合，而出於忠厚焉

按：張文虎曰：「舍，宋本、舊刻作『合』。各本作『舍』，《漢書》同。」水澤利忠曰：「舍，景、井『合』。」施之勉曰：「景祐本『取舍』作『取合』。李慈銘曰：『取合，猶迎合。謂安國之智，足以取合於世也。』」王叔岷曰：「『取舍』並言，可取可舍。景祐本『合』乃『舍』之壞字，不足據。」李人鑒曰：「百衲本作『取合』，黃善夫本、殿本作『取舍』，《漢書·韓安國傳》亦作『取舍』。竊疑『取合』與『取舍』皆『取容』之誤。『當世』猶云『阿世』。」紹興本、慶長本亦作「取合」，黃善夫本、乾道本、淳熙本、元刻本、四庫本、殿本作「取舍」。黃善夫本下方校記云：「舍，或乍（作）『合』。」《書鈔》卷 33 引《漢書》同今本作「取舍」，《御覽》卷 630 引作「取捨」。顏師古曰：「舍，止也。取捨言可取則取，可止則止。」當從景祐本作「取合」，李慈銘說是，顏、王及李人鑒說非。當世取合，猶言取合於當世。《漢書·藝文志》：「以此馳說，取合諸侯。」「取合」義同。《司馬相如列傳》：「且夫賢君之踐位也，豈特委瑣握齪，拘文牽俗，循誦習傳，當世取說云爾哉？」當世取說，猶言取悅於當世，文例同。

### 卷一百九《李將軍列傳》

### （1）自負其能，數與虜敵戰

按：《漢書·李廣傳》「敵戰」作「确」。《班馬字類》卷 5 引《漢書》作「𨌤」，《補遺》云：「別本或書作『确』，其義同。」顏師古曰：「确，謂競勝敗也。确，音角。」朱駿聲曰：「确，段借為交、為觸。」〔註 826〕王

---

先謙曰：「『硈』無競義，『角』借字耳。當正作『角』。」〔註827〕王說是，字亦借「觳」、「校」、「較」為之，《御覽》卷434引《漢書》形誤作「硐」。此文「敲」字，宋元各本及慶長本同。王念孫校《戰國策》引此文校作「敲」，云：「『敲』音古學反，故與『硈』通。今本亦譌作『敲』。」〔註828〕

## （2）今我留，匈奴必以我為大軍之誘，必不敢擊我

《校勘記》：大軍之誘，原作「大軍誘之」。王念孫《雜志》：「當作『大軍之誘』，言匈奴必以我為大軍之誘敵者，不敢擊我也。上文曰『匈奴數千騎見廣，以為誘騎』是也。若云『大軍誘之』，則非其指矣。《漢書・李廣傳》正作『大軍之誘』。」（9／3459）

按：《漢書》作「以我為大軍之誘」，下文「彼虜以我為走」文例同，「為」讀平聲，「之」是助詞。《御覽》卷294引《漢書》亦誤倒作「誘之」。

## （3）不擊刀斗以自衛

《索隱》：刀音貂。蘇林云「形如鋗，以銅作之，無緣，受一斗，故云刀斗」。鋗即鈴也。《埤倉》云「鐎，溫器，有柄斗，似銚無緣。音焦」。

按：王筠曰：「班『刁』作『刀』，正字。」張文虎曰：「中統、游本作『刀』，注同。各本作『刁』。」水澤利忠曰：「刁，紹、中統『刀』。」吳國泰曰：「刁者，斛字之借。《說文》：『斛，斛旁有庎（引者按：『庎』當作『斛』）。』蓋斗斛類也，故與『斗』連言。」蘇芃曰：「疑作『刁』是，王先謙《漢書補注》亦認為作『刁』是。」〔註829〕吳說非是，「斛」是量名。王先謙、蘇芃說亦誤，以不知其得名之由，又不辨正、俗字也。宋元各本及慶長本都作「刁」（紹興本不作『刀』，水澤氏誤校），《漢書・李廣傳》北宋景祐遞修本、南宋嘉定本、建安本、慶元本同，王氏《補注》本作「刀」。「刁」是「刀」俗字。刀之言貂也、紹也。《釋名》：「三百斛曰舠。舠，貂也。貂，短也。江南所名短而廣安不傾危者也。」《類聚》卷71引「舠」作「刀」。《廣雅》：「紹，短也。」周聲、刀聲古通，無緣之衣（即短衣）謂之裯，短尾之犬謂之猲、貂，短尾之鳥謂之鵰、周，無緣之斗謂之刀，其義一也。小車謂之輖，小船謂之舠、舟、舠、刀，小魚謂之鯛、

---

〔註827〕王先謙《漢書補注》卷，中華書局，1983年版，第1127頁。
〔註828〕王念孫《戰國策雜志》，收入《讀書雜志》卷1，中國書店，1985年版，本卷第117頁。
〔註829〕蘇芃《南宋黃善夫本〈史記〉校勘研究》，南京師範大學2010年博士學位論文，第132頁。

鮹，小兒留髮謂之鬍、鬌，亦皆取短義〔註830〕。

（4）廣訥口少言

按：《漢書·李廣傳》「訥」作「呐」，二字同，聲轉亦作「詘」。另詳《曹相國世家》校補。

（5）大將軍使長史持糒醪遺廣

按：糒，《漢書·李廣傳》同。《御覽》卷274引作「糗」，俗字。俗亦作「麨」。

（6）祁連天山

《正義》：《括地志》云：「祁連山在甘州張掖縣西南二百里。天山一名白山，今名初羅漫山，在伊吾縣北百二十里。伊州在京西北四千四百一十六里。」

按：《漢書·李廣傳》作「天山」。張森楷曰：「《舊唐志》『初』作『析』，《新唐志》作『折』，按『初』字誤。」〔註831〕初羅漫山，S.367《沙、伊等州地志》、《通典》卷199並作「時羅漫山」，《元和郡縣志》卷40、《通典》卷174、《新唐書·地理志》並作「折羅漫山」，《舊唐書·地理志》作「析羅漫山」。「初」是「祁」形訛。「祁」或作「祈」，因又形誤作「折」或「析」。我舊說云：「時」是「祁」音轉，「羅漫」是「闌」緩讀，「闌」、「連」音轉；「時羅漫」是「祁連」緩讀，「祁連」又是「天」緩讀〔註832〕。今補說「祁連」是「乾」緩讀，「天」古音如讀如「顯」（透母真部轉作曉母元部）〔註833〕，與「乾」是轉語。《易》之「乾」卦，王家台秦簡《歸藏》「乾」作「天」。「乾毒」轉語作「天竺」〔註834〕。《甄正論》卷2：「但

---

〔註830〕參見蕭旭《韓非子校補》，花木蘭文化出版社，2015年版，第108～109頁。

〔註831〕張森楷《史記新校注》，中國學典館復館籌備處，1967年版，第4766頁。

〔註832〕參見蕭旭《〈英藏敦煌社會歷史文獻釋錄（第二卷）〉校讀記》，收入《敦煌文獻校讀記》，花木蘭文化出版社，2019年版，第129～130頁。

〔註833〕《釋名》：「天，顯也，在上高顯也。」黃侃曰：「天，顯。此謂天有顯音。」《釋名》每字必以其雙聲釋之。《法滅盡經》「虛顯雅步」，《華嚴經海印道場懺儀》卷30引同，《釋迦譜》卷5、《經律異相》卷6引「顯」作「天」，敦煌寫卷S.2109亦作「天」。黃侃《文字聲韻訓詁筆記》，上海古籍出版社，1983年版，第201頁。

〔註834〕季羨林等認為「天竺」之「天」讀曉母音，參見《大唐西域記校注》，中華書局，1995年版，第163頁。

其文合云乾竺。乾者，天也。」《北山錄》卷 1：「乾竺，天竺也。」S.462
「乘乾握紀」，Φ342V「握紀」、「承（乘）天」，乾即天也。「昆侖」轉語作
「坤屯」，「祁連」、「昆侖」就是乾、坤二山。

## 卷一百十《匈奴列傳》

### （1）士力能毌弓

《索隱》：上音彎，如字亦通也。

按：王念孫所據王本「毌」作「彎」，云：「『彎』本作『毌』，此後人
據《漢書》改之也。《史記》『彎弓』，字或作『貫』……《說文》：『毌，穿
物持之也。』是『毌』為古『貫』字。《索隱》本出『毌弓』二字，注曰
『上音彎』。今本既改『毌』為『彎』，又改注文曰『彎音烏還反』。不知
『毌』為『彎』之借字，故必須音釋；若本是『彎』字，則無須音釋矣（凡
《史記》『彎弓』字，《索隱》皆無音），何不思之甚也？」池田從王說。瀧
川資言曰：「楓、三本『毌』作『貫』，今依《索隱》本，他本及《漢書》
作『彎』。」水澤利忠曰：「毋（引者按：當作『毌』），南化、楓、棭、三
『貫』，景、井、蜀、紹、蜀刻、耿、慶、中統、彭、毛、凌、殿『彎』。」
王叔岷曰：「景祐本、黃善夫本、殿本『毌』亦皆作『彎』，《索隱》亦並改
作『彎音烏還反』。」乾道本、慶長本亦作「彎」，《班馬異同》卷 20 引同。
黃善夫本上方校記云：「彎，一乍（作）『貫』。」只是《索隱》本作「毌」，
故須注音，其他傳本都作「彎」或「貫」字。

### （2）其長兵則弓矢，短兵則刀鋋

《集解》：韋昭曰：「鋋形似矛，鐵柄。音時年反。」

《索隱》：鋋，音蟬。《埤蒼》云「鋋，小矛鐵矜」。《古今字詁》云「䅩，
通作矜」。

按：水澤利忠曰：「䅩通作矜，耿、慶、中統、彭、凌、殿此注四字作
『矜矛䅩也』。」刀鋋，《漢書·匈奴傳》同，《文選·石闕銘》李善注引《漢
書》亦同；《漢紀》卷 11 作「矛鋋」。鋋是矛屬兵器，疑《史》、《漢》「刀
鋋」當作「矛鋋」。「矛」脫誤作「刀」。《漢書·鼂錯傳》「此矛鋋之地也」，
亦「矛鋋」連文。《索隱》單行本引《古今字詁》「䅩，通作矜」，乾道本、
慶長本、四庫本、殿本亦作「矜，矛䅩也」（淳熙本、元刻本「矜」作俗字
「矝」）。《方言》卷 9：「矛，吳、揚、江淮、南楚、五湖之間謂之鏦，或謂
之鋋，或謂之鏦，其柄謂之矜。」又「矜謂之杖。」郭璞注：「矛戟䅩，即

杖也。」郭氏以「矛戟櫃」釋「矜」，與《字詁》「矜，矛櫃也」正同。

（3）利則進，不利則退

按：陳直曰：「《羅布淖爾考古記》第 8 章 211 頁有『人利則進，不利則退』殘簡文，上下俱缺，黃文弼氏疑所書為《史記·匈奴傳》殘簡，是也。」羅布淖爾漢代木簡殘存「人利則進，不利」六字〔註835〕，陳直氏誤添「則退」二字。《漢書·匈奴傳》同此文，《漢紀》卷 11「利則進」上有「見」字。《新唐書·回鶻列傳》：「夫用兵者，見利疾進，不利亟去。」

（4）夏道衰，而公劉失其稷官，變於西戎，邑於豳

《正義》：《周本紀》云「不窋失其官」。此云公劉，未詳也。

按：《周本紀》說長。《國語·周語上》祭公謀父曰：「及夏之衰也，棄稷弗務。我先王不窋用失其官，而自竄於戎翟之間。」孫星衍曰：「以理斷之，祭公言最古，不窋國於豳，說為長也。」〔註836〕

（5）周襄王欲伐鄭，故娶戎狄女為后，與戎狄兵共伐鄭

按：王叔岷曰：「《漢傳》無『兵』字，疑『共』字之誤而衍者。」王說非是，《國語·周語中》作「王降翟師以伐鄭，王德翟人，將以其女為后」，「戎狄兵」即「翟師」也。

（6）以示不如旃裘之完善也

按：張森楷曰：「《漢書》『完』作『堅』。」完，堅固也。

（7）中行說窮漢使曰：「而漢俗屯戍從軍當發者，其老親豈有不自脫溫厚肥美以齎送飲食行戍乎？」

按：王筠曰：「班『脫』作『奪』，蓋同義。《說文》『奪』訓失，此則其引申義也。」瀧川資言曰：「而，汝也。《漢書》『脫』作『奪』。」池田亦僅出異文。張森楷曰：「《漢書》『脫』作『奪』，古通用字。」脫、奪並讀作敚，彊取也，王氏未得其本字。

（8）世世昌樂，闔然更始

《集解》：徐廣曰：「闔音擒，安定意也。」

---

〔註835〕黃文弼《羅布淖爾考古記》第四篇《木簡考釋·雜釋》，中國西北科學考察團叢刊之一，1948 年版，第 211～212 頁。又黃文弼《羅布淖爾漢簡考釋》，收入《黃文弼歷史考古論集》，文物出版社，1989 年版，第 396 頁。
〔註836〕孫星衍《問字堂集》卷 4《邠州志序》，收入《叢書集成初編》第 2528 冊，中華書局，1985 年影印，第 95 頁。

按：《集韻》：「闒，迄及切，安定意。《史記》『闒然更始』。」《類篇》同，均從徐廣說也。朱駿聲申徐說，謂「闒」同「闟」，訓閉、藏〔註837〕。瀧川資言曰：「《漢書》『闒』作『翕』。」王叔岷曰：「『闒』與『翕』同。翕，合也，聚也，引申，故有『安定』義。《管子·小問篇》：『闒然止。』（又見《說苑·辨物篇》）尹注：『闒，住立貌。』『住立』與『安定』義亦相近。徐注是。」王說非是。《管子》「闒然止，瞠然視」，闒音踢，「闒」當是「闒」俗譌字，音塔，擬聲詞。闒之言簪（鞈），瞠之言鼜，皆象聲詞。《韓詩外傳》卷 2「闒然投鐮於地」，亦同。字亦作「嗒焉」，《莊子·齊物論》：「嗒焉似喪其耦。」「嗒焉」狀解體之聲。此文下文云「改作更始」，「闒然」狀改作更始之聲。《漢書》作「翕」，蓋「闒」脫誤〔註838〕。

### （9）朕與單于俱由此道，順天恤民，世世相傳，施之無窮

按：《漢書·匈奴傳》同。顏師古曰：「由，從也，用也。」由，讀為蹈，踐行也。下文云「朕與單於皆捐往細故，俱蹈大道」（《漢書》無『往』字），正作本字「蹈」。音轉亦作迪，《廣雅》：「迪，蹈也。」此是聲訓。音轉亦作道，《韓詩外傳》卷6「故明君不道也」，卷3及《荀子·王制》「道」作「蹈」。《釋名》：「蹈，道也。」此亦是聲訓。施，讀作移。

### （10）奸蘭出物

《集解》：奸音干。干蘭，犯禁私出物也。

《索隱》：上音干。干蘭謂犯禁私出物也。

按：王筠曰：「奸蘭出物，蓋謂作奸而蘭出物也。班作『間闌出物』，蓋謂乘間隙而蘭出物也。蘭、闌，皆『闌』之假借。」瞿方梅曰：「《小爾雅》：『奸，犯也。』蘭，謂遮蘭之。《索隱》故訓『奸蘭』為犯禁也。又解：『蘭』即『闌』字。言令翁壹為奸細，不以符節而闌度關塞，出財物與匈奴交。亦通。《漢書》作『間闌』，正此義也。《漢書·汲黯傳》『闌出財物』，注：『闌，妄也，無符傳出入為闌。』」〔註839〕吳國泰曰：「蘭者，闌之借。」瀧川資言曰：「《漢書》『奸蘭』作『間闌』。」池田曰：「胤案：『蘭』與『闌』通，遮閉之義。《漢書》『姦蘭』作『間闌』。」李人鑒曰：「『闌

---

〔註837〕 朱駿聲《說文通訓定聲》「闟」字條，武漢市古籍書店，1983 年版，第 147 頁。

〔註838〕 另參蕭旭《韓詩外傳校補》。

〔註839〕 引者按：「闌，妄也」是應劭注，「無符傳出入為闌」是臣瓚注。

亦得云『奸』、『間』、『奸蘭』、『間闌』，其義無殊也。《汲鄭列傳》云：『愚民安知市買長安中物而文吏繩以為闌出財物於邊關乎？』（《漢書‧汲黯傳》亦云『闌出財物』）此用『闌』字之例。《大宛列傳》：『而蜀賈姦出物者或至焉』，《漢書‧張騫傳》『姦』作『間』。此用『姦』字或『間』字之例。實為一詞，以複輔音之故，而所用字不用，所用但雙音亦不同。」韓兆琦曰：「奸，干犯。蘭，通『闌』，闌干，這裏指規定、章程。」韓氏以「闌」為章程，妄說耳。《通典》卷 194、《太平寰宇記》卷 190 引《漢書》「間闌出物」，又引注：「不受禁固謂之闌也。」（《寰宇記》『謂』誤作『為』）今本《漢書》無此注，當是逸注。王筠讀蘭、闌為闖，所解「間闌」是也。《說文》：「闖，妄入宮掖也，讀如闌。」書傳多借同音字「闌」為之。瞿方梅所引《漢書》舊注「闌，妄也，無符傳出入為闌」，即此字。睡虎地簡《法律問答》「未出徼闌亡」，又「有秩吏捕闌亡者」，張家山漢簡《奏讞書》「襲大夫虞傳，以闌出關」，三例闌亦讀作闖。但王氏未得「奸」字之義，李人鑒說亦非是。奸、姦，不當音干，當讀作閒，猶言私。「奸蘭」、「間闌」即「間闖」，猶言私自無符傳出關。《貨殖列傳》「求奇繒物，閒獻遺戎王」，《集解》引徐廣曰：「閒，一作奸。不以公正謂之奸也。」《索隱》：「閒獻猶私獻也。」《索隱》說是。《通志》卷 199 作「間闌」，「闌」當作「闖」。

### （11）漢亦棄上谷之什辟縣造陽地以予胡

《集解》：什音斗。《漢書音義》曰：「言縣斗辟，曲近胡。」

《索隱》：孟康云「縣斗辟，曲近胡」也。什音斗。辟音僻。造陽即斗辟縣中地。

《校勘記》：什辟，《漢書‧匈奴傳》作「斗辟」。梁玉繩《志疑》卷 33：「劉辰翁曰『什』即『斗』字之誤。」（9／3512）

按：沈濤曰：「『什』當作『斗』，即《說文》序所謂『人持十為斗』也。裴氏乃云音斗，誤矣。」〔註 840〕瀧川資言曰：「《漢書》『什』作『斗』。沈濤云云。」吳國泰說略同沈濤。「什」是「斗」形誤，裴氏以讀音正其誤字，古人自有此例〔註 841〕，沈氏未達其條例也。《鹽鐵論‧地廣》：「故割

---

〔註 840〕沈濤《銅熨斗齋隨筆》卷 4，收入《續修四庫全書》第 1158 冊，上海古籍出版社，2002 年版，第 647 頁。

〔註 841〕《秦本紀》《索隱》：「溫音盜。」小司馬以讀音改字，非「溫」有「盜」

斗辟之縣，棄造陽之地以與胡。」《漢書·匈奴傳》：「匈奴有斗入漢地，直張掖郡。」「斗」字義同，《御覽》卷 926 引《漢書》「斗」誤作「計」。俗字作「阧」，又作「陡」。又辛德勇指出「曲近胡」當作「西近胡」〔註 842〕，是也。

### （12）信教單于益北絕幕，以誘罷漢兵，徼極而取之

《索隱》：徼，要也。謂要其疲極而取之。

《正義》：徼，要也。要漢兵疲極則取之。

按：吳國泰曰：「蓋『極』當為『亟』字之借。亟，疲也，勚也。」徐仁甫從其說。王叔岷曰：「師古注：『徼，要也。誘令疲，要其困極然後取之。』即《索隱》、《正義》說所本。」吳說未得本字。「徼極」是漢人語。《說文》：「㑘，徼㑘受屈也。」《司馬相如傳》《子虛賦》「徼䰟受詘」（《漢書》、《文選》作「徼㦮」），即《說文》所本。桂馥曰：「『徼㑘受屈也』者，《史記·司馬相如傳》文，彼作『䰟』，司馬彪云：『䰟，倦也，謂遮其倦者。』郭璞曰：『䰟，疲極也。言獸有倦遊者，則徼而取之。』本書（引者按：指《說文》，下同）：『㑘，勞也。』《玉篇》：『𩈗，倦𩈗。』《廣雅》：『㑘，勞也。』《字書》：『徼，遮也，亦要也。』本書：『激，半遮也。』《漢書·趙充國傳》：『徼極，迺擊之。』《匈奴傳》：『以誘罷漢兵，徼極而取之。』……《方言》：『䰟，倦也。』」〔註 843〕桂說皆是，「㑘」、「㑘（𩈗）」是其本字，「䰟」、「極」是借字，「㦮」、「𩈗」是俗譌字。《司馬相如傳》《集解》引徐廣曰：「䰟，音劇。」「劇」是其音轉也。

### （13）而漢士卒物故亦數萬

《索隱》：《魏臺訪議》高堂崇對曰「聞之先師：物，無也；故，事也。言無復所能於事者也。」

按：瀧川資言曰：「《索隱》『臺』，各本譌『壹』，案《隋志》『《魏臺雜訪議》一卷，高堂隆撰。』」《隋書·經籍志》云「《魏臺雜訪議》三卷」，瀧川氏誤作「一卷」。

---

音也。《莊子·馬蹄》《釋文》引向云：「頯，馬氏音逵。」馬氏以讀音改字，非「頯」有「逵」音也。《漢書·李陵傳》顏師古注引服虔曰：「媒音欺，謂誑欺也。」服氏以讀音改字作「娸」，非「媒」有「欺」音也。

〔註 842〕辛德勇《史記新本校勘》，廣西師範大學出版社，2017 年版，第 496～497 頁。

〔註 843〕桂馥《說文解字義證》，齊魯書社，1987 年版，第 700 頁。

### 卷一百一十一《衛將軍驃騎列傳》

（1）且使臣職雖當斬將，以臣之尊寵而不敢自擅專誅於境外，而具歸天子，天子自裁之

按：王筠曰：「班『具』作『其』，無『而』字。」吳國泰曰：「謂其獄歸於天子也。《漢書》作『其』，疑為『具』字之譌。」瀧川資言曰：「《漢書》『而具歸天子』作『其歸天子』，疑非。」施之勉曰：「荀《紀》亦作『其歸天子』。」王叔岷曰：「《通鑑》從《史》作『而具歸天子』。《漢傳補注》有說，並引李慈銘曰：『「其」字疑「具」字之誤。』」《漢紀》見卷 12，《通鑑》見卷 19。李、吳說愼矣，「具」是「其」形譌，又衍「而」字。「其」是命令副詞。

（2）生捕季父羅姑，比再冠軍

《索隱》：顧氏云「羅姑比，單於季父名也」。小顏云「比，頻也」。案：下文既云「再冠軍」，無容更言頻也。

按：新版《史記》點校本《索隱》標於「羅姑」下，於「羅姑」標人名線。黃善夫本、乾道本、淳熙本、元刻本、慶長本、四庫本《索隱》在「羅姑比」下，以「羅姑比」為人名。顏師古說「比，頻也」，《索隱》駁之，沈欽韓、王先謙亦從其說〔註844〕。考「比再」是漢人成語，當從顏說為得。《漢書·五行志上》：「是時，比再遣公主配單于，賂遺甚厚。」又《五行志中》：「後比再如齊，謀伐萊。」又《五行志下》：「日比再食。」又《景十三王傳》：「有司比再請，削其國，去太半。」《後漢書·明帝紀》詔曰：「而比再得時雨，宿麥潤澤。」

（3）殺折蘭王，斬盧胡王

《集解》：張晏曰：「折蘭，盧胡，國名也。」

按：王筠曰：「班『胡』作『侯』。案侯、胡古通。」王先謙曰：「《史記》『侯』作『胡』，雙聲字變。」〔註845〕二王氏說是也，《漢紀》卷 13 亦作「盧侯」。「侯」古音讀「胡」。「喉嚨」音轉作「嚨胡」，「猴猻」音轉作「猢猻」，是其例。《水經注·汾水》：「侯甲水發源祁縣胡甲山，有長坂謂

---

〔註844〕沈欽韓《漢書疏證》卷 29，收入《續修四庫全書》第 267 冊，上海古籍出版社，2002 年版，第 2 頁。王先謙《漢書補注》卷 55，中華書局，1983年版，第 1142 頁。

〔註845〕王先謙《漢書補注》卷 55，中華書局，1983 年版，第 1142 頁。

之胡甲嶺，即劉歆《遂初賦》所謂『越侯甲而長驅』者也。」「侯甲」、「胡甲」一音之轉。惠士奇曰：「侯猶胡也，故鄭注訓為胡……《水經注》云云。古『侯』與『胡』通，『侯甲』通為『胡甲』，故『前侯』注為『前胡』。」〔註846〕惠氏舉證甚多，茲略。周尚木曰：「《漢書》張晏注云：『折蘭、盧侯，胡國名也。』《集解》引文，寫者脫一『侯』字，後人又據已誤之注，改正文『盧侯』為『盧胡』，誤之又誤矣。」此又一說也。

### （4）封渾邪王萬戶，為漯陰侯

《索隱》：漯音他合反。案《地理志》，縣名，在平原郡。

按：《漢書·霍去病傳》同。顏師古注：「漯，音吐合反。」「漯」是「濕」俗譌字〔註847〕，故音他合反。《漢書·景武昭宣元成功臣表》「濕陰定侯昆邪」，正作「濕」字。

### （5）十萬之眾咸懷集服，仍與之勞，爰及河塞

按：《四庫考證》引凌稚隆曰：「按『仍與』，《漢書》作『仍興』。注：『重興軍旅之勞也。』」杭世駿、張森楷亦從凌說，梁玉繩、池田說同。王筠曰：「班『與』作『興』，似是。」王先謙曰：「仍，頻也。興，軍興也。因軍旅而賦物以備調發，謂之興也。《史記》『興』作『與』，轉寫之誤。」〔註848〕瀧川資言從王說，又曰：「服，猶任也。任頻興之勞，專就戰士而言。」吳國泰曰：「『與』字為『興』之訛，《漢書》正作『興』可證。」施之勉引吳汝綸曰：「《漢書》作『興』，蓋誤字，顏注非是。此言降眾十萬，不唯集服而已，仍與驃騎之兵同勞苦也。」王叔岷曰：「集，止也。《漢傳》『與』作『興』。與讀為舉，亦興也。此謂十萬之眾皆懷念終止服重興軍旅之勞也。」「十萬之眾」指上文「降者數萬，號稱十萬」的渾邪王所部。集，讀作譬（䜞），音轉亦作熱、懾（儑）、慴，怖服也。「集服」即「譬服」、「譬伏」，音轉亦作「懾服」、「慴服」、「熱服」。「與」是「興」形誤，王筠、王先謙說是，但當取顏師古說解作「興師」。瀧川讀「服仍興之勞」為句，王叔岷讀「十萬之眾咸懷集服仍與之勞」為句，俱未得其讀，所解亦非是。

---

〔註846〕惠士奇《禮說》卷13，收入《叢書集成三編》第24冊，新文豐出版公司，1997年版，第447頁。

〔註847〕隸書「㬎」、「累」相近易譌，詳見蕭旭《〈爾雅〉「蟄，靜也」疏證》。

〔註848〕王先謙《漢書補注》卷55，中華書局，1983年版，第1144頁。

（6）自是之後，大將軍青日退，而驃騎日益貴。舉大將軍故人門下
多去事驃騎，輒得官爵

按：瀧川資言曰：「《漢書》刪『舉』字。」池田說同，又指出「《通
鑑》無『舉』字」。王叔岷曰：「舉猶凡也。」《漢書·霍去病傳》「退」作
「衰」。余謂「舉」是「幸」形誤，屬上句，《通志》卷 98 正作「日益貴
幸」。「貴幸」是《史》、《漢》成語。《武安侯列傳》：「及孝景晚節，蚡益貴
幸，為大中大夫……魏其失竇太后，益疏，不用，無勢，諸客稍稍自引而
怠傲。」「日退」與「日益貴幸」對舉，上句用單音詞屬文，下句用複合詞
屬文。

（7）（公孫賀）以浮沮將軍出五原二千餘里

按：浮沮，《漢書·武帝紀》、《漢書·公孫賀傳》、《漢紀》卷 14 同，《匈
奴列傳》、《漢書·匈奴傳》作「浮苴」。五原，《漢書·公孫賀傳》同，《匈
奴列傳》、《漢書·匈奴傳》、《漢書·武帝紀》、《漢紀》作「九原」。考《漢
書·地理志》：「五原郡。」原注：「秦九原郡，武帝元朔二年更名。」則「九
原」是舊名，「五原」是武帝時所改名。

## 卷一百一十二《平津侯主父列傳》

（1）不合上意

按：《漢書·公孫弘傳》「合」同，《漢紀》卷 12 作「稱」。「稱」讀去
聲，亦合也。

（2）弘為人恢奇多聞

按：王筠曰：「班『恢奇』作『談笑』。」張森楷、池田說同。水澤利
忠曰：「楓無『恢奇』二字。」李人鑒曰：「《漢書·公孫弘傳》作『談笑多
聞』，顏師古注云：『談』字或作詼。」觀《漢書·枚乘傳（引者按：『乘』
當作『皋』）》『詼笑類俳倡』、『頗詼笑』等語，疑《漢書》作『詼笑』是。
此《傳》作『恢奇』者，殆因『詼』誤作『恢』，後人遂改『奇』為『笑』。」
韓兆琦曰：「恢奇，氣度恢弘，不同凡響。」①韓兆琦望文生訓，殊誤。李
人鑒說《漢書》「談笑」當作「詼笑」，亦非是。《滑稽列傳》：「（優孟）常
以談笑諷諫。」談，讀作調（啁），幽、談旁轉。「談」與「詼」同義。《詩·
節南山》「不敢戲談」，王引之曰：「談亦戲也，《玉篇》《廣韻》並云：『談，
戲調也。』《廣雅》：『啁，調也。』《眾經音義》卷 12：『古文謿，今作嘲，
又作啁。』《孟子·告子篇》：『越人關弓而射之，則己談笑而道之。』」談笑

者，調笑也。調、談一聲之轉耳。」〔註849〕《漢書‧公孫弘傳》顏師古注：「善於談笑而又多聞也。『談』字或作『詼』，音恢，謂啁也，善啁謔也。」《枚皋傳》「詼笑類俳倡」，顏師古注引李奇曰：「詼，嘲也。」《玉篇》「俳」字條引「詼笑」同，《文選‧公孫弘傳贊》李善注、《類聚》卷56、《御覽》卷587、《通志》卷97、《海錄碎事》卷18引作「談笑」。《漢書‧東方朔傳》「朔雖詼笑」，顏師古注：「詼，嘲戲也。詼笑，謂嘲謔發言可笑也。詼音恢。其下『詼啁』、『詼諧』並同。」下文「詼啁而已」，《玄應音義》卷15、《慧琳音義》卷58引「詼啁」作「談調」。詼、恢，並讀為悝。《說文》：「悝，啁也。」張家山漢簡《奏讞書》：「符有名數明所，解以為毋恢人也。」恢亦讀為詼、悝。②奇，讀作戲，笑也，不必改作「笑」字。「詼戲」與「詼笑」義同，楓本不解其義而妄刪。

　　（3）且無汲黯忠，陛下安得聞此言

　　按：王叔岷曰：「《御覽》卷707引『忠』作『申之』。」《御覽》誤「忠」作「申」，復加「之」字足其義。《類聚》卷70引作「忠」，《漢紀》卷12、《通鑒》卷18同。

　　（4）食一肉脫粟之飯

　　《索隱》：脫粟，纔脫穀而已，言不精鑿也。

　　按：「鑿」是「糳」借字，精細米也。

　　（5）厲賢予祿，量能授官

　　《集解》：徐廣曰：「厲，一作廣也。」

　　按：王駿圖曰：「厲，勸勉之也。作『廣』義無可取。」瀧川資言曰：「《漢書》『厲賢予祿』作『招俫四方之士，任賢序位』，『官』下有『將以厲百姓勸賢材也』九字。」池田說同。王叔岷曰：「厲借為勱，俗作勵，勸也。『廣』乃『厲』之形誤。」王說是也。《漢書‧公孫弘傳》「厲賢予祿」作「任賢序位」，其上文亦有「蓋古者任賢而序位，量能以授官」語。「序」是「予」形誤，「予祿」、「予位」並與「授官」對文。《管子‧權修》：「察能授官，班祿賜予。」《商子‧靳令》：「授官予爵出祿不以功，是無當也。」又《修權》：「授官予爵，不以其勞，則忠臣不進；行賞賦祿，不稱其功，則戰士不用。」皆作「予」字之證。

〔註849〕王引之《經義述聞》卷6，江蘇古籍出版社，1985年版，第147頁。

（6）《司馬法》曰：「天下既平，天子大凱。」

按：天子大凱，《御覽》卷 270 引《司馬法》同，《漢書・主父偃傳》引《司馬法》作「天子大愷」，宋鈔本《司馬法・仁本》作「天下大愷」，《治要》卷 18 引《漢書》、《治要》卷 33 引《司馬法》無此句。宋鈔本「天下」是「天子」誤文，宋《武經七書》本誤同，指海本、四庫本不誤。吳國泰指出「愷」、「凱」通，《說文》作「豈」，云：「豈，還師振旅樂也。」

（7）夫匈奴無城郭之居，委積之守，遷徙鳥舉，難得而制也

按：張文虎曰：「游本、吳校宋本『鳥』作『易』。」水澤利忠曰：「鳥，彭『易』，楓、三校記『鳥』。」「易」字誤。舉，《漢書・主父偃傳》、《通鑒》卷 18 同（《治要》卷 18、《通典》卷 194 引《漢書》同今本），《漢紀》卷 11 作「竄」。俗寫「鼠」字下部與「舉」同〔註850〕，「竄」是「竄」俗字，當是「舉」形誤。舉，讀作居〔註851〕，聚居、居止也。謂匈奴無城郭之居，其遷徙有如鳥之聚居耳〔註852〕。「舉」、「居」同文而互出，俞樾稱作「上下文異字同義例」〔註853〕。《大唐西域記》卷 12：「管鐵門已南諸小國，遷徙鳥居，不常其邑。」正作「居」字。《匈奴列傳》言匈奴「故其見敵則逐利，如鳥之集；其困敗，則瓦解雲散矣」，《韓長孺列傳》：「今匈奴負戎馬之足，懷禽獸之心，遷徙鳥舉，難得而制也。」《漢書・韓安國傳》作「鳥

〔註850〕敦研 256《佛經》「鼠嚙盡鐵」，「鼠」作「尿」形。

〔註851〕《漢書・司馬相如傳》《上林賦》「族居遞奏」，《文選》同。王念孫曰：「居，讀為舉。《荀子・王制篇》云『舉錯應變而不窮』（引者按：《君道》、《禮論》同），《非相篇》云『居錯遷徙，應變不窮』，『居錯』即『舉錯』。《書大傳》『民能敬長憐孤，取捨好讓，舉事力者』（引者按：見《類聚》卷 71、《御覽》卷 815 引），《韓詩外傳》『舉』作『居』（引者按：見卷 6，《說苑・修文》同）。是『舉』、『居』古字通也。《史記》正作『族舉遞奏』（引者按：《集解》引徐廣曰：『舉，一作居。』）。」王念孫《漢書雜志》，收入《讀書雜志》卷 5，中國書店，1985 年版，本卷第 104 頁。茲再補舉如下：《史記・仲尼弟子傳》「子貢好廢舉，與時轉貨貲」，又《越世家》（陶朱公）復約要父子耕畜，廢居，候時轉物，逐什一之利」，「廢舉」即「廢居」（參見方以智《通雅》卷 26，收入《方以智全書》第 1 冊，上海古籍出版社，1988 年版，第 835 頁；又參見王念孫《荀子雜志》，收入《讀書雜志》卷 10，中國書店，1985 年版，本卷第 79 頁）。《史記・酷吏列傳》「居邊為引兵去」，《漢書》「居」作「舉」。《韓詩外傳》卷 10「子何居之高，視之下」，《御覽》卷 491 引《吳越春秋》「居」作「舉」。

〔註852〕《漢書・蕭望之傳》：「如使匈奴後嗣卒有鳥竄鼠伏，闕於朝享，不為畔臣。」此例言匈奴如鳥鼠竄伏，與本文無涉。

〔註853〕俞樾等《古書疑義舉例五種》，中華書局，1956 年版，第 1～3 頁。

集」（《治要》卷 17、《通典》卷 194 引同）。「集」亦是聚居義。「鳥舉」讀作「鳥居」，與「鳥集」義同，此其確證也。本篇下文云：「夫匈奴之性，獸聚而鳥散。」《治要》卷 44 引《桓子新論》：「北蠻之先……其性忿鷙，獸聚而鳥散，其強難屈而和難得。」《文選》漢‧王褒《四子講德論》：「匈奴者……逐水隨畜，都無常處，鳥集獸散，往來馳騖。」皆互文言之，謂如鳥獸之聚散也。

### （8）踵糧以行

按：吳國泰曰：「踵，追也，隨也。《漢書》作『運糧以行』。」瀧川資言曰：「踵，接也。《漢書》作『運』。」張森楷曰：「《漢傳》『踵』作『運』，語較凡近而易解。」池田曰：「《漢書》『踵』作『運』。」王叔岷曰：「《漢紀》卷 11 從《漢傳》作『運』，《通鑒‧漢紀十》從《史》作『踵』。」張說非是。《衛將軍驃騎列傳》「步兵轉者踵軍數十萬」，《太史公自序》「蕭何填撫山西，推計踵兵，給糧食不絕」，即謂「踵糧」。「踵」形誤作「蓮」，復誤作「運」。

### （9）辟地千里，以河為境

按：辟，《漢書‧主父偃傳》、《漢紀》卷 11 作「卻」。下文嚴安上書云：「乃使蒙恬將兵以北攻胡，辟地進境。」《漢書‧韓安國傳》：「蒙恬為秦侵胡，辟數千里，以河為竟。」

### （10）起於黃、腄、琅邪負海之郡

《集解》：徐廣曰：「腄在東萊，音縋。」

《索隱》：腄，縣名，在東萊，音逐瑞反，注音縋。

按：張文虎曰：「《索隱》本與《漢書》合。各本作『東腄』，誤。」池田說同。瀧川資言曰：「黃腄，各本作『東腄』，依《索隱》及《漢書》，顏師古云：『二縣名。』齊地濱海，故曰負海。」水澤利忠曰：「黃，景、井、紹、蜀刻、耿、慶、中統、彭、毛、凌、殿『東』。」王駿圖曰：「『腄』字當即『陲』字，謂極東之邊耳。」施之勉曰：「《寰宇記》引《漢書》『負海』作『附海』。」王叔岷曰：「《通鑒》亦作『東腄』，注：『東腄，《漢書》作「黃、腄」。師古曰：「黃、腄二縣，並在東萊。」』《考證》『齊地濱海，故曰負海』，本《漢書補注》。」瀧川說乃竊張文虎與王先謙說糅合而成。張說是也；宋元各本及慶長本、四庫本作「東腄」，《永樂大典》卷 2406 引作「東陲」，《御覽》卷 840 引《漢書》作「東睡（腄）」，均誤。《太平寰宇記》

卷20、190二引《漢書》仍作「負海」，施氏蓋失檢。

### （11）男子疾耕不足於糧饟，女子紡績不足於帷幕

按：吳國泰曰：「疾當假作渴，紡當假作旁。渴，盡也。旁，溥也。」王叔岷曰：「《淮南列傳》：『男子疾耕，不足於糟糠；女子紡績，不足於蓋形。』《平準書》贊：『海內之士力耕，不足糧饟；女子紡績，不足衣服。』疾耕猶力耕也。」吳氏妄說通借，殊不足信；王說是。疾，猶言盡力。《漢書‧伍被傳》：「男子疾耕不足於糧餽，女子紡績不足於蓋形。」又《食貨志》：「男子力耕不足糧饟，女子紡績不足衣服。」

### （12）高皇帝蓋悔之甚，乃使劉敬往結和親之約，然後天下忘干戈之事

按：瀧川資言曰：「《漢書》『忘』作『亡』。」張森楷、池田說同。忘，讀為亡。

### （13）而下循近世之失

《校勘記》：循，原作「脩」。王念孫《雜志》：「當依《漢書》作『循』，謂因循近世之失而不改也。」按：《通鑒》卷18亦作「循」。今據改。（9／3567）

按：張文虎、張森楷、池田從王念孫說。瀧川資言曰：「楓、三本『脩』作『循』。《漢書》『脩』作『循』為是。」水澤利忠曰：「脩，南化、楓、梈、三、紹『循』。」王叔岷曰：「《通鑒》『脩』亦作『循』。」黃善夫本上方校記云：「脩，本乍（作）『循』。」瀧川氏乃竊王念孫說也。

### （14）此臣之所大憂，百姓之所疾苦也

按：張森楷曰：「《漢傳》『憂』作『恐』。」憂，猶言恐懼也。池田本「疾」誤「侯」。

### （15）是時趙人徐樂

按：梁玉繩曰：「《漢書》謂『徐樂，燕郡無終人』，則《史》言趙人，誤也。」瀧川資言、張森楷從其說。郭嵩燾曰：「無終在燕境東北，固不得為趙人，此史公誤也。」施之勉曰：「《論衡‧命祿篇》亦謂『趙人徐樂』。」王叔岷曰：「《漢紀》稱『燕人徐樂』。」《論衡》所據正本《史記》，與《漢書》、《漢紀》卷11不同。蓋無終在西漢前屬趙地，《史記》據舊稱言之；無終在西漢屬燕地，《漢書》據當時歸屬言之。

### （16）於是彊國務攻，弱國備守

按：瀧川資言引中井積德曰：「《漢書》『備』作『修』，於耦對為切。」水澤利忠曰：「備，南化、楓『脩』。」張森楷、池田並曰：「《漢書》『備』作『修』。」王叔岷曰：「《漢傳》說『備』為『修』耳。備、修同義，《國語・周語中》韋注：『修，備也。』中井未達。」二氏說皆未得，「修守」不辭，「備」無「修」義。《漢書》北宋景祐遞修本作「修」，南宋嘉定本、建安本、慶元本都作「脩」。「脩」是「備」形誤，《御覽》卷 271、《永樂大典》卷 8275 並引《新序》佚文亦有「彊國務攻，弱國備守」語。「備守」是《史》、《漢》成語，猶言防守。《淮陰侯列傳》：「即令張耳備守趙地。」《漢書・高惠高后文功臣表》：「以右丞相備守淮陽。」《長短經・霸圖》「備守」作「務守」，從上句而改易也。

### （17）禍結而不解，兵休而復起

按：張森楷、池田並曰：「《漢書》『結』作『挈』。」顏師古曰：「挈，相連引也，音女居反。」

### （18）今天下鍛甲砥劍，橋箭累弦

按：王筠曰：「橋箭累弦，班作『矯箭控弦』。『橋』蓋『撟』之譌。」吳國泰曰：「橋者矯字之借。累，《說文》：『綴得理也。』凡弓弦不用則弛，用則綴之也。」瀧川資言曰：「楓本、《漢書》『橋』作『矯』，通。中井積德曰：『累弦，造弦也。』」水澤利忠曰：「橋，南化、楓、梅、三『矯』。」池田曰：「《漢書》『橋』作『矯』，此誤。累，縛結也。《漢書》『累』作『控』。」王叔岷曰：「《漢傳》『累』作『控』。『累』乃『纍』之俗省。纍，繫也。《說文》：『控，引也。』段注：『控者，引之使近之意。』『引之使近』與『繫』，義亦相近。」橋，慶長本亦作「矯」。吳說是，中井臆說無據。《說文》「綴得理也」之字作「纍」。纍弦，謂連綴弓弦而得其條理。字亦作㩅、摞。《廣雅》：「㩅，理也。」《集韻・戈韻》「摞」字條引《博雅》作「摞，理也」。P.2011 王仁昫《刊謬補缺切韻》：「摞，理。」「鍛甲砥劍橋箭累弦」皆整治武備事，《漢書・嚴安傳》作「控弦」，非是。又《漢書》「砥」作「摩」（《治要》卷 18 引作『磨』，俗字）。

### （19）今外郡之地或幾千里，列城數十，形束壤制，旁脅諸侯，非公室之利也

按：吳國泰曰：「旁脅者，『迫挾』之借。謂逼迫迫挾執諸侯也。」瀧

川資言曰：「《漢書》『旁』作『帶』。」池田引龍洲曰：「旁脅，附著之義
也。《漢書》『旁』作『帶』。」考顏師古曰：「帶者，言諸侯之於郡守，譬
若佩帶，謂輕小也。脅，謂其威力足以脅之也。一曰，帶在脅旁，附著之
義也。」顏氏解「帶」皆牽強，吳氏亦是妄說通借。《漢書》當據本書作
「旁脅」，《治要》卷18引亦誤。旁脅諸侯者，言其地形從旁脅迫受制於諸
侯也。

## （20）吾日暮途遠，故倒行暴施之

《索隱》：偃言吾日暮途遠，恐赴前途不跌，故須倒行而逆施，乃可及
耳。今此本作「暴」。暴者，言已困久得中，須急暴行事以快意也。暴者，
卒也，急也。

《校勘記》：跌，張文虎《札記》卷5：「疑『軼』之誤，車相出也，義
與『及』近。」按：「跌」通「迭」，達也。（9／3568）

按：①李人鑒已指出「跌」是「迭」誤〔註854〕。②瀧川資言曰：「顏
師古曰：『日暮，言年老也（引者按：顏氏語本作『暮，言年齒老也』）。倒
行逆施，謂不遵常理。此語本出伍子胥，偃述而稱之。」愚按《漢書》『暴
施』作『逆施』，《伍子胥傳》作『倒行而逆施之』。」王叔岷曰：「『暴』與
『逆』同義。暴，亂也。逆，亂也。」王說非是。「暴」當取《索隱》說訓
急疾，不訓逆亂，王引之亦取小司馬說〔註855〕。逆亦倒也。施，音移，讀
為迤，字亦作迤，斜行，謂走捷徑也。

## （21）與內奢泰而外為詭服以釣虛譽者殊科

按：《漢書·公孫弘傳》「奢泰」作「富厚」。顏師古曰：「詭，違也。
詭服，謂與心志相違也。一曰，違眾之服也。」顏氏二說皆誤。《管子·法
法》「詭服殊說猶立」，詭亦殊也，怪異也，奇邪也。詭，讀作恑。《說文》：
「恑，變也。」《玉篇》：「恑，異也。」聲轉亦作「奇」〔註856〕，謂奇異
也。《周禮·天官·冢宰》：「奇服怪民不入宮。」《禮記·王制》：「作淫聲、
異服、奇技、奇器以疑眾。」《趙策二》：「且服奇而志淫，是鄒、魯無奇行
也。」《趙世家》同。「詭服」即是「奇服」、「異服」。

---

〔註854〕李人鑒《太史公書校讀記》，甘肅人民出版社，1998年版，第1467頁。
〔註855〕王引之《經義述聞》卷25，江蘇古籍出版社，1985年版，第605頁。
〔註856〕《鄒陽列傳》《上書梁王》「輪囷離詭」，《漢書·鄒陽傳》、《新序·雜事三》、
　　　　《漢紀》卷9、《文選》、《類聚》卷58作「離奇」。

（22）賜告治病，牛酒雜帛

按：張文虎曰：「游、王、柯本『雜』誤『羅』。」池田從張說。水澤利忠曰：「雜，慶、彭『羅』，南化、楓、棭校記『雜』。」慶長本亦誤作「羅」，景祐本、紹興本、乾道本、淳熙本、四庫本不誤。黃本上方校記云：「羅，本乍（作）『雜』。」「羅」是「雜」形譌，本書上文「因賜告牛酒雜帛」，《漢書》同。

（23）夫表德章義，所以率俗屬化，聖王之制，不易之道也

按：率俗屬化，《漢書·公孫弘傳》作「率世屬俗」，《冊府元龜》卷137作「率世勵俗」。屬，讀為勸，俗作勵。率亦勸勉義。

（24）公孫弘、卜式、兒寬皆以鴻漸之翼困於燕雀，遠迹羊豕之閒，非遇其時，焉能致此位乎

《集解》：韋昭曰：「遠迹謂耕牧在於遠方。」

按：遠迹，《漢書·公孫弘傳》、《文選·公孫弘傳贊》同，《漢紀》卷20誤作「發迹」，《玉海》卷134引作「遯迹」。

卷一百一十三《南越列傳》

（1）以謫徙民

按：謫，《漢書·南粵傳》作「適」，借字。

（2）因立佗為南越王，與剖符通使，和集百越

按：張森楷曰：「《漢書》『和』上有『使』字，『集』作『輯』。」輯、集，正、借字。《漢書》「使」涉上文而衍。

（3）遂至孝景時，稱臣使人朝請

按：張文虎曰：「凌本『人』譌『入』。」瀧川資言曰：「《漢書》『使』上有『遣』字，『人』作『入』。」本書當據《漢書·南粵傳》作「稱臣遣使入朝請」。《魏其列傳》：「除竇嬰門籍，不得入朝請。」《集解》引《律》：「諸侯春朝天子曰朝，秋曰請。」

（4）天子乃為臣興兵討閩越

按：張森楷曰：「《漢書》『討』作『誅』。」張氏所引《漢書》，指《南粵傳》；《漢書·嚴助傳》亦作「誅」。

（5）要之不可以說好語入見

《索隱》：悅好語入見。悅，《漢書》作「怵」。韋昭云「誘怵好語」。

按：張文虎曰：「『誘訹』字從言，『怵』乃假借字。」楊樹達說同〔註857〕，張森楷從張說。吳國泰曰：「說，喜也。」瀧川資言曰：「說，讀為悅，義通，不必從《漢書》改字。」王駿圖曰：「此言不可但喜甘言冒昧入見也。『誘怵好語』解殊不合。」施之勉曰：「《索隱》本『說』作『悅』。」王叔岷曰：「說、悅，古今字。《漢紀》卷14從《漢傳》作『怵』。」顏師古曰：「怵，誘也。不可被誘怵以好語而入漢朝也。」怵讀為說（悅），另詳《韓長孺列傳》校補。諸家說皆未達通假之誼。

### （6）使者皆注意嘉，勢未能誅

按：注，《漢書・南粵傳》同，當讀為屬。《西南夷列傳》「天子注意焉」，亦同。「屬意」是《史》、《漢》成語。《集韻》：「注，或作屬、主。」《老子》第49章「百姓皆注其耳目」，馬王堆帛書乙本同，帛書甲本、北大漢簡「注」作「屬」。《韓詩外傳》卷7「使之瞻見指注」，《新序・雜事五》、《御覽》卷907引《春秋後語》「注」作「屬」。《考工記・函人》「犀甲七屬」，鄭玄注：「屬讀如灌注之注。」《大戴禮記・勸學》「水潦灂焉」，《說苑・建本》記「灂」作「注」。

### （7）王、王太后亦恐嘉等先事發，乃置酒，介漢使者權，謀誅嘉等

《集解》：韋昭曰：「恃使者為介冑也。」

《索隱》：韋昭曰「恃使者為介冑」，《志林》云「介者因也，欲因使者權誅呂嘉」，然二家之說皆通。韋昭以介為恃。介者閒也，以言閒恃漢使者之權，意即得；云恃為介冑，則非也。虞喜以介為因，亦有所由。案：介者，賓主所由也。

按：《漢書・南粵傳》同。顏師古曰：「介，恃也。」方苞曰：「介，恃也。《春秋傳》：『介恃楚眾以憑凌我敝邑。』又『嬰齊，魯之常隸也，敢介大國以求厚焉。』」池田從方說。王叔岷曰：「《漢紀》『介』作『因』，蓋《志林》釋介為因所本。韋氏釋介為恃，云：『恃使者為介冑也』，其說迂曲。介，即謂介冑也。此當讀『介漢使者』句，『權謀誅嘉等』句。介漢使者，謂介冑漢使者。」顏說是，王說殊誤，此自當讀「介漢使者權」句。《漢紀》卷14作「欲因使者權，謀因以誅嘉」，明「權謀」不當連文。《漢紀》易「介」作訓詁字「因」，「因」亦是憑恃、借助義。方苞所引，「介恃」同義連文。

〔註857〕楊樹達《漢書窺管》卷10，收入《楊樹達文集》之十，上海古籍出版社，1984年版，第754頁。

《漢紀》下「因」則是乘機義。

## （8）下厲將軍

《集解》：徐廣曰：「厲，一作瀨。」

《索隱》：應劭曰：「瀨，水流沙上也。」

按：王筠曰：「班『厲』作『瀨』，蓋古通。《史·東越傳》亦有『下瀨將軍』。」吳國泰曰：「厲者，瀨字之借。」《漢書·武帝紀》、《漢書·南粵傳》、《漢紀》卷 14、《通鑒》卷 20 亦作「下瀨」。李笠曰：「瀨、厲一聲之轉。」〔註858〕李說亦是也，「下瀨」當為古楚語。

## （9）破石門

《索隱》：《廣州記》：「在番禺縣北三十里。昔呂嘉拒漢，積石鎮江，名曰石門。又俗云石門水名曰『貪泉』，飲之則令人變。故吳隱之至石門，酌水飲，乃為之歌云也。」

按：《廣州記》「變」，言變其性，指貪婪。《世說新語·德行》劉孝標注引《晉安帝紀》：「隱之既有至性，加以廉潔，奉祿頒九族，冬月無被。桓玄欲革嶺南之敝。以為廣州刺史。去州二十里有貪泉，世傳飲之者其心無厭。隱之乃至水上，酌而飲之。因賦詩曰：『石門有貪泉，一歃重千金。試使夷齊飲，終當不易心。』」又引《晉中興書》：「舊云往廣州，飲貪泉，失廉潔之性。吳隱之為刺史，自酌貪泉飲之，題石門為詩云云。」《晉書·吳隱之傳》：「（吳隱之）未至州二十里，地名石門，有水曰貪泉，飲者懷無厭之欲。」「變」即失廉潔之性、其心無厭也。又考《水經注·耒水》引盛弘之云：「橫流溪溪水甚小，冬夏不乾，俗亦謂之為貪泉，飲者輒冒於財賄，同於廣州石門貪流矣。」《類聚》卷 9 引盛弘之《荊州記》同，其事相類。冒亦貪也。

## （10）成敗之轉，譬若糾墨

按：池田引龍洲曰：「『墨』與『纆』通。」瀧川資言曰：「墨，讀為纆。」水澤利忠曰：「墨，南化、楓、梅、三『纆』。」施之勉曰：「《賈生傳》『糾墨』作『糾纆』。」考《說文》：「纆，索也。」《廣雅》：「纆，索也。」桂馥、王念孫並引此文為證，又指出「繹、纆、墨」三字通〔註859〕。瀧川乃

---

〔註858〕李笠《廣史記訂補》卷 10，復旦大學出版社，2001 年版，第 294 頁。

〔註859〕桂馥《說文解字義證》，齊魯書社，1987 年版，第 1140 頁。王念孫《廣雅疏證》，收入徐復主編《廣雅詁林》，江蘇古籍出版社，1992 年版，第 600 頁。

襲自前人說，非竊自龍洲說，即竊自桂、王說，無所遁形矣。

## 卷一百一十四《東越列傳》

（1）當是之時，項籍主命，弗王，以故不附楚

按：附，《漢書·閩粵傳》作「佐」。

## 卷一百一十五《朝鮮列傳》

（1）天子募罪人擊朝鮮。其秋，遣樓船將軍楊僕從齊浮渤海；兵五萬人，左將軍荀彘出遼東：討右渠

按：「遼東」下冒號當改作逗號。討，《漢書·朝鮮傳》作「誅」。

## 卷一百一十六《西南夷列傳》

（1）皆編髮

《正義》：編，步典反。

按：編，《漢書·西南夷傳》、《漢紀》卷 11、《華陽國志》卷 4 同，《後漢書·西南夷傳》、《通典》卷 187 作「辮」。編，讀為辮。

（2）士罷餓離溼，死者甚眾

《正義》：溼音溫，言士卒歷暑熱氣而死者眾多也。（據瀧川《考證》本，黃善夫本上方校記亦引之，「溫」作「濕」。）

按：瀧川資言曰：「《漢書》『離』上有『餒』字，『溼』上有『暑』字。《正義》本『溼』作『溧』。」溼，宋元各本及慶長本作「濕」，《永樂大典》卷 7329 引同。《正義》作「溧」，乃「濕」俗譌字〔註860〕。「溧」無「溫」音，「溫」是「濕」形誤，或是瀧川氏誤錄。

（3）漢乃發巴蜀罪人嘗擊南越者八校尉擊破之

按：瀧川資言曰：「楓、三本、《漢書》『嘗』作『當』為是。」池田曰：「《漢書》『嘗』作『當』，是。」王叔岷曰：「『嘗』、『當』古通，《漢傳》說『嘗』為『當』耳（《補注》稱官本作『嘗』，改從《史記》也）。楓、三本蓋改從《漢傳》作『當』。」慶長本亦作「當」，《漢書》景祐遞修本、南宋嘉定本、建安本、慶元本、元大德刻本明遞修本、明嘉靖汪文盛刻本均同。黃善夫本上方校記云：「嘗，本乍（作）『當』。」王說是。

（4）皆同姓相扶

《正義》：杖，直亮反。顏師古曰：「杖，猶倚也。相倚為援不聽滇王

---

〔註860〕參見蕭旭《〈爾雅〉「蟄，靜也」疏證》。

入朝。」（據瀧川《考證》本，黃善夫本上方校記亦引之，「不聽」上有「而」字，「滇王」作「滇主」。）

按：王筠曰：「班『扶』作『杖』。」池田說同。瀧川資言曰：「扶，《正義》本作『杖』，與《漢書》合。」水澤利忠曰：「扶，南化、梅、蜀『杖』，南化一本『杖』，《正義》本亦同。」徐仁甫曰：「『扶』為『杖』字之誤，《正義》本、《漢書》皆『杖』。《說文》：『杖，持也。』」景祐本下方校記標示「杖」字，乾道本「扶」右側旁注「杖」字。黃善夫本上方校記云：「扶，本乍（作）『杖』，《漢書》。」《正義》只是鈔錄《漢書》顏注，非所據本作「杖」字也。本書作「扶」不誤。扶，助也，持也。又《漢書》顏注「相倚」作「相依倚」。

## 卷一百一十七《司馬相如列傳》

（1）（王）吉曰：「長卿久宦遊不遂，而來過我。」

按：郭嵩燾曰：「而來過我，猶言能否一來過我也。《釋文》鄭讀『而』曰『能』。班史乃云『而困來過我』，加一『困』字，全失史公語意。」池田曰：「《漢書》『而』下有『困』字，此疑脫。」李人鑒曰：「郭嵩燾妄為之釋，不可從也。《漢書》『而』下有『困』字，而讀『長卿久宦遊』句，『不遂而困』句，『來過我』句，似較妥適。疑此《傳》傳抄於『而』下脫一『困』字，當據《漢書》補。」吳國泰讀「而」為「如」，解作「不如」，駁班氏加「困」字。徐仁甫亦讀「而」為「能」，謂句末省「乎」，駁班氏加「困」字。王叔岷曰：「《御覽》卷405引作『長卿久客，旅遊不遂，可來過我』（引者按：『我』下有『舍』字，王氏失引）。」張玉春據《御覽》校作「可來過我舍」，云：「『可』為『可以』之義，『而』則為『反而』之義。刻本無『舍』字，是為誤脫。可過我舍，即可來我家，無『舍』字文義不通。」〔註861〕《御覽》蓋臆改，未足信。池田及李氏據《漢書》補「困」字，是也，但李氏失其讀。顏師古於「困」下注：「遂，達也。」蓋以「不遂而困」句，亦非是。此當讀作：「長卿久宦遊不遂，而〔困〕來過我。」《晉世家》：「（晉公子）窮來過我。」又「子一國公子，窮而來此。」「困來過我」即「窮來過我」也。《項羽本紀》：「（田假）窮來從我。」《漢書》「從」作「歸」，《漢紀》卷1作「投」，文例亦同。《刺客列傳》「樊

---

〔註861〕張玉春《今本〈史記〉校讀記》，《史學史研究》2004年第2期，第62頁。

將軍窮困來歸丹」，《戰國策·燕策三》同，則複用「窮困」二字。而，汝也。過，訪也。張玉春全是妄說，《晉世家》「過我」亦不通邪？

### （2）臨邛令繆為恭敬，日往朝相如

按：《漢書》同。顏師古曰：「繆，詐也。」吳國泰曰：「繆者，謬字之借，欺也。」王叔岷曰：「趙翼《陔餘叢考》卷22『朝』條云：『古時凡詣人皆曰朝。』」考宋·孔平仲《珩璜新論》（一名《孔氏雜說》）：「造謁人亦可謂之朝，《司馬相如傳》『臨邛令日往朝相如』是也。」（施之勉已引之）此趙翼說所本也。《東坡志林》卷4引「繆」作「謬」，正字。

### （3）卓王孫大怒曰：「女至不材，我不忍殺，不分一錢也。」

按：殺，《漢書》同，《御覽》卷484引《漢書》誤作「赦」。

### （4）而令文君當鑪

《集解》：韋昭曰：「鑪，酒肆也。以土為堕，邊高似鑪。」

按：堕，讀為埵。俗作堆、塠、垛、陊。

### （5）罷池陂陁，下屬江河

按：《漢書》、《文選·子虛賦》同。吳國泰曰：「罷，借作陴。《廣雅》：『陴，厓也。』池即沱字。《說文》：『沱，江別流也。』引申之，凡穿地通水亦曰沱。字亦作『陂池』。『陂陁』亦作『坡陀』，言有陴池，有坡陀，下連於江河也。或以『坡陀』為斜迤貌，即師古所謂靡迆者，言陴池逶迤衰去，下連於江河，其言亦通。」吳說非是。①《玉篇殘卷》「陀」字條引「陁」作「陀」，字同。「陂陁（陀）」亦作「陂陁」、「岥陀」、「岥陀」、「坡陀」，轉語作「陂池」、「陁陀」、「陁陁」、「彼沱」等。北大秦簡《教女》：「益粺（埤）為仁，彼沱更澮（濊）。」②「罷池」亦是「陂陁」轉語，又複合連文。《集韻》「罷」、「陂」同音班縻切。文廷式曰：「……『罷池』即『陂陁』也。《上林賦》『潏弗宓汨』，《史記》作『潏淳滭汨』，潏與宓，弗與汨皆疊韻也。『偪側泌瀄』，『偪側』即『泌瀄』也。『㟭呀豁閜』，《文選》作『閜』字，『㟭呀』即『豁閜』也。『巖磈嵬嵒』，『巖磈』即『嵬嵒』也。『柴池茈虒』，『柴池』即『茈虒』也。《大人賦》『紏蓼叫奡』，『紏蓼』即『叫奡』也。楊雄《甘泉賦》『柴虒參差』，『柴虒』即『參差』也。《蜀都賦》『崇戎總濃』，『崇戎』即『總濃』也。枚乘《七發》『沌沌渾渾，狀如奔馬；混混庉庉，聲如雷鼓』，『沌沌渾渾』即『庉庉混混』也。以及木華《海賦》之『灌沸渹渭』，左思《吳都賦》之『颮瀏颰颭』，悉用此例。若《荀

子‧議兵篇》之『隴種東籠』，則又見於子書者也。」〔註 862〕高步瀛曰：「『罷池』、『陂陁』音同義複，疊言之以狀靡陁之貌耳。」〔註 863〕《荀子‧禮論》「蹢躅焉，跳躑焉」，「蹢躅」即「跳躑」轉語。《淮南子‧俶真篇》「蕭條霄霓」，「霄霓」即「蕭條」轉語。又「搖消掉捎仁義禮樂」，「搖消」即「掉捎」轉語。皆是其比，例多不勝舉。③顏師古注、李善注並引郭璞曰：「屬，連也。」余謂「屬」讀為注，亦通。

### （6）衡蘭

《索隱》：《博物志》云「一名土杏，其根一似細辛，葉似葵」。故《藥對》亦為似細辛是也。

按：《索隱》單行本如此，黃善夫本、乾道本、淳熙本、元刻本、慶長本、古活字本、四庫本「其根一似細辛」作「味亂細辛」，「為」上有「以」字，「辛」下無「是」字。《博物志》卷 7 作「杜衡亂細辛」，《御覽》卷 991引同。當據補「以」字。

### （7）案衍壇曼

《索隱》：司馬彪云：「案衍，窊下。壇曼，平博也。」

按：池田引中井積德曰：「案衍，亦廣平也。」吳國泰曰：「案，借作安。壇，借作坦。安、坦，皆訓平也。坦又訓大也，又寬廣貌也。衍，《廣雅》：『大也，廣也。』曼，長也，修也，廣也。是案衍者，猶言平坦廣大。壇曼者，猶言寬廣修長也。」①中井說是，司馬彪說未允。韓兆琦取司馬說，失於採擇矣。「案衍」疊韻連語，猶言平展，低平綿延之貌。《索隱》單行本作「按衍」，亦同。《書鈔》卷 100 引魏文帝《典論》：「優遊按衍，屈原之尚也；窮佁極妙，相如之長也。」音轉又作「偃衍」、「晏衍」、「宴衍」。②《漢書》顏師古注：「壇曼，寬廣之貌也。」《文選‧西京賦》「澶漫靡迤」，李善注引此文作「澶漫」，李氏改字以就正文也。亦作「擅曼」，亦疊韻連語，馬王堆帛書《相馬經》：「擅曼平，大容挺（莛）。」是「擅曼」為平貌也。又作「壇漫」、「儃侵」、「譠謾」、「儃漫」、「亶曼」、「亶漫」、「但曼」、「坦謾」、「憚漫」等。

---

〔註 862〕文廷式《純常子枝語》卷 9，收入《續修四庫全書》第 1165 冊，上海古籍出版社，2002 年版，第 123 頁。
〔註 863〕高步瀛《文選李注義疏》卷 7，中華書局，1985 年版，第 1637 頁。

（8）建干將之雄戟

按：《古文苑》卷 21 魏文帝《浮淮賦》：「浮飛舟之萬艘兮，建干將之銛戈。」《御覽》卷 339 引應璩書：「左執屈盧之勁矛，右秉于（干）將之雄戟。」建，讀為捩，援舉也。俗字亦作揵、攓、搴、攐、勬。《古文苑》卷 6 黃香《九宮賦》：「垂（秉）金干而揵雄戟。」一本「揵」作「建」。韓兆琦曰：「建，豎立，插著。」非是。

（9）儵眃淒浰

《集解》：徐廣曰：「淒音七見反。浰音力詣反。」駰案：《漢書音義》曰「皆疾貌」。

按：錢大昕曰：「《漢書》『淒』作『倩』。『淒』、『倩』聲相近。」張文虎曰：「《漢書》、《文選》、《玉篇》引《子虛賦》『淒』作『倩』。」沈家本曰：「按徐廣音七見反，恐『淒』字誤耳。」吳承仕曰：「《漢書》作『倩浰』，顏師古音千見反。承仕按：『淒』、『浰』疊韻，同屬脂部。脂對轉真，故音『七見反』；真旁轉清，故字亦作『倩』」〔註 864〕池田曰：「張文虎云云，此誤。」王叔岷曰：「淒，《文選》、《司馬文園集》、《漢書》作『倩』。」又引王先謙《漢書補注》：「『倩』無疾義，蓋『淒』之借文。『淒浰』皆疾也。」錢大昕、王先謙、吳承仕說是也，「倩浰」亦作「清浰」、「倩利」、「清浰」，皆為「淒浰」音轉〔註 865〕。淒浰，水疾流貌，此文狀人馬疾行貌。沈氏及池田皆未憭其音變。

（10）星流霆擊

按：王筠曰：「班『霆』作『電』，蓋古訓霆為電。」張森楷曰：「《漢書》『霆』作『電』，誤。」《文選·子虛賦》亦作「霆」。李善注引郭璞曰：「霆，劈歷。」霆亦電也。《蘇秦列傳》「戰如雷霆，解如風雨」，銀雀山漢簡《王兵篇》、《管子·七法》、《管子·幼官》、《戰國策·齊策一》、《淮南子·修務篇》、《淮南子·兵略篇》都作「雷電」。《六韜·龍韜·軍勢》「是以疾雷不及掩耳，迅電不及瞑目」，《淮南子·兵略篇》「電」作「霆」。《淮南子·說林篇》「為雷電所撲」，《文子·上德》「電」作「霆」。張森楷未達

---

〔註 864〕吳承仕《經籍舊音辨證》卷 4《史記裴駰集解、司馬貞索隱》，中華書局，2008 年版，第 323 頁。

〔註 865〕參見蕭旭《〈玉篇〉「浰，清浰」疏證》，收入《群書校補（續）》，花木蘭文化出版社，2014 年版，第 1895 頁。

故訓，因以為誤耳。

**（11）洞胸達腋，絕乎心繫**

按：吳國泰曰：「絕，借作越。繫，假作系。系謂脈系也。」吳氏上說誤。絕，斷也。達，《漢書》、《文選·子虛賦》、《類聚》卷66並同。達，讀為徹，穿通也。

**（12）揄紵縞**

《集解》：徐廣曰：「揄音臾。」

《正義》：揄，曳也。

按：紹興本、淳熙本、元刻本、四庫本作「揄」，《漢書》、李善本《文選·子虛賦》同；景祐本、黃善夫本、乾道本、慶長本作「榆」，五臣本《文選》、《類聚》卷66作「投」，《御覽》卷819引作「緰」。李善注引張揖曰：「揄，曳也。」此《正義》所本。顏師古注引張揖說「曳」作「引」，顏氏又曰：「揄音踰，又音投也。」張銑注：「投，空引也。」「榆」是「揄」形誤。作「緰」者，涉下二字而易其偏旁。揄古音投，故或作「投」字。《說文》：「揄，引也。」

**（13）噏呷萃蔡**

《集解》：《漢書音義》曰：「噏呷，衣裳張起也。萃蔡，衣聲也。」

《索隱》：孟康曰：「噏呷，衣起張也。」韋昭云：「呷音呼甲反。」萃粲，孟康云「萃粲，衣聲也」。郭璞曰「萃粲，猶璀璨也」。

按：王筠曰：「噏，班作『翕』。」胡文英曰：「噏呷，衣拂物聲。吳中凡輕物相摩揩聲皆曰『噏呷』」〔註866〕沈家本曰：「《索隱》『蔡』作『粲』，乃『粲』之譌體，字書不見。」池田從沈說。李笠曰：「『粲』即『粲』字別作，聲轉為『蔡』耳。《文選·琴賦》『新衣翠粲』，注引《子虛賦》『萃蔡』作『翠粲』，亦可證。」吳國泰曰：「『噏』當作『翕』。《說文》：『翕，起也。呷，吸呷也。』翕呷者，翕猶張，呷猶弛也，故為衣裳張弛之貌。噏者，『歙』之或體。歙，縮鼻也，與『呷吸』義近，無張起義矣。」沈家本曰：「《漢書》、《文選》『噏』作『翕』。」瀧川資言校同沈氏，又引王先謙曰：『翕呷萃蔡，衣之聲。』」王叔岷曰：「《司馬文園集》『噏』亦作

---

〔註866〕胡文英《吳下方言考》卷11，收入《續修四庫全書》第195冊，上海古籍出版社，2002年版，第95頁。

『翕』。翕借為吸。『噏』或『歆』字,『歆』與『吸』義略同。《莊子‧齊物論篇》『吸者』,《釋文》引司馬彪云:『若噓吸聲也。』《文選‧海賦》李善注:『呷呷,波相吞吐之貌。』此文『呷』所以狀衣之聲,王說是。」吳國泰說破碎,不足信也。王叔岷解「噏呷」為「吸呷」,又引《海賦》李注,說本段玉裁〔註867〕。「噏(歆)」從翕得聲,亦通作「吸」,王氏說「義略同」,則是隔於古音矣。「噏(翕)呷」、「吸呷」雙聲連語,《玄應音義》卷20、《慧琳音義》卷74引作「呷吸翠粲」。《玉篇》:「呷,《說文》云:『吸呷也。』《子虛賦》曰:『翕呷萃蔡。』衣裳張起之聲也。」王延壽《王孫賦》:「歸鑠繫於庭廡,觀者吸呷而忘疲。」字亦作「吸嗑」(《說文》:「嗑,讀若甲。」),唐《平口羅口軍兵造彌勒像設平口齋記》:「天地與之吸嗑,鬼神與之符口。」金國永曰:「翕,同『噏』。翕呷,眾聲貌。《埤雅》:『鵲鳴唶唶,鴨鳴呷呷。』」〔註868〕金說通借無據,「噏(翕)呷」即「吸呷」,與鵲鳴、鴨鳴之「唶唶呷呷」毫無關係。「粲」是「粲」俗譌字,「璨」是「璨」俗譌字。

### (14) 弋白鵠,連駕鵝

《正義》:連謂兼獲也。

按:《漢書》顏師古注:「連,謂重累獲之也。」此《正義》所本。《文選‧子虛賦》李善注:「言既弋白鵠,而因連駕鵝也。《列子》曰:『蒲且子連雙鶬於青雲之上。』」李周翰注:「連,謂以射綸冑也。」桂馥曰:「案善意以為連及,非是。《淮南‧覽冥訓》:『蒲且子連鳥於百仞之上。』馥謂連,以䌓繳牽連之也。」周壽昌從桂說〔註869〕。胡紹煐曰:「按本書『聯飛龍』作『聯』(引者按:出《西京賦》),『聯』與『連』通。晉張載《扇賦》『弋翔冥之鷗雞,連王子之白鶴。』連亦與弋對言,則連亦弋之別名。」〔註870〕李周翰及桂、胡說是。《老子指歸‧其安易持章》「及其為飛鴻也,奮翼凌雲,矰繳不能連也」,亦同義。

---

〔註867〕段玉裁《說文解字注》「呷」字條,上海古籍出版社,1981 年版,第 57 頁。

〔註868〕金國永《司馬相如集校注》,上海古籍出版社,1993 年版,第 21 頁。

〔註869〕桂馥《札樸》卷7,中華書局,1992 年版,第 269 頁。周壽昌《漢書注校補》卷39,收入《叢書集成新編》第 112 冊,新文豐出版公司,1985 年印行,第 274 頁。

〔註870〕胡紹煐《文選箋證》卷9,黃山書社,2007 年版,第 248 頁。

（15）浮文鷁，揚桂枻

《集解》：韋昭曰：「枻，檝也。」

按：梁玉繩曰：「《漢傳》、《文選》『桂』作『旌』。」王筠曰：「桂，班作『旌』，似譌。」水澤利忠曰：「桂，南化、楓、梅、三『旗』。」施之勉曰：「《書鈔》卷137引『桂』亦作『旌』。」王叔岷曰：「《類聚》卷66、《司馬文園集》『桂』亦並作『旌』。」《初學記》卷7引亦作「旌」，又「枻」誤作「旅」。黃善夫本上方校記云：「桂，乍（作）『旌』。」《漢書》「枻」同，《文選·子虛賦》作「楔」，字同。李善注引張揖曰：「揚，舉也。析羽為旌，建於船上也。」又引郭璞曰：「楔，船舷。樹旌於上。」王念孫曰：「當從《史記》作『揚桂枻』，韋昭訓枻為檝，是也。」〔註871〕胡紹煐、吳汝綸則謂王念孫說非，認為當作「旌」，「楔」取郭說〔註872〕。

（16）榜人歌，聲流喝

《集解》：郭璞曰：「唱櫂歌也。榜，船也，音謗。」徐廣曰：「喝，烏邁反。」

按：《漢書》、《文選·子虛賦》同。李善注：「郭璞曰：『聲喝，言悲嘶也。喝，一介切。』又曰：『嘶，蘇奚切。』」《說文》：「喝，㵓也。」朱駿聲曰：「按：音之歇也，字亦作嗄。」〔註873〕此「喝」與呵聲之「喝」同形，而音義全殊。「喝」音一介切，音轉亦作「啞」、「嗄」。王先謙曰：「喝，讀若為曖，所謂『曖迺』之聲，即櫂歌也。『曖迺』與『欸乃』同。」〔註874〕吳國泰曰：「喝，當借作揭。揭，高揚舉也。言榜人唱歌，其聲流行遠揚也。」王、吳說大誤。高步瀛、韓兆琦兼引郭璞、王先謙說〔註875〕，蓋不能決其誤也。

（17）水蟲駭，波鴻沸

按：《漢書》、《文選·子虛賦》同。顏師古、李善注並引郭璞曰：「魚鼈躍，濤浪作也。」王先謙曰：「鴻，大也。」〔註876〕鴻，讀作洚，字亦

〔註871〕王念孫《漢書雜志》，收入《讀書雜志》卷5，中國書店，1985年版，本卷第100頁。

〔註872〕胡紹煐《文選箋證》卷9，黃山書社，2007年版，第249頁。吳汝綸說轉引自高步瀛《文選李注義疏》卷7，中華書局，1985年版，第1690頁。

〔註873〕朱駿聲《說文通訓定聲》，武漢市古籍書店，1983年版，第665頁。

〔註874〕王先謙《漢書補注》卷57，中華書局，1983年版，第1167頁。

〔註875〕高步瀛《文選李注義疏》卷7，中華書局，1985年版，第1692頁。

〔註876〕王先謙《漢書補注》卷57，中華書局，1983年版，第1167頁。

作洪，大水也。

（18）礧石相擊，硠硠礚礚，若靁霆之聲，聞乎數百里之外

按：硠硠礚礚，《文選・子虛賦》、《類聚》卷 66 同，《說文繫傳》引作「硠硠磕磕」，《漢書》作「琅琅礚礚」。段玉裁、江沅改「硠」作「硍」，大誤〔註 877〕。

（19）纚乎淫淫，班乎裔裔

《集解》：郭璞曰：「皆群行貌也。」

按：王筠曰：「班，班作『般』。」王先謙曰：「纚，若織絲相連屬也。淫淫，漸進也。般，以次相連而行。《史記》作『班』，義同。裔裔，流行貌。本書《禮樂志》『先以雨，般裔裔。』」高步瀛從王先謙說〔註 878〕。吳國泰曰：「纚借作邐。邐，《說文》：『行邐邐也。』淫淫者，謂若水之侵淫漸進也。班借作般，裔借作趣。趣，安行也。纚乎淫淫者，謂旅進之貌。班乎裔裔者，謂周旋之貌也。」瀧川資言曰：「《漢書》、《文選》『班』作『般』。」王叔岷曰：「《司馬文園集》『班』亦作『般』，古字通用。」①《集解》引郭璞說，《漢書》顏師古注引同，《文選・子虛賦》李善注引作司馬彪說，作「皆行貌也」。顏師古、李善注並曰：「纚音屣。般音盤。」②王先謙說「纚」，望文生義。吳氏讀纚作邐，讀班作般，是也，餘說則非是。「纚乎」猶言「纚纚」、「邐邐」，亦作「灑灑」，連續不斷貌。音轉亦作「縰縰」、「蓰蓰」、「莘莘」。③淫淫，讀作「尢尢」，緩行貌。《說文》：「尢，淫淫，行貌。」音轉亦作「沈沈」、「蟫蟫」、「浸浸」。④《廣雅》：「裔裔，行也。」音轉亦作「洩洩」，《文選・海賦》「洩洩淫淫」，李善注：「飛翔之貌。」胡紹煐曰：「按本書《子虛賦》『纚乎淫淫，般乎裔裔』，『裔裔』與『洩洩』同。」〔註 879〕⑤相如《上林賦》「淫淫裔裔」，與本篇都是雙聲連語「淫裔」的分言重疊詞。《文選・思玄賦》：「凌驚雷之砳磕兮，弄狂電之淫裔。」又考《漢書・揚雄傳》《羽獵賦》「沈沈容容」，又「淫淫與與」，與「淫淫裔裔」音轉，都是「猶與（豫）」的分言重疊詞也。《淮南子・兵略篇》：「擊其猶猶，陵其與與。」是其比也。吳國泰解《上林賦》

〔註 877〕參見蕭旭《〈說文〉「硍，石聲」疏證》。
〔註 878〕王先謙《漢書補注》卷 57，中華書局，1983 年版，第 1167 頁。高步瀛《文選李注義疏》卷 7，中華書局，1985 年版，第 1694 頁。
〔註 879〕胡紹煐《文選箋證》卷 14，黃山書社，2007 年版，第 364 頁。

云：「淫淫，謂漸進也。裔裔，謂急走也。蓋裔者，趨字之借也。」其解「裔」字全不照應，信口妄說耳。

（20）若乃俶儻瑰偉

按：偉，《漢書》、《文選·子虛賦》作「瑋」。

（21）無是公听然而笑曰

《集解》：郭璞曰：「听，笑貌也。」

《索隱》：《說文》云：「听，笑兒。」

按：王叔岷曰：「《索隱》說，本李善注。黃善夫本、殿本《索隱》並作『听音齗，又音牛隱反』，本師古注。」乾道本、淳熙本、元刻本、慶長本、古活字本《索隱》並同黃本，與單行本不同。笑而露齒曰听，古亦借「齗」為之，音轉又作欣、忻、齹、憖、嘻、唏，已詳《孔子世家》校補。

（22）丹水更其南，紫淵徑其北

按：《漢書》、《文選·上林賦》同。李周翰注：「更亦徑也。」王叔岷曰：「師古注：『更，歷也。』『徑』與『經』通。」更、徑一聲之轉。

（23）出入涇渭

《索隱》：張揖云：「涇水出安定涇陽縣幵頭山，東至陽陵入渭。」

按：幵，四庫本作「笄」，慶長本、古活字本形誤作「井」。另詳《五帝本紀》校補。

（24）紆餘委蛇

按：吳國泰曰：「餘，假作徐。『委蛇』假作『逶迆』。」王叔岷曰：「《類聚》卷66作『紆徐逶迆』，《司馬文園集》『蛇』作『池』。迆，或池字。『余』與『徐』，『蛇』與『池』，亦並古字通用。」《漢書》、李善本《文選·上林賦》同此，五臣本《文選》作「紆餘逶池」，劉良注：「紆餘逶池，屈曲兒。」上文《子虛賦》「紆徐委曲」，亦作「紆徐」。

（25）過乎泱莽之野

《集解》：《漢書音義》曰：「《山海經》所謂『大荒之野』。」

按：吳國泰曰：「莽者，漭之省多（文）。」瀧川資言曰：「《文選》『莽』作『漭』。」王叔岷曰：「《司馬文園集》『莽』亦作『漭』。漭，後起字。」《文選·上林賦》李善注引如淳曰：「泱漭，大貌也。」王先謙曰：「『莽』、『漭』同。《文選·海賦》『泱漭澹濘』注：『泱漭，廣大也。』」此言廣大之

墊耳。」〔註880〕《淮南子・道應篇》「岡㝵之野」,《家語・致思》「澣㵎之野」,《說苑・指武》「莽洋之野」,《吳都賦》「莽罝之野」,「泱漭」為「岡㝵」、「澣㵎」、「莽洋」、「莽罝」之倒言轉語,廣大貌,即《莊子・逍遙遊》「廣莫之野」,亦即《山海經・大荒西經》「大荒之野」也。

### （26）沸乎暴怒

按:《漢書》顏師古注、《文選・上林賦》李善注並引郭璞曰:「沸,水聲也。」「沸乎」狀暴怒,沸乎猶言勃然,怒貌。「沸乎」非僅狀其聲,亦狀其形。《文選・海賦》:「於是鼓怒,溢浪揚浮。更相觸搏,飛沫起濤。狀如天輪膠戾而激轉,又似地軸挺拔而爭迴。」李善注引此文「沸乎暴怒」為證,是也。《廣雅》:「沸沸,流也。」亦是狀其形。沸之言艴也,《說文》:「艴,色艴如也。」字或作怫、拂、佛、茀,又音轉作艴、悖、㪍、勃。尹灣漢簡《神烏傅》「亡鳥沸然而大怒」,《莊子・德充符》「怫然而怒」,又《人閒世》「茀然暴怒」,《戰國策・秦策四》「秦王悖然而怒」,《子華子・晏子》「氣沮而志奪,則拂然而怒填乎膺」,《御覽》卷84引《琴操》「成王聞之,勃然大怒」,又卷401引《琴操》「子路聞孔子之言,悲感,悖然大怒」(又卷486引「悖」作「㪍」)。《莊子釋文》:「茀,徐符弗反,郭敷末反,李音怫,崔音勃。」

### （27）洶涌滂濞

《索隱》:洶湧澎湃。司馬彪云:「洶湧,跳起貌。澎湃,相戾也。」湧,或作「容」。澎,或作「滂」。

按:王叔岷曰:「《索隱》本作『洶湧澎湃』。《漢傳》、《文選》『滂濞』並作『彭湃』。《文選》注引司馬彪注:『洶涌,跳起貌。彭湃,波相戾也。』黃善夫本、殿本《索隱》『相戾也』並作『波相捩也』,有『波』字與《文選》注引彪注合。捩,俗戾字。」黃善夫本《索隱》作「波相涙也」,乾道本、淳熙本、元刻本、慶長本、古活字本同,不作「捩」字,王氏失撿。戾,言水波之暴戾,增旁俗字作「涙」,與「眼淚」之「涙」是同形異字;四庫本作「捩」,蓋不知其誼而妄改。《淮南子・主術篇》:「木擊折轊,水戾破舟。」《文選・南都賦》李善註、《集韻》引「戾」作「涙」。《文選・南都賦》:「長輸遠逝,漻涙㵽泪。」張銑注:「漻涙㵽泪,疾流貌。」

---

〔註880〕王先謙《漢書補注》卷57,中華書局,1983年版,第1169頁。

### （28）湢測泌瀄

《索隱》：司馬彪云：「湢測，相迫也。泌瀄，相楔也。」郭璞云：「逼側筆櫛四音。」

按：王筠曰：「湢測，班作『偪側』。」瀧川資言曰：「《漢書》、《文選》『湢測』作『偪側』。」王叔岷曰：「《司馬文園集》『湢測』亦作『偪側』，並古字通用。『偪側』複語，《釋名》：『側，偪也。』」《文選》注引司馬彪注：『偪側，相迫也。』《索隱》引彪注作『湢測』，依此正文作『湢測』改之也。殿本《索隱》『相楔』作『相揳』，《文選》注引彪注『楔』亦作『揳』。作『揳』是。《文選·七發》李善注：『瀄，泌瀄，波相揳也。』蓋本此文彪注。《漢傳補注》：『「揳」同「擊」。』①胡紹煐曰：「《玉篇》：『湢沀，水驚涌貌。』『偪側』與『湢沀』同。本書《洞簫賦》善注：『呹嘖，聲出貌。』泌瀄猶呹嘖，聲急出謂之呹嘖，故水急出謂之泌瀄。《七發》注：『泌瀄，波相揳也。』本此。」〔註881〕胡說是，高步瀛從其說〔註882〕。「湢測」、「泌瀄」皆疊韻連語。「湢測（沀）」是「偪側」改旁異體字，狀水勢激涌。《廣韻》：「湢，湢沀，水驚起勢也。」又「沀，湢沀，水勢。」《集韻》：「湢，湢沀，水驚涌皃。」「偪側」又是「偪塞」轉語〔註883〕，故司馬彪訓作相迫也。②《索隱》「楔」，黃善夫本、乾道本、淳熙本、慶長本、古活字本作「禊」，四庫本作「揳」，《漢書》顏師古注亦作「揳」，並云：「揳音先結反。」《增韻》：「瀄，水相楔也。相如賦：『偪側泌瀄』俗作櫛。」「禊」是「楔」形譌。《慧琳音義》卷63引《韻詮》：「楔，所以塞物也。」用作動詞，塞亦謂之楔，字亦作揳，讀先結切。《淮南子·要略篇》：「《氾論》者，所以箴縷綷縩之間，撳（撳）揳呢齫之郄也。」許慎注：「揳，塞也。」《意林》卷3引崔寔《正論》：「夫君政陵遲如乘敝車，若能求巧工，使葺理之，折則接之，緩則揳之，可復新矣。」〔註884〕《治要》卷45引「揳」省作「契」。「揳」訓擊則讀古八切、訖黠切，音戛。司馬彪說「相楔（揳）」，亦當讀古八切，顏氏注音非是。楔（揳），讀作契，又音變作扴，字亦作

〔註881〕胡紹煐《文選箋證》卷10，黃山書社，2007年版，第257～258頁。

〔註882〕高步瀛《文選李注義疏》卷8，中華書局，1985年版，第1732頁。

〔註883〕《易·井》「為我心惻」，馬王堆帛書本「惻」作「塞」，上博楚簡（三）本作「寋」。

〔註884〕此據道藏本，學津討原本、榕園叢書本、指海本同，聚珍本「葺」挩誤作「耳」，「接」誤作「按」。《治要》卷45引「葺」作「輯」。

戞，摩刮也。王先謙說揳訓擊，高步瀛亦從其說〔註 885〕，非是。「泌瀄」
是水流相摩刮之聲。《廣韻》：「泌，泌瀄，水流。」水流相揳，則必快疾。
亦作「咇嘟」、「密櫛」，《文選‧長笛賦》「繁手累發，密櫛疊重」，胡紹
煐曰：「櫛亦密也，櫛或作栵。『密櫛』疊韻，與『咇嘟』、『泌瀄』音義皆
同。」〔註 886〕

### （29）橫流逆折，轉騰潎洌

《索隱》：蘇林曰：「流輕疾也。」

按：《漢書》顏師古注引孟康曰：「轉騰，相過也。潎洌，相撇也。」《文
選‧上林賦》李善注引同，又引司馬彪曰：「逆折，旋回也。」胡紹煐曰：
「潎洌，水聲。《說文》：『潎，水中擊絮也。』今人以物擊水，猶狀其聲為
潎洌矣。本書《秋興賦》『玩游魚之潎潎』，亦謂水中出沒之聲。」高步瀛
從胡說〔註 887〕。王先謙曰：「《說文》：『潎，於水中擊絮也。洌，水清也。』
《玉篇》：『潎，漂潎也。』《方言》：『潎，清也。』蓋擊絮水中，跳轉迸散，
清洌尤甚，故取以狀橫流逆折之水也。」〔註 888〕吳國泰曰：「雷之疾者為
霹靂，水之疾者為潎洌。潎洌猶霹靂也，故訓為輕疾。王益吾（引者按：
指王先謙）云云，所謂訓字則字，而證義則非矣。」王先謙牽於擊絮為說
固非，吳國泰說亦未得。「潎洌」非狀聲詞。《方言》卷 12：「潎，清也。」
錢繹引此文為證，又曰：「按：潎、洌，皆清也。《說文》：『洌，水清也。』
潎洌猶言澄列也。李善注以『潎洌』為相撇，失其義矣。」〔註 889〕潎之言
撇（擊）也，音轉亦作拂，猶言拂擊，狀水流之急。《說文》：「擊，一曰擊
也。」性急曰嫛、懘（懶），水急曰潎，急速過目曰瞥（瞥），性急之山雞
曰鷩，弓末反戾曰彆，其義一也。洌之言戾也，急戾。「潎洌」疊韻連語，
指水流急戾。水流急戾則清澈也，其義相因，故《方言》卷 12 云「潎，清
也」、「清，潎也」。蘇林曰「流輕疾也」，得之矣；孟康曰「相撇也」，亦言
相拂擊。錢氏知其訓水清，而不知所以訓水清，可謂知二五，未知一十，

---

〔註 885〕王先謙《漢書補注》卷 57，中華書局，1983 年版，第 1169 頁。高步瀛《文
選李注義疏》卷 8，中華書局，1985 年版，第 1732 頁。

〔註 886〕胡紹煐《文選箋證》卷 19，黃山書社，2007 年版，第 485 頁。

〔註 887〕胡紹煐《文選箋證》卷 10，黃山書社，2007 年版，第 258 頁。高步瀛《文
選李注義疏》卷 8，中華書局，1985 年版，第 1732 頁。

〔註 888〕王先謙《漢書補注》卷 57，中華書局，1983 年版，第 1169 頁。

〔註 889〕錢繹《方言箋疏》卷 12，上海古籍出版社，1984 年版，第 661 頁。

斯未會通也。字亦作「澈冽」,《文選·琴賦》:「縹繚澈冽。」李善注:「縹
繚澈冽,聲相糾激之貌。《上林賦》曰:『轉騰澈冽。』」李周翰曰:「縹繚
澈冽,相糾亂貌。」「澈冽」不是糾亂貌。後世字亦作「撇烈」、「撇捩」、「撇
捌」、「暼裂」等,疾貌。杜甫《留花門》:「渡河不用船,千騎常撇烈。」
杜甫《大食刀歌》:「鬼物撇捩辭坑壕,蒼水使者捫赤絛。」柳宗元《行路
難》:「披霄決漢出沆漭,暼裂左右遺星辰。」宋·王質《遊楊氏園》:「談
端天地不支吾,筆下龍蛇爭撇捌。」

## (30) 蜿蟺膠戾

《索隱》:司馬彪云:「蜿蟺,展轉也。膠戾,邪屈也。」音婉善交戾
四音也。

按:吳國泰曰:「膠者,樛之借。」膠戾,《漢書》、《文選·上林賦》作
「膠盭」,同。字亦作「交戾」,唐·歐陽詹《出門賦》:「事紛拏以爭拔,情
交戾而不和。」音轉也作「繆戾」、「繆盭」、「謬戾」〔註890〕,《淮南子·本
經篇》:「拘獸以為畜,則陰陽繆戾,四時失敘。」《漢書·董仲舒傳》:「上下
不和,則陰陽繆盭而妖孽生矣。」《道德指歸論·得一章》:「陰陽謬戾,綱弛
紀絕。」也作「絞剌」,《論語·泰伯》「直而無禮則絞」,《集解》引馬融曰:
「絞,絞剌也。」皇侃疏:「絞,剌也。直若有禮,則自行不邪曲;若不得禮,
對面譏剌他人之非,必致怨子人君也。」《釋文》:「絞,馬云:『剌也。』七
肆反。鄭云:『急也。』」「剌」當作「剌」,聲轉則作「戾(盭)」(《說文》「剌,
戾也」,是聲訓),忿急恨怒義。段玉裁曰:「馬融曰:『絞,剌也。』鄭云:『急
也。』剌,盧達切,乖剌也。與鄭義無異,急則無不乖剌者也。皇侃、陸德
明乃讀為譏剌,七賜反,其繆甚矣。」〔註891〕段說塙不可移。《論語·陽貨》:
「好直不好學,其蔽也絞。」皇侃疏:「絞,剌也。」亦誤。絞,急切也,絞
(交)亦戾也,同義連文。「膠」、「交」是「絞」借字。

〔註890〕 漢代「繆」字有見母讀音,《漢書·外戚列傳》「即自繆死」,師古曰:「繆,
絞也,音居虯反。」「繆」即「絞」轉語。

〔註891〕 段玉裁《說文解字注》,上海古籍出版社,1981 年版,第 662 頁。附記:
友人石立善教授 2019 年 12 月 18 日遽爾辭世,他在去世前五十多天,2019
年 10 月 21 日晚上曾發給我一篇他的論文《〈論語〉馬融、鄭玄異義說》,
告知即將在臺灣發表,讓我提提意見。我指出「剌」當作「剌」,失撿段
說,石君次日(22 日)早上即補舉段注。時余《史記校補》尚未校到《相
如傳》,今及此詞,補記於此,而人天永隔,人生固無常也,夫復何言!
謹誌於 2019 年 12 月 27 日。

（31）踰波趨湆

《集解》：徐廣曰：「湆，烏狹反。」

《索隱》：隃波趨湆。司馬彪云：「隃波，後陵前也。趨湆，輸於深泉也。」湆音焉浹反。

按：《漢書》顏師古注引郭璞曰：「踰，躍也。湆，窞陷也。」師古曰：「湆，音於俠反。」《文選·上林賦》李善注引司馬彪曰：「踰波，後波陵前波也。趨湆，輸於淵也。」張銑注：「趨湆，趨於下處也。」《集韻》：「湆、渝，乙洽切，水窞陷也。《史記》：『踰波趨湆。』或從翕。」朱駿聲曰：「湆，叚借為墊。」〔註892〕胡紹煐曰：「按：湆，卑下之處。《說文》：『湆，溼也。溼，幽溼也。』幽溼則卑下矣。卑下為水之所歸，故曰趨湆。本書《江賦》『乍湆乍堆』，『湆』與『堆』對，堆為高，斯湆為下矣。」高步瀛從胡說〔註893〕。王先謙曰：「《說文》：『湆』下云：『溼也。』趨湆猶《易》言『流溼就下』之意也。」〔註894〕桂馥、王筠亦引此文以證《說文》「湆，溼也」〔註895〕。《索隱》「泉」當作「淵」，小司馬避唐諱而改字。郭璞注「踰，躍也」者，踰、躍一聲之轉。胡氏引《江賦》是也，但諸家說皆未得「湆」訓窞陷之本字；「湆」訓溼，是「溼」音轉。「湆」訓窞陷，指深淵之處。湆，讀為窅，俗亦作凹。《玄應音義》卷18、19、23並指出《蒼頡篇》「凹」作「窅」，烏狹反，卷18、23又引《字苑》：「凹，陷也。」卷23云：「窅，墊下也。」蔣斧印本《唐韻殘卷》：「凹，烏洽反，下，或作窅。」徐廣「湆」音烏狹反，正「窅（凹）」字音。正字《說文》作「窞」，云：「窞，汙衺，下也。」字亦音轉作汙、圩、洿、窅、窐、㘖、窪、窪、滃、㰣〔註896〕。

（32）莅莅下瀨

《索隱》：司馬彪云：「莅莅，水聲也。」音利。

按：吳國泰曰：「莅者，砐字之借。《說文》：『砐，石聲。』《漢書》作

〔註892〕朱駿聲《說文通訓定聲》，武漢市古籍書店，1983年版，第115頁。

〔註893〕胡紹煐《文選箋證》卷10，黃山書社，2007年版，第258頁。高步瀛《文選李注義疏》卷8，中華書局，1985年版，第1734頁。

〔註894〕王先謙《漢書補注》卷57，中華書局，1983年版，第1169頁。

〔註895〕桂馥《說文解字義證》，王筠《說文解字句讀》，並收入丁福保《說文解字詁林》，中華書局，1988年版，第10957頁。

〔註896〕參見蕭旭《淮南子校補》，花木蘭文化出版社，2014年版，第289、539～541頁。

『㳕』，亦『㶒』字之假字，亦假作『莅』。」瀧川資言曰：「《漢書》、《文選》『莅』作『㳕』。」王叔岷曰：「《文選》注引司馬彪注：『㳕㳕，水聲也。』」《文選·上林賦》五臣本作「莅莅」，李善本作「蒞蒞」。顏師古注引郭璞曰：「㳕㳕，聲也。」黃善夫本、乾道本、淳熙本、元刻本、慶長本、古活字本、四庫本《索隱》並無「水」字，與顏注引郭璞說合。「水」字後人據《選》注補。「蒞蒞」、「㳕㳕」、「莅莅」同，並是「烈烈」聲轉。水聲曰「㳕㳕」，風聲曰「颲颲」、「颶颶」、「飅飅」，鳥聲曰「唎唎」，其義一也。

### （33）犇揚滯沛

《索隱》：滯沛，郭璞云「水洒散兒」。滯音丑制反。

按：《索隱》「洒」，黃善夫本、乾道本、淳熙本、元刻本、慶長本、古活字本、四庫本並作「灑」；《集韻》「滯，水灑散兒」，亦同。《漢書》、《文選·上林賦》「奔揚滯沛」同。顏師古注：「……則奔揚而滯沛然也。」李善注：「滯沛，奔揚之貌也。」李周翰注：「奔揚滯沛，皆涌流貌。」胡紹煐曰：「滯沛，疾貌。滯即遰也，字亦作逝。」高步瀛從胡說〔註897〕。王先謙曰：「《索隱》引郭璞云：『滯沛，水灑散兒。』《說文》『滯』下云『凝也』，與『沛』義不相屬。此蓋言水觸巖衝壅，奔而忽揚，滯而仍沛也。」〔註898〕王說「奔而忽揚，滯而仍沛」大誤。胡說「滯即遰、逝」，是也，字亦作躃（躠）、趆、跲，音轉又作趣、踶、趨、跐、趇、跐、泄、跇、遳，超踰也，跳騰也〔註899〕。沛之言迣也，字亦作跰、趑，音轉亦作跰、趒（趫），俗音轉作踤。《方言》卷1：「跰，跳也。」《說文》：「迣，行兒。」又「跰，跳也。」又「趑，走也。」三字一聲之轉。《廣雅》：「跰、跲，跳也。」《玉篇》：「趑，走兒。」P.3694V《箋注本切韻》：「跰，行兒。」又「迣（迣），急走。」《集韻》：「跰，行疾兒，或作跰。」「滯沛」即「跲跰」，同義連文，狀水浪奔騰，《文選》二李注俱得之。《說文》：「溔，溔沛也。」段玉裁曰：「《玉篇》同，未聞。一本作『沛之』，《廣韻》、《集韻》、《類篇》同，亦未聞。按『沛』當係『瀌渧』之字誤。又佚『渧』篆耳。」桂馥曰：「《玉篇》：『溔，溔沛，水波兒。』」司馬相如《上林賦》『奔揚滯沛』，蓋『溔』譌作

〔註897〕胡紹煐《文選箋證》卷10，黃山書社，2007年版，第259頁。高步瀛《文選李注義疏》卷8，中華書局，1985年版，第1735頁。
〔註898〕王先謙《漢書補注》卷57，中華書局，1983年版，第1170頁。
〔註899〕參見蕭旭《〈爾雅〉「獒貐」名義考》，收入《群書校補（續）》，花木蘭文化出版社，2014年版，第1819～1821頁。

『滯』。」王筠從桂說。段氏改《說文》無據,《玉篇殘卷》「溓」字條引《說文》亦作「溓沛也」,又引《埤蒼》「沛溓,水波皃(兒)也」,又引《聲類》「水聲也」,足證今本《說文》不誤。桂、王二氏改本文無據。

### (34)瀺灂霣墜

《索隱》:瀺灂,上音士湛反,下音士卓反。《說文》云「水小聲也」。

按:①《說文》未收「瀺」而收「灂」,云:「灂,水之小聲也。」②「瀺灂」是雙聲連語,疑是「瀺瀺灂灂」之省文。轉音作「瀺瀺浞浞」,《切韻》「浞」、「灂」同音士角反。元刊本《易林·大過之隨》:「瀺瀺浞浞,塗泥至轂。馬(道藏本作『雨』)潭不進,虎齧我足。」舊注:「瀺音讒。浞音濯。」〔註900〕吳銘引《易林》此例以證《廣雅》「浞,濡也」〔註901〕,非是。③「瀺瀺」和「灂灂」都是象聲詞。「瀺瀺」是「汕汕」聲轉,又作「潺潺」、「趚趚」,《廣雅》:「潺潺,眾也。」王念孫曰:「《說文》『汕』字注云:『魚游水貌。《詩》曰:「烝然汕汕。」』汕汕,群游之貌。『潺潺』與『汕汕』同。《廣韻》汕、潺二字並所簡切。《石鼓文》:『漫(按:『漫』字當重)又鯊,其斿趚趚。』『趚趚』與『汕汕』聲并相近。」〔註902〕「瀺瀺」又轉音作「涔涔」、「霠霠」〔註903〕,水聲。《類聚》卷2晉·潘尼《苦雨賦》:「豈信宿之云多,乃踰月而成霖。瞻中塘之浩汗,聽長霤之涔涔。」

---

〔註900〕瀺瀺浞浞,龍谿精舍叢書同,道藏本作「浣浣促促」,百子全書本作「瀺瀺促促」,津逮秘書本作**浣浣促促**,學津討原本作「浣浣浞浞」,士禮居叢書本作「浣浣浞浞」,《書鈔》卷159引作「口口縫沒」。「瀺」是「瀺」俗譌字,「浣」、**浣**又是「瀺」脫誤。《書鈔》「縫沒」當是「瀺浞」之誤,脫字當是重文符號,當各在「瀺浞」二字之下作「瀺口浞口」。桂馥引「浣浣促促」,謂「促」當作「浞」,以證《說文》「浣」之汙義、「浞」之濡義,非是。桂馥《說文解字義證》,齊魯書社,1987年版,第977、979頁。

〔註901〕吳銘《廣雅新證》,華東師範大學2017年博士論文,第373頁。

〔註902〕王念孫《廣雅疏證》,收入徐復主編《廣雅詁林》,江蘇古籍出版社,1992年版,第475頁。

〔註903〕岑聲、毚聲古音相轉,馬王堆帛書《五星占》「天舍」,「舍」是「岑」異體字,「天岑」是「天欃」聲轉(參見《長沙馬王堆漢墓簡帛集成》第4冊,中華書局,2014年版,第224頁)。《左傳·昭公三年》、《韓子·說林下》、《晏子春秋·內篇問下》「讒鼎」,《呂氏春秋·審己》、《新序·節士》作「岑鼎」。石光瑛曰:「讒、岑一音之轉。」(參見《新序校釋》,中華書局,2001年版,第908頁)岑聲、朁聲古音亦相轉,例證參見張儒、劉毓慶《漢字通用聲素研究》,山西古籍出版社,2002年版,第1009頁。

此是雨聲。《廣雅・釋訓》：「霤霤，雨也。」《集韻》：「霤，雨聲。」④「潚潚」、「淈淈」是「汋汋」轉語，水聲。《說文》：「汋，激水聲也。」《釋名》：「井一有水一無水曰䵷汋。䵷，竭也。汋，有水聲汋汋也。」又作「霝霝」，《玉篇》：「霝，大雨也。」《廣韻》：「霝，大雨霝霝。」⑤「潚潚」轉音則作「涔潚」，曹子建《感節賦》：「見遊魚之涔潚，感流波之悲聲。」又轉作「潺汻」，蔣斧印本《唐韻殘卷》：「汻，潺汻，水落地。」《廣韻》：「汻，潺汻，水落地聲。」《集韻》：「汻，潺汻，水落皃，或作潚。」

（35）湛湛隱隱，砰磅訇礚

《集解》：徐廣曰：「湛音沈。」

按：湛湛，《漢書》、《文選・上林賦》作「沈沈」。王先謙曰：「《文選》注：『沈沈，深貌也。隱隱，盛貌也。』沈沈，《史記》作『湛湛』。『隱隱』言水聲殷然也，與下四字義貫。《文選・閒居賦》『煌煌乎，隱隱乎』，注：『隱隱，一作殷殷，音義同。』」高步瀛從王說〔註904〕。吳國泰曰：「湛湛隱隱，假作『沈沈殷殷』。一狀水勢之大，一狀水聲之盛也。」王叔岷曰：「《司馬文園集》『湛』亦作『沈』，湛、沈，古、今字。凡深邃皆可狀以『沈沈』。《漢傳補注》云云。」韓兆琦曰：「湛湛，讀如『沉沉』，水深貌。」吳國泰讀作「沈沈殷殷」，是也，但與「砰磅訇礚」皆狀水聲，「湛湛」、「沈沈」狀水聲如雷鼓之聲，非狀水深。「湛湛」、「沈沈」當音「潭潭」，此則諸氏所未達。雷聲曰燂，鼓聲曰嚃、紞、𩏠、潭、撢、覃，水聲曰湛、沈，其義一也〔註905〕。

（36）潚潚淈淈，湁潗鼎沸

《集解》：郭璞曰：「湁音勑立反。潗音緝。」

《索隱》：淈淈湁潗。郭璞云，皆水微轉細涌貌。淈淈音決骨。湁音勑力反。潗音緝。《廣雅》云「淈淈，決流也」。周成《襍字》云「湁潗，水沸之皃也」。

按：《漢書》顏師古注引郭璞曰：「皆水微轉細涌貌也。淈音骨，湁音勑立反。」《文選・上林賦》李善曰：「《說文》曰：『潚，水湧出也。淈，

〔註904〕 王先謙《漢書補注》卷57，中華書局，1983年版，第1170頁。高步瀛《文選李注義疏》卷8，中華書局，1985年版，第1735頁。
〔註905〕 參見蕭旭《〈史記〉校札》，收入《群書校補（續）》，花木蘭文化出版社，2014年版，第1994～1996頁。

水出貌。」周成《雜字》曰：『潝溽，水沸貌也。』淈音骨。潝，勑立切。溽，于入切。」①「皆水微……溽音緝」皆《索隱》所引郭璞說，當加引號。②《說文》：「淈，一曰水出貌。」「淈」是「昆（汩）」轉語，音轉亦作「滑」。王念孫曰：「『汩』與『昆』同，重言之則曰『昆昆』……『汩』與『淈』同，重言之則曰『淈淈』。《上林賦》郭璞注云云。《淮南子·原道訓》云：『混混汩汩。』《易林·同人之既濟》云：『涌泉滑滑。』並字異而義同。」〔註906〕字亦作「泏泏」，《文子·道原》：「原流泏泏，沖而不盈，濁以靜之徐清。」默希子注：「泏泏，水出之貌。」③蔣斧印本《唐韻殘卷》：「潝，潝溽，沸兒。」也作「潝淈」，疊韻連語。《說文》：「潝，潝淈，灂也。」又「淈，一曰沸涌兒。」《集韻》：「溽，潝溽，水沸兒，或作淈。」「沸」是「灂」省文。《說文》「潝淈，灂也」正本此文「潝溽鼎沸」。倒言也音轉作「溽潝」，《文選·海賦》「濆瀯溽潝」，李善注：「溽潝，沸聲。」蔣斧印本《唐韻殘卷》：「潝，溽涔（潝），水文兒。」

## （37）馳波跳沫，汩濦漂疾

《集解》：徐廣曰：「一云『吸呷』。」

《索隱》：濦，晉灼曰「華給反」，郭璞云「許立反」。汩濦，急轉兒也。

按：①張文虎曰：「濦，毛譌『瀝』。」胡克家曰：「袁本『瀝』作『濦』，云：『善作瀝。』茶陵本云：『五臣作濦。』案：各本所見皆非也。《史記》、《漢書》皆作『濦』。善引韋昭曰『濦，許及切』，即《漢書》音正作『濦』可知，彼載晉灼『華給反』，郭璞『許立反』，《史記索隱》同。諸家無作『瀝』者。又各本注中亦譌『瀝』。」〔註907〕王叔岷曰：「《文選》、《司馬文園集》『濦』並誤『瀝』，《文選考異》云云。」《漢書》各宋本都作「汩濦」，顏師古注引晉灼、郭璞說同。師古曰：「言水波急馳而白沫跳起，汩濦然也〔註908〕。汩音于筆反。濦，晉、郭二音皆通。」李善注引司馬彪曰：「汩瀝，水聲也。」又引韋昭曰：「瀝，許及切。」《文選·上林賦》版本，國圖藏宋刻本、宋淳熙八年尤刻本、四部叢刊影南宋本、重刊天聖明道本、奎章閣本、明吳勉學刻本、嘉靖元年金臺汪諒刊本、朝鮮木活字

〔註906〕王念孫《廣雅疏證》，收入徐復主編《廣雅詁林》，江蘇古籍出版社，1992年版，第469頁。
〔註907〕胡克家《文選考異》卷2，嘉慶十四年刊本，本卷第7頁。
〔註908〕此據各宋本，俗本「汩濦」誤作「汩急」。

印本五臣注本作「濦」，宋刊明州本六臣注本、宋紹興三十一年陳八郎刊
本、明家趣堂覆廣度裴氏本、朝鮮正德四年五臣集注本、慶長十二年活字
印本、寬永二年活字印本作「渒」。考李善引韋昭說此字音「許及切」，是
善本當從急作「渒」也，明道本、朝鮮木活字印本五臣注本注「濦，善本
作渒」，存其真矣。明州本等注「善作濦」，翻其反耳。「汨渒」雙聲連語，
司馬彪曰「汨渒，水聲也」，是也，汨音骨，亦作淈；《索隱》「汨渒，急
轉皃也」，臆說耳，王先謙及《王力古漢語字典》從其說〔註909〕，非是。
《集韻》：「渒，《說文》：『水疾聲。』或作渒。」段玉裁、桂馥、王筠、
朱駿聲引此文，謂「渒」即「渒」字，胡紹煐從段說〔註910〕。「汨渒」也
作同音詞「汨汲」，唐・吳兢《樂府古題要解》卷下《水仙操》：「（伯牙）
但聞海上水汨汲漰漸之聲。」《通志》卷49形誤作「汨沒」。《大唐西域記》
卷1「驚波汩淴」，季羨林等校：「淴，石本、宋本、明南本、明北本、徑
山本『淴』作『渒』。按《史記》『汨渒漂疾』，《索隱》：『汨渒，急轉皃也。』
則作『汨渒』亦可。中本『淴』作『隱』，『隱』乃『濦』之誤。《文選》『汨
渒』作『汨濦』，正此字。」〔註911〕敦煌寫本 S.2659V 作「淴」，季氏失
校。又卷1「汨淴漂急」，季羨林等校：「原本『淴』作『渒』，今正，說見
前。」〔註912〕大正藏本作「渒」，季氏失校。又卷3「汨淴漂流」，季羨林
等校：「淴，古本、石本、異本、宋本、資福元、明南本、徑山本『淴』
並作『渒』，說詳卷1校記。」〔註913〕卷3《音釋》：「汨渒：上于密反，
下于立反。」字亦當作「渒」為正，季氏依違於《上林賦》異文，而不能
決其正誤。《生經》卷2「唱叫犇急」，宋、元、明本「急」作「隱」，敦煌
寫本 P.2965 同，《經律異相》卷44、《法苑珠林》卷31引亦同。此亦其相
譌之例。②「徐廣曰一云吸呷」，各本《集解》皆在「跳沫」下。「跳沫」
無作「吸呷」之理，且於文義亦不通。疑《集解》當在「汨渒」下。「汨」

〔註909〕王先謙《漢書補注》卷57，中華書局，1983年版，第1170頁。《王力古
漢語字典》，中華書局，2000年版，第612頁。
〔註910〕段玉裁《說文解字注》，桂馥《說文解字義證》，王筠《說文解字句讀》，
朱駿聲《說文通訓定聲》，並收入丁福保《說文解字詁林》，中華書局，1988
年版，第10892頁。胡紹煐《文選箋證》卷10，黃山書社，2007年版，
第259頁。
〔註911〕季羨林等《大唐西域記校注》卷1，中華書局，1985年版，第69頁。
〔註912〕季羨林等《大唐西域記校注》卷1，中華書局，1985年版，第86頁。
〔註913〕季羨林等《大唐西域記校注》卷3，中華書局，1985年版，第300頁。

形誤作「呷」，「濈」音誤作「吸」，因倒作「吸呷」耳。

（38）揵鰭擢尾，振鱗奮翼

《正義》：揵音乾。鰭音祁。揵，舉也。鰭者，魚背上鬣也。

按：王筠曰：「班『擢』作『掉』，恐係一字，如『櫂』之作『棹』也。」瀧川資言曰：「《漢書》、《文選》『擢』作『掉』。掉，搖也。」王叔岷曰：「《類聚》、《司馬文園集》『擢』亦並作『掉』。掉、擢，正、假字。《漢傳》師古注：『掉，搖也。』（本《說文》）」揵，《漢書》、《文選·上林賦》、《類聚》卷66同。李善注引郭璞曰：「揵，舉也。鰭，背上鬣也。」《正義》及顏師古注俱本其說。「揵」是「搴」俗字，字亦作攓、搴、搴，又省作建。《文選·江賦》「揚鰭掉尾」，揚亦舉也。鰭，《漢書》、《文選》同，《文選·七命》、《江賦》李善注引作「鬐」，《類聚》卷66同。

（39）玓瓅江靡

《集解》：郭璞曰：「靡，崖也。」

《索隱》：應劭曰：「靡，邊也。明月珠子生於江中，其光耀乃照於江邊。」張揖曰：「靡，涯也。」

按：顏師古曰：「江靡，江邊靡迆之處也。」朱駿聲曰：「靡，叚借為湄。」〔註914〕吳國泰曰：「郭意蓋以『靡』為『湄』之假字也。」顏氏望文生訓，朱、吳說是。

（40）磷磷爛爛，采色澔汗，叢積乎其中

《正義》：皆玉石符采映耀於水中也。（據瀧川《考證》本，黃善夫本上方校記亦引之，「於」字上有「叢積」二字）

按：李善注引郭璞曰：「皆土石符采映輝也。」此《正義》所本。「磷磷」是「爛爛」轉語，而復疊詞成文。

（41）汎淫泛濫

《索隱》：郭璞云：「皆鳥任風波自縱漂皃。」汎音馮。泛音芳劍反。《廣雅》云：「汎汎，氾氾，浮也。」

按：王叔岷曰：「《類聚》、《司馬文園集》『汎』作『沈』。『沈』乃『汎』之誤。《說文》：『汎，浮皃。』段注：『《上林賦》「汎淫」為疊韻。』」《漢書》作「汎淫氾濫」，《類聚》卷66作「沈淫汎濫」。《文選·上林賦》有異

〔註914〕朱駿聲《說文通訓定聲》，武漢市古籍書店，1983年版，第495頁。

文，國圖藏宋刻本、宋刊明州本六臣注本、宋紹興三十一年陳八郎刊本、四部叢刊影南宋本、重刊天聖明道本、奎章閣本、明吳勉學刻本、嘉靖元年金臺汪諒刊本、明家趣堂覆廣度裴氏本、朝鮮木活字印本、朝鮮正德四年五臣集注本、慶長十二年活字印本、寬永二年活字印本作「沈淫泛濫」，有校語云：「音馮，善本作汎。」（陳八郎刊本僅「音馮」二字，朝鮮正德本僅「馮」一字，嘉靖本無校語）宋淳熙八年尤刻本作「汎淫泛濫」。是五臣本作「沈」，李善本作「汎」。「音馮」是顏師古、李善據「汎」字注音。善本是。《楚詞・九懷》「汎淫兮無根」，王逸注：「隨水浮游，乍東西也。一作『沉淫』，一作『汎搖』。」洪氏《補注》：「『淫』當作『淫』。相如《賦》云『汎淫泛濫』，汎音馮，浮也。一讀作『泛濫』，一讀作『馮淫』，皆通。『汎』一作『沉』，『淫』一作『搖』，皆非是。」洪說亦是。《文選・笙賦》：「汎淫氾（氾）豔，雲曄炭炭。」李善注：「汎淫氾（氾）豔，自放縱貌。」「氾」當作「氾」，「氾豔」亦是「汎淫」轉語。汎，浮也。淫，讀作游，一聲之轉。汎淫，猶言浮游。姜亮夫曰：「《說文》訓淫為侵淫隨理也。則『汎淫』即今言『浮淫』，猶言『浮蕩』。」〔註915〕非是。

（42）掩薄草渚

《索隱》：張揖云：「掩，覆也。草叢生曰薄也。」

《正義》：掩，覆也。薄，依也。言或依草渚而遊戲也。

按：吳國泰曰：「掩薄者，『淹迫』之假。淹實假為偃，故訓留也。迫，止也。《正義》訓掩為覆，意蓋借掩為奄也。」瀧川資言曰：「掩薄，《漢書》、《文選》作『奄薄』。」施之勉曰：「五臣本作『掩薄』。」王叔岷曰：「奄、掩，正、假字。《說文》：『奄，覆也。』」《類聚》卷66同本書作「掩」。顏師古、李善注並引張揖說，又引郭璞曰：「薄，猶集也。」師古曰：「薄，郭說是也。言奄集渚上而遊戲。」吳說得其誼，「薄」郭說及《正義》是。諸家從張揖說「掩（奄）」訓覆，非也。《方言》卷10：「奄，息也。」又卷12：「掩，止也。」止息、止留之義，薄亦止也。「掩（奄）」與「薄」訓集止同義連文。

（43）唼喋菁藻

《集解》：郭璞曰：「菁，水草。《呂氏春秋》曰『太湖之菁』也。」

〔註915〕姜亮夫《楚辭通故（四）》，收入《姜亮夫全集》卷4，雲南人民出版社，2002年版，第706頁。

按：《呂氏春秋・本味》作「具區之菁」。郭璞以「具區」為「太湖」，故易其文。《爾雅》：「吳越之間有具區。」郭璞注：「今吳縣南太湖，即震澤是也。」

（44）巖陁甗錡

《集解》：郭璞曰：「陁，崖際。甗音魚晚反。錡音蟻。」

按：景祐本、紹興本作「陁」，《文選・上林賦》同；黃善夫本、乾道本、淳熙本、元刻本、慶長本、古活字本、四庫本作「陀」（除慶長本、古活字本，各本《集解》作「陁」），《漢書》作「阤」。顏師古注引郭璞說「崖際」作「岸際」，《增韻》「阤」字條同。《集韻》：「陁，崖際，或作陀、岐。」「岸」是「崖」形誤。「陁（阤、陀）」即「厓（崖）」轉語。

（45）登降施靡

《正義》：郭云：「施靡猶連延。」

按：顏師古注先引郭璞說，又自加注云：「施音弋爾反，施靡猶連延也。」張氏以顏注誤屬之郭璞。王先謙曰：「登降，猶言高下。『施』同『阤』。」〔註916〕吳國泰曰：「施靡，假作『陁湄』。《說文》：『陁，阪也。』湄，水之岸也。言或登於陁，或降於湄也。」王叔岷曰：「《司馬文園集》『施』正作『陁』（或『阤』字）。」〔註917〕吳說非是。《文選・上林賦》五臣本作「陁靡」。上篇《子虛賦》「登降陁靡」，亦同。「施靡」即「陁靡」，疊韻連語。亦作「迤靡」、「迆靡」、「迆巇」、「陁巇」，倒言則作「靡池」、「靡迤」、「靡陁」、「摩阤」、「磨陀」、「摩陁」、「弭迤」、「彌池」、「瀰迆」等形〔註918〕。

（46）糅以蘪蕪，雜以流夷

按：糅，《事類賦注》卷24引作「揉」，亦雜也。蘪，李善本《文選》同，《漢書》、五臣本《文選・上林賦》、《類聚》卷66、《事類賦注》卷24作「蘼」。《說文》：「蘪，蘪蕪也。」

（47）尃結縷，欑戾莎

《集解》：徐廣曰：「尃，古布字，一作布。」

---

〔註916〕王先謙《漢書補注》卷57，中華書局，1983年版，第1172頁。
〔註917〕王叔岷《史記斠證》，中華書局，2007年版，第3106頁。
〔註918〕參見蕭旭《枚乘〈梁王菟園賦〉校補》，《上古漢語研究》第3輯，2019年出版，第101～102頁。

按：張文虎曰：「蔡、中統、游本『欑』作『攢』。」水澤利忠曰：「欑，景、蔡、中統、凌、殿『攢』。」王叔岷曰：「《漢傳》、《文選》、《類聚》、《司馬文園集》『專』皆作『布』。景祐本、殿本『欑』並作『攢』，《漢傳》、《文選》、《類聚》皆同。師古注：『攢，聚也。』欑、攢，正、俗字。」四庫本亦作「攢」。王氏未說《文選・上林賦》版本，獨宋淳熙八年尤刻本作「攢」，國圖藏宋刻本、宋明州本、宋紹興三十一年陳八郎刊本、四部叢刊影南宋本、重刊天聖明道本、奎章閣藏本都作「欑」。莀莎，《類聚》卷 66 作「莫莎」，王氏失撿。《集解》「一作布」之「布」，宋元各本及慶長本、古活字本、四庫本作「怖」，當是「拰」形譌。《廣雅》：「拰，布也。」

## （48）揭車衡蘭

《集解》：郭璞曰：「揭車，一名乞輿。」

按：顏師古注、李善注並應劭曰：「揭車，一名艺輿。」《離騷》王逸注同。《爾雅》：「藒車，芞輿。」乞（艺、芞）、揭古音通轉，車、輿義同，故「揭車」一名「乞輿」。《孟子・告子下》「無遏糴」，《穀梁傳・僖公九年》「遏」作「訖」。「仡佬」、「犵獠」、「犵狫」轉作「葛僚」、「獢獠」，「紇單氏」轉作「渴單氏」〔註919〕，「硈硈」、「仡仡」轉作「劻劻」。皆其音轉之證。

## （49）麗靡廣衍

按：王筠曰：「班『麗』作『離』。」吳國泰曰：「麗靡者，『蘺蘪』之借。蘺，江蘺。蘪，蘪蕪也。皆香草類。《漢書》作『離』，亦『蘺』之借字也。」瀧川資言曰：「《漢書》、《文選》『麗』作『離』。」施之勉曰：「五臣本作『麗』。」王叔岷曰：「麗、離古亦通用。」「麗靡」、「離靡」疊韻連語，「離靡」也是「迆靡」轉語，相連不斷之貌。李善注引郭璞曰：「離靡，離而邪靡，不絕之貌也。」顏師古注：「離靡，謂相連不絕也。」解作「不絕之貌」固是，但郭氏解「離」為「分離」之離，則誤。吳說大誤。《北齊書・盧文偉傳》盧詢祖《築長城賦》：「草則離離靡靡，緣岡而殖。」音轉亦作「猗靡」，相如《子虛賦》：「扶輿猗靡。」阮籍《清思賦》：「徘徊夷由兮，猗靡廣衍。」

## （50）視之無端，察之無崖

按：王筠曰：「崖，班作『涯』。」瀧川資言曰：「《漢書》、《文選》『崖』

作『涯』。」王叔岷曰：「《司馬文園集》『崖』亦作『涯』。」《文選‧上林賦》李善本作「崖」，五臣本作「涯」。「崖」、「涯」皆「厓」增旁俗字。顏師古注：「涯，畔也，音儀。」師古涯音儀者，則是轉語。高步瀛曰：「『涯』與『儀』本不同部，但音可通轉。」〔註920〕字亦音轉作況、倪，指崖際〔註921〕。

### （51）獸則犪牤獏嫠，沈牛麈麋

《集解》：郭璞曰：「獏似熊，庫腳銳頭。」

《索隱》：張揖云：「獏，白豹也，似熊，庫腳銳頭，骨無髓，食銅鐵。音陌。」

按：王叔岷曰：「黃善夫本、殿本《索隱》『銳頭』並誤『銳髻』。」《集解》之「銳頭」，各本同。《索隱》之「銳頭」，黃善夫本、乾道本、淳熙本、慶長本、四庫本、殿本作「銳髻」（元刻本模糊莫辨）。《漢書》顏師古注引郭璞說，景祐本作「銳髻」，南宋嘉定本、南宋建安本、南宋慶元本作「銳髻」。《埤雅》卷4：「獏獸似熊，象鼻，犀目，師首，豺髮，小頭，庫腳，黑白駮，能舐食銅鐵及竹，銳髻，骨實無髓。」「髻」當是「髾」形譌，《永樂大典》卷22180引《埤雅》亦誤作「髻」。「銳髾」即「銳橢」，蓋言其形橢長也。《淮南子‧脩務篇》：「其方員銳橢不同。」庫腳，言其腳短。

### （52）獸則麒麟角䑹

《集解》：郭璞曰：「角䑹，音端，似豬，角在鼻上，堪作弓。」

《索隱》：郭璞云：「似豬，角在鼻上。」

按：郭璞說「似豬」，顏師古注引同，李善注引作「似貊」，顏注又引張揖說作「似牛」。考《說文》：「䑹，角䑹，獸也，狀似豕，角善為弓，出胡休多國。」與郭璞說合。《後漢書‧鮮卑列傳》：「（鮮卑）禽獸異於中國者，野馬、原羊、角端牛，以角為弓，俗謂之角端弓者。」與張揖說合。則角䑹獸似豬，又說似牛也。「貊」是「豬」形誤〔註922〕。

### （53）輦道纚屬

按：纚屬，《漢書》、李善本《文選‧上林賦》同，五臣本《文選》作「灑屬」。李善注引司馬彪曰：「纚屬，連屬也。」顏師古注：「纚屬，纚迤

〔註920〕高步瀛《文選李注義疏》卷8，中華書局，1985年版，第1770頁。

〔註921〕參見蕭旭《〈莊子〉「天倪」解詁》，浸會大學《學燈》第3輯，上海古籍出版社，2020年出版，第115～124頁。

〔註922〕參見朱琦《文選集釋》卷10，光緒元年刻本，本卷第16頁。

相連屬也。」瀧川資言從顏說。朱駿聲曰：「纚，叚借為邐。」〔註 923〕宋刊《類聚》卷 66 引正作「邐屬」。《文選・景福殿賦》：「若幽星之纚連也。」李善注：「纚，相連之貌，力氏切。」「纚屬」即張衡《冢賦》「迆靡相屬」也。王先謙曰：「《說文》：『纚，冠織也。』言閣道回還如織絲之相連屬。」〔註 924〕王氏讀「纚」如字，高步瀛、韓兆琦從之〔註 925〕，非也。

### （54）象輿婉蟬於西清

按：王叔岷曰：「《漢傳》、《文選》『蟬』並作『僤』。」婉蟬，《文選・赭白馬賦》李善注引作「婉嬋」，又《甘泉賦》李善注引作「偓寋」。「婉蟬」同上文「蜿蟺」，《漢書》作「宛潬」。又作「蜿蟬」、「宛僤」、「蜿蟺」、「蜿蟺」等形，皆取曲轉為義。作「偓寋」非其舊。

### （55）黃甘橙楱

《集解》：徐廣曰：「楱，音湊，橘屬。」

按：楱，《漢書》、《文選》同，《類聚》卷 66 形誤作「榛」。

### （56）貤丘陵，下平原

《集解》：郭璞曰：「貤，猶延也，音施。」

《索隱》：貤丘陵。郭璞曰：「貤，延也。」

按：王叔岷曰：「《索隱》本『貤』作『貤』，《漢傳》同。貤、貤，正、俗字。」字亦作施，音轉亦作移（迻）。郭璞說，李善注引作司馬彪說。

### （57）揚翠葉，杬紫莖

《集解》：郭璞曰：「杬，搖也。」

按：王筠曰：「杬，班作『抏』。」沈家本曰：「『杬』當《漢書》、《文選》從才。」高步瀛曰：「五臣作『杭』，善本作『抗』，《類聚》亦作『抗』。『杭』、『抗』皆誤字，《史》、《漢》皆作『抏』。《說文》曰：『抏，動也。』」〔註 926〕王叔岷曰：「《漢傳》、《文選》『杬』並作『抏』，『杬』乃『抏』之俗變。《類聚》、《司馬文園集》並作『抗』，『抗』乃『抏』之形誤。」高、王說是。《漢書》版本，景祐本作「杬」，南宋嘉定本、明嘉靖汪文盛刻本、明嘉靖十六年崇正書院刊本作「抏」，南宋建安本、南宋慶元本作「扤」，「扤」

---

〔註 923〕朱駿聲《說文通訓定聲》，武漢市古籍書店，1983 年版，第 504 頁。
〔註 924〕王先謙《漢書補注》卷 57，中華書局，1983 年版，第 1175 頁。
〔註 925〕高步瀛《文選李注義疏》卷 8，中華書局，1985 年版，第 1778 頁。
〔註 926〕高步瀛《文選李注義疏》卷 8，中華書局，1985 年版，第 1797 頁。

是「抁」形誤。《文選》版本，國圖藏宋刻本、宋淳熙八年尤刻本、四部叢刊影南宋本、明吳勉學刻本作「杌」（後三本並有注：「音兀。五臣作『杭』，音亢。」），宋明州本、奎章閣藏作「抗」（二本並有注：「〔音〕亢。善本作『杌』，音兀。」），宋紹興三十一年陳八郎刊本作「杭」（注：「音亢。」）。《類聚》卷 1 沈約《八詠》：「搖綠蔕，抁紫莖。」明顯化自相如賦，字亦作「抁」；《文苑英華》卷 156 引《類聚》形誤作「抗」，《玉臺新詠》卷 9 形誤作「枕」〔註 927〕。

### （58）捷垂條

《正義》：捷音才業反。張云：「捷持懸垂之條。」

按：王先謙曰：「張說讀捷為接，捷、接古通用字。」〔註 928〕

### （59）爛曼遠遷

《正義》：郭云：「奔走崩騰狀也。」

按：黃善夫本、慶長本、古活字本《正義》作「奔走，崩騰走也」，李善注引郭璞說作「崩騰群走貌也」。崩，讀為㸷，《玉篇》：「㸷，走也。」指跳走，俗作蹦字。P.2673 盧竧《龍門賦》：「崩騰角赴長津岸。」

### （60）靡雲旗

《正義》：張云：「畫熊虎於旌似雲氣也。」

按：顏師古、李善注引張揖說，「於旌」作「於旐為旗」。

### （61）越壑厲水

按：李善注引郭璞曰：「厲，以衣渡水。」厲亦越也。

### （62）推蜚廉，弄解豸

《集解》：《漢書音義》曰：「解豸似鹿而一角。人君刑罰得中則生於朝廷，主觸不直者。可得而弄也。」

《索隱》：椎蜚廉。椎音直追反。張揖曰：「解豸似鹿而一角。人君刑罰中則生於朝，主觸不直者，言今可得而弄也。」

---

〔註 927〕一本作「杭」。紀容舒《玉臺新詠考異》卷 9：「『枕』字不可解，馮氏《詩紀》作『杭』，亦不可解。按左思《吳都賦》曰：『抁白蔕，銜朱蕤。』《說文》曰：『抁，動也。』李善《文選》註亦訓抁為搖。疑為『抁』字之悞。」收入景印文淵閣《四庫全書》第 1331 冊，臺灣商務印書館，1986 年初版，第 819 頁。又四部叢刊本《玉臺新詠》「蕤」脫誤作「帶」。
〔註 928〕王先謙《漢書補注》卷 57，中華書局，1983 年版，第 1178 頁。

按：①《集解》引《漢書音義》，「可得而弄」上當據《索隱》、《文選》李善注引張揖說補「今」字，顏師古注引亦脫。②胡紹煐曰：「《史記》、《漢書》『椎』並作『推』。顏注：『推，謂弄之也。其字從手，今流俗讀作椎擊之椎，失其義矣。』按《釋名》：『椎，推也。』二字義同。下『弄獬豸』，『椎』與『弄』對，是椎猶弄，不必定為推。」〔註929〕施之勉從胡說。胡克家曰：「考五臣銑注『椎謂擊殺』，其本作『椎』之明文。善既不注此字，袁、茶陵二本又俱無校語，未審何作也。」〔註930〕瀧川資言《考證》本「推」作「椎」，云：「《漢書》『椎』作『推』。顏師古云云。」水澤利忠曰：「椎，景、慶、蔡、彭、凌、殿、金陵『推』。」王叔岷曰：「景祐本、黃善夫本、殿本『椎』皆作『推』，《司馬文園集》『椎』亦作『推』。」紹興本、乾道本、淳熙本、慶長本、古活字本、四庫本亦作「推」，《通志》卷98引同；《索隱》本作「椎」，《班馬異同》卷 26 同。《文選》國圖藏宋刻本、宋明州本、四部叢刊影南宋本、奎章閣藏本、宋紹興三十一年陳八郎刊本、宋淳熙八年尤刻本作「椎」，前五本並有注音「直追」。

## （63）然後浸潭促節

《索隱》：浸潭猶漸荏也。《漢書》作「浸淫」。或作「乘輿案節」也。潭音尋。

按：王筠曰：「浸潭，班作『侵淫』。案『浸』似當依《史》，『潭』似當讀為『潯』。《難蜀父老》『浸潯』，班作『浸淫』可證。」水澤利忠曰：「潭，南化、楓、三、狩『潯』。」王叔岷曰：「浸潭，《漢傳》、《文選》皆作『侵淫』，《索隱》引《漢傳》作『浸淫』。當以作『浸淫』為正。」《類聚》卷66 亦作「侵淫」。黃善夫本下方校記云：「潭，乍（作）『潯』。」下文《難蜀父老》「浸潯衍溢」，《索隱》本作「浸淫」，《漢書》、《文選》同。下文《大人賦》「嬺侵潯而高縱兮」，《漢書》作「禫尋」。潭、潯、尋、淫，並一聲之轉。黃善夫本、乾道本、淳熙本、元刻本、慶長本、古活字本、四庫本《索隱》「荏」作「冉」。

## （64）乘騎之所蹂若

按：胡紹煐曰：「善曰：《廣倉》曰：『若，蹈足貌。』按《玉篇》：『踖，蹈足貌。』當本《廣倉》。《廣韻》：『踖，踐也。』此作『若』，蓋『踖』之

---

〔註929〕胡紹煐《文選箋證》卷 10，黃山書社，2007 年版，第 277 頁。
〔註930〕胡克家《文選考異》卷 2，嘉慶十四年刊本，本卷第 9 頁。

省。」〔註931〕吳國泰曰：「『若』無踐踏義，『若』當借為『蠚』。《說文》：『蠚，螫也。』字亦作『蘁』、作『蠚』。蹂蠚者，猶言蹂躪楚毒也。」高步瀛曰：「『蹃』後出字，古止作『若』。」〔註932〕施之勉曰：「若，五臣本作『蹃』，音若。」王叔岷曰：「《司馬文園集》『若』亦作『蹃』。『蹃』乃俗字。《漢傳補注》：『李善注：《廣倉》曰：「若，蹈足貌。」』」李善注引《廣倉》，各宋本同，奎章閣藏本誤作《廣雅》。吳國泰說非是，乘騎不可言蠚。蔣斧印本《唐韻殘卷》：「蹃，踐也。」《漢書》亦作「若」，是「蹃」省文，「蹃」是後起本字。蹃之言搦（搨），猶言按也，謂足按據於地耳。《廣韻》：「踠，踠蹃，踏地用力。」《集韻》：「蹃，踠蹃，距地用力也。」又「踠，踠蹃，距地用力也。」足曰蹂蹃、踠蹃，手曰揉搨、捼搨，其義一也。

### （65）巴俞宋蔡，淮南于遮

《集解》：《漢書音義》曰：「于遮，歌曲名。」

《索隱》：張揖曰：「《禮·樂記》曰『宋音宴女溺志』。蔡人謳，員三人。《楚詞》云『吳謠蔡謳』。淮南鼓，員四人，于遮曲是其意也。」

按：①王筠曰：「班『于』作『干』。」沈家本校同。胡克家曰：「何云：『干，《史》、《漢》作「于」。』案：善及小司馬皆引張揖《漢書》注，不當有異文，蓋今各本作『干』並譌耳。」〔註933〕瀧川資言曰：「《漢書》、《文選》『于』作『干』。」王叔岷曰：「《類聚》卷66『于』亦作『干』。『干』乃『于』之誤。《集解》引《漢書音義》，《索隱》引張揖注並作『于』，是《漢傳》本作『于』也（參看胡氏《文選考異》）。《索隱》『蔡人』，『人』字衍，《漢書·禮樂志》無。又『《楚詞》云吳謠蔡謳』，《漢傳補注》：『《文選》注無《楚詞》七字，《招魂》作「吳歈」，不作「謠」。』『謠』字誤。」紹興本「于」作「干」，《集解》亦同。《文選·上林賦》宋明州本作「于」，他本作「干」。《漢書》各宋本都作「干」，《通志》卷98、《玉海》卷108、《韻補》「遮」字條引此賦同，胡克家引何氏說謂《漢書》作「于」，乃後世俗本。其為曲名的名義，方以智曰：「《哀六年公羊傳》『于諸其家』，何休注：『于諸，實也。齊人語也。』……相如《賦》『于遮』，注：『曲名。』亦『于諸』之音也。智謂『諸』者，古人語詞，猶今之言這、言著也。著

〔註931〕胡紹煐《文選箋證》卷10，黃山書社，2007年版，第279頁。
〔註932〕高步瀛《文選李注義疏》卷8，中華書局，1985年版，第1846～1847頁。
〔註933〕胡克家《文選考異》卷2，嘉慶十四年刊本，本卷第9頁。

又轉而為子，今吳人多曰子是也。」〔註934〕朱珔引方說，認為「干」是「于」形誤，又指出「但『于遮』之為曲名尚無考」〔註935〕。高步瀛指出方說不足信，云「曲名無考，未知何字為是」〔註936〕。徐仁甫曰：「于遮，曲名，舊無解說。《詩·陳風·東門之枌》『穀旦于差』，『于差』即『籲嗟』，音變為『于遮』。」余謂「于遮」於義無取，方、徐說皆未得。作「干」是，干之言扞也，猶言遮蔽。《爾雅》：「干，扞也。」邢昺疏引孫炎曰：「干盾自蔽扞。」干之訓盾，亦取遮蔽為義。「干遮」即「扞遮」，同義連文。《漢書·王莽傳》「遮扞匡衛」，《後漢書·宦者列傳》「程等留守省門，遮扞內外」，「遮扞」是漢人成語。「干遮」是「遮扞」倒文，亦言「扞蔽」、「蔽扞」。曲名「干遮」，其名義殆指樂人相互遮蔽而歌舞。②王叔岷說「謠字誤」，非是。從俞得聲之字，古音搖。《廣雅》：「歈、謳、詠、吟，歌也。」P.2011王仁昫《刊謬補缺切韻》：「歈，歌。」《初學記》卷15引梁元帝《纂要》、《御覽》卷573引《古樂志》並云：「齊歌曰謳，吳歌曰歈，楚歌曰豔，淫歌曰哇。」王念孫曰：「《楚辭·招魂》『吳歈蔡謳』，王逸注云：『歈、謳，皆歌也。』左思《吳都賦》『荊豔楚舞，吳愉越吟』，『愉』與『歈』通。歈之言揄也。《說文》：『揄，引也。』亦長言之意也。」〔註937〕王念孫說「歈之言揄也」，疑亦非是。「歈，歌也」者，「歈」即「謠」轉語，故《索隱》易作「謠」。《楚詞·招魂》王逸注：「歈、謳，皆歌也……乃復使吳人歌謠，蔡人謳吟。」亦是以「謠」易「歈」。《文選·吳都賦》五臣本「愉」作「歈」，劉淵林注引《楚辭》作「吳愉蔡謳」。

## （66）族舉遞奏

《集解》：徐廣曰：「舉，一作居。」

按：瀧川資言曰：「《漢書》、《文選》『舉』作『居』。顏師古曰：『族，聚也。聚居而遞奏也。』王念孫曰：『居，讀為舉，古字通用。族舉者，具舉也。遞奏者，更奏也。」高步瀛從王說〔註938〕。施之勉曰：「《書鈔》卷

〔註934〕方以智《通雅》卷5，收入《方以智全書》第1冊，上海古籍出版社，1988年版，第227頁。

〔註935〕朱珔《文選集釋》卷10，光緒元年刻本，本卷第36～37頁。

〔註936〕高步瀛《文選李注義疏》卷8，中華書局，1985年版，第1853頁。

〔註937〕王念孫《廣雅疏證》，收入徐復主編《廣雅詁林》，江蘇古籍出版社，1992年版，第703頁。

〔註938〕高步瀛《文選李注義疏》卷8，中華書局，1985年版，第1854～1855頁。

105 引『舉』亦作『居』。」王叔岷曰:「《類聚》卷 66、《司馬文園集》『舉』亦並作『居』。」《書鈔》卷 105 凡二引,並作「居」,施校未晰;《初學記》卷 15、《玉海》卷 73、《永樂大典》卷 11849 引亦作「居」。王念孫駁顏師古說,瀧川乃兼引二說,可謂無識。

### （67）姣冶嫺都

《索隱》:姣冶閑都。郭璞云:「姣,好也。都,雅也。」

按:瀧川資言曰:「蔡、凌、毛本、《漢書》、《文選》『姣』作『妖』,《漢書》『嫺』作『閑』。」水澤利忠曰:「姣,景、井、蜀、蔡、慶、中統、毛、凌『妖』。」施之勉曰:「景祐本、黃善夫本『姣』作『妖』。五臣本《文選》『嫺』亦作『閑』。」王叔岷曰:「《類聚》卷 66、《司馬文園集》亦並作『妖冶閑都』。」宋元各本及慶長本、古活字本都作「妖」,獨《索隱》本作「姣」字。《初學記》卷 19 引作「冶閑都麗」,非其舊本。

### （68）柔橈嬛嬛

《集解》:徐廣曰:「嬛,音娟。」

《索隱》:郭璞曰:「柔橈嬛嬛,皆骨體柔弱長豔兒也。」《廣雅》云:「嬛嬛,容也。」張揖曰:「嬛嬛猶婉婉也。」

按:王筠曰:「嬛嬛,班作『嫚嫚』。」沈家本曰:「嬛嬛,《漢書》作『嫚嫚』,《文選》作『嫚嫚』。《說文》:『嫚,好也。』小徐以為今之『娟』字。《索隱》引《廣雅》『嫚嫚,容也』,則《史》文本亦作『嫚』,傳寫譌為『嬛』,並注亦譌。」朱珔說「嫚」是「嫚」形譌,「嫚」即今「娟」,「娟」通「嬛」〔註 939〕。李笠曰:「『嬛』當從《漢書》作『嫚』。《說文》:『嬛,材緊也。』與此義無屬。嫚,好也。……《文選》作『嫚嫚』,尤誤。」池田從沈、李說。吳國泰曰:「嬛仍（乃）借作嫚。」瀧川資言曰:「《文選》『嬛嬛』作『嫚嫚』。」王叔岷曰:「《漢傳》『嬛嬛』作『嫚嫚』。《說文》:『嫚,好也。』段注:『《上林賦》「柔嬈嬛嬛」,今《文選》譌作「嫚嫚」,《漢書》不誤。《史記》作「嬛嬛」,則是別本。按今人所用「娟」字,當即此。』《司馬文園集》亦誤作『嫚嫚』。《史記》作『嬛嬛』,蓋亦誤字,恐非別本。《索隱》所引《廣雅》及張揖注之『嬛嬛』,亦因正文作『嬛嬛』正（而）誤。《廣雅》:『嫚嫚,容也。』王氏《疏證》引《史記》文,徑改

---

〔註 939〕朱珔《文選集釋》卷 10,光緒元年刻本,本卷第 37 頁。

正文及張注『嬛嬛』為『嬽嬽』，是也（嫚、嬽為誤字，胡氏《文選考異》亦有說。）《文選・上林賦》「嫚嫚」確是誤字，宋刻本、宋明州本、宋陳八郎刊本有注音「於員〔切〕」，正是「嬽」字之音，決非「嫚」字也。《文選・嘯賦》李善注引《上林賦》亦誤作「嫚嫚」。本書作「嬛」，既非別本，也非誤字，與「嬽」是聲轉字，朱珔、吳國泰說是也。古音從睘（瞏）從目多通，故徐廣曰「嬛，音娟」。

（69）於是歷吉日以齊戒

按：李善注張揖曰：「歷，筭也。」劉良注：「歷，選也。」《爾雅》：「歷，相也。」即察視義，今言看。音轉亦作儷，楊雄《蜀都賦》：「儷吉日。」

（70）建干戚

按：瀧川資言曰：「《漢書》、《文選》『建』作『舞』。」施之勉曰：「《書鈔》卷 130 引『建』亦作『舞』。」王叔岷曰：「《司馬文園集》『建』亦作『舞』。」《御覽》卷 680 引作「弄干鏚」，「弄」是「舞」形誤。

（71）今奉幣役至南夷，即自賊殺

按：王筠曰：「班『役』作『使』。」池田曰：「役，《漢書》作『使』，是也。」《文選・喻巴蜀檄》、《類聚》卷 58、《冊府元龜》卷 656 作「役」，《漢書》景祐本同；《漢書》南宋嘉定本、建安本、慶元本並作「使」，《班馬異同》卷 27、《西漢年紀》卷 12、《通志》卷 98 同。宋祁曰：「越本『使』作『役』。」高步瀛謂「役」字是〔註 940〕。

（72）橋孫水以通邛都

《索隱》：橋孫水通笮。韋昭曰：「為孫水作橋也。」案：《華陽國志》云「相如卒開犍道通南夷，置越嶲郡。韓說開益州，唐蒙開牂柯，斬笮王首，置牂柯郡」也。

按：王筠曰：「班『都』作『笮』。」王念孫曰：「『邛都』本作『邛笮』，此淺學人改之也。上文言『邛、笮、冉、駹皆請為內臣』，下文言『朝冉從駹，定笮存邛』，則此不得但言『通邛都』也。《索隱》本出『通笮』二字（案此脫『邛』字），注曰：『案《華陽國志》云云。』則正文內有『笮』字明矣。《漢書》正作『通邛笮』。」瀧川資言、張森楷、池田、王叔岷並從王念孫說。王念孫說未必是。考《華陽國志》卷 3：「臺登縣有孫水，一

〔註 940〕高步瀛《兩漢文舉要》，中華書局，1990 年版，第 82 頁。

曰白沙江，入馬湖水。」《水經注·若水》：「又有孫水焉，水出臺高縣，即臺登縣也。孫水一名白沙江，南流逕邛都縣，司馬相如定西〔南〕夷，橋孫水，即是水也。」是孫水出臺登縣，流經邛都縣，故相如於孫水上作橋以通邛都也。

### （73）群生澍濡

《正義》：顧野王云：「時雨，所以澍萬物也。」（據瀧川《考證》本）

按：黃善夫本上方校記引顧野王說「澍」下有「生」字，當據補。《說文》：「澍，時雨，〔所以〕澍生萬物〔者也〕。」〔註941〕王筠曰：「班『澍』作『霔』。」瀧川資言曰：「《漢書》、《文選》『澍』作『霔』。」王叔岷曰：「《類聚》卷29『澍』作『沾』。」《類聚》見卷25，王氏誤記。

### （74）略斯榆，舉苞滿

《索隱》：服虔云：「夷種也。」「滿」字或作「蒲」也。

按：王筠曰：「班『滿』作『蒲』。」梁玉繩曰：「《漢書》、《文選》作『苞蒲』，《索隱》亦云『一作蒲』，則『滿』字譌。」瀧川資言曰：「《漢書》、《文選》作『蒲』，即『靡莫』。」王叔岷曰：「《司馬文園集》『滿』亦作『蒲』。」《漢書》、《文選》各宋本都作「苞蒲」，唐鈔本《文選·難蜀父老》、日本永青文庫藏敦煌本《文選注》作「苞滿」，敦煌本佚名注：「苞滿，蜀地名。」〔註942〕瀧川謂「苞蒲」即西南夷之「靡莫」，不知其所據。

### （75）豈特委瑣握齱，拘文牽俗，循誦習傳，當世取說云爾哉

《索隱》：孔文祥云：「委璅，細碎。握齱，局促也。」

按：瀧川資言曰：「《文選》『握』作『喔』，『循』作『脩』。」施之勉曰：「五臣作『齷』。」王叔岷曰：「《漢紀》『特』作『將』，義同。《司馬文園集》從《文選》，『握齱』作『喔齱』，《漢紀》作『偓促』（即《酈生傳》之『握齱』）。疊韻連語，字無定形。《文選》『脩』乃『循』之誤。」「將」是「特」形誤，王說「義同」，非是。唐鈔本《文選·難蜀父老》作「喔齱」，日本永青文庫藏敦煌本《文選注》作「踞齱」〔註943〕。李善注引應劭曰：

---

〔註941〕缺字據《文選·魏都賦》李善注引補。

〔註942〕《唐鈔文選集注彙存》，上海古籍出版社，2000年版，第687頁。岡村繁《永青文庫藏〈敦煌本文選注〉箋訂》，收入《岡村繁全集》卷2，上海古籍出版社，2002年版，第300頁。

〔註943〕《唐鈔文選集注彙存》，上海古籍出版社，2000年版，第700頁。岡村繁

「喔齪，急促之貌也。」其語源當是「握捉」，謂握持之緊，引申為急促義，復引申為局量小之愚謹之人。

（76）敞罔靡徙

《索隱》：敞罔，失容也。靡徙，失正也。

按：《漢書》、《文選·難蜀父老》同。顏師古注：「敞罔，失志貌。靡徙，自抑退也。」劉良注：「敞罔，驚視貌。靡徙，移足貌。」吳國泰曰：「靡徙者，謂披靡避徙也。」吳氏望文生義，非是。「靡徙」疊韻連語，唐鈔本《文選》「徙」形誤作「徒」。倒言則作「徙靡」，《文選·高唐賦》：「徙靡澹淡，隨波闇藹。」李善注：「徙靡，言枝往來靡靡然。」李說亦非是。《類聚》卷 61 王融《皇太子哀策文》：「光徙靡而欲沉，山荒涼而遂晚。」轉語也作「靡迤」、「靡迆」、「靡陁」等形。

（77）今陛下好陵阻險，射猛獸

按：射，《漢書》、《漢紀》卷 10、《文選·上書諫獵》、《類聚》卷 24 同，《初學記》卷 22 作「搏」，又「阻險」作「險阻」。

（78）輿不及還轅，人不暇施巧

按：《漢書》、《文選·上書諫獵》、《初學記》卷 22、《類聚》卷 24 同，《漢紀》卷 10「輿不及還轅」下多「馬不及旋踵」五字。不暇，猶言「不及」，暇亦及也。

（79）故鄙諺曰：「家累千金，坐不垂堂。」

《索隱》：樂產云：「垂，邊也。恐墮墜也。」

按：《索隱》單行本作「樂產」，黃善夫本、乾道本、淳熙本、元刻本、慶長本、古活字本、四庫本作「樂彥」。

（80）登陂陁之長阪兮，坌入曾宮之嵯峨

《集解》：《漢書音義》曰：「坌，並也。」

《索隱》：登陂陁。陂音普何反。陁音徒何反。

按：顏師古注引蘇林曰：「坌音馬坌叱之坌。」又引張揖曰：「坌，並也。」方以智曰：「坌溢，濆起也。《溝洫志》曰『河水溢溢』，蓋滿起貌。相如『坌入曾宮之峯峩』，《唐儒學傳》『坌集京師』，《莊子》『隱坌』，皆謂

《永青文庫藏〈敦煌本文選注〉箋訂》，收入《文選之研究》第 5 章，《岡村繁全集》卷 2，上海古籍出版社，2002 年版，第 310 頁。

滿起也。」〔註944〕朱駿聲曰：「坋（坲），叚借為扮。《漢書集注》：『坲，並也。』」〔註945〕王叔岷曰：「《索隱》本『阤』作『陁』，《漢傳》、《司馬文園集》並同。」《類聚》卷40《弔秦二世賦》「阤」亦作「陁」，無「坲」字。「扮」本訓是握持，朱駿聲說非是。《集韻》：「坲，一曰並也。」亦本張揖說。《文選・吳都賦》「儇佻坲並，銜枚無聲」，劉淵林注引《漢書音義》：「坲，並也。」方以智讀坲為瀵，可備一通，字亦作濆，水涌起也。坲入，猶言涌入。但方氏引《莊子》「隱坲」不當，《莊子・知北遊》作「隱弅」，「弅」同「墳」，高起貌。余謂坲讀為奔，亦通。

### （81）臨曲江之隑州兮，望南山之參差

《集解》：《漢書音義》曰：「隑，長也。苑中有曲江之象，泉中有長洲也。」

《索隱》：案：隑音祈。隑即碕，謂曲岸頭也。張揖曰：「隑，長也。苑中有曲江之象，中有長州。」

按：吳國泰曰：「『隑』當作『塏』。《說文》無『隑』字，『塏』下云：『高燥也。』」舊訓隑為長曲岸，不誤，吳說非是。宋刊《類聚》卷40「隑」作「澄」。「隑（澄）」是「碕」轉語，字亦作埼、陭。

### （82）巖巖深山之谾谾兮

《索隱》：谾音苦江反。晉灼曰：「音籠，古籠字。」蕭該云：「谾，或作籠，長大皃也。」

按：谾谾，《類聚》卷40作「涳涳」。

### （83）汨湤噏習以永逝兮

《索隱》：上音于筆反。湤音域，疾皃也。噏音許及反。《漢書》作「靸」，靸，輕舉意也。

按：王筠曰：「班『噏習』作『靸』。」王先謙曰：「《史記》『靸』作『噏』，下更有『習』字（《文選・吳都賦》『翕習容裔』，『翕習』與『噏習』意同）。案《廣韻》『噏』與『吸』同。此又借『靸』為『吸』耳。」〔註946〕瀧川資言曰：「《吳都賦》『翕習容裔』，『噏』、『翕』同意。《漢書》無『習』字。」

〔註944〕方以智《通雅》卷17，收入《方以智全書》第1冊，上海古籍出版社，1988年版，第607頁。

〔註945〕朱駿聲《說文通訓定聲》，武漢市古籍書店，1983年版，第780頁。

〔註946〕王先謙《漢書補注》卷57，中華書局，1983年版，第1190頁。

瀧川說襲自王說耳。吳國泰曰：「翕假作吸。」王叔岷曰：「《漢傳》『噏』作『翕』。朱駿聲云：『翕借為伋。』噏（或歙字）亦借為伋，《說文》：『伋，急行也。』引申有輕舉義。《漢傳補注》云云。翕亦伋之借字。《易‧坎》『習坎』，《釋文》引劉表云：『水流行不休故曰習。』是習亦有急義。」宋刊《類聚》卷 40 作「泊乎溝口翕以永逝」（四庫本缺字作「渠」），顯然譌誤不足據。王叔岷說「噏習」大誤，且「水流行不休故曰習」亦非急義。《漢書》脫「習」字，王先謙說是也。「翕（噏）習」雙聲連語，水盛貌。字或作「歙習」，火盛貌則作「熻熠」，又音轉作「吸習」。「翕」、「習」音義同，複言則曰「翕習」，重言則曰「翕翕」或「習習」。又音轉作「溢淢」、「溢淈」（見上文）。《方言》卷 13：「駥，馬馳也。」《廣雅》：「駥，馳也。」王念孫、錢繹並引《漢書》「汩淢駥以永逝兮」以證，謂「翕」與「駥」同〔註947〕，非是。

**（84）觀眾樹之塕薆兮**

按：瀧川資言曰：「《漢書》『塕』作『蓊』。」《類聚》卷 40 亦作「蓊薆」。

**（85）東馳土山兮，北揭石瀬**

《索隱》：《說文》云：「瀬，水流沙上也。」

按：《漢書》同。顏師古曰：「揭，褰衣而渡也。石而淺水曰瀬，音賴。揭，音丘例反。」《類聚》卷 40「揭」作「偈」。「揭」同「偈」，疾馳也，字亦作趨。顏氏解作褰衣而渡，非是。

**（86）彌節容與兮**

《索隱》：容與，遊戲貌也。

按：瀧川資言曰：「《漢書》『彌』作『弭』。」施之勉曰：「《御覽》卷 596 引『彌』作『弭』。」王叔岷曰：「《司馬文園集》『彌』亦作『弭』。」《類聚》卷 40 亦作「弭」。「容與」音轉則為「夷與」，《古文苑》卷 9 王融《遊仙詩》：「弭節且夷與，參差聞鳳笙。」章樵注：「夷與，猶徜徉也。」又轉作「容裔」，緩行貌。

**（87）操行之不得兮**

按：操，宋刊《類聚》卷 40 作「摻」，乃俗譌字。

〔註947〕王念孫《廣雅疏證》，收入徐復主編《廣雅詁林》，江蘇古籍出版社，1992 年版，第 375 頁。錢繹《方言箋疏》，上海古籍出版社，1984 年版，第 792 頁。

（88）夐邈絕而不齊兮，彌久遠而愈休

按：黃善夫本上方校記云：「休，《禮記》曰『作昧』。」吳國泰曰：「休假作昧。《說文》：『昧，目不明也。』」瀧川資言曰：「『休』、『昧』同。」據池田所引，瀧川說乃竊自中井積德說耳。余謂「休」讀為邁，亦久遠之義。

（89）精罔閬而飛揚兮，拾九天而永逝

《正義》：《太玄經》云：「九天謂一為中天……五為晬天……九為成天。」

按：①黃善夫本、元刻本、慶長本、古活字本無《正義》。《太玄經》「晬天」，《封禪書》《正義》、《開元占經》卷3、《御覽》卷2、《事類賦注》卷1、《永樂大典》卷4936引同；《太玄·太玄數》作「晬天」，《類聚》卷1、《永樂大典》卷4933引同。考《太玄·晬》：「晬，陽氣袀晬清明，物咸重光，保厥昭陽。」范望注：「『晬』與『粹』同。謂之晬者，言是時陽純袀晬清明，其光萬物昭著，保安於陽，純晬其道，故謂之晬。」又《玄圖》：「珍光淳全存乎晬。」范望注：「晬天主四月中旬訖五月下旬，萬物成實而純茂也。」晬之言粹，精純不雜也。②罔閬，也作「罔浪」、「罔閬」、「罔㝐」、「罔㝐」，廣大空虛貌，無所依據貌。用為名詞指鬼神，則作「罔兩」、「魍魎」、「蝄蜽」。③拾，躡足登也。

（90）垂絳幡之素蜺兮，載雲氣而上浮

《正義》：張揖曰：「乘，用也。赤氣為幡，綴以白氣也。」如淳曰：「絳氣以虹蜺為幡。」

按：梁玉繩曰：「『垂』乃『乘』之譌。」池田從梁說，又引中井積德曰：「班史『垂』作『乘』，猶載也。『垂』與下文相犯，似誤。」瀧川資言曰：「『垂』字與下文相犯，《正義》本作『乘』，與《漢書》合。王先謙曰：『乘、載對文，猶言駕素蜺而載雲氣耳，不當訓用。』」瀧川乃竊中井說也。張森楷曰：「《漢書》『垂』作『乘』，是。」王叔岷曰：「《司馬文園集》『垂』亦作『乘』。」李人鑒曰：「《漢書》『垂』字作『乘』，《類聚》卷78引《大人賦》作『垂』，而『載』作『戴』。『乘』與『載』相對，『垂』與『戴』亦相對。此處似不得言『乘』，且此言『垂絳幡之素蜺兮』，與下文『垂旬始以為幓兮』意甚近似，疑此作『垂』是，《漢書》作『乘』非。上既作『垂』，則下似從《類聚》作『戴』是。」梁氏等說是，「戴」是「載」借字。揚雄《反離騷》：「乘雲蜺之旖旎兮，望昆侖以樛流。」「乘素蜺」

即「乘雲蜺」也。《文選・舞賦》、《羽獵賦》李善注引《大人賦》亦誤作「垂」,《初學記》卷 19、《類聚》卷 78、《古文苑》卷 2《舞賦》章樵注引誤同。「乘」是乘駕義,不訓用。《初學記》、《類聚》「蜺」作「霓」,「載」作「戴」,古字通。

## （91）垂旬始以為幓兮,抴彗星而為髾

《集解》:《漢書音義》曰:「旬始氣如雄雞,縣於葆下以為旒也。髾,燕尾也。抴彗星,綴著旒以為燕尾。」

按:瀧川資言曰:「《漢書》『抴』作『曳』。」水澤利忠曰:「幓,景、紹、中統『幓』。」王叔岷曰:「幓,正作『縿』。《說文》:『縿,旌旗之游也。』朱駿聲云:『注「旒也」,失之。』」垂,《後漢書・輿服志》劉昭注引誤作「重」。黃善夫本、乾道本、古活字本、四庫本作「幓」,《漢書》、《類聚》卷 78 同;淳熙本、慶長本亦作「幓」,《開元占經》卷 86、《御覽》卷 875 引同;《初學記》卷 19 引作「縿」,《後漢書・輿服志》劉昭注引作「襂」。「幓」是「幓」形誤。「幓」是「縿」俗字,亦作「襂」,是旒之正幅,張揖注「幓,旒也」,亦非失之,王叔岷從朱駿聲說,失考矣。抴,《類聚》、《初學記》亦作「曳」,古字通;《開元占經》引作「樴」,蓋「枻」形誤。

## （92）駕應龍象輿之蠖略逶麗兮,驂赤螭青虯之蚴蟉蜿蜒

《正義》:顏云:「蠖略委麗,蚴蟉宛蜒,皆其行步進止之貌也。」(據瀧川《考證》本,黃善夫本上方校記亦引之,「行步」作「闊步」。)

按:王筠曰:「逶麗,班作『委麗』。下文《史》『委麗』,班又作『骩（骩）麗』,蓋『委蛇』、『倭遲』之轉。」王先謙曰:「本書《甘泉賦》『蠖略蕤綏』,注:『蠖略蕤綏,龍行貌。』委麗猶委蛇,行步自得之貌。」[註948]瀧川資言曰:「《漢書》『逶』作『委』。」二王氏說均是,「委麗」也作「逶邐」,是「委蛇」、「蕤綏」轉語,又轉作「逶迤」等形。「蠖略」也作「濩略」、「嚄略」,《文選・赭白馬賦》:「欻聳擢以鴻驚,時濩略而龍矯。」李善注引《甘泉賦》:「洒濩略綏蕤。」《唐武德禱雨辟邪鑌鐵鏡銘》:「雙龍嚄略垂長領,回祿睢盱威早斂。」

## （93）沛艾赳螑仡以佁儗兮

《集解》:《漢書音義》曰:「赳螑,申頸低卬也。佁儗,不前也。」

---

〔註948〕王先謙《漢書補注》卷 57,中華書局,1983 年版,第 1191 頁。

《索隱》：孟康曰：「赳螑，申頸低頭。」張揖曰：「赳螑，牙跳也。」赳音居幼反。螑音許救反。張揖曰：「仡，舉頭也。佁儗，不前也。」

《正義》：沛艾，駊騀也。（據瀧川《考證》本，黃善夫本上方校記亦引之。）

按：《漢書》同。顏師古注引張揖曰：「沛艾，駊騀也。赳螑，申頸低卬也。仡，舉頭也。佁儗，不前也。」張文虎曰：「『赳螑』《索隱》『牙跳也』：單本『螑』下衍『之』字，『牙』疑當作『牙』。」水澤利忠、張森楷從張說。王先謙曰：「《文選·東京賦》『齊騰驤而沛艾』，李善注（引者按：當是薛綜注）：『沛艾，作姿容貌也。』張解為駊騀。《玉篇》『駊騀，馬搖頭』，與《選》訓合。《類篇》：『赳螑，龍申頸行貌。』『螑』當為『趦』之借字。《說文》：『赳，輕勁有才力也。趦，行也。』《集韻》『趦或作跾』，又云『趴跾，行不正也』。『趴跾』即『赳趦』之異文矣。」〔註949〕瀧川資言從王說。吳國泰曰：「沛艾赳螑者，『駊騀赳趦』之假。字亦作『趴跾』。」吳說亦自王說化出。王叔岷曰：「『螑』俗字，正作『趦』。《說文》：『趦，行也。』段注：『《廣韻》：「蔓趦，疲行貌。」按「赳螑」即「蔓趦」。』「蔓趦」者，蔓之言夢也、懵也，指胡亂行走，故專字改從足旁作「蹔」。「蹔趦」亦作「莒趦」、「蔓跾」，與「赳螑」、「趴跾」不同，段說未得〔註950〕。王先謙說「赳螑」同「趴跾」，是也，又誤作「蹴跾」、「蹴踥」，故宮本裴務齊《正字本刊謬補缺切韻》：「跾，蹴跾之（『之』衍文），屈伸伍（低）仰。」《集韻》、《類篇》：「跾，蹴跾，屈申皃。」〔註951〕《索隱》引張揖說「赳螑，牙跳也」，張文虎改作「牙（互）跳」亦不辭。「牙」字疑「伍（低）」脫誤，「伍」脫作「互」，俗作「牙」，又形誤作「牙」。張揖說有脫文，疑本作：「赳螑，屈伸伍（低）仰，跳也。」《廣韻》：「跾，跳皃。」

## （94）絪繆偓佺忧㱥以梁倚

《集解》：《漢書音義》曰：「忧㱥，走也。梁倚，相著也。」

《索隱》：張揖曰：「忧㱥，奔走。梁倚，相著。」

按：王先謙曰：「梁倚，如屋梁之相倚。《文選·魯靈光殿賦》：『奔虎

---

〔註949〕王先謙《漢書補注》卷57，中華書局，1983年版，第1191頁。

〔註950〕另參見胡吉宣《玉篇校釋》，上海古籍出版社，1989年版，第1421頁。

〔註951〕參見楊寶忠《大型字書疑難字新考》，《漢字漢語研究》2018年第1期，第46～47頁。

攫拏以梁倚。』」〔註952〕吳國泰曰：「梁倚者，『邐迆』之借。邐、梁魚陽對轉相假也。亦作『邐倚』，《西京賦》『墱道邐倚以正東』，注：『一高一下、一曲一直也。』」王叔岷曰：「『梁倚』之義是否如王說，存參。」《文選·魯靈光殿賦》李善注亦引張揖說，呂延濟注：「攫，舉爪也。拏，以手持也。若舉爪持梁以相倚。」呂、王說「梁倚」均望文生義，吳說音轉亦不足信。張揖說是也。《類聚》卷1晉·成公綏《雲賦》：「上捷業以梁倚，下壨嶬而相薄。」「梁倚」、「相薄」同義對舉，皆薄著之義。梁亦相也，古音來母、心母相通〔註953〕，同屬陽韻。梁倚謂相依倚也。

### （95）屯余車其萬乘兮，綷雲蓋而樹華旗

《索隱》：綷音祖內反。如淳曰：「綷，合也。合五綵雲為蓋也。」

按：池田引中井積德曰：「『綷』、『翠』通。」王叔岷曰：「綷，或『繂』字。《說文》：『繂，會五采繒色。』」王說是，然其說清人早發之〔註954〕。綷，《漢書》同，《御覽》卷702引亦同，《御覽》注：「綷，于對切」；《書鈔》卷134引誤作「結」，《類聚》卷78引誤作「翠」。

### （96）吾欲往乎南嬉

按：王筠曰：「嬉，班作『娭』，下同。」沈家本曰：「《漢書》『嬉』作『娭』。《遠遊》曰：『吾將往乎南疑。』」瀧川資言曰：「《漢書》『嬉』作『娭』。『娭』、『嬉』皆訓為戲。《遠遊篇》：『指炎帝而直馳，吾將往乎南疑。』注：『疑，一作娭。』」瀧川竊沈說而略事補充耳。王叔岷曰：「《司馬文園集》『嬉』亦作『娭』。《遠遊》作『疑』，『娭』、『疑』音近通用。」《楚辭·九懷·陶壅》：「羨余術兮可夷，吾乃逝兮南娭。」《後漢書·張衡傳》《思玄賦》：「顧金天而歎息兮，吾欲往乎西嬉。」《文選》同。李賢、李善注亦並訓嬉為戲、樂。不當訓為戲樂，當讀為浾。《爾雅》：「浾為厓。」郭璞注：「謂水邊。」《說文》：「浾，水厓也。」《公羊傳·僖公元年》「自南浾」，

〔註952〕王先謙《漢書補注》卷57，中華書局，1983年版，第1191頁。

〔註953〕「數」上古音屬心母，從來母字「婁」得聲。「曬」上古音屬心母，從來母字「麗」得聲。

〔註954〕王念孫《廣雅疏證》，錢大昭《廣雅疏義》，並收入徐復主編《廣雅詁林》，江蘇古籍出版社，1992年版，第307頁。段玉裁《說文解字注》，桂馥《說文解字義證》，王筠《說文解字句讀》，朱駿聲《說文通訓定聲》，並收入丁福保《說文解字詁林》，中華書局，1988年版，第7896頁。錢繹《方言箋疏》卷3，上海古籍出版社，1984年版，第206、211頁。

何休注：「涘，水涯。」

（97）歷唐堯於崇山兮，過虞舜於九疑

按：歷亦過也。過，《漢書》同，《類聚》卷78引誤作「遇」。

（98）紛湛湛其差錯兮

《索隱》：湛音徒感反。

按：《漢書》同。顏師古曰：「湛湛，積厚之貌。湛，音徒感反。」吳國泰曰：「湛者沉字之借，引申訓深。」顏說是，湛音譚，又音轉為「沈沈」。

（99）奄息總極氾濫水嬉兮

按：瀧川資言曰：「《漢書》『嬉』作『娭』。張揖曰：『奄息，奄然休息也。』」張說非是，奄亦息也。吳國泰曰：「『嬉』、『娭』皆當為『涘』之借字。氾濫猶流連也。氾濫水涘者，言流連於水濱也。」此「嬉（娭）」當訓遊戲，吳說非是。沈家本指出語本《楚辭‧遠遊》「涉青雲以汜濫遊兮」，是嬉即遊也。

（100）時若薆薆將混濁兮

按：王筠曰：「薆薆，班作『曖曖』。」王先謙曰：「《離騷》『時曖曖其將罷兮』，注：『曖曖，昏昧貌。』《釋言》：『薆，隱也。』義本相近，故『晻曖』亦作『晻薆』。」〔註955〕王叔岷從其說。瀧川資言曰：「《漢書》『薆薆』作『曖曖』。」《類聚》卷78引亦作「曖曖」。

（101）載玉女而與之歸

《正義》：張云：「玉女，青要、乘弋等也。」

按：青要，也作「青腰」、「青娭」，又稱作「青女」。乘弋，也作「承弋」、「承翼」、「乘翼」。

（102）亢烏騰而一止

《集解》：《漢書音義》曰：「亢然高飛，如烏之騰也。」

按：瀧川資言曰：「《漢書》『烏』作『鳥』。」《類聚》卷78引亦作「鳥」，又脫「亢」字。疑「鳥」字是。

（103）嬐侵潯而高縱兮

《集解》：徐廣曰：「嬐音纖。」

《索隱》：《漢書》「嬐」作「僰」。僰，仰也，音襟。嬐音魚錦反。

　　按：錢大昕曰：「《漢書》『嬐』作『傪』。『傪』、『嬐』聲相近。嬐讀如檢，徐音孅，非也。」施之勉從其說。王筠曰：「嬐侵潯，班作『傪祲尋』。」朱駿聲曰：「祲，字亦作襂。叚借為嬐。《漢書·司馬相如傳》：『襂侵尋而高縱兮。』注：『卬也。』《史記索隱》：『襂，仰也。』按：敏也。祲、嬐雙聲。」〔註956〕吳國泰曰：「《說文》：『嬐，敏捷也。』『侵潯』假作『駸迅』。《說文》：『駸，馬疾行也。迅，疾也。』」王叔岷曰：「《說文》：『嬐，敏捷也。』傪亦借為嬐。《漢書》張揖注：『傪，卬也。』此別義。」桂馥、王筠、朱駿聲、錢坫皆引此賦以證《說文》「嬐，敏疾也」〔註957〕，此殆吳、王說所本。「侵潯」即「侵尋」，猶言漸進，吳說非是；「嬐」如訓敏疾，則義不相屬。《集韻》：「傪，仰頭也，或作嬐。」《慧琳音義》卷83引《韻銓（詮）》、《玉篇》引《文字音義》並云：「傪，仰頭兒。」〔註958〕P.3693V《箋注本切韻》、P.2011王仁昫《刊謬補缺切韻》同。《晉書·摯虞傳》《思遊賦》：「前湛湛而攝進兮，後傪傪而方馳。」《晉書音義》卷中：「傪傪，仰頭兒也。」皆與張揖說合。張揖訓仰頭，其義自通。古音僉、嚴相通（心母、疑母相通，同為談韻）〔註959〕，嬐當讀作儼〔註960〕。《說文》：「儼，

〔註956〕朱駿聲《說文通訓定聲》，武漢市古籍書店，1983年版，第94頁。

〔註957〕桂馥《說文解字義證》，王筠《說文解字句讀》，朱駿聲《說文通訓定聲》，錢坫《說文解字斠詮》，並收入丁福保《說文解字詁林》，中華書局，1988年版，第12167頁。

〔註958〕《龍龕手鑒》引《玉篇》誤作「動頭貌」。

〔註959〕參見張儒、劉毓慶《漢字通用聲素研究》，山西古籍出版社，2002年版，第1053頁。

〔註960〕①《說文》：「嬐，一曰莊敬兒。」此義亦是「嚴」、「儼」聲轉。《爾雅》：「儼，敬也。」②郭店楚簡《緇衣》簡25：「吾大夫共（恭）且鹼，靡人不斂。」上博楚簡（一）《緇衣》簡14「鹼」作「僉」。「鹼（僉）」即「嬐」字。郭店簡整理者引裘錫圭說，讀鹼作儉，劉信芳、劉釗、虞萬里皆從裘說；上博簡整理者說「僉」是「斂」之省，即「儉」。余則讀作嬐、儼，訓恭敬，「恭而敬」也是古書習語，亦備一解。《郭店楚墓竹簡》，文物出版社，1998年版，第134頁。劉信芳《郭店簡〈緇衣〉解詁》，收入《郭店楚簡國際學術研討會論文集》，湖北人民出版社，2000年版，第173頁。劉釗《郭店楚簡校釋》，福建人民出版社，2005年版，第61頁。《上海博物館藏戰國楚竹書（一）》，上海古籍出版社，2001年版，第190頁。虞萬里《上博館楚竹書〈緇衣〉綜合研究》，武漢大學出版社，2009年版，第118頁。③曹植《洛神賦》：「六龍儼其齊首，載雲車之容裔。」陶淵明《桃花源記》：「屋舍儼然。」「儼其」、「儼然」是整齊貌，則讀作「嬐然」。《廣韻》：「嬐，嬐然，齊也。」

昂頭也。」「昂」是「卬」俗字，「昂頭」即「仰頭」。儼又音轉作傪，心母、見母相通，侵、談旁轉。

### （104）紛鴻涌而上厲

按：王筠曰：「班『涌』作『溶』。」瀧川資言說同。顏師古注引張揖曰：「鴻溶，竦踊也。」吳國泰曰：「鴻涌，當假作『竦踊』。厲，當假作邁。」王叔岷曰：「溶、涌古同音通用。」應瑒《靈河賦》「汾鴻涌而騰騖兮」，即本相如賦。溶讀為涌，亦作踊，上跳也。《淮南子·泰族篇》「河不滿溢，海不溶波」，《文子·精誠》「溶」作「涌」。「鴻涌」即是「竦踊」聲轉，王念孫已及之〔註961〕，也聲轉作「洶涌」，《上林賦》「洶涌滂渭」，《索隱》：「司馬彪曰：『洶涌，跳起貌。』涌，或作容。」上厲，猶言上跳、上騰。厲，讀為趰，字亦作趃、趁、迣。《說文》：「趰，超特也。」「超特」乃「超騰」音轉〔註962〕。《老子指歸·大成若缺章》：「厲度四海，周流六虛。」

### （105）涉豐隆之滂沛

《正義》：張云：「豐崇，雲師也，《淮南子》云『季春三月，豐崇乃出以將雨』。」

按：《正義》引張說，顏師古注引作應劭說，「豐崇」並作「豐隆」，宋刊《淮南子·天文篇》同。

### （106）馳游道而脩降兮

《正義》：游，游車也。道，道車也。脩，長也。降，下也。

按：張文虎曰：「蔡、中統、舊刻、游、柯、毛本『脩』作『循』。案：『脩降』義窒，《漢書》作『修』，師古雖訓為長，又云『循長路而下馳』，蓋亦騎牆。」瀧川資言曰：「楓、三本『馳』作『騁』，與《漢書》合。」水澤利忠曰：「馳，楓、三、景、井、蜀、紹『騁』。脩，景、蜀、紹、蔡、慶、中統、毛『循』，南化校記『脩』。」龍良棟曰：「殿本『循』作『脩』。張文虎云云，案黃本作『循』，並與景祐本合。」施之勉曰：「景祐本『馳』作『騁』。又景祐本、黃善夫本『脩』作『循』。」王叔岷曰：「《正義》既

---

〔註961〕 參見王念孫《廣雅疏證》，收入徐復主編《廣雅詁林》，江蘇古籍出版社，1992 年版，第 59 頁。

〔註962〕 參見蕭旭《〈爾雅〉「猰貐」名義考》，收入《群書校補（續）》，花木蘭文化出版社，2014 年版，第 1819～1821 頁。

云『脩，長也』，則作『脩』字是。黃善夫本正文雖誤『循』，《正義》尚不誤。《正義》云云，本師古注。」宋元各本都作「循」，《班馬異同》卷 27 同；慶長本、古活字本作「脩」。黃本下方校記云：「循，小板乍（作）『脩』。」《正義》全襲自小顏說，故作「脩」字。《史記》舊本作「循」，是也。小顏注「言周覽天上，然後騁車也，循長路而下馳」云云，亦是增「循」字，句意乃完整。循降，猶言順次而下降。

### （107）遺屯騎於玄闕兮，軼先驅於寒門

按：遺，《漢書》同，宋刊《類聚》卷 78 誤作「遣」。

### （108）聽惝恍而無聞

按：王筠曰：「惝恍，班作『敞怳』。」瀧川資言說同王氏。沈家本曰：「《遠遊》同，《漢書》『惝』作『敞』。」《類聚》卷 78 亦作「敞怳」。字亦作「敞（惝）罔」、「惝（懒）怳」、「懆惘」、「懱慌」、「懱恍」、「儻恍」、「敞芘」。

### （109）乘虛無而上假兮，超無友而獨存

《集解》：徐廣曰：「假音古下反，至也。」

按：王筠曰：「班『假』作『遐』。案古人從辵之字多省從彳，『假』似『假』譌。『王假有廟』之類，亦皆似『假』譌。」吳國泰曰：「『假』假作『假』。《說文》：『假，至也。』」瀧川資言曰：「《漢書》『假』作『遐』。」王叔岷曰：「上假猶登假，亦猶升假。《莊子‧德充符篇》：『彼且擇日而登假。』《淮南子‧齊俗篇》：『其不能乘雲升假亦明矣。』並其例。《漢傳》『假』作『遐』，古字通用。」①《類聚》卷 78 作「假」。王叔岷說「上假猶登假，亦猶升假」是也，但所引二例則誤。此賦「上假」同義連文，「假」當讀「格」音，至也。吳國泰說本字作假，甚確；王筠以為字誤，殊無必要。字亦音轉作格、徦。《爾雅》：「格，至也。」《方言》卷 1：「假、徦，至也。邠唐冀兗之閒曰假，或曰徦。」《莊子‧大宗師》：「是知之能登假於道者也若此。」郭象註：「言夫知之登至於道者，若此之遠也。」成玄英疏：「假，至也。」《淮南子‧精神篇》：「此精神之所以能登假於道也。」高誘注：「假，至也。上至於道也。」②王叔岷所引《淮南》，「升假」與「乘雲」對舉，假讀為霞，指雲霞，《莊子‧德充符》「登假」亦同。《楚辭‧遠遊》「載營魄而登霞」，王逸注：「霞謂朝霞赤黃氣也。」正作本字「霞」。《墨子‧節葬下》「秦之西有儀渠之國者，其親戚死，聚柴薪而焚之，熏上，謂之登遐，然

後成為孝子」，《劉子‧風俗》「登遐」作「昇霞」。皆與《大宗師》「登假」
不同，不得牽混。③韓兆琦曰：「超，超然，離世脫俗貌。」其說非是。超，
晚出字作怊，《玉篇》：「怊，悵恨也。」本字為惆，《說文》：「惆，失意也。」
《廣雅》：「惆，悵也。」相如《上林賦》「超若自失」，猶言悵然自失。④
宋祁曰：「『友』字浙本作『有』字。」王先謙曰：「《史記》作『友』，或作
『有』。案，『獨存』不勞更言『無友』，作『有』者是。宋蘇軾詩『超世無
有我獨行』，即用此賦意。」龍良棟曰：「殿本『友』作『有』。黃本、吳本、
《會注考證》本並作『友』，與景祐本合。」王說非是，張森楷定作「有」
字，亦非。宋元各本及慶長本、古活字本都作「友」，《類聚》卷 78、《班馬
異同》卷 27、《通志》卷 98 引同，《漢書》各宋本亦同。王叔岷引《莊子‧
在宥》廣成子謂黃帝曰：「故余將去女，入無窮之門，以遊無極之野……人
其盡死，而我獨存乎？」「人其盡死」是「無友」也。唐‧顏真卿《尉廣平
文貞公宋公神道碑銘》：「超無友而獨立者，其惟廣平公乎？」亦用此賦意，
則顏真卿所據亦是「友」字耳。《楚辭‧九思‧哀歲》「自恨兮無友，特處
兮煢煢」，即此「超無友而獨存」之誼。殿本作「有」，妄改耳。

## （110）大漢之德，逢涌原泉

《集解》：韋昭曰：「漢德逢涌如泉原也。」

《索隱》：逢源泉。張揖曰：「逢，遇也。喻其德盛若遇泉源之流也。」
又作「峰」，讀曰烽。

按：顏師古曰：「逢，讀曰烽。言如烽火之升，原泉之流也。」張文虎
曰：「逢涌，《索隱》本『逢』，與《漢書》、《文選》合，《字類》引亦同，
今本並誤『烽』。」朱珔曰：「顏說非是，乃因《史記》作『烽』而望文解
之，不知『烽』特『逢』之借字耳。若即以為烽火，則與『涌』字不貫，
且下句『汃濔曼羨』文義亦隔絕矣。張揖云云，義固可通。余謂：逢，大
也。此言漢之盛德，若原泉大涌而出汃濔曼羨也。」〔註 964〕梁章鉅從朱說
〔註 963〕，李笠、瀧川資言引朱說而誤作梁說（施之勉已指出瀧川之誤），
其疏甚矣；瀧川又竊張文虎說作己說，尤不足取。胡紹煐曰：「逢，溢出也。
水出謂之『逢涌』，猶氣出謂之『蓬勃』。『蓬勃』雙聲，『逢涌』疊韻，二
字平列義同。師古讀逢為烽固謬，而張揖訓逢為遇，亦未免因文生義矣。」

〔註 963〕朱珔《文選集釋》卷 23，光緒元年刻本，本卷第 6 頁。

〔註 964〕梁章鉅《文選旁證》卷 40，福建人民出版社，2000 年版，第 1104 頁。

〔註965〕王先謙曰：「逄讀為漨。漨浡，水盛貌。『漨涌』即『漨浡』之義耳。逄，本義亦大也。是『逄』讀本字，而訓『逄涌』為盛涌，亦無不順。《史記》作『漢』乃借字。」〔註966〕水澤利忠曰：「逄，景、井、蜀、蔡、慶、中統、彭、毛、凌、殿『漢』，《集解》之『逄』亦同。」徐仁甫曰：「逄、蒙義同，皆訓為大。加以水旁『逄涌』即『濛涌』。上文曰『湛恩濛涌』，此與之同。」王叔岷曰：「景祐本、黃善夫本、殿本『逄』皆作『漢』，《集解》同。《類聚》卷10、《司馬文園集》亦並作『漢』。《索隱》本『逄』下蓋脫『涌』字。」李善本《文選・封禪文》作「逄」，五臣本作「漢」。紹興本、乾道本、淳熙本、元刻本、四庫本亦作「漢」，慶長本、古活字本作「烽」。各本《索隱》作「又作峰讀」，脫「曰烽」二字。張揖本脫「涌」字，故訓「逄」為遇也。徐仁甫說近之，餘說皆誤。「逄（漢）涌」又轉作「丰容」、「丰茸」、「妦媶」，盛大貌。

（111）稟一莖六穗於庖

《索隱》：鄭德云：「稟，擇也。」

《校勘記》：鄭德，原作「鄭玄」，據黃本、彭本、柯本、凌本、殿本改。《漢書》顏師古注：「鄭氏曰：『導，擇也。』」《漢書敘例》：「鄭氏，晉灼《音義》序云不知其名，而臣瓚《集解》輒云鄭德。既無所據，今依晉灼但稱鄭氏耳。」（9／3712）

按：施之勉、王叔岷亦謂當作「鄭德」。《索隱》單行本作「鄭玄」，淳熙本同；乾道本、慶長本、古活字本、四庫本亦作「鄭德」。《漢書》、《文選・封禪文》「稟」作「導」。李善注引鄭玄曰：「導，擇也。」李善亦誤。

（112）犧雙觡共抵之獸

《集解》：徐廣曰：「抵音底。」駰案：《漢書音義》曰：「犧，牲也。觡，角也。底，本也。武帝獲白麟，兩角共一本，因以為牲也。」

按：吳國泰曰：「抵假作柢，《說文》：『木根也。』」瀧川資言曰：「《文選》『抵』作『柢』。」王叔岷曰：「柢、抵，正、假字。《爾雅》：『柢，本也。』（《類聚》卷10『抵』作『觝』，蓋涉『觡』字偏旁而誤。）」王說非也。根柢之本字作「氐」，「柢」是其分別字，獸角之本的專字則作「觝」。《白氏六帖事類集》卷11作「觝」（未言出處），《集韻》「稟」字條引作「觝」，

〔註965〕胡紹煐《文選箋證》卷30，黃山書社，2007年版，第819頁。
〔註966〕王先謙《漢書補注》卷57，中華書局，1983年版，第1195頁。

則是「舭」脫誤。

## （113）招翠黃乘龍於沼

《集解》：《漢書音義》曰：「翠黃，乘黃也。」

《索隱》：服虔云「龍翠色」。又云「即乘黃也。乘四龍也」。《周書》云「乘黃似狐，背上有兩角」也。

按：《周書·王會解》「白民乘黃。乘黃者似騏，背有兩角」，《文選·三月三日曲水詩序》李善注引「騏」作「狐」。考《山海經·海外西經》：「白民之國……有乘黃，其狀如狐，其背上有角。」《御覽》卷896引《符瑞圖》：「車馬有節，則見騰黃。騰黃者，神馬也。其色黃，一名乘黃，亦曰飛黃，或曰吉黃，或曰翠黃，一名紫黃。其狀如狐，背上有兩角，出白氏（民）之國。」〔註967〕字亦作「狐」。「乘黃」是「騰黃」轉語，言飛騰之黃馬，故又名「飛黃」。乘龍，猶言騰龍，亦指騰黃神馬。顏師古注引張揖曰：「乘龍，四龍也。」服虔、張揖訓乘為四，非是。

## （114）挈三神之驩，缺王道之儀

《集解》：徐廣曰：「挈猶言垂也。」駰案：韋昭曰：「挈，缺也。」

《索隱》：徐氏云「挈猶垂」，非也。應劭作「絕」，李奇、韋昭作「闕」，意亦不遠。

《正義》：挈猶持，言漢帝執持三神之驩，今乃不封禪，缺王道之儀號。（據瀧川《考證》本，黃善夫本上方校記亦引之）

按：李善注引應劭曰：「挈，絕也。」又引李奇曰：「缺，闕也。」顏師古注引並作應劭語，脫「李奇曰」。瀧川資言曰：「契（挈），《索隱》為長。」王叔岷曰：「挈、缺互文，《類聚》卷10『挈』作『契』，古字通用。《廣雅》：『栔，缺也。』王氏《疏證》：『《史記》云云，《集解》引韋昭云：「挈，缺也。」《漢書·將隆傳》「契國威器」，李奇注云：「契，缺也。」挈、契並與栔通。』」諸說是也。吳國泰曰：「挈當假為竭，實為潵。諸家說非。」吳說不可信。《漢書》各宋本作「挈」，《文選·封禪文》宋淳熙八年尤刻本、嘉靖元年金臺汪諒刊本同；《文選》國圖藏宋刻本、宋明州本、

---

〔註967〕 《初學記》卷29引「吉黃」作「古黃」，「白氏」作「白民」。「氏」是「民」形誤。「古」疑是「吉」脫誤。《類聚》卷99引《瑞應圖》：「騰黃者，神馬也。其色黃，王者德御四方則至，一名吉光。」《御覽》卷665引陶隱居曰：「天馬者，吉光騰黃之歌也。」

宋紹興三十一年陳八郎刊本、四部叢刊影南宋本、重刊天聖明道本、奎章閣藏本、明吳勉學刻本、明嘉靖吳裴嘉趣堂覆廣都裴氏本作「契」（李注引應劭說作「挈」）。唯「挈（契）」無「垂」義，徐廣說「挈猶言垂」，「垂」當是「欪」脫誤，「欪」同「缺」，《索隱》所見本已誤。《說文》：「忿，忽也。」桂馥引此文，謂「忽也者，《玉篇》『哽』字云：『語為人所忿礙也。』馥案：忿礙，忽忽不省也。忿或借挈字」〔註968〕。桂說非是，《說文》「忽」是憂苦不樂義〔註969〕。

### （115）若然辭之，是泰山靡記而梁父靡幾也

《集解》：《漢書音義》曰：「太山之上無所表記，梁父壇場無所庶幾。」

按：吳國泰曰：「幾假作紀。」王叔岷曰：「靡幾猶無察。幾猶察也。」舊說不誤，吳、王說非也。上文云「意者泰山、梁父設壇場望幸」，幾讀為冀，即「冀幸」義。

### （116）校飭厥文

《集解》：徐廣曰：「校，一作祓。祓猶拂也，音廢也。」

按：顏師古曰：「祓，除也。祓飾者，言除去舊事，更飾新文也。」胡紹煐曰：「祓飾，猶拂拭。謂拂拭其文也。《史記》作『校飾』，形近之誤。」〔註970〕施之勉從胡說。王筠曰：「班『校飭』作『祓飾』，似譌。」王先謙曰：「官本正文及注並作『祓飾』，《文選》同；《史記》作『校飭』，《集解》徐廣云云。官本《史記》注作『祓』，其字從衣。疑祓飾猶襐飾意也。」〔註971〕吳國泰曰：「『校飭』假作『斠飾』，謂攷斠修飾也。《漢書》及《文選》作『祓飾』，祓謂祓除，祓除猶點竄也，亦通。」瀧川資言曰：「《漢書》、《文選》『校飭』作『祓飾』。《文選》注云：『祓，言弗。』蓋讀為黻也，『黻飾』二字一意。」王叔岷曰：「《司馬文園集》『校』亦作『祓』，『校』乃『祓』之誤。祓，聲訓為拂，徐說是，胡氏從之（殿本《集解》兩『祓』字並誤從衣作『袚』）。惟『祓』不必如《考證》說『讀為黻』耳。『飭』非誤字，飾、飭，正、假字。飾、拭，古、今字。」《史記集解》宋元各本及慶長本、古活字本都從示作「祓」，《漢書》各宋本同，無從衣作「袚」者。《文選·

〔註968〕桂馥《說文解字義證》，齊魯書社，1987年版，第903頁。

〔註969〕參見蕭旭《〈說文〉疏證（二則）》，《中國文字》2019年冬季號（總第二期），第88～95頁。

〔註970〕胡紹煐《文選箋證》卷30，黃山書社，2007年版，第822頁。

〔註971〕王先謙《漢書補注》卷57，中華書局，1983年版，第1196頁。

封禪文》宋淳熙八年尤刻本、宋明州本、宋紹興三十一年陳八郎刊本、四部叢刊影南宋本、重刊天聖明道本、奎章閣藏本、明嘉靖吳裴嘉趣堂覆廣都裴氏本、明吳勉學刻本、嘉靖元年金臺汪諒刊本都從示作「祕」，獨國圖藏宋刻本誤從衣作「祓」。王先謙未見善本耳。吳國泰、王叔岷說「飭」借作「飾」，是也，其餘諸說皆誤。校，裝飾也。「校飾」同義連文。字亦作鉸，蔣斧印本《唐韻殘卷》：「鉸，鉸刀，力（又）裝鉸。」〔註972〕《集韻》：「鉸，一曰以金飾器。」《文選·赭白馬賦》：「寶鉸星纏，鏤章霞布。」李善注：「鉸，裝飾也。」《太平廣記》卷400引《續齊諧記》：「漢宣帝嘗以皂蓋車一乘賜大將軍霍光，悉以金鉸飾之。」《無上大乘要訣妙經》：「其車高廣，眾寶裝鉸，周匝欄楯，四面懸鈴。」字亦作挍，《慧琳音義》卷23：「挍飾：為飾，故云挍飾也」《潛夫論·浮侈》：「挍飾車馬。」東晉·法顯《高僧法顯傳》卷1：「乃挍飾大象，置鉢其上。」《類聚》卷73引《法顯記》作「校飾」。P.2099《金光明經》：「頗梨白銀，挍飾光網。」明刊本作「校飾」。「挍飾」、「鉸飾」即此文「校飭」。汪繼培疑「挍」為「文」字之誤，彭鐸從其說〔註973〕，非是。「校飾」是二漢六朝習語，《三國志·諸葛恪傳》「校飾革帶」，《梁書·何敬容傳》「故此寺堂宇校飾，頗為宏麗」，《冊府元龜》卷821作「較飾」。皆其例〔註974〕。亦倒言作「飾校」、「飾較」，《南齊書·明帝本紀》：「詔車府乘輿有金銀飾校者，皆剔除。」《冊府元龜》卷198作「飾較」。《漢書》、《文選》作「祕」者，乃「校」字形誤，《初學記》卷13引《漢書》復誤作「拔」。「文」指禮樂制度。校飭厥文，猶言裝飾其文。韓兆琦曰：「校飭厥文，校對修飾其文字。」大誤。

### （117）於是天子沛然改容

按：梁章鉅曰：「按《說文》：『俖，訟面相是。』張揖注『俖，感動之意』，疑非矣。」施之勉從梁說。吳國泰曰：「沛假作反，改變貌。字亦假作幡。《文選》作『俖』者，當緣字譌。」瀧川資言曰：「顏師古曰：『沛然，感動之意也。』《文選》『沛』作『俖』，注：『俖感動之意也，或作沛。』」王叔岷曰：「師古即本張注。疑『俖』乃『沛』之誤。」王說是，梁說非也。

---

〔註972〕「力」當據《廣韻》作「又」，表示另一說。
〔註973〕汪繼培、彭鐸《潛夫論箋校正》卷3，中華書局，1985年版，第133頁。
〔註974〕另參見蔡鏡浩《魏晉南北朝詞語例釋》，江蘇古籍出版社，1990年版，第173～174頁。蔡氏未上溯漢代用例。

五臣本《文選・封禪文》、《類聚》卷 10 亦作「沛然」，「沛然」是「浡然」、「勃然」轉語，興起貌，狀其動容，亦音轉作「佛然」。

### （118）旼旼睦睦，君子之能

《集解》：徐廣曰：「旼音旻，和貌也。能，一作態。」駰案：《漢書音義》曰：「旻，和。穆，敬。言和且敬，有似君子。」

按：梁玉繩曰：「徐廣『能』作『態』，是也。」王筠曰：「睦，班作『穆』。能，班作『態』。」吳國泰曰：「旼者誾字之借。《說文》：『誾，和說而諍也。』引申訓和。睦，《說文》：『目順也。』引申訓順。《漢書》作『穆』，蓋假字也。能，《漢書》作『態』，此當奪去心耳。」瀧川資言曰：「《漢書》、《文選》『睦』作『穆』，『能』作『態』。中井積德曰：『「能」、「態」同。』」王叔岷曰：「《類聚》卷 10『睦』亦作『穆』，『能』亦作『態』。態、能，正、假字。」王氏讀能為態，是也，不煩舉證。「旼旼睦睦（穆穆）」是「旼睦（穆）」重言，倒言作「穆忞」，幽冥深微貌。《淮南子・原道篇》：「穆忞隱閔，純德獨存。」高誘注：「穆忞隱閔，皆無形之類（貌）也。」〔註 975〕轉語則作「芴穆」、「沕穆」、「物穆」、「眒穆」、「忽穆」，《莊子・天下》：「芴穆無形，變化無常。」《淮南子・原道篇》：「物穆無窮，變無形像。」《說苑・指武》「物穆」作「眒穆」，賈誼《鵩鳥賦》作「沕穆」。西漢銅鏡銘文：「心忽穆而願忠，然壅塞而不泄。」〔註 976〕

### （119）濯濯之麟，游彼靈畤

《索隱》：詩人云「麀鹿濯濯」，注云「濯濯，嬉游兒」也。

按：吳國泰曰：「濯假作耀。耀，光耀也。《廣雅》：『濯濯，肥也。』蓋鳥獸肥則毛羽光澤矣。」王叔岷曰：「《漢傳》文穎注：『濯濯，肥也。』《詩・靈臺》『麀鹿濯濯』，師古注已引之，毛傳：『濯濯，娛游也。』《索隱》引『娛』作『嬉』。」吳說非是。《索隱》引毛傳「娛」作「嬉」者，蓋所見本「娛」誤作「娭」，「娭」同「嬉」。濯濯，《漢書》、《文選・封禪

---

〔註 975〕吳承仕、蔣禮鴻謂「類」當作「頪（貌）」，是也。景宋本、道藏本皆誤，《御覽》卷 58 引亦誤。吳承仕《淮南舊注校理》，北京師範大學出版社，1985 年版，第 7 頁。蔣禮鴻《〈淮南鴻烈・原道〉補疏》，《文獻》1988 年第 2 期，第 185 頁。蔣禮鴻《續〈淮南子校記〉》，收入《蔣禮鴻集》卷 3，浙江教育出版社，2001 年版，第 359 頁。

〔註 976〕參見裘錫圭《昭明鏡銘文中的「忽穆」》，收入《裘錫圭學術文集》卷 3，復旦大學出版社，2012 年版，第 22 頁。

文》、《類聚》卷 10、《御覽》卷 527 同，《白氏六帖事類集》卷 29 引《文選》作「躍躍」。毛傳「濯濯」訓娛遊，即讀作「躍躍」、「趯趯」，往來遊走之貌。《白帖》用毛說也。《爾雅》：「躍躍，迅也。」郭璞注：「盛疾之貌。」《釋文》：「躍，樊本作『濯』，引《詩》釋云『濯濯厥靈』。」

（120）馳我君輿，帝以享祉

按：輿，《漢書》、《文選》、《類聚》卷 10 同，《書鈔》卷 90、《御覽》卷 527 引作「車」。

（121）依類託寓

《集解》：《漢書音義》曰：「寓，寄也。巒，山也。言依事類託寄，以喻封禪者。」

按：張文虎曰：「舊刻『託』，與《漢書》、《文選》合。據《集解》，則本是『託』字。它本作『記』，非。」瀧川資言曰：「楓、三本亦作『託』。」水澤利忠曰：「託，蔡、慶、中統、彭、毛、凌『記』，南化、楓、三校記『託』。」施之勉曰：「景祐本作『託』。」王叔岷曰：「殿本亦作『託』，《類聚》卷 10、《司馬文園集》並同。黃善夫本誤『記』。」紹興本、乾道本、淳熙本、慶長本、古活字本正文亦誤作「記」（各本《集解》不誤）。黃善夫本、乾道本上方有校記云：「『記』作『託』。」宋刊《類聚》「寓」作「寓」，「寓」同「宇」，聲之誤也。

（122）聖王之德，兢兢翼翼也

按：吳國泰曰：「兢假作儆，翼假作憼。《說文》：『儆，戒也。』憼，《說文》：『一曰惶也。』或作『業』，亦為『憼』之假。」兢兢，《漢書》、《文選·封禪文》同，宋刊《類聚》卷 10 作「競競」，同音借字。「翼翼」轉語作「業業」、「翊翊」。吳氏未得「翼翼」本字，其說非也。《說文》：「翼，翄也。」又「翄，翼也。」「翄」俗字作「翅」。段玉裁曰：「又凡敬者，必如兩翼之整齊。故毛傳曰：『翼，敬也。』鄭箋云：『小心翼翼，恭慎兒。』」〔註 977〕「翼翼」訓敬慎，是本義之引申。

## 卷一百一十八《淮南衡山列傳》

（1）上曰：「吾特苦之耳，今復之。」

按：梁玉繩所據本「今」作「令」，引《史詮》云：「宋本『令』作『今』。」

---

〔註 977〕段玉裁《說文解字注》，上海古籍出版社，1981 年版。第 582 頁。

張文虎曰：「凌本『今』訛『令』。」瀧川資言曰：「各本『今』作『令』，誤，據宋本、毛本訂。《漢書》亦作『令』。顏師古曰：『暫困苦之，令其自悔，即追還也。』王念孫曰：『今復之，即復之也。』」郭嵩燾曰：「疑『令』當作『今』。言特一苦之，行即復其位矣。」施之勉曰：「景祐本、黃善夫本並作『今』。」王叔岷曰：「《漢紀》卷 7『特』作『將』，將猶特也。《漢紀》『今』亦誤『令』。殿本作『今』，《通鑒》卷 14 同。」宋元各本及慶長本均作「今」，《漢書・淮南王傳》各宋本均誤作「令」。《漢紀》「特」作「將」，乃形近致誤。又《漢紀》「復」作「還」。

（2）陰結賓客

《索隱》：《淮南・要略》云安養士數千，高才者八人，蘇非、李尚、左吳、陳由、伍被、毛周（被）、雷被、晉昌，號曰「八公」也。

按：陳由，黃善夫本、乾道本、淳熙本、元刻本、慶長本、四庫本作「田由」，高誘《淮南鴻烈解敍》同。田、陳古音同。

（3）武安侯時為太尉，乃逆王霸上

按：逆，《漢書・淮南王傳》作「迎」，一聲之轉。

（4）即訊太子

《索隱》：樂產云：「即，就也。訊，問也。就淮南案之，不逮詣河南也」。

按：黃善夫本、乾道本、淳熙本、元刻本、慶長本、四庫本《索隱》「樂產」作「樂彥」，無「也訊問也就」五字。

（5）且吾高祖孫，親行仁義

按：《漢書・淮南王傳》同。王先謙曰：「『行仁義』上無煩加『親』字。此『親』字當在『高帝孫』上，後人傳寫誤倒耳。上文『王親高皇帝孫，行仁義』，是其證。《史記》亦誤。」〔註978〕瀧川資言、池田從其說。王叔岷曰：「『親』字不必在『高帝孫』上，『且吾高祖孫』句，『親』一字句。王氏未達耳。」二王氏說皆非是。《禮記・檀弓下》「仁親以為寶」，鄭玄注：「寶謂善道可守者。仁親，親行仁義。」

（6）復召曰：「將軍許寡人乎？」被曰：「不，直來為大王畫耳。」

按：王叔岷曰：「《漢傳》、《漢紀》卷 12『直』並作『將』。『直』、『將』

---

〔註978〕王先謙《漢書補注》卷 44，中華書局，1983 年版，第 1026 頁。

並與『特』同。」李人鑒說「將」是「特」形誤，是也，特、直一聲之轉。下文「大將軍材能不特章邯、楊熊也」，《漢書‧伍被傳》、《漢紀》「特」作「直」。又《漢紀》「畫」作「劃」，《漢書》、《漢紀》「畫（劃）」下有「計」字。

（7）於是百姓悲痛相思

按：《長短經‧懼誡》同，《漢書‧伍被傳》「悲痛相思」作「悲痛愁思」，《漢紀》卷 12 作「怨痛」。「相」疑當作「愁」。

（8）此所謂蹈瑕候閒，因秦之亡而動者也

按：水澤利忠曰：「瑕，井『暇』。」景祐本、黃善夫本、乾道本、淳熙本、元刻本、慶長本作「瑕」，《長短經‧懼誡》同；紹興本亦作「暇」。《漢書‧伍被傳》「蹈瑕候閒」作「蹈瑕釁」。瑕亦釁也，間隙也。「暇」是借字。

（9）於是作《麥秀》之歌

按：宋刊《長短經‧懼誡》「麥」作「夌」，俗譌字。

（10）陳勝、吳廣無立錐之地，千人之聚

《正義》：聚，謂聚落也。（據瀧川《考證》本，黃善夫本上方校記亦引之）

按：聚，《漢書‧伍被傳》同，《長短經‧懼誡》、《通志》卷 97 形誤作「眾」。

（11）非直適戍之眾，鑱鑿棘矜也

《集解》：徐廣曰：「大鎌謂之刉，音五哀反。或是鑱乎？」

《索隱》：劉氏音上吾裏反，下自洛反。又鑱，鄒音機也。注「大鎌謂之刉」，鎌音廉，刉音五哀反。

《正義》：矜，音槿，柄也，言不如陳勝用謫戍棘矜等物。（據瀧川《考證》本，黃善夫本上方校記亦引之）

按：《長短經‧懼誡》同。徐廣謂「鑱」同「刉」，《集韻》：「鑱，大鎌。」又「刉，《說文》：『大鎌也。』或作鑱。」朱駿聲曰：「刉，字亦作鑱。」[註979] 瞿方梅曰：「《淮南子‧兵略訓》：『伐棘棗而為矜，周錐鑿而為刃。』注曰：『棘棗，酸棗也。矜，矛柄。周，內也。撚矜以內鑽鑿也。』此則

『錐』字作『鐖』，『鐖』即『劗』字之或體。劗，大鐮也，切地以芟草者。大都言其兵械之不整飭如此。」此上皆用徐廣說。陳直曰：「『鐖』字《說文》未收，當即『弩機』之『機』。《淮南子‧齊俗訓》云『工匠之為連鐖』。漢代弩機銘文，無不作『鐖』者。傳文『鐖鑿』，謂鑿木為弩機。『棘』為『戟』字之假借。矜，柄也。謂僅有戟柄也。」陳氏讀棘為戟（實本《漢書‧項籍傳》顏注），《淮南子‧兵略篇》可證其誤；又謂「鐖鑿」是「鑿木為弩機」，無此句法。余謂古音幾、斤一聲之轉〔註980〕，「鐖」是「釿」改易聲符的異體字，「釿」又是「斤」增旁字。「鐖鑿」即「斤鑿」，二種木工用具。《莊子‧在宥》：「於是乎釿鋸制焉，繩墨殺焉，椎鑿決焉。」《釋文》：「釿，音斤，本亦作斤。」《管子‧海王》：「行服連軺輂者必有一斤一鋸一錐一鑿。」《墨子‧備城門》：「門者皆無得挾斧、斤、鑿、鋸、椎。」「鐖鑿」即「釿（斤）鑿」。斫木者曰斤（釿），穿木者曰鑿。《左傳‧哀公二十五年》：「因三匠與拳彌以作亂，皆執利兵，無者執斤。」杜預注：「斤，工匠所執。」此以斤代兵器之例。陳景元《道德真經藏室纂微篇》卷2引《老子指歸》：「是故五色者陷目之錐，五音者塞耳之椎，五味者斬舌之鐖。」鐖亦讀作釿，《無上祕要》卷7引《妙真經》、《洞玄靈寶太上六齋十直聖紀經》、杜光庭《聖母元君》、《雲笈七籤》卷90「鐖」作「斧」，義相類，但失韻。

（12）收太半之賦

按：水澤利忠曰：「半，南化、彭、毛『平』。」淳熙本、慶長本亦作「平」，黃善夫本上方校記云：「半，一本乍（作）『平』。」「平」是形譌字，《淮南子‧兵略篇》、《漢書‧伍被傳》、《漢紀》卷12作「半」。《韓詩外傳》卷10：「虛而賦斂無已，收太半而藏之臺。」

（13）父不寧子，兄不便弟

按：《長短經‧懼誡》同，《漢書‧伍被傳》、《漢紀》卷12「便」作「安」。便亦寧也，安也。《說文》：「便，安也。」

（14）政苛刑峻

按：《長短經‧懼誡》同，《漢書‧伍被傳》、《漢紀》卷12「峻」作「慘」。

---

〔註980〕 例證參見張儒、劉毓慶《漢字通用聲素研究》，山西古籍出版社，2002年版，第959頁。《文選‧苦熱行》「焦煙起石圻」，《樂府詩集》卷65「圻」作「磯」，亦其例。

（15）口雖未言，聲疾雷霆，令雖未出，化馳如神

按：吳國泰曰：「『化馳如神』言不可通，『神』當借作『申』，古文『電』字也。」王叔岷曰：「《淮南子·原道篇》：『執玄德於心，而化馳若神。』」《長短經·懼誠》同此文，《漢書·伍被傳》「霆」作「震」；《漢紀》卷 12「霆」作「電」，「出」作「發」，「化馳」作「行化」。電亦霆也。迅雷為霆，亦曰震，故合文曰「雷霆」或「雷震」，又稱作「霹靂」。吳說非是，「神」讀如字。王氏所引《淮南子》，《文子·道原》同，及《漢書》、《漢紀》皆作「神」。《管子·侈靡》、《淮南子·主術》並云：「其化如神。」《文子·精誠》：「教化如神。」《後漢書·班固傳》《辟雍詩》：「鴻化惟神；永觀厥成。」《初學記》卷 13 引後漢崔駰《東巡頌》：「垂拱穆穆，神行化馳。」亦其佐證。

## 卷一百一十九《循吏列傳》

（1）三月為楚相，施教導民，上下和合

按：王叔岷曰：「《書鈔》卷 35 引『合』作『洽』。」《古文苑》卷 19《楚相孫叔敖碑》章樵注引亦作「洽」，《渚宮舊事》卷 1、《後漢書·郭丹傳》李賢注仍作「合」。

（2）秋冬則勸民山採，春夏以水

《集解》：徐廣曰：「乘多水時而出材竹。」

按：李笠曰：「『以水』對上『山採』而言，蓋言田漁也，故下云『各得其所便』。」瀧川資言曰：「楓、三本『夏』下有『下』字。愚按：依《集解》當有『下』字。李說非是。」瀧說非是，宋元各本及慶長本無「下」字，《渚宮舊事》卷 1、《冊府元龜》卷 738 同。

（3）楚民俗好庳車

《索隱》：庳，下也，音婢。

按：王叔岷曰：「《書鈔》卷 139 引『庳』作『卑』。《廣雅》：『卑，庳也。』」《通典》卷 31 引亦作「卑」。

（4）為相一年，豎子不戲狎，斑白不提挈，僮子不犁畔

按：瞿方梅曰：「犁當讀離。僮子，謂奴隸之屬也，與上『豎子』義別。」池田曰：「畔，田界也，所謂讓畔也。既言僮子，壯者可知。」王叔岷曰：「《御覽》卷 204 引『斑』作『班』，『僮』作『童』。」淳熙本「斑」

作「班」。《通典》卷 31 引同《御覽》。《書鈔》卷 35 引「斑」亦作「班」，又卷 49 引末句作「耕子不犂畔」。瞿說非是，「豎子」猶言「孺子」，指幼童；「僮子」指小兒，二者皆對「斑白」而言，對言則別，混言則同。犂當讀如字，謂耕田。古者僮子亦犂田，《管子·乘馬》「丈夫二犂，童〔子〕五尺一犂，以為三日之功」〔註 981〕，是其明證。疑「畔」當作「畊」，即「耕」字。《史》文二句謂老者少者皆不勞作。然《通典》卷 31、《書鈔》卷 35、49、《御覽》卷 204 引已作「畔」字，或末句當據《書鈔》卷 49 作「耕子不犂畔」，即《淮南子·覽冥篇》「田者不侵畔」，亦即所謂「耕者讓畔」、「田者讓畔」也。

### （5）市不豫賈

按：《書鈔》卷 49 引「豫賈」作「二價」，《通典》卷 31 引作「貳賈」。

### （6）門不夜關

《集解》：徐廣曰：「關，一作閉。」

按：王叔岷曰：「《御覽》卷 204 引『關』作『閈』，即俗『閉』字。」《書鈔》卷 49 引亦作「閉」。

### （7）見其家織布好，而疾出其家婦，燔其機

《校勘記》：瀧川資言《會注》：「楓、三本『疾』作『逐』。」水澤利忠《校補》：「疾，南化、楓『遂』。」按：本篇讚語曰「公儀子見好布而家婦逐」。（10／3746）

按：水澤利忠曰：「疾，南化、柀『逐』。」施之勉曰：「《書鈔》卷 38、49 引『疾』並作『逐』，《後漢書·何敞傳》注亦作『逐』。」王叔岷曰：「《獨異志》卷中『疾』亦作『逐』。」黃善夫本上方校記云：「疾，一乍（作）『逐』。」《通典》卷 31 引亦作「逐」，《治要》卷 12、《類聚》卷 85、《冊府元龜》卷 864 引作「疾」。是唐代有作「疾」、作「逐」之異本，「遂」則「逐」誤字（楓本余未見，瀧川、水澤氏校語不同，未知孰是）。

### （8）今過聽殺人，傅其罪下吏，非所聞也

按：水澤利忠曰：「傅，慶、彭、中統『傳』。」王叔岷所據本作「傅」，云：「傅，猶轉也。」景祐本、紹興本、淳熙本、瀧川《考證》本作「傅」，宋刊《冊府元龜》卷 617、《資治通鑑外紀》卷 5、《通志》卷 169 同；乾道

〔註 981〕據《御覽》卷 823 引補「子」字。

本、慶長本、四庫本、殿本亦作「傳」，《白氏六帖事類集》卷 13 引同。王說非是，當作「傳」為正。傳，讀作付，猶言強加。《韓詩外傳》卷 2「傳其罪下吏」作「而下吏蒙其死」，《新序·節士》作「委下畏死」。委亦委付、委置之義。《漢書·王莽傳》「莽皆傳致其罪」，顏師古曰：「傳讀曰附，附益而引致之，令入罪。」「傳」字同。

### 卷一百二十一《儒林列傳》

（1）後陵遲以至於始皇，天下並爭於戰國，儒術既絀焉，然齊魯之間，學者獨不廢也

按：獨，《漢書·儒林傳》誤作「猶」。

（2）夫桀紂虐亂，天下之心皆歸湯武，湯武與天下之心而誅桀紂

按：池田曰：「《漢書》『與』作『因』。揚琪光案：『「與」字義甚深。』」王叔岷曰：「《漢傳》、《容齋續筆》卷 2『與』並作『因』。」李人鑒曰：「『與』字似當從《漢書》改作『因』。」《長短經·是非》作「與」。與，猶隨也，順也，與「因」同義。李氏改字，殊無必要。揚琪光說「與」字義甚深，不知其義而故作空言耳。

（3）諸諛儒多疾毀固

按：疾，《漢書·儒林傳》作「嫉」，正字。下文「主父偃疾之」，又「弘疾之」，《漢書·董仲舒傳》「疾」亦並作「嫉」。

（4）薛人公孫弘亦徵，側目而視固

按：瀧川資言曰：「《漢書》『視』作『事』。顏師古曰：『言深憚之。』」王叔岷曰：「《通鑒·漢紀十》『視』亦作『事』。」「事」是「視」音誤。側目而視，是深憚之也。「側目而事」不辭，《漢書》各宋本皆誤。

（5）然無有所匡諫；於官，官屬易之，不為盡力

按：瀧川資言曰：「『於官』之官，楓、山本作『朝』，《倪寬傳》作『上』。」水澤利忠指出「南化、楓、梅」本上「官」字作「朝」。黃善夫本上方校記云：「官，乍（作）『朝』。」《漢書·兒寬傳》作「無有所匡諫於上，官屬易之」。當據《漢書》以「於官」屬上句。

### 卷一百二十二《酷吏列傳》

（1）當是之時，吏治若救火揚沸

《索隱》：言本弊不除，則其末難止。

按：王叔岷曰：「《索隱》說本師古注，惟『止』本作『正』。」《漢書‧酷吏傳》顏師古注「難正」當據此訂作「難止」，《漢書》各宋本均誤。「救火揚沸」是「抱薪救火，揚湯止沸」縮略語，火、沸是其末也，不除去抱薪、揚湯，則火、沸難止矣。救亦止也。

**（2）都免歸家。孝景帝乃使使持節拜都為鴈門太守**

按：李笠曰：「《漢書》『節』作『即』，無『持』字。疑《漢書》脫『持』字，因改『節』為『即』。」瀧川資言曰：「《漢書》『持節』作『即』。顏師古曰：『即，就家拜。』」王叔岷曰：「疑『持』字乃淺人所加，《漢書》『節』作『即』，古字通用。『節拜』即『就家拜』也。」李說是，王說非也。顏師古所見《漢書》脫「持」字，因據誤文為釋。時郅都居家，故景帝使使者持符節拜都為鴈門太守也。《後漢書‧鄧禹傳》：「光武使使者持節拜禹為大司徒。」又《臧宮傳》：「帝使太中大夫持節拜宮為輔威將軍。」又《王霸傳》：「帝使太中大夫持節拜霸為討虜將軍。」又《王梁傳》：「遣使者持節拜梁前將軍。」又《朱儁傳》：「遣使者持節拜儁右車騎將軍。」文例皆同。

**（3）匈奴素聞郅都節，居邊，為引兵去，竟郅都死不近鴈門**

按：王筠曰：「班『居』作『舉』，似譌。」郭嵩燾曰：「《漢書》作『舉邊』，謂凡近雁門邊塞，匈奴不敢屯兵也。而史公自作『居邊』，屬郅都言之。班氏多不能窺史公之意。」池田引中井積德曰：「居，班史作『舉』，似長，此恐誤寫。」王叔岷曰：「《廣雅》：『居，據也。』居邊，謂所據之邊也。舉邊，謂全邊也。全邊，亦即所據之邊矣。」李人鑒曰：「此合作『舉邊為引兵去』，不得云『居邊，為引兵去』也。」二王氏等未達通借，其說非是。舉，讀為居。「居邊」是秦漢人成語，此謂郅都居於邊地。「為引兵去」謂匈奴因郅都居邊而引兵遠去。《漢書‧霍去病傳》「騫至，匈奴引兵去」，文例略同。

**（4）湯掘窟得盜鼠及餘肉**

按：王叔岷曰：「《漢傳》『窟』作『薰』，無『盜』字。《初學記》卷29引此亦無『盜』字。」《漢書‧張湯傳》「窟」作「熏」，非「薰」。《類聚》卷95引「窟」作「遂」，有「盜」字。

**（5）所治即上意所欲罪，予監史深禍者；即上意所欲釋，與監史輕平者**

按：張森楷曰：「《漢書》『禍』作『刻』。」《通鑒》卷18亦作「禍」。

「禍」疑「猾」形譌。深猾猶言大猾。

（6）天子至自視病

按：王若虛《史記辨惑》曰：「視病，當作『視之』，或云『臨視』也。」佚名《史記疏證》卷 56 從其說。王叔岷曰：「《漢傳》作『上自至舍視』。自猶親也，《漢紀》卷 13 作『上親問疾』。」王若虛說非是。「自」下脫「往」字。下文「湯自往視疾」，《漢書·張湯傳》作「湯自往視病」。《滑稽列傳》：「王夫人病甚，人主至自往問之。」「至」是副詞，猶言乃、竟然。

（7）自是以後，群臣震慴

《正義》慴，懼也。（據瀧川《考證》本，黃善夫本下方校記亦引之）

按：《漢書·張湯傳》「慴」作「讋」，顏師古曰：「震，動也。讋，失氣也。」《說文》：「讋，失氣也。傅毅讀若慴。嚞，籀文讋不省。」字亦音轉作慴、儡，《說文》：「慴，失氣也，一曰服也。」又「儡，心服也。」

（8）被汙惡言而死

按：瀧川資言、池田並指出《漢書》無「汙」字。池田說同。王叔岷曰：「《續列女傳·張湯之母傳》、《漢紀》卷 13 亦並無『汙』字。」「汙」、「惡」一聲之轉，疑《史記》作本字「汙」，《漢書》、《漢紀》作借字「惡」，後人旁記異文，因混入正文，宋元各本及慶長本均衍「惡」字，《通鑑》卷 20 亦衍。《魏其武安侯列傳》「眾庶不載，竟被惡言」，亦作借字「惡」。

（9）（溫舒）為人少文，居廷惛惛不辯，至於中尉則心開

按：梁玉繩曰：「居廷，《漢書》作『居他』，並通。」王筠曰：「班『廷』作『它』，是。」張文虎說同王氏。瀧川資言引顏師古曰：「言為餘官則心意蒙蔽，職事不舉。」《漢書》作「它」，非「他」字。「廷」是「它」形誤，《班馬字類補遺》卷 1「惛」字條引已誤。

（10）客有讓周曰：「君為天子決平，不循三尺法，專以人主意指為獄。」

按：周尚木曰：「『天子』當依《漢書》作『天下』。」池田說同。黃善夫本下方校記云：「天子，乍（作）『天下』。」《類聚》卷 54 引《漢書》「循」誤作「修」。

## 卷一百二十三《大宛列傳》

（1）可以略遣設利朝也

按：《漢書·張騫傳》同。顏師古曰：「設，施也。施之以利，誘令入

朝。」瀧川資言從顏說。吳國泰曰：「設訓用也。」設，猶言引誘。《玉篇殘卷》引賈逵曰：「設，許也。」《國語・吳語》：「必設以此民也，封於江、淮之間，乃能至於吳。」韋昭注：「設，許其勸勉者。」《漢書・趙充國傳》：「設以子女貂裘。」顏師古注：「設，謂開許之也。」韋、顏與賈合。《晏子春秋・外篇》：「君不如陰重孔子，設以相齊。」《新序・節士》：「單于使貴人故漢人衛律說武，武不從，乃設以貴爵重祿尊位，終不聽。」義亦同。

（2）從蜀宜徑

按：吳國泰曰：「徑者綷字之借，《說文》：『綷，直也。讀若陘。』凡徑捷字皆當作『綷』。」水澤利忠曰：「徑，景、井『俓』。」紹興本亦作「俓」，俗字。吳氏妄說通借，絕不可信。巠聲字多有直義。

（3）漢使乏絕積怨，至相攻擊

按：張森楷、池田並指出《漢書・張騫傳》「積」作「責」。《通鑒》卷20作「積」，宋刊《冊府元龜》卷135、《通志》卷99作「責」（四庫本《冊府》誤作「匵」）。「責」是「積」脫誤。「積怨」二字屬下句，池田得其讀。

（4）大都多人則過之，散財帛以賞賜

按：王叔岷曰：「《漢書・張騫傳》『則』字在『散』字上，《通鑒》從《史記》。」《漢書》北宋景祐本亦作「則過之」，而南宋諸本始誤倒「則」於下句。

（5）名昧蔡

《索隱》：昧蔡，上音末，下音先葛反。

按：昧蔡，《漢書・李廣利傳》、《西域傳》同，《漢紀》卷14作「妹察」。《李廣利傳》顏師古注：「服虔曰：『蔡，音楚言蔡。』師古曰：昧，音本末之末。蔡，音千曷反。」師古蔡音千曷反，正讀「察」音。

（6）欲殺，莫敢先擊

按：《漢書・李廣利傳》「敢」作「適」。顏師古注：「適，主也。無有主意先擊者也。」（宋刊《冊府元龜》卷982「主」誤作「生」，明刊本、四庫本復誤作「往」〔註982〕。）

---

〔註982〕周勳初等《冊府元龜（校訂本）》失校，鳳凰出版社，2006年版，第11371頁。

（7）李哆為謀計

按：為，猶有也。《漢書‧李廣利傳》作「有計謀」。

（8）以適過行者皆絀其勞

《集解》：徐廣曰：「奮行者及以適行者，雖俱有功勞，今行賞計其前有罪而減其賜，故曰『絀其勞』也。絀，抑退也。此本以適行，故功勞不足重，所以絀降之，不得與奮行者齊賞之。」

《正義》：適音謫。過，光臥反。言有罪謫罰而行者，免其所犯皆絀退其功也。（據瀧川《考證》本，黃善夫本上方校記亦引之）

按：①王叔岷曰：「徐注『以適行者』，是所見正文『適』下無『過』字。師古注：『適讀曰謫。言以罪謫而行者，免其所犯，不敘功勞。』所據《漢傳》蓋本亦無『過』字。『適』、『過』形近，又涉上文『過其望』而衍耳。《正義》所據本已衍『過』字。《通鑒》『適』作『謫』，亦衍『過』字。」各宋本《漢書‧李廣利傳》亦作「適過」，顏師古說是，王說非也。適讀作謫，俗字作讁，讁亦過也，「適過」同義複詞，猶言罪責、過失，名詞，而非動詞。《方言》卷 10：「讁，過也。」郭璞注：「謂罪過也。音讀，亦音適，罪罰也。」徐廣注單言「適」，與正文複詞「適過」義同。《建元以來侯者年表》「（張安世）輔政十三年，無適過」，亦其例。《吳王濞列傳》「今賊臣鼂錯擅適過諸侯」，此例轉作動詞。宋刊《新序‧善謀》「令讁過卒分守城」，「讁過卒」即此文「以適過行者」。《酈生列傳》、《漢書‧酈食其傳》作「適卒」，則亦是單言耳。盧文弨改作「適卒」，云：「適讀曰謫，舊本改作『謫』，又衍一『過』字。『過』乃『適』之譌，『謫』乃後人所注耳。」〔註 983〕武井驥說同〔註 984〕，其失與王氏同。②《集解》「此本」，淳熙本同，景祐本、黃善夫本、紹興本、乾道本、元刻本、慶長本、四庫本、殿本誤作「此卒」。

## 卷一百二十四《游俠列傳》

（1）仲尼畏匡，菜色陳、蔡

按：王叔岷曰：「《論語‧子罕》、《先進》兩篇，並言『子畏於匡』。畏、威古通。畏匡，謂威脅於匡也。《長短經‧是非》引《史記》作『厄

〔註 983〕盧文弨《新序校正》，收入《群書拾補》，《續修四庫全書》第 1149 冊，上
　　　海古籍出版社，2002 年版，第 404 頁。
〔註 984〕武井驥《新序纂注》卷 10，廣文書局，1981 年印行，本卷第 6 頁。

匡」，疑不明『畏』字之義而改之。」韓兆琦曰：「畏，害怕，指受惊。」王、韓說非是。「畏匡」猶言「畏於匡」，省介詞「於」。《呂氏春秋·勸學》「孔子畏於匡」，陳奇猷讀畏為圍，舉《淮南子·主術篇》「孔子圍於匡」為證〔註 985〕，是也。圍，猶言拘囚。

（2）猶然遭此菑

按：菑，宋刊《長短經·是非》引作「賣」。「菑」俗字作「菁」，故形誤作「賣」。「輜」俗字作「轄」，形誤作「轒」；「緇」俗字作「繡」，形誤作「績」，均其比〔註 986〕。

（3）侯之門，仁義存

《索隱》：言人臣委質於侯王門，則須存於仁義。若遊俠輕健，亦何必肯存仁義也。

按：《索隱》單行本作「輕健」，黃善夫本形誤作「徑徎」，乾道本、淳熙本、元刻本、慶長本、四庫本、殿本形誤作「徑挺」。

（4）豈若卑論儕俗

按：儕，宋刊《長短經·是非》引形誤作「濟」（《讀畫齋叢書本》不誤），《後漢書·班彪傳》李賢注引形誤作「齊」。

（5）此豈非人之所謂賢豪閒者邪

《正義》：儕，等也。（據瀧川《考證》本，黃善夫本上方校記亦引之）

按：瀧川資言曰：「中井積德曰：『閒字疑衍。』愚按：楓山、三條本『閒』作『聞』。」池田亦從中井說。王叔岷曰：「《長短經·是非》引此略『閒』字。『閒』字非衍文。賢豪閒者，謂賢豪中人也。楓、三本『閒』作『聞』，義不可通，蓋『閒』之形誤。」秦觀《司馬遷論》、《郡齋讀書志》卷 2、《群書考索》續集卷 13 引皆無「閒」字。當有「閒」字，下文云「雒陽人有相仇者，邑中賢豪居閒者以十數，終不聽」，又「令雒陽豪居其閒，乃聽之」，《灌夫列傳》「賓客居間，遂止，俱解」。賢豪閒者，謂賢豪居其

---

〔註 985〕陳奇猷《呂氏春秋新校釋》，上海古籍出版社，2002 年版，第 206 頁。另參見蕭旭《呂氏春秋校補》，花木蘭文化出版社，2016 年版，第 61～62 頁。

〔註 986〕字形參見韓小荊《〈可洪音義〉研究》，巴蜀書社，2009 年版，第 841 頁。敦煌寫卷中「輜」俗字已作「轄」，參見黃征《敦煌俗字典》，上海教育出版社，2005 年版，第 571 頁。

中閒作調解之人，王氏所釋未確。

（6）比如順風而呼，聲非加疾，其埶激也

按：李笠曰：「『比如』即現代語『譬如』。黃善夫刻本亦作『比如』。」瀧川資言曰：「凌稚隆曰：『一本比作此。』愚按：比，譬也。」水澤利忠曰：「比，井、殿『此』。」李說是，景祐本、乾道本、淳熙本、元刻本、慶長本亦作「比」，紹興本亦誤作「此」。淳熙本作「埶」，其他各本作「勢」。

（7）乘不過軥牛

《集解》：徐廣曰：「軥，音雛。」駰案：《漢書音義》曰「小牛」。

《索隱》：上音古豆反。案：大牛當軛，小為軥牛。

按：《漢書·游俠傳》同。晉灼曰：「軥，軥棙也。軥牛，小牛也。」師古曰：「軥，重挽也，音工豆反。晉說是也。」沈欽韓曰：「《說文》：『軥，軛下曲者。』」[註987] 吳國泰說同，王先謙、瀧川資言並從沈說[註988]，桂馥、朱駿聲亦引《史》、《漢》以證《說文》「軛下曲者」[註989]。郭嵩燾引《說文》解之，云：「軥牛，猶言駕牛。若通『軥』為『駒』，而徑以為『小牛』，則誤矣。」王駿觀說同郭氏，池田從王駿觀說。章太炎曰：「《爾雅》郭璞注曰：『今青州呼犢為物。』《釋文》音火口反。古但作軥，《漢書·朱家傳》『乘不過軥牛』，晉灼曰：『小牛也。』後變作『物』，亦變作『牁』。《廣韻》云：『牁，藝牛子也。今浙西謂犢為牁，諺云：『春冷凍殺牁。』其音如項，猶牁本音火口切，後讀項矣。淮南北謂犢為牁，音如苟。」[註990] 黃侃曰：「軥牛（《漢書·朱家傳》），字當作狗、別作物。」[註991] 晉灼說「軥牛，小牛也」，是也；至於晉說「軥，軥棙也」，沈、桂、朱三氏以「軥」本義解之，均誤。章、黃說字亦作物（牁）、狗，亦是也。小馬

---

〔註987〕沈欽韓《漢書疏證》卷34，收入《續修四庫全書》第267冊，上海古籍出版社，2002年版，第165頁。

〔註988〕王先謙《漢書補注》卷92，中華書局，1983年版，第1551頁。

〔註989〕桂馥《說文解字義證》，朱駿聲《說文通訓定聲》，並收入丁福保《說文解字詁林》，中華書局，1988年版，第13849～13850頁。

〔註990〕章太炎《新方言》卷10，收入《章太炎全集（7）》，上海人民出版社，1999年版，第128頁。

〔註991〕黃侃《字通》，收入《說文箋識》，中華書局，2006年版，第163頁。其說又見黃侃《讀〈漢書〉〈後漢書〉札記》，《文史》第1輯，中華書局，1962年版，第49頁。

曰駒，小牛曰犉，小犬曰狗，小熊、小虎曰豿（貓），其義一也。

（8）專趨人之急，甚己之私

按：《漢書·游俠傳》同。顏師古曰：「趨讀曰趣。趣，向也。」顏說非是。《漢紀》卷3「趨」作「赴」。《說文》：「趨，走也。」又「赴，趨也。」急走之義。

（9）適有天幸，窘急常得脫，若遇赦

按：沈欽韓曰：「若，及也。」王先謙從沈說〔註992〕，瀧川資言乃竊沈欽韓說（瀧川《考證》屢引沈欽韓說，他是否見過沈氏原書雖未可知，但至少可以肯定是轉竊自王氏《補注》）。王叔岷曰：「若，猶或也。」王叔岷說是，然其說清人周壽昌早發之〔註993〕。

（10）軹人楊季主子為縣掾，舉徙解

按：梁玉繩曰：「舉徙解，《漢書》改曰『鬲之』，並通。」王筠曰：「舉徙解，案此本其徙之緣由，乃為掾所舉也。班作『鬲之』，則隔絕人，不使送之也。似班短。」王先謙曰：「《史記》『鬲之』作『舉徙解』，與此義異。」洪亮吉曰：「《漢書》作『鬲之』，文義較明。」瀧川資言曰：「《漢書》『舉徙』作『鬲之』。顏師古云：『鬲塞其送，不令解得之也。』與《史》義異。」池田曰：「《史》文似有誤。」王叔岷曰：「《漢傳》『徙解』作『鬲之』（師古注：『鬲與隔同。』），非『舉徙』作『鬲之』也。舉，皆也。徙，移也。『舉徙解』猶言皆移於解，謂諸公所送於解者，楊季主子皆移去，不令解得之也。與《漢傳》作『鬲之』之義亦相符。《考證》謂『與《史》義異』，本《漢傳補注》說，非也。又案：徙，取也。『舉徙解』猶言皆取於解，謂諸公所送於解者，楊季主子皆取為己有也。此亦可備一解。」①《漢書》「舉徙解」三字作「鬲之」，王叔岷所校不合。王叔岷所出二說，皆非。「徙」即上文「及徙豪富茂陵」、「不敢不徙」、「家貧不中徙」、「解家遂徙」之「徙」，指遷徙，猶今言搬家。舉，讀為遽，急也，促也。句謂楊季主之子為縣掾，催促急迫郭解遷徙。②《漢書》作「鬲之」者，「之」代徙解，指郭解家遷

---

〔註992〕沈欽韓《漢書疏證》卷34，收入《續修四庫全書》第267冊，上海古籍出版社，2002年版，第166頁。王先謙《漢書補注》卷92，中華書局，1983年版，第1551頁。

〔註993〕周壽昌《漢書注校補》卷50，收入《叢書集成新編》第112冊，新文豐出版公司，1985年印行，第327頁。

徙之事。鬲，讀作革，實為亟，急也。革之，謂急迫其遷徙之事。又「舉」、「鬲」一聲之轉，韻則旁轉。

（11）**窮治所犯，為解所殺，皆在赦前**

按：瀧川資言曰：「楓山本『為』下有『而』字，與《漢書》合。」池田以「為」字屬上句。王叔岷曰：「『為』字當屬上絕句，『為』下有『而』字，尤可證。《漢傳補注》：『為，作也。言犯法所作之事。』」二王說非是。「為解所殺皆在赦前」八字作一句讀，「為」與「所」呼應，表示被動句。《漢書》衍「而」字。《漢書·何並傳》「鍾威所犯多在赦前」，文例同。

（12）**自是之後，為俠者極眾，敖而無足數者**

《集解》：徐廣曰：「敖，倨也。」

按：瀧川資言以「敖」屬上句，引中井積德曰：「《漢書》削『敖』字，似長。」崔適謂《史》文乃「妄人從《漢書》竄入爾，今刪」。徐仁甫曰：「『敖』字針對下文『逡逡有退讓君子之風』而言。無足數者，正由於敖也。」王叔岷曰：「敖不當訓倨。『眾敖』複語，敖亦眾也，故《漢傳》略其一。敖借為囂，眾也。」王說非是，「眾囂」不辭，囂訓眾是眾口喧嘩義。「敖」屬下句，疑是「然」形誤，徐廣所見本已誤。《佞幸列傳》：「自是之後，內寵嬖臣大底外戚之家，然不足數也。」《河渠書》：「至於所過往往引其水，益用溉田疇之渠以萬億計，然莫足數也。」（《漢書·溝洫志》略同）《漢書·酷吏傳》：「自是以至哀平，酷吏眾多，然莫足數。」又《遊俠傳》：「自哀平間郡國處處有豪桀，然莫足數。」文例相同。崔適不知「敖」是誤字，庸可妄刪邪？

## 卷一百二十五《佞幸列傳》

（1）諺曰：「力田不如逢年，善仕不如遇合。」

《集解》：徐廣曰：「遇，一作偶。」

按：梁玉繩引劉辰翁曰：「『偶合』是。」周尚木曰：「按作『偶』者是也，文當云『善仕不如合偶』。合偶，謂與其儕偶相合。蓋此文，上句以『田』、『年』為韻，下句以『仕』、『偶』為韻。」徐仁甫曰：「『田』與『年』韻，則『仕』亦當與『合』韻。『仕』疑當為『作』字之誤，存疑。」王叔岷曰：「遇、偶古通，劉氏未達。《爾雅》：『遇，偶也。偶，合也。』『遇合』猶『偶合』，複語也。」《列女傳》卷5：「力田不如逢豐年，力桑

不如見國卿。」(「豐」字當衍﹝註994﹞)。《齊民要術・雜說》引魯秋胡曰：
「力田不如逢年。」S.133V《秋胡變文》：「採桑不如見少年，力田不如豐
(逢)年。」作「遇合」是，「遇」、「逢」、「見」同義對舉，「遇合」非複
語。又此非用韻語，「田」與「年」偶韻，「仕」字不誤，亦不韻(「仕」、
「偶」不為韻)。

### (2) 徒以婉佞貴幸

按：王叔岷曰：「《漢傳》『婉佞』作『婉媚』。」《御覽》卷684、《事類
賦注》卷12引「幸」作「倖」。

### (3) 公卿皆因關說

按：《漢書・佞幸傳》同。宋刊《類聚》卷33引《漢書》誤作「門說」
(明刊本誤同，四庫本又誤作「門閱」)。

### (4) 以濯船為黃頭郎

《集解》：駰案：《漢書音義》曰「善濯船池中也。一說能持櫂行船
也。」

按：水澤利忠曰：「《集解》『擢』，蜀、耿、慶、殿『櫂』。」王叔岷曰：
「擢，黃善夫本、殿本並作『櫂』。」景祐本、黃善夫本、乾道本《集解》
作「擢」，慶長本亦作「櫂」，王氏誤校黃本。《書鈔》卷137、《御覽》卷
768、《事類賦注》卷16、《樂府詩集》卷95引《漢書》「擢」作「櫂」，《述
異記》卷上同；《類聚》卷67引《漢書》作「擢」。《釋名》：「在旁撥水曰
櫂。櫂，濯也，濯於水中也，且言使舟櫂進也。」

### (5) 以夢中陰目求推者郎，即見鄧通

按：梁玉繩曰：「《漢書》『自』作『目』。凌稚隆曰：『「目求」更勝。』」
王筠曰：「班『自』作『目』，是。」周壽昌曰：「目，《史記》同。殿本、
明監本作『自』。此作『目』，凌氏本同，義亦佳。顏注云：『默而視之，求
所夢者。』則似本作『目』字也。《敘傳》云『上以伯新起，數目禮之』，
即此類。」﹝註995﹞張文虎曰：「毛本『目』，與《漢書》同。各本作『自』……

---

﹝註994﹞《類聚》卷18引作「力田不如逢少年，力桑不如見公卿」，衍「少」字；
《御覽》卷441、520、955引並作「力田不如逢年，力桑不如見郎」，《事類
賦注》卷25引作「力田不如逢年，採桑不如逢郎」。皆作「逢年」二字。
﹝註995﹞周壽昌《漢書注校補》卷50，收入《叢書集成新編》第112冊，新文豐出
版公司，1985年印行，第328頁。

『自』則『目』之譌也。」張森楷、池田從張說。瀧川資言曰:「毛本『自』作『目』,與《漢書》合。」瀧說顯然竊自張說。水澤利忠曰:「自,景、井、蜀、紹、毛『目』。」施之勉曰:「景祐本『自』作『目』。」王叔岷曰:「《漢傳補注》:『官本「目」作「自」。』作『目』乃《史》、《漢》之舊。」慶長本亦作「目」,《班馬異同》卷 32、《學林》卷 4、《通志》卷 184 引同;黃善夫本、乾道本、淳熙本、元刻本、四庫本、殿本作「自」。《漢書》各宋本、元大德本、明嘉靖汪文盛刻本、明正統本作「目」,《御覽》卷 376 引同;《類聚》卷 33、67、《西漢年紀》卷 6 引作「自」。余謂作「自」是《史》、《漢》之舊。自求,謂不指使別人尋找。

（6）江都王入朝,有詔得從入獵上林中

按:入,《御覽》卷 831 引同,《漢書·佞幸傳》作「上」。

（7）天子車駕蹕道未行

按:瀧川資言曰:「楓山、三条本『道』作『通』。」王叔岷曰:「《漢傳》『蹕』作『趯』,趯、蹕,古、今字。《漢傳補注》:『官本「道」作「通」。』宋元各本作「道」,慶長本作「通」。《漢書》宋元各本及明正統本作「通」,《玉海》卷 144 引同;明嘉靖汪文盛刻本作「道」。「通」是「道」形誤,「蹕（趯）通」不辭。

### 卷一百二十六《滑稽列傳》

（1）《索隱》:按:滑,亂也。稽,同也。言辨捷之人言非若是,說是若非,言能亂異同也。

按:王叔岷曰:「《樗里子列傳》:『樗里子滑稽多智,秦人號曰智囊。』滑稽,多智貌。《說文》:『滑,利也。』《離騷》王注:『巧,利也。』稽讀為計。滑稽,謂巧於計也。《索隱》云云,本鄒誕生說,《樗里子列傳》《索隱》已引之。」王說非是。「滑稽」轉語作「突梯」、「誺詆」,狡猾、詐欺之義〔註996〕。

（2）威王八年,楚大發兵加齊

按:王叔岷曰:「加猶陵也。」《書鈔》卷 139、《御覽》卷 777 引同今本,《後漢書·張奐傳》李賢注引「加」作「伐」,乃以意改之。

---

〔註996〕參見蕭旭《荀子校補》,花木蘭文化出版社,2016 年版,第 101～102 頁。

（3）見道傍有禳田者

《索隱》：謂為田求福禳。

按：梁玉繩引《史詮》云：「今本『禳』誤『穰』。」張文虎曰：「《索隱》本、舊刻、毛本『禳』，各本譌『穰』。」瀧川資言從張說。水澤利忠曰：「禳，景、慶、毛、凌、殿『穰』。」王駿圖曰：「穰者，謂求田收之豐穰也。」吳國泰曰：「穰者，禳字之借。」池田曰：「《索隱》『穰』作『禳』，是也。」施之勉曰：「《後漢書·張奐傳》注、《御覽》卷 736、《記纂淵海》卷 51、《合璧事類》卷 52 引並作『禳』。」王叔岷曰：「景祐本、黃善夫本、殿本『禳』皆作『穰』，《書鈔》卷 139、《御覽》卷 777 引並同。禳、穰，正、假字，『穰』非誤字。」吳國泰、王叔岷說是也，紹興本、乾道本、淳熙本、元刻本、慶長本亦作「穰」。《史記》古本當作「穰」。宋刊《新序·雜事四》「齊有彗星，齊侯使祝穰之」，《論衡·變虛》「穰」作「禳」，徐友蘭謂二字通〔註 997〕。宋刊《抱朴子內篇·道意》「則不請福而福來，不穰禍而禍去矣」，道藏本等作「禳」。均其例也。

（4）羅襦襟解，微聞薌澤

按：王叔岷曰：「《御覽》卷 497、《書鈔》卷 129 引『襟』作『衿』，『薌』作『香』。襟、衿並袊之俗變。『薌』與『香』同。」《御覽》引實形誤作「衿」。《書鈔》引「聞」作「有」。

（5）宗室置酒，髡嘗在側

按：瀧川資言曰：「嘗，讀為常。」宋刊《冊府元龜》卷 947「嘗」作「常」。

（6）優孟……常以談笑諷諫

按：談笑，宋元各本及慶長本同，《左傳·昭公二十九年》孔疏、《渚宮舊事》卷 1、宋刊《冊府元龜》卷 947、《記纂淵海》卷 156 引亦同〔註 998〕。談，讀作調（啁），幽、談旁轉，另詳《平津侯主父列傳》校補。

（7）啗以棗脯

按：景祐本、紹興本作「啗」，黃善夫本、乾道本、淳熙本、元刻本、慶長本形誤作「啖」，《治要》卷 12、《類聚》卷 93、鈔本《渚宮舊事》卷 1、

〔註997〕徐友蘭《群書拾補識語·新序》，收入《叢書集成續編》第 92 冊，上海書店，1994 年版，第 572 頁。
〔註998〕《記纂淵海》據宋刊本，四庫本在卷 63。

《初學記》卷 27、《御覽》卷 894、965、《事類賦注》卷 26 引誤同〔註 999〕。《廣韻》「棗」字條引作「啖以脯棗」。啖、啗音義並同。

**（8）發甲卒為穿壙，老弱負土**

按：《左傳·昭公二十九年》孔疏、《治要》卷 12、《渚宮舊事》卷 1、宋刊《冊府元龜》卷 947、《記纂淵海》卷 156 引同〔註 1000〕，《類聚》卷 93、《御覽》卷 894、《事類賦注》卷 21 引脫「穿」字。

**（9）以壠竈為槨**

《索隱》：《皇覽》亦說此事，以「壠竈」為「鬵突」也。

《正義》：土壠為竈，居鬲外如槨。（據瀧川《考證》本，黃善夫本上方校記亦引之，「土」誤作「上」，其上有「言」字。）

按：黃善夫本上方校記引《決》云：「謂竈形高如堲壠也。一云鬵突也。」池田引龍洲（岡白駒）曰：「穿地承釜以炊曰竈，其兩邊如田壠，故曰壠竈。」王叔岷曰：「壠、鬵，正、假字。」「竈形高如堲壠」是妄說。《類聚》卷 93 引「壠」作「籠」，《御覽》卷 894 引作「龍」，《事類賦注》卷 21 引作「壟」。《墨子·備城門》、《雜守》、《號令》有「罋竈」，《備穴》有「鬵竈」。孫詒讓曰：「畢疑『罋』字，近是。《史記·滑稽傳》云『以壠竈為槨』，《索隱》引《皇覽》『壠竈』作『鬵突』。此『罋』當即『鬵』之誤。《說文》云：『烓，行竈也。』此鬵竈在城上為之，以具火，蓋即行竈也。」〔註 1001〕畢、孫說是矣，然尚隔一間。《說文》云「烓，讀若冋」，皆見母字，轉作來母，則作「壠」字。行竈，謂移動之竈，若今之火爐也。

**（10）齎以薑棗**

按：瀧川資言曰：「『齎』當作『齊』，調也。《類聚》引《史》作『齊』。」施之勉曰：「《御覽》卷 894、《記纂淵海》卷 98、《事類賦》卷 21 引『齎』作『齊』。」王叔岷曰：「《左傳》疏、《記纂淵海》卷 98 引『齎』亦並作『齊』。齎、齊並齏之借字。《釋名》：『齏，濟也，與諸味相濟成也。』」《渚宮舊事》

---

〔註 999〕 《渚宮舊事》據鈔本，收入《吉石盦叢書（續）》，《羅雪堂先生全集》初編第 16 冊，臺灣大通書局，1977 年版，第 6472 頁。四庫本誤同，墨海金壺本、平津館叢書本作「啗」不誤。唐代人俗寫「啗」已誤「啖」，見唐《李推賢墓誌》、敦煌寫卷 P.3906《碎金》。
〔註 1000〕 《記纂淵海》據宋刊本，四庫本在卷 63。
〔註 1001〕 孫詒讓《墨子閒詁》，中華書局，2001 年版，第 507 頁。

『齎』作『齍』，俗『齍』字。」《渚宮舊事》卷 1 作「齍」〔註1002〕。棗，《左傳·昭公二十九年》孔疏、《渚宮舊事》卷 1、《類聚》卷 93、《御覽》卷 894、《事類賦注》卷 21、《記纂淵海》卷 98 引作「桂」〔註1003〕。

（11）祭以粳稻

《校勘記》：粳稻，原作「糧稻」，據景祐本、紹興本、黃本、殿本改。按：《左傳·昭公二十九年》孔疏引作「粳稻」。（10／3876）

按：瀧川資言曰：「糧稻，楓山、三條本作『粳糧』。張文虎曰：『中統、毛本作「粳糧」。』」施之勉曰：「景祐本、黃善夫本作『粳稻』，《左傳·昭二十九年》疏引亦作『粳稻』。」王叔岷曰：「殿本亦作『粳稻』，《渚宮舊事》作『梗稻』，『梗』乃『稉』之誤。」余所見鈔本、墨海金壺本、平津館叢書本、四庫本《渚宮舊事》卷 1 都作「稉」，無作「梗」者。乾道本、慶長本亦作「粳稻」，宋刊《冊府元龜》卷 947、《古史》卷 60、《通志》卷 180 亦同；元刻本作「糧稻」，《班馬異同》卷 33 同；淳熙本形誤作「梗稻」。

（12）無令天下久聞也

按：瀧川資言曰：「《類聚》『久』作『知』。」王叔岷曰：「《左傳》疏引『久聞』作『聞之』。」《治要》卷 12、宋刊《冊府元龜》卷 947 引亦作「久聞」。「久聞」不合文誼，疑當作「聞之」，各本誤而倒作「久聞」，《類聚》卷 93 又誤而倒作「知聞」。

（13）優旃者，秦倡侏儒也

按：張文虎曰：「侏儒，南宋、中統、毛本作『朱儒』。」王叔岷曰：「《治要》卷 12、《書鈔》卷 112、《初學記》卷 19、《御覽》卷 451、569 引『朱』皆作『侏』，殿本同，當以作『朱』為正（《說文》無『侏』字）。」王校未盡，鈔本《治要》卷 12 引作「朱」，天明刊本改作「侏」。景祐本、黃善夫本、紹興本、乾道本、淳熙本、元刻本作「朱」，宋刊《冊府元龜》卷 523、947、《御覽》卷 378、《班馬字類補遺》卷 1、《古史》卷 60、《記纂淵海》卷 156、《通志》卷 180、《永樂大典》卷 2978 引同〔註1004〕；慶長本亦作「侏」，《白氏六帖事類集》卷 7、《班馬異同》卷 33 引同。黃善夫本上方校

〔註1002〕《渚宮舊事》據鈔本，平津館叢書本同，墨海金壺本作「齋」。
〔註1003〕《渚宮舊事》據鈔本，墨海金壺本、平津館叢書本作「棗」。
〔註1004〕《記纂淵海》據宋刊本，四庫本在卷 63。

記云：「朱，本乍（作）『侏』。」王氏以《說文》無「侏」字，因謂「朱」
為正字，非是。二字皆非正字，《廣雅》：「侏儒，短也。」字亦作「絑需」、
「朱濡」、「朱需」，上博簡（二）《容成氏》：「絑需為矢。」肩水金關漢簡
（叁）73EJT31：140：「朱濡行，三日行三里。」《居延漢簡》5.3＋10.1＋
13.8＋126.12：「年八十及乳朱需頌觳五十二。」聲轉作「椄儒」。

（14）優旃曰：「汝雖長，何益，幸雨立。我雖短也，幸休居。」

按：王念孫曰：「『幸雨立』本作『雨中立』。今本『雨』上『幸』字涉
下『幸休居』而衍，又脫去『中』字，遂致文不成義。《御覽・天部》（引
者按：卷10）引此作『幸雨立』，亦後人依《史記》改之。《初學記・人部》
（引者按：卷 19）、《御覽・人事部》、《樂部》（引者按：卷 378、569）引
此並作『雨中立』。」張文虎、池田從王說。瀧川資言曰：「『幸雨立』不成
義，楓山、三條本『幸』作『事』，可從。王念孫云云，參存。」水澤利忠
曰：「幸雨立：幸，南化、楓、梅、三『辜』。」施之勉曰：「雨立而曰幸，
滑稽之詞也。」張森楷曰：「此當是二本，作『雨中立』本於誼為長。必謂
作『幸雨立』是後人改之，則誰好事者何不併諸處皆改之也者？恐未可據
信。」王叔岷曰：「影宋本《御覽》卷 378（《人事部》）引作『尚雨立』，不
作『雨中立』。又引『幸休居』作『故幸居』。《初學記》亦引作『故幸居』。」
宋元各本及慶長本均同，宋刊《冊府元龜》卷 523、947 引亦同。黃善夫本
上方校記云：「幸，本乍（作）『辜』。」瀧川與水澤校楓、三本不同，疑水
澤作「辜」字是。《初學記》卷 19 引作「女雖長，雨中立；我雖短，故幸
休」；《御覽》卷 10 引作「汝雖長，何益，幸雨立；我短，幸休居」，又卷
378 引作「汝雖長，尚雨立；我雖短，故幸休」，又卷 569 引作「汝雖長，
何益，故雨中立；我雖短也，故休居」；《事類賦注》卷 3 引作「汝雖長，
何益，乃雨立；我雖短，幸休居」；《永樂大典》卷 2978 引作「汝雖長，尚
立；我雖短，故幸休」，又卷 7328 引作「汝雖長，何益，幸雨立；我雖短
也，幸休居」；《太平廣記》卷 164 引《獨異志》作「汝雖長，雨中立；我
雖短，殿上幸無濕」。疑二「幸」是「辜」形誤〔註1005〕，「辜」借作「固」，
「故」亦「固」借字。二句本作「辜（固）雨立」、「辜（固）休居」，相對
為文。

---

〔註1005〕《淮南子・說林篇》「毋曰不辜，甕終不墮井」，《文子・上德篇》「辜」
作「辜」，是其相譌之例。

### （15）漆城蕩蕩，寇來不能上

按：王叔岷曰：「《御覽》卷 192、451 引『城』下並有『光』字，卷 766 引『城』下有『滑』字。『滑』與『光』義近。」「滑」或「光」是宋人所加，《治要》卷 12、《類聚》卷 24、63、宋刊《冊府元龜》卷 523、947 引並同今本，《太平廣記》卷 164 引《啟顏錄》、《唐闕史》卷下同。胡文英曰：「蕩蕩，滑貌。吳中謂物光滑之甚者曰滑蕩蕩。」〔註1006〕今吳語尚有「滑蕩蕩」、「光滑蕩蕩」語。《類聚》卷 24 引「寇」作「𡨥」，俗譌字。

### （16）優旃臨檻疾呼，陛楯得以半更

《正義》：更，代也。（據瀧川《考證》本，黃善夫本上方校記亦引之）

按：上文云「於是始皇使陛楯者得半相代」，字作「代」。

### （17）又奉飲糒飧養乳母

《正義》：糒，乾飯。飧，溫飯。（據瀧川《考證》本）

按：水澤利忠引「南化、幻、梅、狩」本亦有《正義》，並指出「瀧川本『濕』誤『溫』」。黃善夫本上方校記引《正義》「溫」亦作「濕」，是也。「飧」當作「飧」，音孫，指水泡飯。

### （18）檐揭而去

按：水澤利忠曰：「擔，景、井、毛『檐』。」池田曰：「揭亦擔也。」黃善夫本、乾道本、元刻本、慶長本作「擔」，宋刊《冊府元龜》卷 836 同；紹興本、淳熙本亦作「檐」。「檐」、「擔」並「儋」之俗字，《說文》「儋」、「何」互訓，「何」是「荷」古字。揭亦擔也，荷也。《詩·候人》、《無羊》毛傳並云：「何，揭也。」《玄應音義》卷 3 引《廣雅》：「揭，擔也。」（今本脫）俗字或作擖，裴務齊《正字本刊謬補缺切韻》：「擖，擔。」蔣斧印本《唐韻殘卷》：「擖，擔物，又作揭。」《廣韻》：「擖，擔擖物也，本亦作揭。」《集韻》：「擖、揭、揱，簷也，或省，亦從枼。」音轉亦作枼、揱，《左傳·成公二年》「枼石以投人」，杜注：「枼，擔也。」《玄應音義》卷 4 引「枼」作「竭」。

### （19）所賜錢財盡索之於女子

按：李笠曰：「索亦盡也。」瀧川資言、池田竊其說。水澤利忠曰：「索，

---

〔註1006〕胡文英《吳下方言考》卷 8，收入《續修四庫全書》第 195 冊，上海古籍出版社，2002 年版，第 67 頁。

—459—

南化、楓、梅、三『棄』。」吳國泰曰：「《小爾雅》：『索，空也。』」張森楷曰：「索，散也。」施之勉、王叔岷並從張說。李、吳說是，張說非也。《日者列傳》「止而用之無盡索之時」，又「持不盡索之物，遊於無窮之世」，皆以「盡索」為複語，而不得訓散。《正義》：「索，亦盡也。」（據瀧川《考證》本，黃善夫本上方校記亦引之）「盡索」是漢人成語。《貨殖列傳》「知（智）盡能索」，《論衡‧偶會》「糧盡食索」，二字則同義對舉〔註1007〕。「棄」乃形誤。字亦作索，睡虎地秦簡《秦律十八種‧廄苑律》簡18：「即入其筋、革、角，及索入其價錢。」整理者曰：「索，盡。」〔註1008〕

### （20）金馬門者，宦者署門也

《校勘記》：「者」字原無。王念孫《雜志》：「『宦』下脫去『者』字。《類聚》、《御覽‧居處部》及《文選‧西都賦》、《別賦》注引此並有『者』字。」今據補。（10／3876）

按：張文虎、池田亦從王說。《文選‧兩都賦序》、《西京賦》李善注引亦有「者」字。

### （21）是固非子之所能備也。彼一時也，此一時也，豈可同哉

按：池田曰：「備，詳備也。」《漢書‧東方朔傳》、《文選‧答客難》同。呂延濟曰：「言其不能備知也。」《廣雅》：「備，究也。」王念孫曰：「備者，《書大傳》云：『備者，成也。』『成』與『究』同義。」錢大昭曰：「『備』未聞。」〔註1009〕「備」取窮盡為義，猶言知也，察也。謂非子所能知也。

### （22）建章宮後閤重櫟中有物出焉，其狀似麋

《索隱》：重櫟，上逐龍反，下音歷。重櫟，欄楯之下有重欄處也。

《校勘記》：重櫟，《說文繫傳》「橑」字條引作「重橑」，疑是。按：橑，椽也。重橑，即複屋。（10／3877）

按：王叔岷曰：「《說文》：『橑，椽也。』《繫傳》：『《東方朔傳》曰：「後閤重橑中有物出。」』所據此文『櫟』作『橑』，與今本異。或改引從《說

---

〔註1007〕《史記》例，參見方苞《史記注補正》，收入《二十五史三編》第1冊，嶽麓書社，1994年版，第82頁。

〔註1008〕《睡虎地秦墓竹簡》，文物出版社，1990年版，第24頁。

〔註1009〕王念孫《廣雅疏證》，錢大昭《廣雅疏義》，並收入徐復主編《廣雅詁林》，江蘇古籍出版社，1992年版，第348頁。

文》。」《索隱》音歷，則必是「櫟」字，明刊《冊府元龜》卷 797、《兩漢刊誤補遺》卷 2、7 引同。《繫傳》引作「橑」者，轉語耳，字亦作「轑」，王氏未憭古音。方以智曰：「重轑猶重櫟，言其密互也。《張敞傳》：『得之殿屋重轑中。』按：『轑』為車蓋弓，此當是『橑』。《說文》曰：『橑，椽也。』……櫟音歷，與『轑』讀了相轉耳。」〔註 1010〕《楚元王世家》「櫟釜」，《索隱》：「櫟音歷。謂以杓歷釜旁，使為聲。《漢書》作『轑』，音勞。」此其音轉之證，他例尚多，不煩舉證。「騶牙」也作「騶吾」、「騶虞」，似麋之騶牙，出於重橑之下。

### （23）故所以同官待詔者，等比祖道於都門外

按：吳國泰曰：「『比』假作『輩』。」徐仁甫曰：「等比猶言等輩。」王叔岷曰：「此當讀『故所以同官待詔者等比』為句。《廣雅》：『比，輩也。』」〔註 1011〕比亦等也，同也，「等比」同義連文，漢人成語，《漢書》凡三例。《漢書·張敞傳》：「後惲坐大逆誅，公卿奏惲黨友不宜處位，等比皆免。」作名詞用，指同伴。《後漢書·翟酺傳》：「今外戚寵倖，功均造化，漢元以來，未有等比。」此例則作動詞用。倒言則作「比等」，《太平經》卷 112：「窮哉此人，亦有比等。」池田以「等」字屬上句，「比」字屬下句，大誤。

### （24）曰：「子當為王，欲安所置之？」對曰：「願居洛陽。」

按：居、置異字同義，猶言安置。《三王世家》「居」作「置」。

### （25）齊王使淳于髡獻鵠於楚

《索隱》：《韓詩外傳》齊使人獻鵠於楚，不言髡。又《說苑》云魏文侯使舍人無擇獻鴻於齊，皆略同而事異，殆相涉亂也。

按：梁玉繩曰：「鵠，《類聚》卷 90 引作『鶴』，古通。」水澤利忠曰：「《索隱》『鴻』，耿、慶、中統、彭、凌、殿『鵠』。」王叔岷曰：「今本《外傳》卷 10 作『獻鴻』。今本《說苑·奉使篇》作『獻鵠』。」《索隱》「獻鴻」，乾道本、慶長本、四庫本亦作「獻鵠」。P.2526《修文殿御覽》引《魯連子》：「吳王使其臣諸樊奉一鶴母以問梁王。」又「展無所為魯君使，遺齊襄君鴻。」事亦相類，蓋傳聞異辭。「鶴」同「鵠」。《說文》：「鵠，鴻鵠也。」

〔註 1010〕方以智《通雅》卷 38，收入《方以智全書》第 1 冊，上海古籍出版社，1988 年版，第 1155 頁。

〔註 1011〕王叔岷《史記斠證》，中華書局，2007 年版，第 3384 頁。

即天鵝。古人以鶴為祥，故有獻鵠於別國人君之事。

（26）傳曰：「美言可以市，尊行可以加人。」

按：瀧川資言曰：「傳《老子》62章。《淮南·道應》、《人間》引老子曰『美言可以市尊，美行何可以加人』，多一『美』字。」馬王堆帛書甲本、乙本《老子》並作「美言可以市，奠（尊）行可以賀（加）人」，北大漢簡本同。《淮南子》下「美」字為衍文，「尊」屬下讀。

（27）得更求好女，後日送之

按：張文虎曰：「《御覽》卷367引『得』作『待』。」施之勉曰：「《萬花谷》續集卷40『得』作『待』。《御覽》卷267引『更』上有『得』字。《治要》卷12、《御覽》卷735（引者按：卷734）、《合璧事類》卷7、53引無。又，《春秋後語·魏語七》『更』上有『別』字。」王叔岷曰：「得、待雙聲，古通用。惟《御覽》卷367未引此文，張氏失檢。」瀧川資言、池田不作覆核，照錄張說，疏矣。宋刊《冊府元龜》卷706、《古史》卷60、《通志》卷180仍作「得」；《職官分紀》卷42、《名賢氏族言行類稿》卷57、《群書通要》卷10引「得」亦作「待」。《事文類聚》前集卷17引亦無「得」字。王說是也，得、待一聲之轉。《列子·天瑞》「處常得終」，《類聚》卷44、《御覽》卷468引「得」作「待」，《說苑·雜言》同。《平原君虞卿列傳》「故爭相傾以待士」，《集解》引徐廣曰：「待，一作得。」

（28）不能白事

按：《書鈔》卷39引「白」誤作「有」。

（29）幾可謂非賢大夫哉

按：瀧川資言曰：「『幾』、『豈』通。」瀧說乃本於王念孫〔註1012〕。

## 卷一百二十七《日者列傳》

（1）相從論議，誦易先王聖人之道術

按：張文虎曰：「誦易，《御覽》卷725引作『講習』，疑今本誤。」池田從張說。吳國泰曰：「易借作肄。」施之勉曰：「《御覽》卷725引『誦易』作『誦習』。吳闓生曰：『後文有「通《易》經術」之語，「通易」即「誦易」也。「講習」字，疑後人臆改。』」徐仁甫曰：「『誦易』作『誦習』。」王叔

---

〔註1012〕王念孫《漢書雜志》，收入《讀書雜志》卷5，中國書店，1985年版，本卷第35頁。

岷曰:「張氏所稱《御覽》『講習』,蓋『誦習』之誤。今本『誦易』當作『誦習』。如謂《易經》,則『誦《易》先王聖人之道術』亦不成句。」景宋本《御覽》卷 725 引作「誦習」,四庫本及美國國會藏《御覽》作「講習」,張文虎所見乃俗本。徐、王說當作「誦習」,是也。宋元各本及慶長本均誤作「誦易」,宋刊《冊府元龜》卷 833、《通志》卷 181、《班馬異同》卷 34 誤同。又黃善夫本、元刻本「先王」誤作「先生」。

### (2) 夫卜筮者,世俗之所賤簡也

按:吳國泰曰:「簡者,癇字之借。《說文》:『癇,病也。』」吳說非是,癇訓病,指風病。《淮南子・俶真篇》高誘注:「簡,賤也。」《貨殖列傳》「胃脯,簡微耳」,「簡」亦此義。字亦作間,嶽麓書院藏秦簡《為吏治官及黔首》:「五曰閒士貴貨貝。」睡虎地秦簡《為吏之道》「閒」作「賤」。「賤簡」複語,也倒作「簡賤」,《文子・符言》「飲食不節,簡賤其身,病共殺之。」《後漢書・鍾離意傳》:「簡賤禮義,無有上下。」

### (3) 夫卜者多言誇嚴以得人情

《索隱》:謂卜者自矜誇而莊嚴,說禍以誑人也。

按:「多言誇嚴」亦見下文,《集解》徐廣曰:「嚴,一作險。」王念孫曰:「嚴,讀為譀。《說文》曰:『譀,誕也。誇,譀也。』」張文虎、瀧川資言、張森楷、池田從王說。桂馥亦讀嚴為譀〔註1013〕,茲為出之。郭嵩燾曰:「《說文》:『嚴,教名急也。』誇嚴者,自誇其術之神,而急切言之,《索隱》注誤。」郭氏未達本字。

### (4) 卑疵而前

《索隱》:疵音貲。

按:朱謀㙔曰:「卑疵,強顏也。」〔註1014〕吳國泰曰:「卑疵者,『蹩趡(趗)』之借。《說文》:『蹩,一曰跛也。趡(趗),側行也。』」〔註1015〕池田曰:「《集韻》云:『卑疵,佞人貌。』」王叔岷曰:「『卑疵』蓋猶『卑陬』,顏色不自得也。」朱、王說非是。《廣雅》:「䫄妣,短也。」王念孫

〔註1013〕 桂馥《說文解字義證》「譀」字條,齊魯書社,1987 年版,第 210 頁。桂馥《札樸》卷 5,中華書局,1992 年版,第 180 頁。

〔註1014〕 朱謀㙔《駢雅》卷 2,收入景印文淵閣《四庫全書》第 222 冊,臺灣商務印書館,1986 年初版,第 522 頁。

〔註1015〕 引者按:據吳氏引《說文》,「趡」當是「趗」形誤。

曰：「褚少孫《續日者傳》：『卑疵而前，孅趨而言。』謂自卑以諂人，義與『𤺄𤺥』相近也。『椑撕』與『𤺄𤺥』聲義亦相近。」錢大昭亦曰：「『卑疵』與『𤺄𤺥』同。」〔註1016〕字或作「諀訨」、「諀訾」、「諀呰」，《玄應音義》卷5、22引《通俗文》：「難可謂之諀訨也。」又卷13引作「諀訾」，《慧琳音義》卷48作「諀呰」。《玄應音義》卷8引《考聲》：「諀訾，好說人是非也。」《廣韻》：「諀，諀訾，惡言。」卑疵者謂自卑，諀訾者謂毀人，語義雖異，語源則同也。

（5）孅趨而言

《索隱》：孅音纖。纖趍猶足恭也。

按：朱起鳳謂「孅趨」同「嘁咦」、「淺鯫」，舉《廣韻》：「嘁，嘁咦不廉。」又「咦，嘁咦不廉。」又「鯫，淺鯫，小人不耐事貌。」，云：「嘁咦，音孅趨，語言貪鄙之義。嘁咦，謂貪污卑鄙，出言無狀。《史記》作『孅趨』，乃同音通叚，司馬貞釋為『足恭』，非是。上句『卑疵而前』乃足恭之義，此則巧言矣。」〔註1017〕孅趨，道藏本《雲笈七籤》卷85作「趙趉」。《集韻》：「孅，巧佞也。《史記》『孅趨而言』。」孅讀作嬐，敏疾也，故訓巧佞。謂趨行之敏疾，字亦作蹮，《集韻》：「蹮，行皃。」又「蹮，蹮跹，足利。」朱起鳳所舉「嘁咦」、「淺鯫」，乃「蹮跹」同源詞。蔣斧印本《唐韻殘卷》：「嘁，嘁咦不廉。」P.2011 王仁昫《刊謬補缺切韻》：「咦，嘁咦不廉。」此《廣韻》所本。

（6）犯法害民，虛公家

《校勘記》：張文虎《札記》卷5：「《元龜》卷833引作『虛耗公家』，疑今本脫。」（10 / 3887）

按：瀧川資言、張森楷、池田亦從張說。宋刊《冊府元龜》卷833、《通志》卷181、《班馬異同》卷34無「耗」字。明刊本、四庫本《元龜》增「耗」字，張氏未見古本〔註1018〕。

（7）夷貊不服不能攝

按：攝，讀為儑、慴，亦服也。《說文》：「慴，一曰服也。」又「儑，

---

〔註1016〕 王念孫《廣雅疏證》，錢大昭《廣雅疏義》，並收入徐復主編《廣雅詁林》，江蘇古籍出版社，1992年版，第178～179頁。

〔註1017〕 朱起鳳《辭通》卷4，上海古籍出版社，1982年版，第377頁。

〔註1018〕 周勳初等《冊府元龜（校訂本）》失校，鳳凰出版社，2006年版，第9676頁。其書甚為粗糙，失校之處比比皆是，此其一例耳。

心服也。」

### （8）旋式正棊

《集解》：徐廣曰：「式音栻。」

《索隱》：按：式即栻也。旋，轉也。栻之形上圓象天，下方法地，用之則轉天綱加地之辰，故云旋式。棊者，筮之狀。正棊，蓋謂卜以作卦也。

按：張文虎曰：「旋，《索隱》、中統、游、毛本同。它本『旋』誤『按』。」吳國泰曰：「式者，栻字之借。」瀧川資言曰：「《漢書・王莽傳》『天文郎案栻於前』，顏師古曰：『栻，所以占時日。天文郎，今之用栻者也。音式。』《廣雅》：『栻，捔也。』捔有天地，所以推陰陽占吉凶。以楓子棗心木為之。『式』字《漢書》從手，《廣雅》從木，《唐六典》作『式』。」水澤利忠曰：「旋，慶、彭、凌『按』，南化、楓、梄、三校記『旋』。」施之勉曰：「景祐本作『旋』，《類聚》、《史記法語》亦作『旋』。」王叔岷曰：「黃善夫本『旋』作『按』，蓋涉《索隱》『按式』而誤。殿本亦作『旋』，《漢藝文志考證》卷9引亦作『旋』。《廣雅》：『栻，梮也。』《考證》所引二字並從手，誤也。《漢書・王莽傳》官本『栻』作『栻』。作『式』是故書。」①正文「旋式」，景祐本、紹興本、乾道本、淳熙本、慶長本同，《類聚》卷75、宋刊《冊府元龜》卷833、景宋本《御覽》卷725、《玉海》卷3、5、《記纂淵海》卷87、《困學紀聞》卷4、《通志》卷181引同；黃善夫本、元刻本作「按式」，《班馬異同》卷34、《文選補遺》卷26同。「旋式」亦稱作「轉式」，《世說新語・文學》：「融果轉式逐之，告左右曰：『玄在土下水上，而據木，此必死矣。』」《異苑》卷9、《御覽》卷698引《語林》同。又稱作「運式」，《龜策列傳》：「衛平運式」。②《集解》「栻」，景祐本、紹興本、乾道本、淳熙本、元刻本、慶長本作「栻」。《索隱》「栻」，宋元各本及慶長本亦作「栻」。北宋景祐本《漢書・王莽傳》「天文郎桉栻於前，日時加某，莽旋席隨斗柄而坐」，元大德本、明正統本同，南宋嘉定本、南宋建安本、南宋慶元本作「按栻」，明嘉靖汪文盛刻本作「按栻」（宋刊《冊府元龜》卷913同，四庫本作「按栻」），《漢紀》卷30、《通鑒》卷39作「按式」。蔣斧印本《唐韻殘卷》、裴務齊《正字本刊謬補缺切韻》並云：「栻，局。」《集韻》：「栻，木局也，有天地所以推陰陽占吉凶，以楓子棗心為之。通作『式』。」江陵王家臺秦墓M15、儀徵劉集聯營西漢墓M10、阜陽雙古

堆汝陰侯漢墓 M1、武威磨咀子漢墓 M62、沅陵虎溪山漢墓 M1 均出土過式盤，形制各不相同。

（9）**越王句踐放文王八卦以破敵國，霸天下**

《索隱》：放音方往反。

按：王叔岷曰：「《索隱》本『倣』作『放』，《類聚》卷 75 引同。」宋元各本及慶長本「放」作「倣」，宋刊《冊府元龜》卷 833、《御覽》卷 725、《班馬異同》卷 34 引同。

（10）**且死或以生，患或以免，事或以成**

按：《御覽》卷 725 引「免」音誤作「勉」。

（11）**嫁子娶婦或以養生**

按：養生，《魏志·管輅傳》裴松之注引《輅別傳》引作「生長」。

（12）**莊子曰：「居上而敬，居下不為害。」**

按：王叔岷曰：「《御覽》卷 725 引『不』上有『而』字。嵇康《高士傳》作『居下而無害』，亦有『而』字。」《御覽》卷 510 引嵇康《高士傳》作「處上而有敬，居下而無害」，《雲笈七籤》卷 85 作「處上而人敬，居下而無害」，《仙苑編珠》卷中作「處上無殺，居下無害」。《編珠》臆改不足據也。

（13）**日中必移，月滿必虧**

按：移，讀為眵，日斜也。

（14）**行洋洋也**

按：池田引龍洲（岡白駒）曰：「『洋』與『養』同，《詩》云『中心養養』，一作『洋洋』，思也。」李笠曰：「《楚辭·哀郢》『焉洋洋而為客』，王逸注：『洋洋，無所歸也。』」吳國泰曰：「『洋洋』者，『惕惕』之借，疾貌也。」李說是，岡、吳說非也。洋洋，行貌。《呂氏春秋·貴直》：「吾今見民之洋洋然東走而不知所處。」音轉亦作「躄躄（蹓蹓）」、「蹌蹌」，《說文》：「躄，行貌。」《廣雅》：「蹓蹓，走也。」

（15）**賢者避世，有居止舞澤者**

按：郭嵩燾曰：「『舞』當為『蕪』，謂蕃蕪之澤也。」池田引恩田仲任曰：「『舞澤』難解，意似是『草（引者按：『草』字據下文當作『蕪』）澤』之譌。《說文》：『蕪，豐也。』蓋『舞』、『蕪』相似譌耳。『蕪』即庶草繁

蕪之『蕪』。」瀧川資言讀舞為蕪，當即從恩田說化出。吳國泰曰：「舞者，
洿字之借。」施之勉曰：「《周禮》鄭司農注：『故書舞為無。』無，豐也。
豐，大也。是『舞澤』，大澤也。」王叔岷曰：「舞借為霖，豐也。《考證》
讀舞為蕪，蕪亦霖之借字。」瀧川讀舞為蕪，蓋取荒蕪義，未必就是訓大。
舞，讀為洿。《說苑‧辨物》：「山川洿澤，陵陸丘阜。」《漢書‧溝洫志》：
「陂障卑下，以為洿澤。」洿澤，低下之水澤。也作「洿澤」，《新語‧道
基》：「故地封五嶽，畫四瀆，規洿澤，通水泉。」《昌言‧損益》：「雖多山
陵洿澤，猶有可居人種穀者焉。」或讀舞為浦。浦澤，謂水岸及水澤。《宋
書‧索虜傳》：「高岸墊為浦澤，深谷積為丘陵。」

**（16）夫家之教子孫，當視其所以好，好含苟生活之道，因而成之**

按：張文虎曰：「含，南宋本作『舍』。」瀧川資言曰：「『好含』未詳。
南宋本、凌本『含』作『舍』。」吳國泰曰：「含，猶嗜也。」水澤利忠曰：
「含，耿、凌『舍』。」池田曰：「龍洲曰：『其所好所舍，即是苟生活之道
也。』凌本『含』作『舍』。」王叔岷曰：「『好含苟生活之道』蓋此文之舊，
景祐本已如此。《左宣十五年傳》『國君含垢』，杜注：『忍垢恥也。』含有
忍義。『含苟生活』猶言含生苟活，亦即忍生苟活耳。」韓兆琦曰：「好含，
似應作『好合』。」乾道本、淳熙本作「**舍**」，其他各本作「含」；光緒信述
堂重刻本《漢魏六朝百三家集》卷5作「舍」。「**舍**」是「含」俗體。《可洪
音義》卷11「含」俗體作「**舍**」，「頷」俗體作「**頷**」，正同。張文虎說南宋
本作「舍」，水澤說耿本作「舍」，皆誤認其字。王叔岷說近是，但未得「苟」
字之誼。苟，讀作詢，字亦作詬。王氏所引《左傳》「含垢」，《漢書‧路溫
舒傳》引作「含詬」，顏師古注：「詬，恥也。言人君之善御下，亦當忍恥
病也。詬，音垢。」《老子》第78章：「受國之垢，是謂社稷主。」馬王堆
帛書甲、乙本及北大漢簡「垢」均作「詢」。含，猶言忍受、包容也。「含
苟」即「含垢」，亦即「受垢」。「好含」不成詞。

### 卷一百二十八《龜策列傳》

**（1）蠻夷氐羌雖無君臣之序，亦有決疑之卜。或以金石，或以草木**

《集解》：徐廣曰：「草，一作革。」

按：「革」是「草」形誤。隋‧蕭吉《五行大義》卷1《論九宮數》作
「或以木草」。

## （2）故推歸之至微，要絜於精神也

按：李笠曰：「絜，猶『絜矩』之絜，各本誤『潔』。」瀧川資言、池田從其說。韓兆琦曰：「絜，度量，探測。精神，事物的精微所在。」景祐本、紹興本、四庫本、殿本作「潔」，黃善夫本、乾道本、淳熙本、元刻本、慶長本作「㓗」。「㓗」是「潔」俗譌字。李氏所說「絜矩」，見《禮記・大學》，鄭玄注：「絜，猶結也，挈也。矩，法也。」「絜」讀胡結切，猶言結束度量，不合此文之誼，李說非是，韓氏亦是妄說。潔，讀古屑切，猶言潔淨、清明。《慧琳音義》卷 8 引《考聲》：「潔，清也，靜也。」本字作㝎，《說文》：「㝎，靜也。」《玉篇》引《蒼頡篇》：「㝎，安也。」字亦作絜，《廣雅》：「絜，靜也。」《玄應音義》卷 16：「絜，古文作㝎，同。」

## （3）夫摋策定數

《集解》：徐廣曰：「摋音逢。一作達。」

《索隱》：徐廣摋音逢。摋謂兩手執蓍分而扐之，故云摋策。

按：洪頤煊曰：「《廣韻》：『㧣，灼龜視兆也。《說文》：「奉也。」』頤煊案：《史記》云云，『㧣』即『摋』字之省。《漢書・東方朔傳》『逢占射覆』，『逢』與『㧣』同。如淳曰：『逢占，逢人所問而占之也。』師古曰：『逢占，逆占事，猶云逆刺也。』非是。」〔註 1019〕張文虎曰：「《玉篇》：『㧣，灼龜觀兆也。』是『摋』本作『㧣』。《集韻》『㧣』下引孫伷曰『兩手分而數』，亦與《索隱》合。又云『通作摋』，則所見《史》本已有作『摋』者。」水澤利忠、池田從張說。吳國泰曰：「摋，當為『奉』字之假。奉，今俗作『捧』。」張森楷曰：「『摋』本作『㧣』，《說文》：『㧣，奉也。』」王叔岷說同張氏，是也，然其說桂馥早言之。桂氏曰：「奉，或作捧。又作摋，《史記・龜策傳》云云。」〔註 1020〕即捧持義。《廣韻》訓「灼龜視兆」之字，澤存堂本作「㧣」，古逸叢書覆宋本、覆元泰定本、四部叢刊巾箱本、《鉅宋廣韻》作「摋」。洪氏、張氏以《史記》此字當《玉篇》、《廣韻》「㧣」，非是。訓灼龜視兆者，其語源是「縫」，指灼龜後的裂紋，俗字亦作髕。《集韻》：「髕，灼龜坼。」與捧持義不涉。一本「摋」作「達」，是「逢」形譌。

---

〔註 1019〕 洪頤煊《讀書叢錄》卷 12，收入《續修四庫全書》第 1157 冊，上海古籍出版社，2002 年版，第 664 頁。

〔註 1020〕 桂馥《說文解字義證》「㧣」字條，齊魯書社，1987 年版，第 1053 頁。

（4）君子謂夫輕卜筮，無神明者，悖

按：無，讀為誣，亦輕也。《大戴禮記・本命》：「誣鬼神者罪及二世。」

（5）傳曰：「下有伏靈，上有兔絲；上有擣蓍，下有神龜。」

《索隱》：擣音逐留反。按：即稠也。擣蓍即蘪蓍，「擣」是古「稠」字也。

按：林茂春從《索隱》說，謂「擣」是古「稠」字〔註1021〕。朱駿聲、吳國泰並讀擣為稠〔註1022〕。瀧川資言曰：「《淮南子・說山訓》：『下有茯苓；上有兔絲；上有叢蓍，下有伏龜。』」王叔岷曰：「稠、擣，正、假字。亦即《淮南子》之『叢蓍』，《索隱》作『蘪蓍』，叢、蘪，正、俗字。」《集韻》：「擣，聚也。《史記》『上有擣蓍』。」「聚」是「蘪」脫誤。朱氏讀擣為稠，是也，《初學記》卷30引徑作「稠蓍」。「鬍」俗字作「鬐」，「幬」俗字作「幮」，是其比也。《禮書》《索隱》：「幬，音稠。」P.4536V「越愛染之擣林，悟真如之境界」，P.3545、P.3765、S.5640、S.6923V、BD7824V2、Дx.7179、Дx.11070作「稠林」。

（6）以夜捎兔絲去之

按：胡文英曰：「捎，音樵去聲。捎，攪纏也。吳諺謂攪纏去藤蔓之物曰捎。」〔註1023〕瀧川資言曰：「捎，芟也。」池田曰：「《廣韻》：『捎，芟也。』」施之勉曰：「《御覽》卷989引『捎』作『燒』。」黃善夫本上方校記云：「捎，芟也，取也。」《本草綱目》卷37引「捎」亦作「燒」。《證類本草》卷12引此文，云：「捎，或作燒。」「燒」當是音誤。

（7）明月之珠出於江海，藏於蚌中，蚖龍伏之

《集解》：徐廣曰：「許氏說《淮南》云：蚖龍，龍屬也。音決。」

《索隱》：蚖蠪伏之。按：「蚖」當為「蛟」。蠪音龍。注音決，誤也。

按：何義門曰：「蚖龍即乖龍也。」梁紹壬曰：「字音假借……『蛟龍』可作『蚖龍』。」〔註1024〕吳國泰曰：「『蚖蠪』即『蛟龍』之借字。」王叔

〔註1021〕 林茂春《史記拾遺》，收入《二十四史訂補》第1冊，書目文獻出版社，1996年版，第672頁。
〔註1022〕 朱駿聲《說文通訓定聲》，武漢市古籍書店，1983年版，第249頁。
〔註1023〕 胡文英《吳下方言考》卷9，收入《續修四庫全書》第195冊，上海古籍出版社，2002年版，第76頁。
〔註1024〕 梁紹壬《雨般秋雨盦隨筆》卷3，《叢書集成三編》第6冊，新文豐出版公司，1997年印行，第50頁。

岷曰：「《淮南子・泰族篇》『夫蛟龍伏寢於淵』，許注：『蛟龍，鼉屬也。』……陶方琦校今本許注『鼉』為『龍』之誤，良是。竊疑徐氏所見《淮南子》正文及許注『蛟龍』本作『蚨龍』，故云『音決』。今本作『蛟龍』，蓋後人罕見『蚨龍』連文而改之耳。《索隱》說不足據。」何氏說「蚨龍即乖龍」，不知所據。梁氏、吳氏說「蚨龍」是「蛟龍」音借，韓兆琦說同，妄說音轉。王說《淮南》本作「蚨龍」，而「蚨龍」群書無考，當不可信。《索隱》說亦非是。「蚨龍（鼉）」是「鮭蟹」轉語，見《莊子・達生》，神名也。

### （8）盧江郡常歲時生龜長尺二寸者二十枚輸太卜官

按：歲時生龜，《玉海》卷 199 引同，《蘇氏演義》卷上引作「歲將生龜」，《白氏六帖事類集》卷 29 引作「歲特生龜」，《御覽》卷 931 引作「歲時出龜」。疑當作「歲持生龜」，「時」、「特」均「持」形譌，作「將」亦通。生龜，活龜也。《初學記》卷 30 引《南越志》此句作「盧江郡常獻龜於大卜」。

### （9）求之於白蛇蟠杅林中者

《索隱》：按：林名白蛇蟠杅林，龜藏其中。杅音烏。謂白蛇嘗蟠杅此林中也。

按：「蟠杅」是「蟠紆」、「盤紆」轉語，猶言盤曲。「杅」不是「盂」異體字。

### （10）南方老人用龜支牀足，行二十餘歲，老人死，移牀，龜尚生不死

按：楊樹達曰：「行，副詞，且也。」〔註1025〕王叔岷曰：「《類聚》卷96 引『支』作『榰』，『行』作『經』。榰、支，正、假字。《抱朴子・對俗篇》引此文作『枝』，亦借為『榰』。」《初學記》卷 30（凡二引）、《御覽》卷 931、《事類賦注》卷 28 引同今本作「支」，《御覽》卷 706 引《南方志》同；《事文類聚》後集卷 35、《合璧事類備要》別集卷 64 引作「搘」，俗字。《初學記》卷 30 二引，一引「行」亦作「經」，一引無此字。《御覽》卷 706 引《南方志》「移」作「昇」。

### （11）謹連其事於左方，令好事者觀擇其中焉

按：連，讀為列，排列。《三王世家》褚先生曰：「竊從長老好故事者

取其封策書，編列其事而傳之，令後世得觀賢主之指意。」文例相同。《五帝本紀》《正義》引《帝王世紀》：「神農氏……又曰連山氏，又曰列山氏。」《老子》第 39 章：「天無以清，將恐裂。」馬王堆帛書乙本「裂」作「蓮」。《說苑・談叢》：「猖獗而活，先人餘烈。」馬王堆帛書《稱》「烈」作「連」，整理者曰：「烈、連一音之轉。」〔註1026〕《列女傳》卷2「明日結駟連騎」，皇甫謐《高士傳》卷中同，《韓詩外傳》卷9、《渚宮舊事》卷1「連」作「列」。「方」謂木方，詳王觀國《學林》卷4，不是方位詞。

（12）正晝無見，風雨晦冥

按：冥，《御覽》卷 725 引作「暝」。

（13）雷雨並起，風將而行

按：張文虎曰：「游、凌本『雷』誤『雲』。」王叔岷曰：「黃善夫本『雷』亦誤『雲』。」乾道本、元刻本亦誤作「雲」。將，送也。

（14）壽蔽天地，莫知其極

按：江紹原曰：「《史記・繩（龜）策列傳》：『壽蔽天地。』《韓非・存韓篇》：『以金石相弊。』《素問・上古天真論》：『故能壽弊天地。』《漢仙人鎮（鏡）銘》：『壽敝金石。』敝、弊、蔽，皆『比』之借字。」〔註1027〕韓兆琦曰：「蔽，遮蓋。」皆非是。蔽亦極也，窮也，終也，盡也。字亦作弊、敝、幣。清・陳介祺藏、宣哲輯《簠齋藏鏡》卷下《來言鏡》：「壽幣金石西王母，常安作。」〔註1028〕

（15）人或忠信而不如誕謾

《集解》：徐廣曰：「誕，一作訑，音吐和反。」

《索隱》：誕，田爛反。謾音漫，一音並如字。訑音吐禾反。

《正義》：訑，欺也。（據瀧川《考證》本，黃善夫本上方校記亦引之）

按：王叔岷曰：「《正義》本『誕』作『訑』。『訑』蓋『誕』之誤，『誕謾』疊韻。《莊子・知北遊篇》『天知予僻陋慢訑』，卷子本《玉篇・言部》引作『謾誕』，『慢』乃『謾』之借，『訑』亦『誕』之誤。」王說非是。「訑」是「訑」異體字。《說文》：「訑，沇州謂欺曰訑。」字亦作忚，《廣雅》：「忚、

〔註1026〕 《馬王堆漢墓帛書〔壹〕》，文物出版社，1980 年版，第 84 頁。
〔註1027〕 江紹原《讀呂氏春秋雜記（二）》，《中法大學月刊》第 5 卷第 3 期，1934 年版，第 8 頁。
〔註1028〕 此例承沈培教授檢示。

謾、讉、詐、偽、詑，欺也。」詑、誕定母雙聲，歌、元對轉疊韻。《詩·旱麓》「施於條枚」，《韓詩外傳》卷 2、《呂氏春秋·知分》引「施」作「延」。王氏所引《莊子》「慢訑」，《白氏六帖事類集》卷 26 引同〔註 1029〕，《玉篇殘卷》「謾」字條引作「謾誕」，《書鈔》卷 133 引作「漫誕」，《御覽》卷 78 引作「慢誕」。「訑」非誤字，「訑（詑）」與「誕」、「謾」皆欺詐義，複言則曰「誕謾」或「謾誕」，亦曰「訑（詑）謾」或「謾訑」。《楚辭·九章·惜往日》「或訑謾而不疑」，《玉篇殘卷》「詑」字條引作「詑謾」。《西京雜記》卷 4：「善訑謾二千石，隨以諧謔。」《急就篇》：「謾訑首匿愁勿聊。」《方言》卷 1：「虔、儇，慧也，秦謂之謾。」郭璞注：「言謾詑。」《說文》：「逸，兔謾訑善逃也。」景宋本《淮南子·說山篇》：「媒但者，非學謾他。」〔註 1030〕「但」即「誕」，「謾他」即「謾詑」〔註 1031〕。不得說「訑謾」是誤字。

**（16）陰陽有分，不離四時**

按：離，讀為戾，違逆也。下文云「無逆四時」。

**（17）聖人徹焉，身乃無災**

按：徹，讀為達，通曉也。《淮南子·兵略篇》：「夫物之所以相形者微，唯聖人達其至。」

**（18）紂有諛臣，名為左彊**

按：王叔岷曰：「《淮南子·覽冥篇》『紂為無道，左強在側』，高注：『左強，紂之諛臣也，教紂無道，勸以貪淫也。』」黃善夫本、乾道本、元刻本、殿本作「左彊」，景祐本、紹興本、淳熙本、慶長本作「左強」，《御覽》卷 185、《永樂大典》卷 7328 引亦作「左強」。《漢書·古今人表》有「左強」。《書鈔》卷 21 引《淮南子》作「左彊」。

**（19）湯武行之，乃取天子**

按：《廣雅》：「取，為也。」下文云「故湯伐桀，武王剋紂，其時使然。乃為天子，子孫續世」，正作「為」字。

---

〔註 1029〕 王叔岷據《白孔六帖》卷 88 作「漫誕」。王叔岷《莊子校釋》卷 3，臺灣商務印書館，1993 年版，本卷第 63 頁。

〔註 1030〕 《淮南子》據景宋本，道藏本同，漢魏叢書本、明刻本「他」脫誤作「也」。

〔註 1031〕 參見王念孫《淮南子雜志》，收入《讀書雜志》卷 14，中國書店，1985 年版，本卷第 83 頁。

### （20）理達於理，文相錯迎

按：王念孫據《御覽》卷 725 所引，校上一「理」字作「程」，讀作呈，訓為見，張文虎、瀧川資言、張森楷、池田從其說。宋元各本及慶長本均作「理達於理」，《永樂大典》卷 13139 引同。余謂各本不誤，理、文都指紋理。迎，讀作逆，實為遻（遻），音轉亦作迕、逜、牾。「錯迎」即「錯迕」、「錯牾」，猶言錯雜、交錯。二句言紋理相通，互相交錯。

### （21）邦福重寶，聞于傍鄉

《集解》：徐廣曰：「福音副，藏也。」

按：張文虎曰：「如徐音，則『福』當作『褔』，然《集韻》、《類篇》、《字類》引此文皆作『褔』矣。」何義門曰：「『福』作『褔』，音副者，從衣，《廣韻·二十九宥》中有此字。《匡謬正俗》引《東京賦》『仰褔帝居』，亦從衣，與『福祿』之福異也。」張森楷從何說，池田、施之勉從何、張說。桂馥亦引顏說，謂此文當從衣作「褔」〔註1032〕。王叔岷曰：「《廣雅》：『褔，盈也。』王氏《疏證》：『褔，各本譌作福。顏師古《匡謬正俗》云：「副貳之字本為褔，字從衣畐聲，今俗呼一襲為一褔衣，蓋取其充備之言。書史假借，遂以副字代之。張平子《西京賦》云：『仰褔帝居。』《東京賦》云：『順時服而設褔。』並為副貳，傳寫訛舛，衣轉為示，讀者便呼為福祿之福，失之遠矣。」今據顏說訂正。《史記·龜策傳》「邦福重寶」，徐廣注云：「福，音副，藏也。」藏即充備之義，字當從衣，今本從示，亦傳寫誤也。』王氏謂福當從衣，與張氏所稱毛本、舊鈔本合。《說文》『副』字下段注亦引《匡謬正俗》說，惟云：『「褔」字雖見於《龜策傳》、《東京賦》，然恐此字因「副」而製耳。鄭仲師注《周禮》云：「貳，副也。」《貝部》「貳」下因之。《史記》曰：「藏之名山，副在京師。」《漢書》曰：「臧諸宗廟，副在有司。」周人言貳，漢人言副，古今語也，豈容廢副用褔？』『褔』為後起字，良是。朱駿聲《通訓定聲》於『褔』字引此文，云：『福假借為褔，實為副。』又於『副』字下引《匡謬正俗》之文，云：『褔者幅之或體，假借為副，顏說非也。』不從顏說，是矣。然則此文『福』字，不必改從衣作『褔』。徐注『福音副』，即借『福』為『副』耳。」王叔岷說「福」不必改從衣作「褔」，是也，宋元各本及慶長本、四庫本、殿本均從示作「福」，《集韻》「福」字條、《班馬字類》卷 4 引同。王念孫改字作「褔」，訓充備、

〔註1032〕桂馥《札樸》卷 8，中華書局，1992 年版，第 339 頁。

充盈，段玉裁、朱駿聲、王叔岷以「副」為正字，但宋國神龜僅一隻而已，不得言充備，更不得言副貳，其說皆非是。此文「福」當讀作伏。《廣雅》：「伏，藏也。」《廣韻》：「伏，匿藏也。」《玉燭寶典》卷6引《曆忌釋》：「伏者何也？金氣伏藏之日也。」〔註1033〕是伏訓藏也。下文云「留神龜以為國重寶」，留亦藏也。《永樂大典》卷13139引此文「福」作「富」，又「福」音誤。《廣雅》「福，盈也」者，「福」是「畗」增旁字，《說文》：「畗，滿也。」

（22）**賢者有恒常，士有適然**

按：張文虎曰：「『恒』、『常』字當衍其一，蓋漢世諱『恒』為『常』，後人兩存之。」瀧川資言、張森楷、池田從其說。張說非是。景祐本有句讀，以「常」字屬下句，亦誤。「恒常」是秦漢人習語。《秦始皇本紀》：「初平法式，審別職任，以立恒常。」《淮南子·泰族篇》：「事之恒常，可博聞而世傳者也。」馬王堆帛書《經法·道法》：「天地有恒常，萬民有恒事，貴賤有恒立（位），畜臣有恒道，使民有恒度。天地之恒常，四時、晦明、生殺，輮（柔）剛。」銀雀山漢簡《六韜》：「故因其恒常，示之其所明。」「恒」是副詞。「常」是名詞，猶言法規、規則。適然，猶言偶然。

（23）**孔子聞之曰：「神龜知吉凶，而骨直空枯。」**

《正義》：凡龜其骨空中而枯也。直，語發聲也，今河東亦然。

按：胡文英曰：「骨直，骨枯則直也。今吳中詈骨頭為骨直。」〔註1034〕朱駿聲曰：「直，叚借為殖。按：脂膏敗也。《正義》『直，語發聲』，失之。」

〔註1033〕《廣韻》：「伏，匿藏也，伺也，隱也，歷也。《釋名》：『伏，金氣伏藏之日，金畏火，故三伏皆庚日。』」「伏」無歷訓，《廣韻》「歷也釋名」當是「歷忌釋」之誤，「忌」脫誤作「也」，又衍「名」字。趙少咸已據顧千里說訂正，並舉《御覽》卷31、《書鈔》卷155、《史記·封禪書》《索隱》、《文選·閑居賦》李善注引作《歷忌釋》為證。其說是也（惟《索隱》「之日」誤作「之名」，《書鈔》「歷」作「厤」），《史記·秦本紀》《正義》、《類聚》卷5、《初學記》卷4、《事類賦注》卷4引亦作《歷忌釋》，《後漢書·明帝紀》李賢注引作《歷忌》。《玉燭寶典》最早，尤當引證。畢沅據《廣韻》採作《釋名補遺》，失考矣。趙少咸《廣韻疏證》卷5，巴蜀書社，2010年版，第3163頁。畢沅《釋名疏證》附錄，收入王雲五主編《叢書集成初編》第1154冊，商務印書館民國25年初版，第1頁；畢沅、王先謙《釋名疏證補》，中華書局，2008年版，第307頁。
〔註1034〕胡文英《吳下方言考》卷11，收入《續修四庫全書》第195冊，上海古籍出版社，2002年版，第99頁。

〔註1035〕吳國泰說同朱氏。王叔岷曰：「朱說可備一解。下文『竹外有節理，中直空虛』，與此『直』字用法同，『直』決不能借為『殖』矣。如《正義》說，『直』為發聲之詞，則兩『直』字並與『乃』同義。」〔註1036〕此「直」讀作植，「骨植」指骨頭，胡文英說是也，今吳語尚有之，植音使。字亦作「骨殖」〔註1037〕。歐陽修《論孟陽河開掘墳墓劄子》「村民所掘墳墓，屍首骨殖布在新河兩岸。」下文「中直空虛」者，謂竹節中直而空虛，「直」是不曲之誼，王氏解作虛詞，非是。

**（24）天尚不全，故世為屋，不成三瓦而陳之，以應之天**

《集解》：徐廣曰：「一云為屋成，欠三瓦而棟之也。」

《索隱》：劉氏云：「陳猶居也。」注作「棟」，音都貢反。

《正義》：言為屋不成，欠三瓦以應天，猶陳列而居之。

按：惠士奇曰：「陳謂陳龜，瓦謂瓦兆。其兆有三，與天相應，古之瀘也。」〔註1038〕張文虎曰：「毛本『棟』譌『陳』。」〔註1039〕張文虎又曰：「案作『棟』是也。不成三瓦，謂中霤也。古者後室之霤，正當棟下，故云『不成三瓦而棟之』。《索隱》、《正義》訓陳為居，郢書燕說耳。」〔註1040〕瀧川資言、池田從張說。《集解》「棟」，黃善夫本、乾道本、淳熙本、元刻本、四庫本、殿本同，與《索隱》所見本合；景祐本、紹興本、慶長本作「陳」。惠、張說非也，「陳」字是。但陳不訓居，亦不指陳龜，當訓布列。言屋成，缺三瓦而布列之，表示謙卑戒盈，以示天道有缺之意。馬王堆帛書《易傳・繆和》：「屋成加菩（筶），宮成刓（刊）隅。」元刊本《韓詩外傳》卷3：「是以衣成則必缺衽，宮成則必缺隅，屋成則必加措（筶）。」《易林・晉之咸》：「宮城（成）立（缺）見（瓦），衣就袺（缺）裙（裾）。恭

---

〔註1035〕 朱駿聲《說文通訓定聲》，武漢市古籍書店，1983年版，第218頁。

〔註1036〕 王叔岷《史記斠證》，中華書局，2007年版，第3418頁。其說又見王叔岷《古書虛字新義》，聯經出版事業公司，1978年版，第79～80頁。

〔註1037〕 《漢語方言大詞典》記錄東北官話謂屍骨曰「骨屍」，蘭銀官話謂骨灰曰「骨式」，亦當作「骨植」。《漢語方言大詞典》，中華書局，1999年版，第4177頁。

〔註1038〕 惠士奇《禮說》卷8，收入《叢書集成三編》第24冊，新文豐出版公司，1997年版，第367頁。

〔註1039〕 張文虎《校刊史記集解索隱正義札記》卷5，中華書局，1977年版，第731頁。

〔註1040〕 張文虎《舒藝室隨筆》卷4，收入《續修四庫全書》第1164冊，上海古籍出版社，2002年版，第362頁。

謙自衛，終無禍尤。」菩、措讀為笮，屋上版。加笮，取其逼迫之義。

### （25）天下有階，物不全乃生也

《正義》：言萬物及日月天地皆不能全，喻龜之不全也。

按：瀧川資言引岡白駒曰：「有階，言不一也。」吳國泰謂「階」當作「陷」，訓缺陷不滿。吳氏改字，無據。岡氏蓋訓階為級次，故云「不一」。余謂階讀為機，言造物者發動之所由。《莊子·至樂》：「萬物皆出於機，皆入於機。」《列子·天瑞》同。成玄英疏：「機者發動，所謂造化也。」

### （26）諸靈數箣

《集解》：徐廣曰：「箣，音策。」

《索隱》：數菥。數，所具反；菥音近策，或菥是策之別名。

按：王念孫曰：「《說文》、《玉篇》無『箣』、『菥』二字，此皆『莿』之誤也。《說文》：『莿，茦也。從艸，刺聲。』《集韻》：『策，蓍也，或作莿。』義即本於徐廣。」張文虎曰：「箣，南宋本、舊刻作『刾』。王念孫云云。」張森楷從王說，池田從王、張說。王叔岷曰：「王說是也，景祐本、黃善夫本『箣』並作『莿』。黃本《索隱》『菥』亦皆作『莿』。張氏所稱南宋本、舊刻作『刾』，『刾』乃『莿』之壞字。」韓兆琦曰：「箣，應作『莿』。」景祐本、紹興本作「莿」，黃善夫本、乾道本、淳熙本、元刻本、慶長本作「刾」，《索隱》同（黃本正文及《索隱》不作「莿」）。《班馬字類》卷5引作「剌」，並云：「字或作莿。」「莿」是「莿」形誤〔註1041〕，「刾」是「剌」形誤。「剌」俗字作「刾」（見《集韻》），故「莿」又作「剌」。《慧琳音義》卷16：「生莿：正體作茦，亦作刺，皆正也。或作茦，亦作剌，皆非正體。」「莿」不成字，乃是「剌」形誤，韓氏妄說耳。刺、策音轉，其語源是「析」，指剖木片或竹片製作的算籌。《老子》第27章「善數（一本『數』作『計』）不用籌策」，馬王堆帛書《老子》甲本作「善數者不以檮（籌）筴」，北大漢簡《老子》作「善數者不用檮（籌）筴」，「筴」是「策」俗字。字亦作「蓍」，《神農本草經》「蓍蒙」，帛書《五十二病方》作「策」。「析」是算籌，音轉則作「刺」；以竹片為之，則分別字從竹作「筴」，音轉則作「箣」；以蓍草為之，則分別字從艸作「蓍」，音轉則作「莿」〔註1042〕。

---

〔註1041〕 《廣韻》「莿」同「薊」，與此是同形異字。

〔註1042〕 參見蕭旭《馬王堆帛書〈老子〉甲本校疏（六則）》，收入復旦大學《出土文獻與傳世典籍的詮釋》，中西書局，2019年版，第190～191頁。

「數箣」即《老子》之「數策」。數，猶言計算。

（27）發鄉我身挫折

按：上文云「發鄉我身長大」，「挫折」與「長大」對舉，必是短小之義。挫折，猶言彎曲。下文「身節折」、「身折」，折亦曲也。

（28）今某病困。死，首上開，內外交駭，身節折；不死，首仰足胅

按：張文虎曰：「『駭』字疑誤。」瀧川資言引岡白駒曰：「『駭』當作『駮』。交駮不同也。」駭，讀作閡，閉塞。內外交閡，即上文「中外不相應」之誼。上下文屢言「內外相應」，此其反語。

（29）疫，首仰足胅，身節有彊外；不疫，身正首仰足開

按：下文云「身作外彊情」。「彊」讀去聲，謂彊直不舒。《傷寒論·辨太陽病脈證并治法上第五》：「太陽之為病，脈浮，頭項強痛而惡寒。」「強」字同。

（30）系者重罪不出，輕罪環出

按：環，讀為還，實為旋，猶言旋即。下文「環」同。

（31）故其莫字皆為首備。問之曰，備者仰也，故定以為仰

按：張文虎曰：「案『備』無仰義，疑『儑』之誤。《說文》：『儑，昂頭也。』」瀧川資言、張森楷、池田從其說。王叔岷曰：「者猶則也。『備者仰也』猶言備則仰也，非以仰釋備，張氏未達耳。」王說非是。「備」無仰義，其字必誤。然「備」、「儑」形聲俱遠，無緣致譌，張說亦不確。余謂「備」當作「俑」，宋元各本及慶長本均誤。俑讀作踊，故訓仰。《易·睽》《釋文》：「掣，鄭作『挈』，云：『牛角皆踊曰挈。』《說文》作『觢』，云：『角一俯一仰。』子夏作契，傳云：『一角仰也。』」是「踊」有仰義。「俑」、「仰」二字東、陽旁轉，故為聲訓云「俑者仰也」。首踊，猶言昂頭。

（32）命曰橫吉榆仰

按：景祐本作「揄」，其他宋元各本及慶長本作「榆」。下文「命曰橫吉內外相應自橋榆仰上柱足胅」，景祐本亦作「揄」。「揄」是正字，揚也，引也。

（33）田賈市、漁獵盡喜

按：疑「市」字衍文。《爾雅》：「賈，市也。」蓋旁注字混入。當點作：

「田、賈、漁、獵盡喜。」

（34）此狐徹

按：張文虎曰：「中統、柯本、吳校金板『狐』作『交』。」瀧川資言曰：「狐，楓山、三條本作『文』。」水澤利忠曰：「狐，南化、楓、梅、三『文』，景、井、紹、中統『交』。」王叔岷曰：「『狐徹』連文，於義無取。『狐』蓋本作『交』，涉上『狐狢』字而誤也。楓、三本作『文』，『文』乃『交』之誤。」黃善夫本、乾道本、淳熙本、元刻本、四庫本、殿本作「狐」，慶長本亦作「交」。黃善夫本上方校記云：「狐，本乍（作）『文』。」疑王說是。交徹，猶言交通。

## 卷一百二十九《貨殖列傳》

（1）必用此為務，輓近世塗民耳目，則幾無行矣

《索隱》：輓音晚，古字通用。

《正義》：「輓」與「挽」同，引也。塗，塞也。言輓引至於近世求利，乃塗民耳目，則無所機其行迹，言不似古無為。（據瀧川《考證》本，黃善夫本校記亦引之）

按：《班馬字類》卷3及朱駿聲、吳國泰、潘吟閣、高步瀛取《索隱》說〔註1043〕。杭世駿《疏證》引余有丁曰：「言用此以輓近世之俗也。」又引趙恒曰：「若欲使老死不相往來，則必塗其耳目乃可耳，豈能行哉？」張文虎曰：「案《說文》：『輓，引車也。』古書未見借輓為晚者，自小司馬有此注，而俗遂書『晚近』字作『輓近』，以為古矣，不知此文若讀輓為晚，於上下文皆不可通。明余有丁云『言用此以輓近世之俗』，此解得之。塗民者，猶云如塗、塗附。言近世塗民，耳擩目染於聲色嗜欲，若必以上古之治輓之，不能行也。」〔註1044〕池田從張說，張森楷從余有丁說。牟庭相曰：「輓，古挽字。言治近世之民而必務於老子之所云，以挽其民俗，塗飾其耳目，則不可行也。」〔註1045〕胡鳴玉曰：「注謂『用此以輓近世之俗也』，

〔註1043〕 朱駿聲《說文通訓定聲》，武漢市古籍書店，1983年版，第815頁。高步瀛《兩漢文舉要》，中華書局，1990年版，第134頁。

〔註1044〕 張文虎《舒藝室隨筆》卷4，收入《續修四庫全書》第1164冊，上海古籍出版社，2002年版，第362頁。

〔註1045〕 牟庭相《雪泥書屋雜志》卷3，收入《續修四庫全書》第1156冊，上海古籍出版社，2002年版，第512頁。

案此，則『輓』與『晚』古字通用之說非是。蓋『輓』止與『挽』通，『晚』與『輓』義本各異，安得相通也？」〔註1046〕李慈銘曰：「塗民即塗人，所謂道塗之人也……則塗中將無行人矣。」瀧川資言曰：「胡鳴玉曰：『輓與挽通。輓近世，用此輓近世之俗也。』愚按：言必用老子所言，以塗塞民耳目為務，則不可行也。下文說明其義，《正義》以行為行迹，非是。」姜亮夫曰：「《索隱》『輓』字屬下讀，因以『近』連文，遂誤為『晚』耳。其實『務輓』乃連文，輓即勉之借字。務讀亡無切，古無輕唇音，則當讀如懋。是『務輓』即『暉勉』矣。」〔註1047〕王叔岷曰：「此當讀『必用此為務輓近世』為句。必猶如也。輓借為晚，《索隱》說是。『輓近』複語，輓亦近也。此猶言如用此為近世之務。」①當讀作：「必用此為務，輓近世，塗民耳目，則幾無行矣。」姜、王二氏失其讀，並失其解。「用此為務」猶言「以此為務」，《荀子·彊國》：「非不以此為務也」。「以……為務」是古書習語〔註1048〕。②「輓」訓引車，後出俗字作「挽」。此以引車為喻，輓近世，謂用老子之言，如拉車而挽引近世。《正義》解作「輓引至於近世求利」，非是。《荀子·大略》：「禮者，政之輓也。」楊倞注：「輓，如輓車然。」《荀子》亦以引車為喻，謂用禮輓政。③塗訓塞，《正義》說是也。張文虎解作塗附，牟庭相解作塗飾，李慈銘解作道塗，皆非是。《法言·問道》：「太古塗民耳目，惟其見也聞也。見則難蔽，聞則難塞。」俞樾曰：「塗當讀為敿。《說文》：『敿，閉也。讀若杜。』經典即以『杜』為之。敿民耳目者，謂閉塞民之耳目也。若以今字書之，當云『杜民耳目』矣。」〔註1049〕《淮南子·原道篇》「掩其聰明」，又《俶真篇》「偃其聰明」、「棄聰明」，又《覽冥篇》「紲聰明」，又《精神篇》「棄聰明」，又《主術篇》「掩聰明」，又《道應篇》「黜聰明」，《文子·道原》「棄其聰明」，皆即「塗民耳目」之誼。幾

〔註1046〕 胡鳴玉《訂譌雜錄》卷4，商務印書館中華民國25年版，第39頁。

〔註1047〕 姜亮夫《詩騷聯綿字考》，收入《姜亮夫全集》卷17，雲南人民出版社，2002年版，第338頁。

〔註1048〕 《管子·明法解》「以官為務」，《荀子·臣道》「以環主圖私為務」，《韓子·制分》「以止奸為務」，《呂氏春秋·侈樂》「以侈為務」，又《音律》「以多為務」，又《節喪》「以生者之誹譽為務」，《素問·上古天真論》「以恬愉為務」，例多不勝枚舉。《史記·蘇秦列傳》「逐什二以為務」，又其變式，介詞「以」移後。介詞「以」亦可省略，《呂氏春秋·尊師》「時節為務」，《戰國策·中山策》「備秦為務」，是其例也。

〔註1049〕 俞樾《諸子平議》，中華書局，1954年版，第683頁。

無行，猶言幾於無行，近於不可行也。

（2）金、錫、連

《集解》：徐廣曰：「連，音蓮，鉛之未鍊者。」

《索隱》：錫連：下音蓮。

按：《廣雅》：「鉛礦謂之鏈。」王念孫曰：「鏈通作連。《史記‧貨殖傳》徐廣《音義》云云。《漢書‧食貨志》『敢以連錫』，李奇注云：『鉛錫樸名曰連。』」錢大昭曰：「《說文》：『鏈，銅屬。』通作連，《史記》云云。」〔註1050〕高步瀛、吳國泰說同錢氏〔註1051〕。下文云「長沙出連、錫」，王叔岷謂「連借為鏈」，當本於王念孫說也。字亦作𥑇，《玉篇殘卷》：「𥑇，《字書》：『亦鏈字也。』鏈，鉛礦也，亦銅屬也。」P.2011 王仁昫《刊謬補缺切韻》：「鏈，鉛松（朴）。又丑連反，亦𥑇。」

（3）故待農而食之，虞而出之，工而成之，商而通之

按：《鹽鐵論‧本議》：「待商而通，待工而成。」

（4）則人物歸之，繦至而輻湊

按：瀧川資言引岡白駒曰：「繦，索也。言若繩索之相屬不絕也。」池田亦從岡說。潘吟閣曰：「繦，所以縛小兒於背上者。繦至，繦負其子而來也。」韓兆琦曰：「繦，即所謂『錢串子』。」潘說是，高步瀛說同〔註1052〕，岡說非是。繦，讀作襁，負兒衣也。「繦至」是「繦負其子而至」之省文，《論語‧子路》：「夫如是，則四方之民繦負其子而至矣。」《仲尼弟子列傳》「繦」作「襁」。亦省作「繦（襁）負而至」，《後漢書‧劉表傳》：「威德既行，襁負而至矣。」《三國志‧涼茂傳》：「旬月之間，襁負而至者千餘家。」又《管寧傳》：「大魏受命，則襁負而至。」北齊《雲榮墓誌》：「君禦之以武，懷之以德。棄戚到（倒）戈，繦負而至。」亦省作「繦（襁）負」，《後漢書‧楊賜傳》：「天下繦負歸之。」《晉書‧慕容廆載記》：「士庶多襁負歸之。」漢《平都相蔣君碑》：「異郡黔首，繦負歸□。」漢《郃陽令曹全碑》：「百姓繦負。」魏《程哲碑》：「義感繦負，沾被遐方。」「繦至」又作「繦附」，魏《賈思伯碑》：「異域□恩，□隣繦附。」

---

〔註1050〕 王念孫《廣雅疏證》，錢大昭《廣雅疏義》，並收入徐復主編《廣雅詁林》，江蘇古籍出版社，1992 年版，第 637 頁。

〔註1051〕 高步瀛《兩漢文舉要》，中華書局，1990 年版，第 135 頁。

〔註1052〕 高步瀛《兩漢文舉要》，中華書局，1990 年版，第 136 頁。

（5）故曰：「天下熙熙，皆為利來；天下壤壤，皆為利往。」

按：《四庫考證》引凌稚隆曰：「按『壤』、『穰』通用，《鹽鐵論》此語作『穰穰』（引者按：《毀學篇》）。」杭世駿《疏證》亦引其說。胡鳴玉曰：「壤壤，和緩貌。今用作『天下攘攘』、『穰穰』，皆與元文背戾。」〔註 1053〕高步瀛曰：「壤、穰蓋皆孃之借字。《說文》：『孃，煩擾也。』」〔註 1054〕施之勉曰：「《史記法語》『壤』作『攘』。」王叔岷曰：「《文選·舞賦》注引『壤壤』作『躟躟』，並引《埤蒼》云：『躟，疾行貌。』《御覽》卷 496 引《六韜》亦云：『天下攘攘，皆為利往；天下熙熙，皆為利來。』」壤壤，宋刊《記纂淵海》卷 101、《班馬異同》卷 33 引同〔註 1055〕，《攷古質疑》卷 1、《鶴林玉露》卷 15 引作「攘攘」，《事文類聚》前集卷 36 引作「穰穰」。《御覽》卷 449 引《周書》：「容容熙熙，皆為利謀；熙熙攘攘，皆為利往。」「壤壤」、「攘攘」同，多亂貌，紛雜貌。禾多亂貌曰「穰穰」，草多亂貌曰「蘘蘘」，髮多亂貌曰「鬤鬤」，雨多亂貌曰「囊囊」，水多亂貌曰「瀼瀼」，其義一也。

（6）旱則資舟，水則資車，物之理也

《索隱》：《國語》大夫種曰「賈人旱資舟，水資車以待」也。

《正義》：資，取也。《國語》大夫種曰：「賈人夏則資皮，冬則資絺，旱則資舟，水則資車，以待之也。」（據瀧川《考證》本）

按：《漢書·貨殖傳》同。《越絕書·計倪內經》：「水則資車，旱則資舟，物之理也。」池田引顏師古曰：「旱極則水，水極則旱，故於旱時而預蓄舟，水時預蓄車，以待其貴，收其利也。」瀧川資言引岡白駒曰：「旱極則水，故於旱時蓄舟，以待其貴也。」高步瀛曰：「《說文》：『資，貨也。』」〔註 1056〕王叔岷曰：「《正義》所引，『之』乃『乏』之誤。所云『資，取也』，本韋昭注。」韋昭及高說誤，顏說是也。岡氏說即本於顏師古。瀧川引岡說，而不知引顏說，亦云疏矣。段玉裁亦曰：「資者，積也。」〔註 1057〕《魏公子列傳》《索隱》：「資，畜也。」「畜」同「蓄」。

---

〔註 1053〕 胡鳴玉《訂譌雜錄》卷 10，商務印書館中華民國 25 年版，第 109 頁。
〔註 1054〕 高步瀛《兩漢文舉要》，中華書局，1990 年版，第 137 頁。
〔註 1055〕 四庫本《記纂淵海》在卷 54，引作「攘攘」。
〔註 1056〕 高步瀛《兩漢文舉要》，中華書局，1990 年版，第 138 頁。
〔註 1057〕 段玉裁《說文解字注》，上海古籍出版社，1981 年版，第 279 頁。

（7）子貢結駟連騎

按：《漢書·貨殖傳》同。《御覽》卷 471 引「連」脫誤作「車」，《書鈔》卷 81、《御覽》卷 538、818 引不誤。下文云「連車騎」。《列女傳》卷 2 亦有「結駟連騎」語，《韓詩外傳》卷 9、《渚宮舊事》卷 1「連」作「列」。列，讀為連，一聲之轉也。《書鈔》卷 81 引「駟」作「四」。

（8）所至，國君無不分庭與之抗禮

按：水澤利忠曰：「南化、楓、梅、三『分庭』二字作『界迎』。」施之勉曰：「《御覽》卷 471、818 引『分庭』作『界迎』。」王叔岷曰：「《御覽》卷 538 引『分庭』作『郊迎』。《御覽》卷 474 引此作『分庭』，與今本及《漢傳》同。」黃善夫本上方校記云：「分庭，一作『界迎』。」宋元各本及慶長本均作「分庭」，《書鈔》卷 81、宋刊《冊府元龜》卷 812 引同。作「界迎」者，「分」形誤作「介」，又改作「界」，復改「庭」作「迎」以通其文。

（9）勇不足以決斷

按：《漢書·貨殖傳》同。《御覽》卷 829 引「決」誤作「英」。

（10）猗頓用鹽鹽起

《集解》：《孔叢子》曰：「子欲速富，當畜五牸。」

按：張文虎曰：「中統本『牸』，各本譌『牸』。」張說是，景祐本、紹興本作「牸」不誤，黃善夫本、乾道本、淳熙本、元刻本作「牸」，慶長本作「悖」。牸，母牛。「牸」是「牸」形譌，「悖」又「牸」之譌。《文選·答東阿王書》李善注、《御覽》卷 472、《太平寰宇記》卷 46 引《孔叢子》亦誤作「牸」。

（11）求奇繒物，閒獻遺戎王

《集解》：徐廣曰：「閒，一作奸。不以公正謂之奸也。」

《索隱》：閒獻猶私獻也。

按：吳國泰曰：「閒借作姦。姦，私也。」王叔岷曰：「奸獻猶閒獻，亦私獻也。」《索隱》及吳、王說是。《匈奴列傳》「奸蘭出物」，奸亦讀作閒，猶言私。《事類賦注》卷 22 引無「遺」字，《漢書·貨殖傳》同。《御覽》卷 471 引此文作「求繒物閒遺戎王」，又卷 814 引作「烏氏倮以繒遺戎王」。《初學記》卷 18 引《漢書》「獻」下有「遺」字。

（12）戎王什倍其償，與之畜

《索隱》：什倍其當，予之畜。謂戎王償之牛羊十倍也。「當」字《漢書》作「償」也。

按：王念孫曰：「《索隱》本『償』作『當』。『當』字《漢書》作『償』。據此則《史記》自作『當』，與《漢書》不同。而今本作『償』，則後人依《漢書》改之也。案：當者，直也。又案；償之為言猶當也……無庸改為『償』。」瀧川資言、王叔岷從王說。王叔岷又指出《御覽》卷814引此文作「戎王十倍報之」。宋元各本及慶長本均作「償」，《事類賦注》卷22、《永樂大典》卷2347引同，《初學記》卷18引《漢書》「償」作「值」。

（13）家亦不訾

《索隱》：謂其多，不可訾量。

按：王叔岷曰：「《初學記》卷8引『亦』作『富』。《御覽》卷471引此作『家足不訾』，『足』字恐非。貲、訾，正、假字。」《初學記》卷24、《御覽》卷177、439引同今本，《漢書》亦同。《書鈔》卷158引誤作「家財不營奉」，「奉」涉下「秦」字誤衍。

（14）秦皇帝以為貞婦而客之，為築女懷清臺

按：宋元各本及慶長本均作「客」，《類聚》卷62、明刊《冊府元龜》卷210引同；《御覽》卷439、471引作「容」，又卷471引「清」誤作「情」，又卷177引無「客之」二字，《書鈔》卷158、《初學記》卷8、24引無「而客之」三字。黃善夫本上方校記云：「客，《漢書》作『容』。」《漢書》景祐本、南宋嘉定本、建安本、慶元本、元大德本、明嘉靖汪文盛刻本作「客」，黃本校記未見善本。「容」當是「客」形誤。

（15）故其俗纖儉習事

按：潘吟閣曰：「纖儉，嗇也。」纖亦儉也，節儉、吝嗇也。下文云「周人既纖」，《集解》引《漢書音義》：「纖，儉嗇也。」又下文云「愈於纖嗇」，纖亦嗇也。

（16）人民矜懻忮，好氣，任俠為姦，不事農商

《集解》：晉灼曰：「懻音慨。忮音堅忮。」瓚曰：「懻音慨。今北土名彊直為『懻中』也。」

《索隱》：上音冀，下音真。

《正義》：懁忮，強直而很也。（據瀧川《考證》本，黃善夫本上方校記亦引之，「很」作「恨」。）

按：吳國泰曰：「《玉篇》：『北方名強曰懁。』《說文》：『忮，很也。』」潘吟閣曰：「懁，彊直也。忮，嫉妒也。」吳說是，但引文有脫字。潘氏未得「忮」字確詁。《漢書‧地理志》：「趙地……迫近胡寇，民俗懁忮，好氣，為姦，不事農商。」顏師古注引臣瓚說，又曰：「懁，堅也。忮，恨（很）也。」《玉篇》：「懁，北方名強直為懁，又懁忮也。」敦煌寫卷 P.2011 王仁昫《刊謬補缺切韻》：「懁，強直。」「懁忮」同義連文，堅很違戾義〔註1058〕。

## （17）其民羯羠不均，自全晉之時固已患其僄悍，而武靈王益厲之

《集解》：徐廣曰：「羠音兕，一音囚几反，皆健羊名。」

《索隱》：羯音己紇反。羠音慈紀反。徐廣云羠音兕，皆健羊也。其方人性若羊，健捍而不均。

按：段玉裁曰：「《貨殖傳》『其民羯羠不均』，謂很如羊也。」朱駿聲說同〔註1059〕，施之勉從段說。水澤利忠指出《索隱》「健捍」之「健」，耿、慶、凌、殿本作「捷」。王叔岷曰：「黃善夫本、殿本《索隱》『健捍』並誤『捷捍』。」乾道本、元刻本、慶長本《索隱》亦誤作「捷捍」，又黃善夫本、乾道本、元刻本《索隱》「人性」誤作「人姓」。均，讀為馴、順。厲，讀為烈。捍，讀為悍。

## （18）故楊、平陽陳掾其閒，得所欲

《索隱》：掾音逐緣反。陳掾，猶經營馳逐也。

按：水澤利忠曰：「掾，慶、索、凌、殿『椽』。」景祐本、紹興本、淳熙本作「陳掾」，乾道本、元刻本、慶長本亦作「陳椽」。「椽」、「掾」並當作「猭」，本字是「豙」，俗字作「猭」、「蔈」、「邃」、「踿」。「陳椽」亦作「㨨椽」、「㩧猭」，轉語則作「聯猭」、「聯邃」、「獵（𤟥）猭」，奔走也〔註1060〕。

## （19）民俗懁急

《集解》：徐廣曰：「懁，急也，音絹。一作儇，一作惠也，音翾也。」

---

〔註1058〕 參見蕭旭《「冀州」名義考》。

〔註1059〕 段玉裁《說文解字注》「羠」字條，朱駿聲《說文通訓定聲》「羠」字條，並收入丁福保《說文解字詁林》，中華書局，1988 年版，第 4107 頁。

〔註1060〕 參見蕭旭《〈史記〉「陳掾」解詁》。

按：張文虎曰：「一作惠也，『慧』、『惠』古通，『一作』二字疑涉上而衍。」王叔岷曰：「《說文》：『憓，急也。』一作儇，《說文》：『儇，慧也。』蓋『憓急』一作『儇急』，一作『惠急』，《集解》下『一作』二字非衍。」張說是，王說非也。「惠急」、「慧急」均不辭。徐廣是說「憓，一作儇」，而以「惠（慧）也」訓儇。

### （20）鄭、衛俗與趙相類，然近梁、魯，微重而矜節

《集解》：徐廣曰：「矜，一作務。」

按：梁玉繩曰：「徐廣『矜』作『務』，是也。又《御覽》卷162作『重義而務節』。」瀧川資言、池田從其說。梁說非是。矜亦重也，敬重、崇尚義。言鄭、衛地近梁、魯，稍微敬重其節行。《漢書·刑法志》：「未有安制矜節之理也。」顏師古注：「矜，持也。」又《賈誼傳》：「嬰以廉恥，故人矜節行。」〔註1061〕顏師古曰：「嬰，加也。矜，尚也。」《賈子·階級》「矜」亦誤作「務」，劉師培已作校正〔註1062〕。

### （21）怯於眾鬪，勇於持刺，故多劫人者

按：劉光蕡曰：「『持』當作『特』，謂獨刺也，與土（上）『眾鬪』對。」〔註1063〕瀧川資言曰：「楓、三本『持』作『特』，義長。」水澤利忠曰：「持，楓、三『特』，耿『恃』。」「持刺」謂持兵刃以刺，「特」、「恃」乃「持」形誤耳。

### （22）昔堯作游成陽，舜漁於雷澤，湯止於亳

《集解》：如淳曰：「作，起也。成陽在定陶。」

《校勘記》：張文虎《札記》卷5：「『作游』不辭。『游』疑『於』字之譌，與下二句一例。」按：「游」字不誤。《漢書·地理志》「昔堯作游成陽」顏師古注：「如淳曰：『作，起也。成陽在定陶，今有堯冢靈臺。』師古曰：作游者，言為宮室游止之處也。」（10／3957）

按：瀧川資言、池田亦從張說。王叔岷曰：「《漢志》亦作『游』，師古注云云。『游』為宮室游觀之處。」今本《竹書紀年》卷上：「（堯）八十九

〔註1061〕《治要》卷16引「矜」下有「以」字。
〔註1062〕劉師培《賈子新書斠補》，收入《劉申叔遺書》，江蘇古籍出版社，1997年版，第992頁。
〔註1063〕劉光蕡《〈史記·貨殖列傳〉注》，收入《二十五史三編》第2冊，嶽麓書社，1994年版，第774頁。

年，作游宮於陶。」徐文靖、王國維引此文為證〔註1064〕。

（23）徐、僮、取慮，則清刻，矜已諾

《正義》：已諾：上音紀。

《校勘記》：張文虎《札記》卷5：「王本『矜』作『務』。」（10／3957）

按：瀧川資言曰：「矜已諾，猶言重然諾。」「務」是「矜」形誤。瀧川訓矜為重，是也。而以「已諾」為「然諾」則不全面，已者，不許也；諾者，許也，二者對文。亦倒言作「諾已」，《管子・形勢解》：「聖人之諾已也，先論其理義，計其可否，義則諾，不義則已；可則諾，不可則已。」《游俠列傳》「已諾必誠」，吳國泰說「『已』者『唯』字之借」〔註1065〕，直妄說耳。「取慮」下逗號當刪去。《正義》音紀，則是「已」誤作「己」字，高步瀛從其說〔註1066〕，則是不知字之誤也。景祐本作「已」不誤，紹興本亦誤作「己」，黃善夫本、乾道本、淳熙本、元刻本、慶長本又誤作「巳」。黃善夫本、慶長本「矜」作「矝」。

（24）以故呰窳偷生

《集解》：徐廣曰：「呰窳，苟且墮嬾之謂也。」應劭曰：「呰，弱也。」

按：錢大昕曰：「呰，《說文》作『啙』，從兩『口』，與『呰苟』字不同。」張森楷從錢說，瀧川資言則竊錢說。黃善夫本、乾道本、淳熙本、元刻本、慶長本作「呰」，景祐本、紹興本作「啙」。「啙」是正字。《集解》「墮」，黃善夫本、乾道本、元刻本、慶長本同，景祐本、紹興本、淳熙本作「憧」。

（25）今夫趙女鄭姬，設形容，揳鳴琴，揄長袂，躡利屣

按：《班馬字類》卷5：「《史記》『揳鳴琴』，無音。案《玉篇》：『揳，古八切，亦作戞。』《集韻》：『揳，擊持也。』」王先謙曰：「『揳』同『擊』。」〔註1067〕吳玉搢曰：「『揳』與『戞』同。」〔註1068〕瀧川資言引岡白駒說同

---

〔註1064〕徐文靖《竹書統箋》卷2，《四庫全書》第303冊，臺灣商務印書館，1986年初版，第77頁。王國維《今本竹書紀年疏證》，遼寧教育出版社，1997年版，第45頁。

〔註1065〕吳國泰《史記解詁》第4冊，1933年成都居易簃叢著本，本冊第71頁。

〔註1066〕高步瀛《兩漢文舉要》，中華書局，1990年版，第148頁。

〔註1067〕王先謙《漢書補注》卷57，中華書局，1983年版，第1169頁。

〔註1068〕吳玉搢《別雅》卷5，收入《四庫全書》第222冊，臺灣商務印書館，1986年初版，第756頁。

吳氏。潘吟閣曰：「揳音擊，同『戛』，擊之也。揄音俞，引也。」高步瀛曰：「『揳』蓋『挈』之或體字，提也。」〔註1069〕王叔岷曰：「《楚辭·招魂》『揳梓瑟些』，王注：『揳，鼓也。』」上文言趙女「鼓鳴瑟，跕屣」，《漢書·地理志》云「彈弦跕躧」，與此相同，則揳自當訓鼓也，彈也，高說非是。揳，讀為扴，俗字作戛，刮擊也。《說文》：「扴，刮也。」

### （26）牛車千兩

《正義》：車一乘為一兩。《風俗通》云：「箱轅及輪，兩兩而偶之，稱兩也。」

按：瀧川資言曰：「車兩輪，故謂之兩。」瀧說特指輪言之，不全面。《類聚》卷71引《風俗通》：「車一兩，謂兩兩相與體也。原其所以言兩者，箱裝及輪，兩兩而耦，故稱兩爾。」《御覽》卷773引同；《御覽》卷776引「箱裝」作「箱轅」，與《正義》合。

### （27）民工於市，易賈

按：黃善夫本上方校記云：「《漢書》『市』作『布』。」張森楷曰：「《漢傳》作『民工作布』。」高步瀛引吳汝綸說，從《漢書》改「於市」為「作布」〔註1070〕。宋元各本及慶長本作「於市」，《御覽》卷471引同；《漢書·貨殖傳》各宋本皆作「作布」，宋刊《冊府元龜》卷812、《通志》卷180同。《漢書》當據本書校正，工於市，猶言善於經商，故易賈耳。

### （28）富埒卓氏

《索隱》：埒者，鄰畔，言鄰相次。

《正義》：埒，微減。（據瀧川《考證》本，黃善夫本下方校記亦引之）

按：王叔岷曰：「《平準書》『富埒天子』，《集解》：『徐廣曰：「埒者，際畔。言鄰接相次也。」』駰按：孟康曰：「富與天子等而微減也。」或曰：埒，等也。』埒訓等是。」徐廣及《索隱》所謂「鄰」，乃「嶙」借音字，音轉亦作「繗」，指田之畔界，即田壘，「埒」亦此義。《家語·五儀解》「覩者不識其鄰」，王肅注：「鄰，以喻界畔也。」王氏亦是讀鄰為嶙。田界相比次，故引申為等義，裴駰及王叔岷皆未憭。

### （29）此其章章尤異者也

《集解》：徐廣曰：「異，一作淑，又作較。」

〔註1069〕高步瀛《兩漢文舉要》，中華書局，1990年版，第152頁。
〔註1070〕高步瀛《兩漢文舉要》，中華書局，1990年版，第158頁。

按：張森楷曰：「《漢傳》『異』作『著』。」王叔岷曰：「淑讀為『弔詭』之弔，字亦作誠，奇異也。淑亦異也。《漢傳》作『著』。」「弔（誠）」是詭異義，於文不切。余謂「異」非奇異義，當讀作翼、翌，實為昱，本指日之明，引申訓顯明、昭明，正與「章章」訓明貌相應。淑讀作卓、倬、焯、晫，著明也，與「較」、「著」義合。

（30）**若至力農畜，工虞商賈，為權利以成富**

按：至，讀為致。

（31）**掘冢，姦事也，而田叔以起**

《校勘記》：田叔，黃本作「曲叔」，疑是。按：《漢書·貨殖傳》作「曲叔」，顏師古注：「姓曲，名叔。」（10／3959）

按：張文虎曰：「田叔，南宋、舊刻、毛本同，它本『田』作『曲』。」何義門曰：「田，《漢書》作『曲』。」水澤利忠曰：「田，慶、中統、彭、凌、殿『曲』。」施之勉曰：「景祐本作『田叔』，《通典》卷11引亦作『田叔』。黃善夫本作『曲叔』。」王叔岷曰：「震澤王氏本、殿本亦並作『曲叔』，《漢傳》同。疑本作『曲叔』，《漢傳》存其舊。」紹興本、淳熙本亦作「田叔」，《班馬異同》卷35同；乾道本、慶長本亦作「曲叔」，《漢書》各宋本皆同。

（32）**洒削，薄技也，而郅氏鼎食**

《集解》：徐廣曰：「洒，或作細。」駰案：《漢書音義》曰「治刀劍名」。

《索隱》：上音先禮反，削刀者名。洒削，謂摩刀以水洒之。又《方言》云「劍削，關東謂之削」，音肖。削，一依字讀也。

按：《漢書·貨殖傳》「質氏以洒削而鼎食」，服虔曰：「治刀劍者也。」如淳曰：「作刀劍削者。」顏師古曰：「二說皆非也。洒，濯也。削，謂刀劍室也。謂人有刀劍削故惡者，主為洒刷之，去其垢穢，更飾令新也。洒，音先禮反。削，音先召反。」潘吟閣從《索隱》前說，高步瀛從顏說〔註1071〕。池田引中井積德曰：「削，小割刀也。洒，磨之也。」陳直曰：「《梁孝王世家》有『長安削工』之紀載，居延漢簡有『一人削工』之紀載。削工謂治刀劍者，而本文之『洒削』則不然，蓋以磨刀剪為業者。」《文選·西京賦》李善注、《白氏六帖事類集》卷4、24、宋刊《冊府元龜》卷908引《漢

〔註1071〕 高步瀛《兩漢文舉要》，中華書局，1990年版，第160頁。

書》作「洒削」〔註 1072〕。《說文》：「潎，所以攡水也。《漢律》曰：『及其門洒潎者。』」桂馥引此文為證，云：「洒削即洒潎。」錢大昕、錢坫說同桂氏，王筠從桂說，朱珔、張森楷從錢說〔註 1073〕。依桂、錢說，則「洒」讀所賣切，即「灑」字，「洒潎」謂掃除門前灰塵、壅水。顏氏讀作「洗鞘」，余謂「洗鞘」古書無考，「洒削」讀作「洗滌」，音轉亦作「洗濯」，指以洗滌汙物為業。

### （33）胃脯

《索隱》：晉灼云：「太官常以十月作沸湯燖羊胃，以末椒薑粉之訖，暴使燥，則謂之脯，故易售而致富。」

按：王叔岷曰：「《索隱》引晉注『粉之』，黃善夫本、殿本並作『坋之』，《漢傳》晉注同。『坋』字是，《說文》『坋』下段注：『凡為細末糝物若被物者皆曰坋。』」乾道本、淳熙本亦作「坋」，《文選‧西京賦》李善注引晉灼說同〔註 1074〕；宋刊《冊府元龜》卷 812 引作「粉」；元刻本、慶長本作「扮」。「扮」是「坋」形誤。粉讀作坋（坔），S.1920「一言之虧，輕於塵粉」，「塵粉」即「塵坔」。S.2669V「猛將之氣如粉沸」，「粉沸」即「坔坲」。P.3234V「張粉堆」，P.2894V3「星坋堆」，「粉堆」即「坋堆」。《抱朴子內篇‧論仙》「又以藥粉桑以飼蠶，蠶乃到十月不老」，粉亦讀作坋（坔），指以藥附著於桑葉也。各本《索隱》「燖」作「潯」，涉上字而誤。

## 卷一百三十《太史公自序》

### （1）采儒、墨之善

按：王叔岷曰：「《抱朴子‧明本》『采』作『包』。」《漢書‧司馬遷傳》作「采」，宋刊《長短經‧正論》引此文作「乘」（讀畫齋叢書本作「采」）。

### （2）立俗施事，無所不宜

按：《漢書‧司馬遷傳》各宋本同，《翻譯名義集》卷 5、《法華經三大

---

〔註 1072〕 敦煌寫卷 P.2528 李善注、《白氏六帖事類集》卷 7、宋刊《冊府元龜》卷 812 仍作「洒削」。

〔註 1073〕 桂馥《說文解字義證》，錢坫《說文解字斠詮》，王筠《說文解字句讀》，朱珔《說文假借義證》，並收入丁福保《說文解字詁林》，中華書局，1988 年版，第 11007、17671 頁。錢大昕《史記考異》，收入《二十二史考異》卷 5，《嘉定錢大昕全集（二）》，江蘇古籍出版社，1997 年版，第 109 頁。

〔註 1074〕 P.2528 同宋刻本。

部補注》卷 12 引亦同，《長短經・正論》引「俗」作「信」。「立俗」不辭，當據校「俗」作「信」。

（3）故曰：「四時之大順，不可失也。」

按：《漢書・司馬遷傳》同。《長短經・正論》引「四時」上有「敘」字。上文云「然其序四時之大順，不可失也」（《長短經》引「序」作「敘」），此承上文，當補「序（敘）」字。

（4）故曰：「聖人不朽，時變是守。」

《索隱》：「故曰聖人不朽」至「因者君之綱」，此出《鬼谷子》，遷引之以成其章，故稱「故曰」也。

《正義》：言聖人教跡不朽滅者，順時變化。

按：王念孫據《漢書・司馬遷傳》校「朽」作「巧」，張文虎、向宗魯、張森楷、池田從王說。徐仁甫、王叔岷指出《長短經・正論》引「朽」作「巧」，王氏又舉帛書《十大經》「聖人不巧，時反是守」以證王說（王氏引文「巧」誤作「朽」）。李人鑒謂「巧」為「朽」之誤。《國語・越語下》「上帝不考，時反是守」，王念孫曰：「考，當讀為巧。反，猶變也。《漢書・司馬遷傳》：『聖人不巧（《太史公自序》『巧』誤為『朽』），時變是守。』顏師古注曰：『無機巧之心。』是也。」〔註 1075〕裴學海曰：「朽為巧之借字。」〔註 1076〕「朽」、「考」並讀為「巧」，王念孫後說及裴學海說是。

（5）死者不可復生，離者不可復反

按：王筠曰：「班『反』作『合』。」池田引中井積德曰：「班史『反』作『合』，似長。」陶弘景《養性延命籙・教誡篇》引「反」作「返」；《御覽》卷 360 引《漢書》「合」亦作「返」。

（6）大臣洞疑，遂及宗禍

《索隱》：洞是洞達為義，言所共疑也。

按：方以智曰：「恫疑，猶洞疑也。《國策》蘇秦說齊宣王曰：『恫疑虛喝，高躍而不敢進。』注：『喝，一作偈。恫，痛也。言疑之甚也。』智謂『恫』正是《史記》之『洞』，言秦以虛聲喝齊，故作險譎深洞之謀，

---

〔註 1075〕王念孫說轉引自王引之《經義述聞》卷 21，江蘇古籍出版社，1985 年版，第 523 頁。

〔註 1076〕裴學海《評高郵王氏四種》，《河北大學學報》1962 年第 2 期，第 114 頁。

使人疑也。」〔註1077〕梁玉繩引董份曰：「『洞』是『恫』之誤。」《四庫考證》、杭世駿《疏證》、池田亦從董說（杭氏人名「董份」誤作「董汾」）。王念孫引王引之曰：「《索隱》以『洞疑』為『共疑』，其說迂而難通。洞，讀為恫。恫疑，恐懼也。《蘇秦傳》『秦恐韓、魏之議其後也，是故恫疑虛喝，驕矜而不敢進』，《索隱》以『恫』為恐懼，是也。疑亦恐也。馮衍《顯志賦》亦曰『終悇憚而洞疑』。」張文虎、來新夏從王說〔註1078〕。瀧川資言引中井積德曰：「『洞』、『恫』通。」吳國泰曰：「洞，峒字之借。峒疑者，謂顧視疑惑也。」王叔岷曰：「王說是。惟王氏釋『大臣恫疑』為『大臣皆恐』，何不必借『洞』為『同』邪？」王引之及中井說是，「恫疑」是複詞，「皆」是王氏增出以順其辭氣，王叔岷讀為「同」，殊不足取。《蘇秦傳》「恫疑虛喝」，P.3616《春秋後語》、《長短經・七雄略》、《古史》卷40「恫」作「洞」。

### （7）維禹浚川，九州攸寧；爰及宣防，決瀆通溝。作《河渠書》第七

按：瀧川資言引岡白駒曰：「宣防，或宣通之，或堤防之。」池田亦從岡說；來新夏說同〔註1079〕，當亦是本岡說。施之勉曰：「宣防，《河渠書》作『宣房』。」王叔岷曰：「『防』、『房』古通。」岡說非是，「宣防」是宮名。《河渠書》：「於是卒塞瓠子，築宮其上，名曰宣房宮，而道河北行，二渠復禹舊迹，而梁、楚之地復寧無水災。」《漢書・溝洫志》作「宣防」。

### （8）申、呂肖矣，尚父側微

《集解》：徐廣曰：「肖音痟。痟猶衰微。」

《索隱》：徐廣注肖音痟，痟猶衰微，其音訓不可知從出也。今案：肖謂微弱而省少，所謂「申呂雖衰」也。

《正義》：肖音痟。呂尚之祖封於申。申、呂後痟微，故尚父微賤也。

按：顧炎武曰：「『肖』即『削』字，脫其旁耳，與《孟子》『魯之削也滋甚』義同。徐廣註以為『痟』者非。」梁玉繩、杭世駿、張文虎、何義

---

〔註1077〕 方以智《通雅》卷4，收入《方以智全書》第1冊，上海古籍出版社，1988年版，第206～207頁。

〔註1078〕 來新夏《〈太史公自序〉講義》，《中國典籍與文化論叢》第15輯，鳳凰出版社，2013年版，第164頁。

〔註1079〕 來新夏《〈太史公自序〉講義》，《中國典籍與文化論叢》第15輯，鳳凰出版社，2013年版，第167頁。

門、林茂春、瀧川資言從顧說〔註1080〕。梁玉繩又曰:「顧亭林謂『肖』乃
『削』字,脫其旁耳。嚴九能云:『《方言》:「趙、肖,小也。」肖有小義,
亭林似未考《方言》(因《史記志疑》已刻,不及增改,故錄此)。」〔註1081〕
黃汝成、池田從梁氏後說〔註1082〕,施之勉亦引嚴九能說,當是從梁書或黃
書轉錄。《四庫考證》引張照曰:「按古時字少,或『瘠』、『削』俱書『肖』
字,未可定也。」朱駿聲曰:「肖,叚借為消。」〔註1083〕郭嵩燾曰:「肖,
謂克紹其業也。」吳國泰曰:「『肖』即『小』字之假耳。」水澤利忠曰:「肖,
南化、楓、楺、三『省』。側,南化、楓、楺、三『則』。」張森楷曰:「據
《索隱》『省少』文,則小司馬見本『肖』當作『省』,後人從多數改文耳。」
王叔岷曰:「《方言》卷12肖訓小,『肖』、『瘠』並『小』之借字。楓、三
本『肖』作『省』,蓋『肖』之形誤,或因《索隱》言『省少』而改之。」
李人鑒曰:「『肖』字乃『尚』字形近之誤。」①宋元各本及慶長本均作「肖」,
《集韻》「肖」字條、《永樂大典》卷921引同。黃善夫本上方校記云:「肖,
本乍(作)『省』。側,乍(作)『則』。」嚴、吳、王說是,郭嵩燾說不可
信。《廣雅》亦云:「肖,小也。」王念孫引此文為證〔註1084〕。音轉亦作焦、
瘠、噍、譙、糕、龝(揫),衰滅也,縮小也。《說文》:「龝,收束也。龝,
龝或從要。揫,龝或從秋手。」又「糕,一曰小。」《廣雅》:「瘠,縮也。」
桂馥曰:「《漢書‧禮樂志》『是故纖微瘠瘁之音作』,注:『瘁,一作衰。』
『瘁』當為『痕』。《說文》:『痕,滅也。』故《樂記》作『噍殺』,殺亦滅
也。『瘠』、『噍』皆借字,當為『湫』。湫,盡也。」〔註1085〕桂說「瘁」當
作「痕」,是也,即衰滅本字;但桂氏說「瘠(噍)」借作「湫」,訓盡,則

〔註1080〕 杭世駿《史記考證》,收入《二十五史三編》第1冊,嶽麓書社,1994
年版,第158頁。杭世駿《史記疏證》卷60,收入《續修四庫全書》第
264冊,上海古籍出版社,2002年版,第553頁。杭世駿《訂訛類編續
補》卷上,上海書店,1986年版,第430頁。林茂春《史記拾遺》,收入
《二十四史訂補》第1冊,書目文獻出版社,1996年版,第688頁。

〔註1081〕 梁玉繩《史記志疑》卷36,中華書局,1981年版,第1476頁。梁玉繩
《瞥記》卷3,收入《續修四庫全書》第1157冊,上海古籍出版社,2002
年版,第28頁。

〔註1082〕 黃汝成《日知錄集釋》卷27,嶽麓書社,1994年版,第956頁。

〔註1083〕 朱駿聲《說文通訓定聲》,武漢市古籍書店,1983年版,第315頁。

〔註1084〕 王念孫《廣雅疏證》,收入徐復主編《廣雅詁林》,江蘇古籍出版社,1992
年版,第142頁。

〔註1085〕 桂馥《札樸》卷7,中華書局,1992年版,第297頁。

非是。《史記·樂書》作「焦衰」，《說苑·脩文》作「憔悴」，《漢紀》卷 5
作「譙偢」。「憔悴」又涉「瘣瘁」而易其形符，「偢」則是「滾」形誤。殺、
衰一聲之轉〔註 1086〕，桂氏尚隔於古音。黃生曰：「按『嚘殺』當即讀為『憔
悴』，故漢人用其本字耳。」〔註 1087〕其說非是。②「側微」亦作「仄微」，
《漢書·敘傳》「王氏仄微，世武作嗣。」張森楷說全無道理，據《索隱》
「省少」，不能說正文作「省」字。

### （9）不既信，不倍言，義者有取焉

《集解》：徐廣曰：「一云『不愾信』。」

按：王念孫曰：「不既信，不失信也。《方言》、《廣雅》並云：『既，失
也。』」〔註 1088〕張文虎、張森楷、池田、來新夏從王說〔註 1089〕，郭嵩燾
說、瀧川資言引岡白駒說皆同王氏。章太炎曰：「《說文》：『既，小食也。』……
食言亦謂之既，《史記》云云，既信即食言。」〔註 1090〕王、岡說是，「愾」
是誤字。「既」疑是「棄」或「去」借字。

### （10）周道廢，秦撥去古文，焚滅《詩》《書》

按：王叔岷曰：「揚雄《劇秦美新》謂始皇『劖滅古文，刮語燒書』，
似本此。」《廣雅》：「撥，除也。」又「撥，棄也。」王念孫並引此文為證
〔註 1091〕。撥訓棄除、棄去，音轉亦作「拂」。又可讀作廢，亦捨棄、除去
義，與「周道廢」之「廢」義別。

## 附錄：王輯《史記逸文》校補

王叔岷《史記斠證》附錄一（第 3501～3508 頁）搜羅群書，列《史記
逸文》凡 81 條。何志華等編《唐宋類書徵引〈史記〉資料匯本》亦據類書

〔註 1086〕 參見朱駿聲《說文通訓定聲》，武漢市古籍書店，1983 年版，第 690 頁。
〔註 1087〕 黃生《義府》卷上，黃生、黃承吉《字詁義府合按》，中華書局，1954
年版，第 158 頁。
〔註 1088〕 王念孫《史記雜志》，收入《讀書雜志》卷 3，中國書店，1985 年版，本
卷第 64 頁。王念孫《廣雅疏證補正》說同，收入徐復主編《廣雅詁林》，
江蘇古籍出版社，1992 年版，第 173 頁。
〔註 1089〕 來新夏《〈太史公自序〉講義》，《中國典籍與文化論叢》第 15 輯，鳳凰
出版社，2013 年版，第 185 頁。
〔註 1090〕 章太炎《新方言》卷 2，收入《章太炎全集（7）》，上海人民出版社，1999
年版，第 81 頁。
〔註 1091〕 王念孫《廣雅疏證》，收入徐復主編《廣雅詁林》，江蘇古籍出版社，1992
年版，第 28、253 頁。

輯其逸文（第 1065～1081 頁，中文大學，2013 年版）。王氏時有誤收及失考者，茲為辨正訂補。

(1) 蚩尤氏能徵風召雨，與黃帝爭強，滅之中冀。（《御覽》卷9，首句又見《路史‧後紀四》注）

按：《御覽》卷9引無「與」字。《事類賦注》卷2引有「與」字，「滅」上復有「帝」字。《路史‧後紀四》羅苹注引作「尤能徵召風雨」。

(2) 黃帝為五城。（《路史‧後紀一》注）

按：此非逸文，語出《孝武本紀》「方士有言黃帝時為五城十二樓」，亦見《封禪書》。

(3) 帝嚳氏沒，帝堯氏作，姓封於唐。（《水經‧滱水》注）

按：《水經注‧滱水》引「姓」作「始」，王氏誤記。《御覽》卷80引《帝王世紀》：「帝堯氏作，始封於唐。」

(4) 桀有力，能伸鉤索鐵。（《御覽》卷767。《淮南子‧主術篇》、《御覽》卷82引《帝王世紀》、敦煌本《帝王略論》皆有此文）

按：《御覽》卷767引，原文「力」誤作「功」。

(5) 帝嚳少妃有娀氏女簡狄，以春分玄鳥至之日，祀於高禖。有玄鳥遺其卵，簡狄吞之，孕生契，為殷始祖。（《類聚》卷10，又見《御覽》卷922、《記纂淵海》卷97）

按：此非逸文，出《殷本紀》：「殷契，母曰簡狄，有娀氏之女，為帝嚳次妃。三人行浴，見玄鳥墮其卵，簡狄取吞之，因孕生契。」

(6) 殷紂末年，大風飄牛馬，壞屋拔樹，飛颺數千里，周滅之。（《御覽》卷876。《御覽》卷83引《帝王世紀》有類此之文）

按：《御覽》卷876引「千」作「十」，王氏誤記。《御覽》卷876又引《六韜》：「人主好田獵畢弋，則歲多大風飄牛馬，發屋拔木，民人飛楊（揚）數十里。」

(7) 周孝王七年，厲王生。冬，大雹，牛馬死，江、漢俱凍。（《御覽》卷878、《記纂淵海》卷5。《竹書紀年》有類此之文）

按：王氏所引乃《記纂淵海》文。《御覽》卷878引「凍」作「動」，其下復有「及孝王崩，厲王立，王室大亂」十一字。《通鑑外紀》卷3亦作「凍」字。《今本竹書紀年》卷下作「孝王七年冬，大雨雹，江、漢水」。

（8）共和十四年，大旱，火焚其屋，伯和篡立，故有大旱。（《御覽》
卷 879、《記纂淵海》卷 5、《路史·發揮二》注。疑是《紀年》
之文）

按：王氏所引乃《記纂淵海》、《路史》注文。《御覽》卷 879 引「篡立」
作「篡位立」，「大旱」作「火旱」，其下復有「其年周厲王莽（奔）彘而死，
立宣王」十二字。

（9）秦仲知百鳥之音，與之語皆應焉。（《類聚》卷 90、《御覽》卷
914）

按：《緯略》卷 1 亦引作《史記》。《說郛》卷 107 和菟《解鳥語經》引
則出自《益州耆舊傳》。

（10）秦始皇葬於驪山，以黃金為鳧鴈。（《類聚》卷 83、《御覽》
卷 809。今本惟《始皇本紀》「葬始皇驪山」。）

按：《漢書·楚元王傳》劉向上書諫曰：「秦始皇帝葬於驪山之阿……
人膏為燈燭，水銀為江海，黃金為鳧鴈。」此非逸文，《類聚》、《御覽》誤
其出處耳。

（11）齊桓公北征山戎……見一人長八尺，具衣冠，右袪衣，走馬
前。桓公問於管仲，對曰：「……衣袪，示前有水。右袪衣，
從右方涉。」（下略）（《御覽》卷 162。又見《管子·小問篇》、
《說苑·辨物篇》，疑誤引《管子》之文）

按：《御覽》卷 162 引原文三「袪」作「祛」，其中「衣袪」作「祛衣」，
王氏誤記。「祛」是「袪」形誤，《管子》作「祛」。

（12）燕昭王置千金於臺上，以延天下士，謂之黃金臺。（《御覽》
卷 177）

按：《事類賦注》卷 9 引出處作《新序》。

（13）禍至不懼，福至不喜。（《記纂淵海》卷 49 引《宋世家》）

按：此非逸文，語出《孔子世家》，亦見《家語·始誅》，《記纂淵海》
誤其出處耳。

（14）晉西有河西，與秦接境，北邊翟，東至河內。（《孟子·告子
篇》偽孫疏引《晉世家》）

按：此非逸文，今本《晉世家》作「當此時，晉彊，西有河西，與秦
接境，北邊翟，東至河內」。

（15）楚人有饋一簞醪者，楚莊王投之於河，令將士迎流而飲之。（《御覽》卷 280）

按：《御覽》卷 280 引「飲之」下復有「三軍皆醉」四字。

（16）楚靈王兵強，凌轢中原。（《文選·為石仲容與孫皓書》注。《秦本紀》有「楚靈王強」一句）

按：此非逸文，語出《孔子世家》「楚靈王兵彊，陵轢中國」。

（17）楚大司馬景舍帥軍伐蔡，蔡侯奉社稷而歸之楚，發其賞。舍辭曰：「發誠布令而敵退，是王威也；相攻而敵退，是將威也；戰而敵退，是眾威也。臣不宜以眾威受賞。」（《御覽》卷 209。《通典·職官二》大司馬注有此文。又見《荀子·彊國篇》，文略異）

按：《御覽》卷 209 原文「發誠」作「發誡」，《通典》卷 20 同，王氏誤記。《書鈔》卷 51 引出處作《春秋外傳》。《渚宮舊事》卷 3 亦以為景舍事，《荀子·彊國篇》則作子發事。《荀子》「誠」作「誡」，楊倞注：「誡，教也。」

（18）同類相推，俱入禍門。（《記纂淵海》卷 73 引《趙世家》）

按：此非逸文，今本《趙世家》李兌謂肥義曰正有此語。

（19）李克為中山相，苦陘之吏上計入多於前。克曰：「苦陘山無山林之饒，下無藪澤牛馬之息，而入多於前，是擾亂吾民也。」於是免之。（《御覽》卷 161。《韓非子·難二篇》有類此之文）

按：《太平寰宇記》卷 62 亦引作《史記》。《元和郡縣志》卷 22 略同，未言出處。《韓子·難二》「李克」誤作「李兌」〔註1092〕。

（20）魏王與龍陽君共舡而釣，龍陽君得千餘魚，而涕下……（《類聚》卷 96。又見《戰國策·魏策四》）

按：「千餘」當據《戰國策》作「十餘」。

（21）魏文侯使李悝作盡地力之教（原注：悝，苦回反），以為地方百里，提封九萬畝，理田勤謹，則畝益三斗；不勤，則損亦如之。地方百里之增減，輒為粟百八十萬碩矣。必雜五種，以備災害。力耕、數耘、收穫，如寇盜之至（原注：謂促遽

---

〔註1092〕 參見陳奇猷《韓非子新校注》引諸家說，上海古籍出版社，2000 年版，第 887 頁。

之甚，恐為風雨損也。）。（《御覽》卷 821。「百八十萬碩矣」
以上，又見《漢書‧食貨志》，略有出入。蓋所引乃《漢書》
之文與？惟《食貨志》無「必雜五種」以下十九字）

按：「必雜五種」以下十九字亦出《食貨志》，王氏失檢。

（22）漢高祖以商山四皓為太子大師。（《書鈔》卷 65 引《外戚世
家》）

按：《書鈔》卷 65 引「大師」作「太師」，《永樂大典》卷 919 引同。

（23）四皓隱商、洛山。（《御覽》卷 474）

按：《御覽》卷 474 引「洛山」下復有「惠帝為太子，為書卑辭，安車
迎以為客，乃出」十七字。

（24）楊朱泣岐路。（《一切經音義》卷 67）

按：《慧琳音義》卷 67 乃轉錄自《玄應音義》卷 17。二書「岐」作
「歧」。

（25）蘇秦初與張儀俱事鬼谷先生……為之土窟，窟深二丈……蘇
秦下說窖中，鬼谷先生泣下沾襟；次張儀下說窖中，亦泣……
（《御覽》卷 463。卷 387 亦引《史記》云：「蘇秦說鬼谷先
生，淚下沾襟。」《論衡‧答佞篇》亦有類此之文）

按：《御覽》卷 463 引「窟深」作「窖深」，「襟」作「衿」，王氏誤記。
「衿」是「衿」形譌。

（26）蘇秦疋夫徒步之人，粗屨贏蓋，輕策萬乘之主。（《書鈔》
卷 136。「贏」乃「贏」之誤。又見《淮南子‧氾論篇》，「贏」
作「贏」，「輕策」作「經營」，高注：「贏，籯囊也。蓋，步
蓋也。」）

按：《書鈔》卷 136「屨」作「屬」，《淮南子》作「蹻」，王氏誤記。孔
廣陶指出「考《史記‧蘇秦傳》無此文，惟見《淮南子‧氾論訓》」〔註 1093〕。
「粗」乃「粗」字之誤〔註 1094〕。「贏」是「籯」借字〔註 1095〕。高注「步
蓋」即今語「鋪蓋」。

---

〔註 1093〕 孔廣陶校注本《北堂書鈔》卷 136，收入《續修四庫全書》第 1212 冊，
上海古籍出版社，2002 年版，第 49 頁。

〔註 1094〕 參見王念孫《淮南子雜志》，收入《讀書雜志》卷 14，中國書店，1985
年版，本卷第 29 頁。

〔註 1095〕 參見朱駿聲《說文通訓定聲》，武漢市古籍書店，1983 年版，第 859 頁。

（27）蘇秦激張儀令相秦，以馬韉席坐之。（《類聚》卷 69）

按：《御覽》卷 709 亦引之，「韉」作「薦」。嵇康《述志詩》：「耕耨感寧越，馬席激張儀。」下句即用此典。

（28）武安君頭小而銳。（《白帖》卷 7，疑是《春秋後語》之文，見《御覽》卷 364、366，又見《類聚》卷 17 引嚴尤《三將敘》）

按：《白氏六帖事類集》卷 7 引「武安君」上復有「平原君」三字。「平原君」下脫「曰」字，《類聚》卷 17 引嚴尤《三將敘》：「平原君曰：『澠池之會，臣察武安君，小頭而銳。』」《御覽》卷 364、366 引《春秋後語》同。《書鈔》卷 115 引陳思王《相論》：「白起為人，小頭而銳。」

（29）樂毅去燕之趙，趙王欲圖燕，毅泣曰：「臣事昭王，猶事大王。若獲戾施在他國，終身不敢謀趙之徒隸，況燕昭王後嗣乎？」（《御覽》卷 420）

按：明刊《冊府元龜》卷 48「施在」作「放在」，又卷 739 作「在於」。「施」是「放」形譌。《後漢書·鄧禹傳》李賢注亦引《史記》：「樂毅忠於燕昭王，其子惠王立而疑樂毅，樂毅懼而奔趙。趙王謂樂毅曰：『燕力竭於齊，其主信讒，國人不附，其可圖乎？』毅伏而垂涕曰：『臣事昭王，猶事大王也。臣若獲戾於它國，沒身不忍謀趙徒隸，況其後嗣乎？』」《三國志·武帝紀》裴松之注引《魏武故事》載曹操十二月《己亥令》：「昔樂毅走趙，趙王欲與之圖燕，樂毅伏而垂泣，對曰：『臣事昭王，猶事天王。臣若獲戾放在他國，沒世然後已，不忍謀趙之徒隸，況燕後嗣乎！』」

（30）吳起所在，寇不敢敵。得之則強，失之則亡，是為良將。（《記纂淵海》卷 80 兩引《廉頗傳》）

按：四庫本《記纂淵海》卷 80 兩引二「則」並作「國」字，宋刊本在卷 180，一皆作「國」字，一作「得之則國，失之則亡」。王氏誤記

（31）蒙恬造車。（《一切經音義》卷 89）

按：《慧琳音義》卷 89 引「車」作「筆」，王氏誤記。《妙法蓮華經玄義釋籤》卷 28、《法華玄義釋籤》卷 15、《類聚》卷 58、《御覽》卷 605 並引《博物誌》：「蒙恬造筆」。

（32）九江王英布於翻車水北，以築翻車城。（《初學記》卷 8）

按：《錦繡萬花谷》後集卷 6 亦引作《史記》。《太平寰宇記》卷 127 引

出處作《蘄春郡記》。

（33）諸侯朝天子，於天子之所立宅舍曰邸。（《文選·始出尚書省》注）

按：《文選·拜中軍記室辭隋王牋》李善注引同。

（34）何必驊騮騄駬耳而後遠行乎。（《記纂淵海》卷 1 引《樂書》）

按：四庫本《記纂淵海》卷 51 引《樂書》，王氏誤記卷號，又「遠行」原文作「行遠」，王氏誤記。此非逸文，今本《樂書》作「何必華山之騄耳而後行遠乎」，宋刊本《記纂淵海》在卷 82，引與今本同。

（35）男子之所死者一言耳。（《記纂淵海》卷 57 引《主父偃傳》）

按：四庫本《記纂淵海》在卷 48，宋刊本在卷 62，王氏誤記卷號。此非逸文，今本《淮南衡山列傳》有此語，《淵海》誤記出處。

（36）淮南王安立思僊臺。（《御覽》卷 177）

按：《永樂大典》卷 2604 引出處作《太平廣記》。《初學記》卷 10 引葛洪《神仙傳》：「淮南王劉安好神仙黃白之事，於是八公乃往，迎之登思仙臺。」

（37）匼姓，咎繇之後也。（《後漢書·孝桓帝紀》「母匼氏」注。案《項羽本紀》《正義》引《括地志》云：「偃姓，皋繇之後所封也。」《陳杞世家》《正義》亦引《括地志》云：「偃姓，皋陶之後。」「匼」與「偃」，「咎」與「皋」，「繇」與「陶」，古皆通用，然則《後漢書》注所引《史記》，或亦《史記》之注與？）

按：黃善夫本《項羽本紀》《正義》引《括地志》作「匼姓，咎繇之後」，元刊本、慶長本同。《資治通鑑釋文》卷 6、《路史·後紀七》羅苹注引作《史記》，《御覽》卷 169 引《史記》：「睆匼姓，咎繇之後也，春秋時楚滅之。」又引《漢志》：「睆屬廬江郡。」「睆」是「睆」形誤，即「皖」字。宋·鄧名世《古今姓氏書辯證》卷 25：「匼（音偃）：《後漢》孝莊帝母匼氏，諱明。《史記》曰：『匼姓，皋陶之後。』按此則偃姓，後世或去人為匼。」